全国职业教育财务会计类专业“课证融合”系列教材

全国职业院校技能大赛资源教学转化成果

U0884157

中级会计实务

——特殊业务篇（第二版）

Intermediate Accounting Practice

◉ 郑兴东　丁增稳　赵春宇　主编

◉ 朱红霞　何秀秀　张之君　胡甜予　副主编

东北财经大学出版社
Dongbei University of Finance & Economics Press　大连

图书在版编目（CIP）数据

中级会计实务：特殊业务篇 / 郑兴东，丁增稳，赵春宇主编．—2版．—大连：东北财经大学出版社，2023.8（2024.8重印）
（全国职业教育财务会计类专业“课证融合”系列教材）
ISBN 978-7-5654-4906-2

Ⅰ.中…　Ⅱ.①郑…②丁…③赵…　Ⅲ.会计实务-职业教育-教材　Ⅳ.F23

中国国家版本馆CIP数据核字（2023）第134275号

东北财经大学出版社出版
（大连市黑石礁尖山街217号　邮政编码　116025）
网　　址：http://www.dufep.cn
读者信箱：dufep@dufe.edu.cn
大连天骄彩色印刷有限公司印刷　东北财经大学出版社发行

幅面尺寸：185mm×260mm　字数：423千字　印张：17.5　插页：1
2023年8月第2版　2024年8月第2次印刷

责任编辑：包利华　曲以欢　责任校对：惠恩乐
封面设计：原　皓　版式设计：原　皓

定价：46.00元

教学支持　售后服务　联系电话：（0411）84710309
版权所有　侵权必究　举报电话：（0411）84710523
如有印装质量问题，请联系营销部：（0411）84710711

第二版前言

自2006年财政部发布了新的企业会计基本准则以来，为了适应国内外经济发展的需要，财政部又陆续发布了42项具体会计准则和16项企业会计准则解释等补充文件。我国作为当今世界最大的发展中国家和新兴市场经济国家，顺应会计国际趋同大势，推动会计准则持续国际趋同是大势所趋、潮流所向。

我国企业会计准则与国际财务报告准则趋同路线图已经发布，新一轮会计改革正如火如荼。近年来，财政部陆续修订收入、租赁、债务重组、非货币性资产交换、金融工具确认和计量等准则。作为传授新的会计准则和制度、提高会计专业技能的最重要手段之一的会计教材，就必须顺应时代发展，把握时代的脉搏。本教材在充分领会《高等职业学校专业教学标准》的基础上，按照职业教育会计培养目标的要求，本着“知识够用、能力为主”的原则，致力于满足学生参加会计师、注册会计师、税务师考试等考证的需要。目前，大多高等职业院校存在财务会计知识教授内容过于浅薄，不能满足学生未来就业、考证以及参加全国高等职业院校会计技能竞赛的需求。特此，我们组织编写组编写了这本《中级会计实务——特殊业务篇》，以满足各方面对高等职业院校会计知识拔高传授与学习的需求。本教材以会计工作任务为主线，系统介绍了除基本会计要素核算以外的经济业务，旨在全面提升会计专业学生会计核算能力。本教材的特点主要表现在：

宣传片

❶融入课程思政。每章配有“素养提升”专栏，通过案例形式结合章节内容，将党的“二十大”精神和思政元素融入知识体系，形成协同效应。本教材将“二十大”精神和思想政治教育元素，包括思想政治教育的理论知识、价值理念以及精神追求等融入课程中，将潜移默化地对学生的思想意识、行为举止产生影响。

❷内容的重新定位。从编写内容上看，立足会计师、注册会计师、税务师以及全国高等职业院校会计技能竞赛对会计知识的需要，以知识“够用”为度，深入浅出，避免晦涩难懂。

❸写作手法创新。教材简化了大量的文字叙述，突出了会计的基本概念和基本方法。为拓展学生的学习视野，教材中还增设了【引例】及【引例解析】、【知识链接】、【小思考】、【学中做】和【查阅资料】等专栏，表现形式多样，语言清新自然，结构科学严谨，层次分明有序。

❹教辅材料齐全。为鼓励各位教师在教学中采用现代化教学和网络教学手段，我们录制了配套的微课视频，读者可以通过安徽智慧教育平台（www.ehuixue.cn）或扫描教材对应章节二维码进行学习。同时，我们制作了多媒体课件，任课教师可以通过东北财经大学

出版社网站（www.dufep.cn）下载使用。

课程介绍

❺教材理实一体化。为贯彻“做中学”和“学中做”的教学模式，每个项目后提供了相应的习题与实训，并配有参考答案和详细解析，学生可以通过扫码做题进行自我考核，还可以登录安徽智慧教育平台进行在线练习，使学生理论与实践结合，学做合一，增强自主学习。

本教材由丁增稳教授进行主审，郑兴东、丁增稳、赵春宇担任主编，朱红霞、何秀秀、张之君、胡甜予担任副主编。郑兴东拟定全书框架结构和写作大纲，并进行统稿。教材编写分工如下：郑兴东编写项目一和项目二，丁增稳编写项目十一，赵春宇编写项目七和项目九，朱红霞编写项目八和项目十，何秀秀编写项目三和项目五，张之君编写项目四和项目六，胡甜予编写项目十二。在教材编写过程中，得到了安徽鑫龙电器股份有限公司财务总监陶黎明先生在特殊业务选定、内容难度把握等方面的大力支持，在此一并表示感谢。

由于作者水平有限，加之时间仓促，教材中疏漏之处在所难免，敬请广大读者批评指正，以便不断修改完善。

编　者

2023年8月

目录

7

8

9

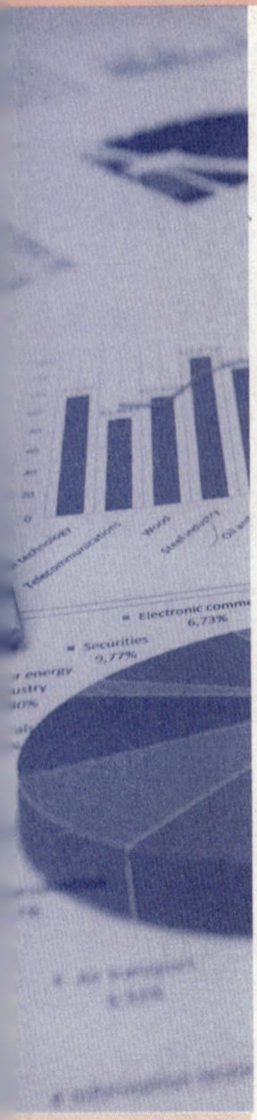

项目一
长期金融资产的核算

职业能力目标

通过本任务的学习，了解长期金融资产的分类及内容；理解债权投资、其他债权投资的含义；理解取得债券溢折价的原因，债权投资摊余成本的构成，债权投资利息调整的方法；掌握长期金融资产取得、持有、到期或处置的核算；掌握债权投资资产减值的核算；了解其他权益工具投资的取得、公允价值变动以及处置的账务处理。

典型工作任务

能根据金融资产相关准则对长期金融资产进行正确分类；能完成长期金融资产的初始确认、后续计量、损益确认、减值测试、到期或处置的核算。

内容框架

- 长期金融资产的核算
  - 认知长期金融资产
    - 金融资产的内容
    - 金融资产的分类
    - 金融资产的计量
    - 金融资产的重分类及计量
  - 债权投资的核算
    - 债权投资的计量
    - 债权投资减值
    - 债权投资的会计核算
  - 其他债权投资的核算
    - 其他债权投资的计量
    - 其他债权投资减值
    - 其他债权投资的会计核算
  - 其他权益工具投资的核算
    - 其他权益工具投资的计量
    - 其他权益工具投资的会计核算

任务一 认知长期金融资产

【引例 1-1】

2024年1月1日，黄山股份有限公司（以下简称“黄山公司”）支付价款1 000万元（含交易费用），从活跃市场上购入川北公司5年期债券，面值总计1 250万元，票面利率4.72%，按年支付利息，本金最后一次支付。合同约定，该债券的发行方在遇到特定情况时可以将债券赎回，且不需要为提前赎回支付额外款项。黄山公司管理该债券的业务模式是以收取合同现金流量为目标。同年3月10日，黄山公司又从二级市场购入珠海公司股票10万股，每股价格5元，另支付税费2 500元。黄山公司购入的该股票不准备近期出售，指定为以公允价值计量且其变动计入其他综合收益的非交易性权益工具投资。

任务要求：

（1）黄山公司购买的债券和股票分别属于哪类会计要素？具体是什么？

（2）长期金融资产的类别怎样判断确认？

一、金融资产的内容

金融资产，是指企业持有的现金、其他方的权益工具以及符合下列条件之一的资产：

❶从其他方收取现金或其他金融资产的合同权利。例如，企业的银行存款、应收账款、应收票据和贷款等均属于金融资产。再如，预付账款不是金融资产，因其产生的未来经济利益是商品或服务，不是收取现金或其他金融资产的权利。

❷在潜在有利条件下，与其他方交换金融资产或金融负债的合同权利。例如，企业持有的看涨期权或看跌期权等属于金融资产。

❸将来须用或可用企业自身权益工具进行结算的非衍生工具合同，且企业根据该合同将收到可变数量的自身权益工具。

❹将来须用或可用企业自身权益工具进行结算的衍生工具合同，但以固定数量的自身权益工具交换固定金额的现金或其他金融资产的衍生工具合同除外。其中，企业自身权益工具不包括应当按照《企业会计准则第37号——金融工具列报》分类为权益工具的可回售工具或发行方仅在清算时才有义务向另一方按比例交付其净资产的金融工具，也不包括本身就要求在未来收取或交付企业自身权益工具的合同。

本项目不涉及以下金融资产的会计处理：❶长期股权投资（即企业对外能够形成控制、共同控制和重大影响的股权投资）；❷货币资金（即库存现金、银行存款、其他货币资金等）。

二、金融资产的分类

（一）金融资产的一般分类

企业会计准则规定，企业应当根据其管理金融资产的业务模式和金融资产的合同现金流量特征，对金融资产进行合理的分类。金融资产一般划分为三类：

❶以摊余成本计量的金融资产；

❷以公允价值计量且其变动计入其他综合收益的金融资产；

❸以公允价值计量且其变动计入当期损益的金融资产。

上述分类一经确定，不应随意变更。

其中：

❶企业管理金融资产的业务模式，是指企业如何管理其金融资产以产生现金流量。业务模式决定企业所管理金融资产现金流量的来源是收取合同现金流量、出售金融资产还是两者兼有。一个企业可能会采用多个业务模式管理其金融资产。例如，企业持有一组以收取合同现金流量为目标的投资组合，同时还持有另一组既以收取合同现金流量为目标又以出售该金融资产为目标的投资组合。

❷金融资产的合同现金流量特征，是指金融工具合同约定的、反映相关金融资产经济特征的现金流量属性。企业分类为以摊余成本计量的金融资产和以公允价值计量且其变动计入其他综合收益的金融资产，其合同现金流量特征应当与基本借贷安排相一致，即相关金融资产在特定日期产生的合同现金流量仅为对本金和以未偿付本金金额为基础的利息的支付。

（二）金融资产的具体分类

（1）金融资产同时符合下列条件的，应当分类为以摊余成本计量的金融资产：

❶企业管理该金融资产的业务模式是以收取合同现金流量为目标。

❷该金融资产的合同条款规定，在特定日期产生的现金流量，仅为对本金和以未偿付本金金额为基础的利息的支付。

例如，银行向企业客户发放的固定利率的贷款，在没有其他特殊安排的情况下，贷款的合同现金流量一般情况下可能符合仅为对本金和以未偿付本金金额为基础的利息支付的要求。如果银行管理该贷款的业务模式是以收取合同现金流量为目标，则该贷款应当分类为以摊余成本计量的金融资产。企业一般应当设置“银行存款”“贷款”“应收账款”“债权投资”等账户核算分类为以摊余成本计量的金融资产。

（2）金融资产同时符合下列条件的，应当分类为以公允价值计量且其变动计入其他综合收益的金融资产：

❶企业管理该金融资产的业务模式既以收取合同现金流量为目标，又以出售该金融资产为目标。

❷该金融资产的合同条款规定，在特定日期产生的现金流量，仅为对本金和以未偿付本金金额为基础的利息的支付。

企业应当设置“其他债权投资”“其他权益工具投资”等账户核算分类为以公允价值计量且其变动计入其他综合收益的金融资产。

（3）按照上述（1）和（2）分类为以摊余成本计量的金融资产和以公允价值计量且其变动计入其他综合收益的金融资产之外的金融资产，企业应当分类为以公允价值计量且其变动计入当期损益的金融资产。

例如，企业持有的普通股股票的合同现金流量是收取被投资企业未来股利分配以及其清算时获得剩余收益的权利。企业应当设置“交易性金融资产”账户核算以公允价值计量且其变动计入当期损益的金融资产。企业持有的直接指定为以公允价值计量且其变动计入当期损益的金融资产，也在“交易性金融资产”账户核算。本部分内容已经在“初级会计实务”课程中介绍过，此处不再赘述。

需要注意的是，企业在非同一控制下的企业合并中确认的或有对价构成金融资产的，该金融资产应当分类为以公允价值计量且其变动计入当期损益的金融资产，不得指定为以公允价值计量且其变动计入其他综合收益的金融资产。

三、金融资产的计量

（一）金融资产的初始计量

企业初始确认长期金融资产，应当按照公允价值计量。对于以公允价值计量且其变动计入当期损益的金融资产，相关交易费用计入当期损益；对于其他类金融资产，相关交易费用计入初始确认金额。

【小思考1-1】【引例1-1】中黄山公司购买的川北公司债券和珠海公司股票的初始入账价值应该是多少？为什么？

（二）金融资产的后续计量

金融资产的后续计量与金融资产的分类密切相关。企业应当对不同类别的金融资产，分别以摊余成本、以公允价值计量且其变动计入其他综合收益或以公允价值计量且其变动计入当期损益进行后续计量。这一点将在后续内容中分别不同类别详尽阐述。

【引例1-1解析】

（1）黄山公司购买的川北公司债券和珠海公司股票均属于资产类要素，具体属于金融资产。

（2）购买的川北公司债券应当划分为“债权投资”，因为：❶其是从活跃市场上购入的；❷期限5年，面值总计1 250万元，票面利率4.72%，按年支付利息，本金最后一次支付，即到期日固定、回收金额固定；❸黄山公司管理该债券的业务模式是以收取合同现金流量为目标，而且期限较长。

购买的珠海公司股票应划分为“其他权益工具投资”，因为：❶其是从二级市场购入的；❷不准备近期出售；❸该股票被指定为以公允价值计量且其变动计入其他综合收益的非交易性权益工具投资。

四、金融资产的重分类及计量

（一）金融资产重分类的原则

企业改变管理金融资产的业务模式时，应当按照规定对所有影响的相关金融资产进行重分类。金融资产可以在以摊余成本计量、以公允价值计量且其变动计入其他综合收益和以公允价值计量且其变动计入当期损益之间进行重分类。企业管理金融资产业务模式的变更是一种极其少见的情形。

企业对金融资产进行重分类，应当自重分类日起采用未来适用法进行相关会计处理，不得对以前已经确认的利得、损失（包括减值损失或利得）或利息进行追溯调整。重分类日，是指导致企业对金融资产进行重分类的业务模式发生变更后的首个报告期间的第一天。

例如，甲上市公司决定于2023年11月15日改变某金融资产的业务模式，则重分类日为2024年1月1日（即下一个季度会计期间的期初）；乙上市公司决定于2024年2月15日改变某金融资产的业务模式，则重分类日为2024年4月1日。

（二）金融资产重分类的计量

1.以摊余成本计量的金融资产的重分类

❶企业将一项以摊余成本计量的金融资产重分类为以公允价值计量且其变动计入当期损益的金融资产的，应当按照该资产在重分类日的公允价值进行计量。原账面价值与公允价值之间的差额计入当期损益。

❷企业将一项以摊余成本计量的金融资产重分类为以公允价值计量且其变动计入其他综合收益的金融资产的，应当按照该金融资产在重分类日的公允价值进行计量。原账面价值与公允价值之间的差额计入其他综合收益。该金融资产重分类不影响其实际利率和预期信用损失的计量。

2.以公允价值计量且其变动计入其他综合收益的金融资产的重分类

❶企业将一项以公允价值计量且其变动计入其他综合收益的金融资产重分类为以摊余成本计量的金融资产的，应当将之前计入其他综合收益的累计利得或损失转出，调整该金融资产在重分类日的公允价值，并以调整后的金额作为新的账面价值，即视同该金融资产一直以摊余成本计量。该金融资产重分类不影响其实际利率和预期信用损失的计量。

❷企业将一项以公允价值计量且其变动计入其他综合收益的金融资产重分类为以公允价值计量且其变动计入当期损益的金融资产的，应当继续以公允价值计量该金融资产。同时，企业应当将之前计入其他综合收益的累计利得或损失从其他综合收益转入当期损益。

3.以公允价值计量且其变动计入当期损益的金融资产的重分类

❶企业将一项以公允价值计量且其变动计入当期损益的金融资产重分类为以摊余成本计量的金融资产的，应当以其在重分类日的公允价值作为新的账面余额。

❷企业将一项以公允价值计量且其变动计入当期损益的金融资产重分类为以公允价值计量且其变动计入其他综合收益的金融资产的，应当继续以公允价值计量该金融资产。

对以公允价值计量且其变动计入当期损益的金融资产进行重分类的，企业应当根据该金融资产在重分类日的公允价值确定其实际利率。同时，企业应当自重分类日起对该金融资产适用金融资产减值的相关规定，并将重分类日视为初始确认日。

任务二　债权投资的核算

【引例1-2】

2024年1月1日，青山公司支付价款1 018万元（含交易费用）从活跃市场购入绿水公司3年期公司债券，面值1 000万元，票面利率5%，按年支付利息，本金到期最后一次支付。合同约定，该债券的发行方在遇到特定情况时可以将债券赎回，且不需要为提前赎回支付额外款项。青山公司在购买该债券时，预计发行方不会提前赎回。青山公司将该债券划分为债权投资核算。假设不考虑所得税、减值损失等因素。

任务要求：

（1）青山公司取得该债权投资时怎样进行会计处理？

（2）资产负债表日，青山公司应确认的投资收益是多少？

（3）在会计上应该如何核算每年应确认的应收利息？

（4）青山公司持有的债权投资到期收回时，整个投资期取得的投资收益是多少？

一、债权投资的计量

（一）债权投资的初始计量

债权投资初始确认时，应当按公允价值计量，相关交易费用计入初始确认金额。实际支付的价款中包含已到付息期但尚未领取的债券利息，应当单独确认为应收项目（应收利息）。其中，金融资产的公允价值，应当以市场交易价格为基础确定。

债权投资初始计量

交易费用，是指可直接归属于购买、发行或处置金融工具新增的外部费用。增量费用，是指企业没有发生购买、发行或处置金融工具的情形就不会发生的费用，包括支付给代理机构、咨询公司、券商、证券交易所、政府有关部门等的手续费、佣金、相关税费及其他必要支出，不包括债券溢价、折价、融资费用、内部管理成本和持有成本等与交易不直接相关的费用。

企业取得债权投资所支付的价款中包含已到付息期但尚未领取的利息，应当单独确认为“应收利息”进行处理。

（二）债权投资的后续计量

债权投资后续计量

企业应当按摊余成本对债权投资进行后续计量。

企业应在债权投资持有期间，采用实际利率法，按照摊余成本和实际利率计算确认利息收入，计入投资收益。

（三）实际利率法与摊余成本

1.实际利率法

实际利率法是指按照金融资产或金融负债的实际利率计算其摊余成本及各期利息收入或利息费用的方法。企业应当在取得债权投资时确定实际利率，实际利率与票面利率差别较小的，也可按票面利率计算利息收入，计入投资收益。

（1）实际利率。

实际利率，是指将金融资产或金融负债在预期存续期的估计未来现金流量，折现为该金融资产或金融负债摊余成本所使用的利率。在确定实际利率时，应当在考虑金融资产所有合同条款的基础上预计未来现金流量，但不应当考虑未来信用损失。

（2）本期确认的利息收入。

本期利息收入=当期期初的摊余成本×实际利率

2.摊余成本

摊余成本是指债权投资的初始确认金额经下列调整后的结果：

❶扣除已收回的本金。

❷加上或减去采用实际利率法将该初始确认金额与到期日金额之间的差额进行摊销形成的累计摊销额。

❸扣除累计计提的损失准备。

期末摊余成本=期初摊余成本+本期确认的投资收益-本期实际收到的利息-已发生的减值损失

（四）已发生信用减值的金融资产

当对金融资产预期未来现金流量具有不利影响的一项或多项事件发生时，该金融资产成为已发生信用减值的金融资产。金融资产已发生信用减值的证据包括下列可观察信息：

❶发行方或债务人发生重大财务困难；

❷债务人违反合同，如偿付利息或本金违约或逾期等；

❸债权人出于与债务人财务困难有关的经济或合同考虑，给予债务人在任何其他情况下都不会做出的让步；

❹债务人很可能破产或进行其他财务重组；

❺发行方或债务人财务困难导致该金融资产的活跃市场消失；

❻以大幅折扣购买或源生一项金融资产，该折扣反映了发生信用损失的事实。

二、账户设置

（一）“债权投资”账户

为了核算企业取得的债权投资，会计上应设置“债权投资”账户，反映企业以摊余成本计量的长期债权投资。该账户下设“成本”、“利息调整”和“应计利息”三个二级账户。

“债权投资——成本”账户，核算企业取得的债券投资的面值。

“债权投资——利息调整”账户，核算债权投资面值与实际支付价款之间的差额（不包括应收利息）以及按实际利率法摊销的差额。

“债权投资——应计利息”账户，核算一次还本付息的债权投资按期确认的利息收入。对于分期付息、到期还本的债券投资确认的利息收入应通过“应收利息”账户核算。

（二）“债权投资减值准备”账户

为了核算企业债权投资的减值损失，会计上应设置“债权投资减值准备”账户，反映债权投资的账面价值小于预计未来现金流量现值的差额。

三、债权投资的会计处理

（一）初始确认

企业取得的债权投资，应按该投资的面值，借记“债权投资——成本”账户，按支付的价款中包含的已到付息期但尚未领取的利息，借记“应收利息”账户，按实际支付的金额，贷记“银行存款”等账户，按其差额，借记或贷记“债权投资——利息调整”账户。

【小思考 1-2】企业取得“债权投资”发生的交易费用应记入哪个账户？这与“交易性金融资产”的核算是否一致？

（二）后续计量

1.计算利息并摊销利息调整

资产负债表日，债权投资为分期付息、一次还本债券投资的，应按票面利率计算确定的应收未收利息，借记“应收利息”账户，按债权投资摊余成本和实际利率计算确定的利息收入，贷记“投资收益”账户，按其差额，借记或贷记“债权投资——利息调整”账户。

债权投资为一次还本付息债券投资的，应于资产负债表日按票面利率计算确定的应收未收利息，借记“债权投资——应计利息”账户，按债权投资摊余成本和实际利率计算确定的利息收入，贷记“投资收益”账户，按其差额，借记或贷记“债权投资——利息调整”账户。

【引例 1-2 解析】

（1）青山公司取得债权投资时首先计算实际利率，并编制“实际利息与摊余成本计算表”，作为以后各期账务处理的依据。

50×（P/A，r，3）+1 000×（P/F，r，3）=1 018

结合插值法测算出：

r=4.35%

取得债权投资时编制会计分录如下：

借：债权投资——成本　　10 000 000

　　　　　　——利息调整　　180 000

　贷：银行存款　　10 180 000

（2）资产负债表日，青山公司应确认的投资收益见“实际利息与摊余成本计算表”（见表 1-1）。

表 1-1　**实际利息与摊余成本计算表**　单位：万元

年份	期初摊余成本 （1）	实际利息收入 （2）=（1）×4.35%	现金流入 （3）=面值×5%	期末摊余成本 （4）=（1）+（2）-（3）
2024 年	1 018.00	44.28	50.00	1 012.28
2025 年	1 012.28	44.03	50.00	1 006.31
2026 年	1 006.31	43.69*	50.00	1 000.00

*尾数调整。

（3）在会计上，每年年末确认分期利息收入，并进行溢价摊销。编制会计分录为：借记“应收利息”科目，贷记“债权投资——利息调整”和“投资收益”科目。次年年初收到利息时，借记“银行存款”科目，贷记“应收利息”科目。

（4）青山公司持有的债权投资到期收回时，整个投资期取得的投资收益为 132 万元（1 000×5%×3-18），或者根据“实际利息与摊余成本计算表”计算投资收益为 132 万元（44.28+44.03+43.69）。

【小思考 1-3】为什么债权投资在“分期付息、一次还本”与“一次还本付息”情况下，对计算的利息采用不同的处理方法？

2.减值损失的确认及恢复

资产负债表日，企业应当以预期信用损失为基础，对以摊余成本计量的债权投资计提减值准备。债权投资发生减值时，应当将确认的减值损失计入当期损益，借记“信用减值损失”账户，贷记“债权投资减值准备”账户。计提减值准备后，如果债权投资信用风险有所降低，导致其预期信用损失减少，则编制相反的会计分录。

（三）将债权投资重分类为其他债权投资

将债权投资重分类为其他债权投资的，应在重分类日按其公允价值，借记“其他债权投资”账户，按其账面余额，贷记“债权投资——成本”“债权投资——利息调整”“债权投资——应计利息”账户，按其差额，贷记或借记“投资收益”或“其他综合收益”账户。已计提减值准备的，还应同时结转减值准备。

（四）出售债权投资

出售债权投资，应按实际收到的金额，借记“银行存款”等账户，按其账面余额，贷记“债权投资——成本”“债权投资——利息调整”“债权投资——应计利息”账户，按其差额，贷记或借记“投资收益”账户。已计提减值准备的，还应同时结转减值准备。

【工作实例 1-1】2022年1月1日，青山公司支付价款1 000万元（含交易费用），从活跃市场上购入绿水公司5年期公司债券，面值1 250万元，票面利率为4.72%，按年支付利息，本金最后一次支付。青山公司将该债券划分为债权投资核算。

假定不考虑所得税、减值损失等因素，计算该债券的实际利率r：

$$59\times(1+r)^{-1}+59\times(1+r)^{-2}+59\times(1+r)^{-3}+59\times(1+r)^{-4}+(59+1\,250)\times(1+r)^{-5}=1\,000$$

采用插值法，计算得出：r = 10%

据此，编制的实际利息与摊余成本计算表见表1-2。

表 1-2　**实际利息与摊余成本计算表**　单位：万元

年份	期初摊余成本 （1）	实际利息收入 （2）=（1）×10%	现金流入 （3）	期末摊余成本 （4）=（1）+（2）-（3）
2022年	1 000	100	59	1 041
2023年	1 041	104	59	1 086
2024年	1 086	109	59	1 136
2025年	1 136	114	59	1 191
2026年	1 191	118*	1 309	0

*对于因四舍五入出现的尾差，在最后一期采用倒挤计算。

根据表1-2中的数据，青山公司的有关账务处理如下：

（1）2022年1月1日，购入债券：

借：债权投资——成本	12 500 000	
贷：银行存款		10 000 000
债权投资——利息调整		2 500 000

（2）2022年12月31日，确认实际利息收入、收到债券利息：

借：应收利息	590 000	
债权投资——利息调整	410 000	
贷：投资收益		1 000 000
借：银行存款	590 000	
贷：应收利息		590 000

（3）2023年12月31日，确认实际利息收入、收到债券利息：

借：应收利息　　590 000

　　债权投资——利息调整　　450 000

　贷：投资收益　　1 040 000

借：银行存款　　590 000

　贷：应收利息　　590 000

【学中做1-1】请完成【工作实例1-1】中青山公司2024年至2026年的会计分录。

【工作实例1-2】沿用【工作实例1-1】资料，假定青山公司购买的绿水公司债券不是分次付息，而是到期一次还本付息，且利息不以复利计算。此时，青山公司所购买绿水公司债券的实际利率r计算如下：

$(59+59+59+59+59+1\ 250)\times(1+r)^{-5}=1\ 000$

由此计算得出：r=9.05%

据此，编制的实际利息与摊余成本计算表见表1-3。

表1-3　**实际利息与摊余成本计算表**　单位：万元

日期	期初摊余成本 （1）	实际利息收入 （2）=（1）×9.05%	现金流入 （3）	期末摊余成本 （4）=（1）+（2）-（3）
2022年	1 000	90.50	0	1 090.50
2023年	1 090.50	98.69	0	1 189.19
2024年	1 189.19	107.62	0	1 296.81
2025年	1 296.81	117.36	0	1 414.17
2026年	1 414.17	130.83*	1 545	0

*因四舍五入出现的尾差，在最后一期采用倒挤计算。

根据表1-3，青山公司的有关账务处理如下：

（1）2022年1月1日，购入债券：

借：债权投资——成本　　12 500 000

　贷：银行存款　　10 000 000

　　　债权投资——利息调整　　2 500 000

（2）2022年12月31日，确认实际利息收入时：

借：债权投资——应计利息　　590 000

　　　　　　——利息调整　　315 000

　贷：投资收益　　905 000

【学中做1-2】请完成【工作实例1-2】中青山公司2023年至2025年的会计分录。

（3）2026年12月31日，确认债券实际利息收入、收回债券本金和票面利息：

借：债权投资——应计利息　　590 000

　　　　　　——利息调整　　718 300

　贷：投资收益　　1 308 300

借：银行存款　　15 450 000

　贷：债权投资——成本　　12 500 000

　　　——应计利息（590 000×5）　　2 950 000

【工作实例1-3】伊泰公司发生业务如下：

（1）2023年1月1日，伊泰公司支付价款1 100万元（含交易费用），从活跃市场购入蒙星公司当日发行的面值为1 000万元、5年期的不可赎回债券。该债券票面利率为10%，利息按单利计算，到期一次还本付息，实际利率为6.4%。当日，伊泰公司将其划分为债权投资，按年确认投资收益。2023年12月31日，该债券未发生减值迹象。

（2）2024年1月1日，该债券市价总额为1 200万元。当日，为筹集生产线扩建所需资金，伊泰公司出售债券的80%，将扣除手续费后的款项955万元存入银行；该债券剩余的20%重分类为以公允价值计量且其变动计入当期损益的金融资产，重分类日该金融资产的公允价值为240万元。

要求：

（1）编制2023年1月1日伊泰公司购入该债券的会计分录。

（2）计算2023年12月31日伊泰公司该债券的投资收益、应计利息和利息调整摊销额，并编制相应的会计分录。

（3）计算2024年1月1日伊泰公司售出该债券的损益，并编制相应的会计分录。

（4）计算2024年1月1日伊泰公司该债券剩余部分的摊余成本，并编制重分类为以公允价值计量且其变动计入当期损益的金融资产的会计分录。

根据业务资料，进行会计处理如下：

（1）2023年1月1日，购入该债券时：

借：债权投资——成本　　10 000 000

　　　——利息调整　　1 000 000

　贷：银行存款　　11 000 000

（2）2023年12月31日，确认利息并摊销利息调整时：

应计利息=1 000×10%=100（万元）

按照实际利率和摊余成本计算的利息收入（投资收益）=1 100×6.4%=70.4（万元）

利息调整=100−70.4=29.6（万元）

会计分录为：

借：债权投资——应计利息　　1 000 000

　贷：投资收益　　704 000

　　债权投资——利息调整　　296 000

（3）2024年1月1日，售出该债券时：

确认的处置收益=955−（1 000+100+100−29.6）×80%=18.68（万元）

会计分录为：

借：银行存款　　9 550 000

　贷：债权投资——成本　　8 000 000

　　　——利息调整　　563 200

　　　——应计利息　　800 000

贷：投资收益 186 800

（4）重分类时：

2024年1月1日该债券剩余部分的摊余成本=（1 000-800）+（100-80）+（70.4-56.32）
=234.08（万元）

将剩余债权投资重分类为以公允价值计量且其变动计入当期损益的金融资产的账务处理为：

借：交易性金融资产——成本 2 400 000
贷：债权投资——成本 2 000 000
——应计利息 200 000
——利息调整 140 800
投资收益 59 200

任务三 其他债权投资的核算

【引例1-3】

2024年7月1日，鄂东股份有限公司（简称鄂东公司）支付价款1 000万元（含交易费用），从活跃市场上购入川北公司同日发行的5年期债券，面值1 250万元，票面利率4.72%，按年支付利息，本金最后一次支付。合同约定，该债券的发行方在遇到特定情况时可以将债券赎回，且不需要为提前赎回支付额外款项。鄂东公司购入的该债券不准备近期出售，且企业管理该金融资产的业务模式既以收取合同现金流量为目标，又以出售该金融资产为目标。

任务要求：鄂东公司取得其他债权投资时怎样进行会计处理？

金融资产同时符合下列条件的，应当分类为以公允价值计量且其变动计入其他综合收益的金融资产：

❶企业管理该金融资产的业务模式既以收取合同现金流量为目标，又以出售该金融资产为目标。

❷该金融资产的合同条款规定，在特定日期产生的现金流量，仅为对本金和以未偿付本金金额为基础的利息的支付。

例如，企业持有的普通债券的合同现金流量是到期收回本金及按约定利率在合同期间按时收取固定或浮动利息的权利。在没有其他特殊安排的情况下，普通债券的合同现金流量一般情况下可能符合仅为对本金和以未偿付本金金额为基础的利息支付的要求。如果企业管理该债券的业务模式既以收取合同现金流量为目标，又以出售该债券为目标，则该债券应当分类为以公允价值计量且其变动计入其他综合收益的金融资产。

企业在初始确认时，除符合上述条件的金融资产外，还可以将非交易性权益工具投资（如企业持有的限售股等）指定为以公允价值计量且其变动计入其他综合收益的金融资产，并确认股票股利，一经确定，不得撤销。

以公允价值计量且其变动计入其他综合收益的金融资产主要包括其他债权投资和其他权益工具投资。

一、其他债权投资的计量

（一）初始计量

其他债权投资的确认与计量

其他债权投资按公允价值进行初始计量，交易费用计入初始确认金额。企业取得其他债权投资所支付的价款中包含已到付息期但尚未领取的债券利息，应当单独确认为应收项目（应收利息）；其他债权投资持有期间取得的利息应当确认为投资收益。

【学中做1-3】2024年7月1日，甲公司支付价款1 020万元（与公允价值相等）购入B公司同日发行的3年期公司债券，另支付交易费用8.24万元。该公司债券的面值为1 000万元，票面年利率为4%，实际年利率为3%，每年12月31日支付本年利息，到期支付本金。甲公司将该公司债券划分为以公允价值计量且其变动计入其他综合收益的金融资产。甲公司购入B公司债券后将其作为其他债权投资管理，则甲公司应确定的其他债权投资的入账价值是多少？

（二）后续计量

1.资产负债表日的会计处理

资产负债表日，其他债权投资应当以公允价值进行后续计量，公允价值变动记入“其他综合收益”账户；在该金融资产终止确认时，将“其他综合收益”转出，计入当期损益。

2.投资收益的确认

分类为以公允价值计量且其变动计入其他综合收益的金融资产所产生的所有利得或损失，除减值损失或利得和汇兑损益之外，均应当计入其他综合收益，直至该金融资产终止确认或被重分类。但是，采用实际利率法计算的该金融资产的利息应当计入当期损益。该金融资产计入各期损益的金额应当与视同其一直按摊余成本计量而计入各期损益的金额相等。

该金融资产终止确认时，之前计入其他综合收益的累计利得或损失应当从其他综合收益中转出，计入当期损益。

（三）其他债权投资减值损失的计量

1.确认信用减值损失

当其他债权投资发生减值时，即使该金融资产没有终止确认，原直接计入所有者权益中的因公允价值下降形成的累计损失，也应当予以转出，计入当期损益。该转出的累计损失，等于其他债权投资的初始取得成本扣除已收回本金和已摊余金额、当前公允价值和原已计入损益的减值损失后的余额。

2.信用减值损失的恢复

对于已确认减值损失的其他债权投资，在随后的会计期间公允价值已上升且客观上与原减值损失确认后发生的事项有关的，原确认的减值损失应当予以转回，计入当期损益。

二、账户设置

会计上应设置“其他债权投资”账户，反映资产负债表日企业分类为以公允价值计量且其变动计入其他综合收益的金融资产。该账户下设“成本”、“利息调整”、“应计利息”和“公允价值变动”等二级账户。

“其他债权投资——成本”账户，核算企业取得的其他债权投资的面值。

“其他债权投资——利息调整”账户，核算其他债权投资面值与实际支付价款之间的差额（不包括应收利息）以及按实际利率法摊销的差额。

“其他债权投资——应计利息”账户，核算一次还本付息的其他债权投资按期确认的利息收入。对于分期付息、到期还本的其他债权投资确认的利息收入应通过“应收利息”账户核算。

“其他债权投资——公允价值变动”账户，核算资产负债表日其他债权投资的公允价值与账面价值之间的差额。

三、其他债权投资的会计处理

其他债权投资取得时发生的交易费用应当计入初始入账金额，其他债权投资后续计量时公允价值变动计入所有者权益（其他综合收益）。

企业因持有意图或能力发生改变，使某项投资不再适合划分为债权投资的，应当将其重分类为其他债权投资，并以公允价值进行后续计量。重分类日，该投资的账面价值与公允价值之间的差额计入所有者权益（其他综合收益），在该其他债权投资发生减值或终止确认时转出，计入当期损益（投资收益）。

（一）取得其他债权投资时

企业取得其他债权投资时，应按债券的面值，借记“其他债权投资——成本”账户，按支付的价款中包含的已到付息期但尚未领取的利息，借记“应收利息”账户，若购买的债券为到期一次还本付息债券，则购买价款中包含的应收利息，记入“其他债权投资——应计利息”账户，按实际支付的金额，贷记“银行存款”等账户，按差额，借记或贷记“其他债权投资——利息调整”账户。

【引例1-3解析】

2024年7月1日，鄂东公司购入债券时编制如下会计分录：

借：其他债权投资——成本　　12 500 000

　贷：银行存款　　10 000 000

　　其他债权投资——利息调整　　2 500 000

（二）资产负债表日

❶分期付息、一次还本债券投资应按票面利率计算确定的应收未收利息，借记“应收利息”账户，按其他债权投资的摊余成本和实际利率计算确定的利息收入，贷记“投资收益”账户，按其差额，借记或贷记“其他债权投资——利息调整”账户。

❷一次还本付息债券投资应于资产负债表日按票面利率计算确定的应收未收利息，借记“其他债权投资——应计利息”账户，按其他债券投资的摊余成本和实际利率计算确定的利息收入，贷记“投资收益”账户，按其差额，借记或贷记“其他债权投资——利息调整”账户。

❸在资产负债表日，按照其他债权投资公允价值上升的金额，借记“其他债权投资——公允价值变动”账户，贷记“其他综合收益”账户；若为公允价值下降，则编制相反的会计分录。

（三）出售其他债权投资

企业出售其他债权投资时，应按实际收到的金额，借记“银行存款”等账户，按其账面余额，贷记“其他债权投资——成本”、“其他债权投资——公允价值变动”（或借记）、“其他债权投资——利息调整”（或借记）、“其他债权投资——应计利息”等账户，按应从所有者权益中转出的公允价值累计变动额，借记或贷记“其他综合收益”账户，按其差额，贷记或借记“投资收益”账户。

【工作实例1-4】2024年1月1日，深华公司购入闽东公司发行的公司债券，并将该债券划分为其他债权投资。有关资料如下：

（1）该公司债券的票面总金额为1 000万元，票面年利率为4%，3年期，每年年初付息一次。

（2）支付价款1 028万元购入闽东公司发行的债券，实际利率为3%。

（3）2024年12月31日，该债券的市场价格为1 000万元。

（4）2025年12月31日，该债券的市场价格为1 013万元。

（5）2026年3月8日，将该债券出售，取得收入1 010万元。

根据上述资料，深华公司的会计处理如下：

（1）2024年1月1日，购入债券时：

借：其他债权投资——成本　　10 000 000

　　　　　　　　——利息调整　　280 000

　贷：银行存款　　10 280 000

（2）2024年12月31日，确认债券利息时：

实际利息=1 028×3%=30.84（万元）

应收利息=1 000×4%=40（万元）

借：应收利息　　400 000

　贷：投资收益　　308 400

　　其他债权投资——利息调整　　91 600

（3）2024年12月31日，确认公允价值变动时：

年末摊余成本=1 028−9.16=1 018.84（万元）

公允价值变动额=1 000−1 018.84=−18.84（万元）

借：其他综合收益　　188 400

　贷：其他债权投资——公允价值变动　　188 400

（4）2025年1月1日，收到利息时：

借：银行存款　　400 000

　贷：应收利息　　400 000

（5）2025年12月31日，确认债券利息时：

实际利息=1 018.84×3%=30.57（万元）

应收利息=1 000×4%=40（万元）

借：应收利息　　400 000

　贷：投资收益　　305 700

　　其他债权投资——利息调整　　94 300

（6）2025年12月31日，确认公允价值变动时：

年末摊余成本=1 018.84-9.43=1 009.41（万元）

公允价值变动额=1 013-1 009.41-（-18.84）=22.43（万元）

借：其他债权投资——公允价值变动　　224 300

　贷：其他综合收益　　224 300

（7）2026年1月1日，收到利息时：

借：银行存款　　400 000

　贷：应收利息　　400 000

（8）2026年3月1日，出售公司债券时：

公司债券的成本=1 000万元

公司债券的利息调整借方余额=28-9.16-9.43=9.41（万元）

公司债券公允价值变动余额=-18.84+22.43=3.59（万元）

借：银行存款　　10 100 000

　　投资收益　　30 000

　贷：其他债权投资——成本　　10 000 000

　　　　　　　　——利息调整　　94 100

　　　　　　　　——公允价值变动　　35 900

同时，应从其他综合收益中转出公允价值累计变动金额3.59万元：

借：其他综合收益　　35 900

　贷：投资收益　　35 900

任务四　其他权益工具投资的核算

【引例1-4】

2024年1月10日，黄山公司从二级市场上购入泰山公司股票100万股，每股市价15元，手续费3万元。2024年12月31日，该股票每股市价为16元。2025年4月25日，黄山公司将该股票售出，售价为每股18元，另支付交易费用4万元。假定不考虑其他因素。

任务要求：

（1）如果黄山公司取得该股票时采取的业务模式既以收取合同现金流量为目标，又以出售该金融资产为目标，应将其划分为哪一类金融资产？

（2）如果企业不准备短期持有该股票，应将其列为哪一类金融资产？资产负债表日应怎样进行会计处理？

一、其他权益工具投资的计量

（一）初始计量

其他权益工具
投资的核算

其他权益工具投资按公允价值进行初始计量，发生的交易费用也计入初始确认金额。企业取得其他权益工具投资所支付的价款中包含已宣告但尚未发放的现金股利，应当单独确认为“应收股利”项目，持有期间取得的现金股利应当确认为投资收益。

【学中做1-4】甲公司以每股2元的市价购入B公司的股票10万股，共20万元；另支付过户费等相关税费1万元。B公司曾在5天前宣告分派现金股利，并将向股利宣告日后第7天的在册股东分派每股0.10元的现金股利。甲公司购入B公司股票后将其划分为其他权益工具投资进行管理。请问：甲公司应确定的其他权益工具投资的入账价值是多少？

（二）后续计量

其他权益工具投资应当以公允价值进行后续计量，公允价值变动计入所有者权益（其他综合收益），在该金融资产终止确认时，将“其他综合收益”转出，计入留存收益。

指定为以公允价值计量且其变动计入其他综合收益的非交易性权益工具投资，除了获得的股利（明确代表投资成本部分收回的股利除外）计入当期损益外，其他相关的利得和损失（包括汇兑损益）均应当计入其他综合收益，且后续不得转入当期损益。当其终止确认时，之前计入其他综合收益的累计利得或损失应当从其他综合收益中转出，计入留存收益。

二、账户设置

为了核算企业取得的权益工具投资，会计上应设置“其他权益工具投资”账户，反映资产负债表日企业指定为以公允价值计量且其变动计入其他综合收益的非交易性权益工具投资。该账户下设“成本”和“公允价值变动”两个二级账户。

“其他权益工具投资——成本”账户核算企业取得的权益工具投资的初始投资成本。

“其他权益工具投资——公允价值变动”账户核算资产负债表日权益工具投资的公允价值与账面价值之间的差额。

三、其他权益工具投资的会计处理

（一）取得其他权益工具投资时

企业取得其他权益工具投资时，应按其公允价值与交易费用之和，借记“其他权益工具投资——成本”账户，按支付的价款中包含的已宣告但尚未发放的现金股利，借记“应收股利”账户，按实际支付的金额，贷记“银行存款”等账户。

（二）资产负债表日公允价值变动

在资产负债表日，按照其他权益工具投资公允价值上升的金额，借记“其他权益工具投资——公允价值变动”账户，贷记“其他综合收益”账户；若为公允价值下降，则编制相反的会计分录。

（三）持有期间被投资单位宣告发放现金股利

企业持有其他权益工具投资期间对于被投资单位宣告发放的现金股利，应当确认为应收项目，借记“应收股利”账户，贷记“投资收益”账户。

（四）出售其他权益工具投资

当其他权益工具投资终止确认时，按照实际收到的款项，借记“银行存款”等账户，贷记“其他权益工具投资——成本”账户，借记或贷记“其他权益工具投资——公允价值变动”账户，差额借记或贷记“盈余公积”“利润分配——未分配利润”账户；同时，之前计入其他综合收益的累计利得或损失应当从其他综合收益中转出，借记或贷记“其他综合收益”账户，贷记或借记“盈余公积”“利润分配——未分配利润”账户。

【引例1-4解析】

（1）黄山公司取得该股票时采取的业务模式既以收取合同现金流量为目标，又以出售该金融资产为目标，应当将其分类为以公允价值计量且其变动计入其他综合收益的金融资产。

（2）如果企业不准备短期持有该股票，应将其列为“其他权益工具投资”项目；资产负债表日如果公允价值上升或下降，借记或贷记“其他权益工具投资——公允价值变动”账户，贷记或借记“其他综合收益”账户。

【工作实例1-5】黄山公司按照净利润的10%计提盈余公积，有关股票投资业务如下：

（1）2024年4月6日，黄山公司购买青山公司发行的股票10万股，成交价为每股25.2元，其中包含已宣告但尚未发放的现金股利每股0.2元，另付交易费用6万元，占青山公司表决权资本的1%。黄山公司将其指定为以公允价值计量且其变动计入其他综合收益的非交易性权益工具投资。

（2）2024年4月30日，收到上述现金股利。

（3）2024年12月31日，该股票每股市价为28元。

（4）2025年4月3日，青山公司宣告发放现金股利每股0.3元。

（5）2025年4月30日，黄山公司收到现金股利。

（6）2025年12月31日，该股票每股市价为26元，假定判断为暂时性下跌。

（7）2026年2月6日，黄山公司出售其持有的青山公司全部股票，取得价款279.8万元。

假定不考虑其他因素，黄山公司的账务处理如下：

（1）2024年4月6日，购入股票：

借：其他权益工具投资——成本　　2 560 000

　　应收股利　　20 000

　贷：银行存款　　2 580 000

（2）2024年4月30日，收到现金股利：

借：银行存款　　20 000

　贷：应收股利　　20 000

（3）2024年12月31日，确认股票价格变动：

借：其他权益工具投资——公允价值变动　　240 000

　贷：其他综合收益　　240 000

（4）2025年4月3日，确认应收股利：

借：应收股利　　30 000

　贷：投资收益　　30 000

（5）2025年4月30日，收到现金股利：

借：银行存款　　30 000

　贷：应收股利　　30 000

（6）2025年12月31日，确认股票价格变动：

借：其他综合收益　　200 000

　贷：其他权益工具投资——公允价值变动　　200 000

（7）2026年2月6日，出售股票：

借：银行存款	2 798 000	
贷：其他权益工具投资——成本		2 560 000
——公允价值变动		40 000
盈余公积		19 800
利润分配——未分配利润		178 200

同时：

借：其他综合收益	40 000	
贷：盈余公积		4 000
利润分配——未分配利润		36 000

【素养提升】

观中国债券发展历程，海纳百川助力民族复兴

债券是一种古老的筹资和投资工具，起源于资本主义国家。我国首次发行债券主要是为了解决财政赤字的通胀问题。1950年，中央人民政府批准发行了人民胜利折实公债。改革开放后，我国债券市场真正迎来发展的契机，至今，该发展主要可以分为三大阶段：

（一）以场外交易为主的阶段（1981—1991年）

由于这段时间内市场经济并未建立，市场参与主体也没有发行债券的意识和需求，债券的交易和发行仍是以满足政府需求为主，国有企业也希望寻找除银行贷款之外的其他资金融通渠道，在行政审批后尝试发行企业债，但是这一时期的债券不能公开转让，只能以场外交易的形式自愿展开。1986年，沈阳率先成立了官方批准的柜台交易市场，允许企业债券交易，与此同时，政府也进一步推出除国债之外的其他品种债券，包括国家建设债券、国家重点工程建设债券、特种国债、保值公债等，以增加债券的品种。1988年，随着国债发行规模的扩大，如何增加其流动性成为首要问题，为此，政府开始设定部分地区作为转让试点，允许部分已发行的国库券上市转让。至1991年年初，国债流通转让的覆盖区域大大增加，更多城市也被纳入其中，柜台交易机制逐步建立，调动了市场参与者的积极性。

（二）以交易所交易为主的阶段（1991—1997年）

随着1991年交易所的成立，债券进入场内交易。而1995年国债招标发行试点获得成功，国债利率的确定逐步以市场为导向，意味着中国债券发行的市场化拉开序幕。此后，两大交易所逐渐丰富了交易品种，国债和企业债陆续进入市场，并且开发期货市场，加入回购等不同的交易方式，这些使得我国债券市场的投资者在债券种类和交易形式上有了更多的选择。而在市场监管和基础设施建设上，我国成立了中国证券监督管理委员会和两家自律监管机构（中国国债协会及中国证券业协会），以及全国性的国债登记托管机构，并开发了交易所电子交易系统。在这一时期，我国初步建立了债券交易市场，交易品种得到丰富，交易方式不断创新。与场外交易方式相比，交易所市场显得更加具有组织性、法制化和正规化。

（三）以银行间市场交易为主的阶段（1997年至今）

1997年股票市场过热，银行资金也集聚其中，主要以债券回购形式为主。因此，央行要求各商业银行转换交易场所，改在全国同业拆借中心进行债券交易，银行间债券市场就此形成。它从最初的仅仅16家商业银行，不断发展完善，此后，各类金融机构经央行等各政府部门的许可，也开始加入银行间债券市场，债券市场的覆盖面扩大，市场成员增加，规模不断扩大。目前，主要市场参与者包括外资银行、保险公司、投资基金、证券公司、财务公司等机构主体。而债券发行量也大幅增长，尤其在2006年，银行间债券市场发行量大幅增长，累计发行债券5.56万亿元，是1998年债券发行量的近29倍，债券托管量也高达8.4万亿元，增长120倍，占全部债券托管量的95%，银行间债券市场已然成为中国债券市场的主导力量。

思考与启示：

我国改革开放，学习西方的先进经验与技术，进行市场经济体制改革，取得了举世瞩目的成就，体现了中国文化海纳百川的优秀文化传统，助力中华民族的伟大复兴。增强实现中华民族伟大复兴的精神力量，是党的二十大明确提出的战略要求。人无精神则不立，国无精神则不强。精神是一个民族赖以长久生存的灵魂，唯有精神上达到一定的高度，这个民族才能在历史的洪流中屹立不倒、奋勇向前。债券是一种古老的筹资和投资工具，起源于资本主义国家。我国证券市场逐步形成银行间的国债交易系统和上海证券交易所、深圳证券交易所与北京证券交易所的交易系统。中国公司债券的成就是在充分借鉴西方经验的基础上结合中国实际发展而来的，体现了“洋为中用”的中国特色。

项目小结

企业会计准则规定，企业应当根据其管理金融资产的业务模式和金融资产的合同现金流量特征，对金融资产进行合理的分类。金融资产一般划分为三类：以摊余成本计量的金融资产、以公允价值计量且其变动计入其他综合收益的金融资产以及以公允价值计量且其变动计入当期损益的金融资产。上述分类一经确定，不应随意变更。

企业应该设置“债权投资”、“其他债权投资”以及“其他权益工具投资”三个账户对所取得的长期金融资产进行会计核算。

为核算企业拥有的债权投资，应设置“债权投资”账户，并设置“成本”、“利息调整”、“应计利息”（适用于到期一次还本付息债券）三个二级账户。为核算企业拥有的其他债权投资，应设置“其他债权投资”账户，并设置“成本”“利息调整”“应计利息”“公允价值变动”等二级账户。为核算企业拥有的其他权益工具投资，应设置“其他权益工具投资”账户，并设置“成本”“公允价值变动”等二级账户。

复习思考题

1.如何对长期金融资产进行分类？

2.债权投资的特征有哪些？

3.其他债权投资的特征有哪些？

4.如何对长期金融资产进行初始计量？

5.如何对长期金融资产进行后续计量？

6.什么是摊余成本？

7.什么是实际利率法？怎样计算实际利率？

8.摊余成本是如何计算确定的？

9.债权投资与其他债权投资在核算上有何相同点和不同点？

10.其他权益工具投资出售时如何进行会计处理？

习题与实训

单项选择题

一、单项选择题

1.下列项目中不属于金融资产的是（　　）。

A.股权投资　　B.预付账款

C.基金投资　　D.债权投资

2.甲公司对其购入债券的业务管理模式是以收取合同现金流量为目标。该债券的合同条款规定，在特定日期产生的现金流量，仅为对本金和以未偿付本金金额为基础的利息的支付。不考虑其他因素，甲公司应将该债券投资分类为（　　）。

A.其他货币资金

B.以公允价值计量且其变动计入当期损益的金融资产

C.以公允价值计量且其变动计入其他综合收益的金融资产

D.以摊余成本计量的金融资产

3.甲公司取得债务工具，以收取合同现金流量和出售债务工具为目标的业务模式，应将其划分为（　　）。

A.以公允价值计量且其变动计入当期损益的金融资产

B.以摊余成本计量的金融资产

C.以公允价值计量且其变动计入其他综合收益的金融资产

D.流动资产

4.甲公司将非交易性权益工具投资指定为以公允价值计量且其变动计入其他综合收益的金融资产。在资产负债表日，甲公司按公允价值计量该资产，处置时甲公司应将原计入其他综合收益对应处置部分的金额转出，计入（　　）。

A.投资收益　　B.资本公积　　C.营业外收入　　D.留存收益

5.甲股份有限公司于2024年4月1日购入面值为1 000万元的3年期债券并划分为以摊余成本计量的金融资产，实际支付的价款为1 500万元，其中包含已到付息期但尚未领取的债券利息20万元，另支付相关税费10万元。该项债权投资的初始入账金额为（　　）万元。

A.1 510　　B.1 490　　C.1 500　　D.1 520

6.2024年1月1日，甲公司以3 133.5万元购入乙公司当日发行的面值总额为3 000万元的债券，作为债权投资核算。该债券期限为5年，票面年利率为5%，实际年利率为4%，每年年末支付利息，到期偿还本金。不考虑增值税等相关税费及其他因素，2024年12月31日甲公司该债券投资的利息收入为（　　）万元。

A.24.66　　B.125.34　　C.120　　D.150

7.甲公司2024年3月25日支付价款2 230万元（含已宣告但尚未发放的现金股利60万元）取得一项股权投资，另支付交易费用10万元。甲公司将其划分为以公允价值计量且其变动计入其他综合收益的金融资产核算。甲公司购入该项金融资产的入账价值为（　　）万元。

A.2 230　　B.2 170　　C.2 180　　D.2 105

8.2024年1月1日，甲公司从二级市场购入乙公司分期付息、到期还本的债券12万张，以银行存款支付价款1 050万元，另支付相关交易费用12万元。该债券系乙公司于2023年1月1日发行，每张债券面值为100元，期限为3年，票面年利率为5%，每年年末支付当年度利息。甲公司将该债券分类为以摊余成本计量的金融资产，不考虑其他因素，甲公司持有乙公司债券至到期累计应确认的投资收益为（　　）万元。

A.120　　B.258　　C.270　　D.318

9.2024年1月1日，甲公司以银行存款1 100万元购入乙公司当日发行的面值为1 000万元的5年期不可赎回债券，将其划分为以公允价值计量且其变动计入其他综合收益的金融资产。该债券票面年利率为10%，每年付息一次，实际年利率为7.53%。2024年12月31日，该债券的公允价值为1 090万元。假定不考虑其他因素，2024年12月31日，甲公司该债券投资的账面价值为（　　）万元。

A.1 070　　B.1 090　　C.1 182.53　　D.1 200

10.2024年1月1日，甲公司购入当日发行的面值为1 000万元的债券，支付价款869.6万元，另外支付交易费用10万元。该债券分期付息、到期一次还本，期限为5年，票面年利率为5%，实际年利率为8%，每年12月31日支付当年利息。甲公司将其划分为以公允价值计量且其变动计入其他综合收益的金融资产。2024年12月31日，该项金融资产的公允价值为910万元，2024年年末该金融资产的摊余成本为（　　）万元。

A.899.97　　B.879.6　　C.899.97　　D.910

二、多项选择题

多项选择题

1.下列金融资产中，应当以摊余成本进行后续计量的有（　　）。

A.贷款和应收款项

B.债权投资

C.其他债权投资

D.直接指定为以公允价值计量且其变动计入当期损益的金融资产

2.用来核算“其他债权投资”的明细账户有（　　）。

A.成本　　B.公允价值变动　　C.应计利息　　D.利息调整

3.关于金融资产的分类，下列项目中正确的有（　　）。

A.企业管理金融资产的业务模式是以收取合同现金流量为目标，则应分类为以摊余成本计量的金融资产

B.企业管理金融资产的业务模式是以短期内出售为目标，则应分类为以公允价值计量且其变动计入当期损益的金融资产

C.企业管理金融资产的业务模式既以收取合同现金流量为目标又以出售该金融资产为目标，并且该金融资产的合同条款规定，在特定日期产生的现金流量，仅为对本金和以未偿付本金金额为基础的利息的支付，则应分类为以公允价值计量且其变动计入其他综合收益的金融资产

D.对债务工具投资，分类为以摊余成本计量的金融资产和分类为以公允价值计量且其变动计入当期损益的金融资产之外的金融资产，企业应当将其分类为以公允价值计量且其变动计入其他综合收益的金融资产

4.企业将金融资产划分为以摊余成本计量的金融资产时，需要符合的条件有（　　）。

A.企业管理该金融资产的业务模式是以出售该金融资产为目标

B.企业管理该金融资产的业务模式是以收取合同现金流量为目标

C.企业管理该金融资产的业务模式既以收取合同现金流量为目标又以出售该金融资产为目标

D.该金融资产的合同条款规定，在特定日期产生的现金流量，仅为对本金和以未偿付本金金额为基础的利息的支付

5.关于其他债权投资，下列说法中正确的有（　　）。

A.其他债权投资应当按取得该金融资产的公允价值和相关交易费用之和作为初始确认金额

B.其他债权投资持有期间取得的利息，应当计入投资收益

C.资产负债表日，其他债权投资应当以公允价值计量，且公允价值变动计入当期损益

D.其他债权投资发生减值的，在确认减值损失时，应当将原直接计入所有者权益的公允价值降低形成的累计损失一并转出，计入减值损失

6.下列各项资产中，取得时发生的交易费用应当计入初始入账价值的有（　　）。

A.其他权益工具投资　　B.交易性金融资产　　C.债权投资　　D.其他债权投资

7.下列关于各项金融资产会计处理的说法中，正确的有（　　）。

A.交易性金融资产在持有期间获得的现金股利记入“投资收益”账户

B.交易性金融资产在资产负债表日公允价值大于账面价值的差额记入“投资收益”账户

C.债权投资持有期间按摊余成本和实际利率计算确认的利息收入记入“投资收益”账户

D.其他债权投资持有期间按摊余成本和实际利率计算确认的利息收入记入“投资收益”账户

8.下列关于金融资产分类的表述中，不正确的有（　　）。

A.权益工具投资只能划分为以公允价值计量且其变动计入当期损益的金融资产

B.如果某项金融资产的合同现金流量仅包括本金和以未偿付本金金额为基础的利息的支付，则应该

将其划分为以摊余成本计量的金融资产

C.权益工具投资的合同现金流量并非来源于本金和以未偿付本金金额为基础的利息的支付，不能划分为以摊余成本计量的金融资产

D.股权投资不能划分为以公允价值计量且其变动计入其他综合收益的金融资产

9.甲公司于2024年1月1日以3 060万元购入当日发行的面值为3 000万元的3年期、到期还本、按年付息的一般公司债券，该债券票面年利率为5%，实际年利率为4.28%，甲公司管理层将其作为以摊余成本计量的金融资产核算。不考虑其他因素，甲公司的下列会计处理中正确的有（　　）。

A.2024年1月1日该债券投资的初始计量金额为3 060万元

B.2024年年末摊余成本为3 040.97万元

C.2025年应确认利息收入128.01万元

D.2025年应确认利息收入130.15万元

10.2024年1月1日，甲公司支付价款1 020万元购入某公司同日发行的3年期公司债券，另支付交易费用8.24万元。该债券面值为1 000万元，票面年利率为4%，实际年利率为3%，每年12月31日支付本年利息，到期支付本金。甲公司将该债券划分为以公允价值计量且其变动计入其他综合收益的金融资产。2024年12月31日，甲公司收到债券利息40万元，该债券的公允价值为900万元，甲公司期末确认预期信用损失准备100万元。不考虑其他因素，甲公司的下列会计处理中正确的有（　　）。

A.2024年1月1日该项金融资产的初始确认金额为1 028.24万元

B.2024年应确认信用减值损失119.09万元

C.2024年12月31日资产负债表中其他综合收益余额为19.09万元

D.2024年12月31日该金融资产账面价值为900万元

三、判断题

判断题

1.企业应当根据金融资产的合同现金流量特征，对金融资产进行合理的分类。（　　）

2.企业对金融资产进行重分类，应当采用追溯调整法进行会计处理。（　　）

3.其他债权投资期末按公允价值计量，因此期末不能计提减值准备。（　　）

4.企业取得的其他权益工具投资，相关交易费用记入“其他权益工具投资——利息调整”账户。（　　）

5.企业取得的其他债权投资，相关交易费用记入“其他债权投资——利息调整”账户。（　　）

6.“其他债权投资”账户借方的期末余额，反映企业其他债权投资的公允价值。（　　）

7.企业金融资产的类型一经确定，不得随意变更。（　　）

8.资产负债表日，对于债权投资为分期付息、一次还本的债券投资，应按票面利率计算确定的应收未收利息，借记“债权投资——应计利息”科目。（　　）

9.企业对债权投资初始确认金额与到期日金额之间的差额应采用实际利率法进行摊销，也可采用直线法进行摊销。（　　）

10.企业为取得债权投资发生的交易费用应计入成本。（　　）

四、实训题

实训一

实训题

目的：实训债权投资的会计处理。

资料：2024年1月1日，甲公司购买了一项债券，剩余年限为5年，划分为债权投资，买价为90万元，另支付交易费用5万元。该债券面值为100万元，票面利率为4%，每年年末付息，到期还本。（实际利率为5.16%）

要求：

（1）编制2024年1月1日甲公司购入该债券时的会计分录（金额保留两位小数，单位：万元，下同）。

（2）计算甲公司该债券每年的利息收益金额，填列表1-4。

表1-4 实际利息与摊余成本计算表

年份	年初摊余成本	实际利息收入	现金流入	年末摊余成本
2024				
2025				
2026				
2027				
2028				

（3）编制甲公司2024年年末确认实际利息收入及收到债券利息的会计分录。

（4）编制该债券到期时收回本金的会计分录。

实训二

目的：实训债权投资的会计处理。

资料：2024年1月1日，亿立公司从活跃市场购买了一项公司债券，将其划分为债权投资。该债券5年期，本金为1 100万元，公允价值为961万元（含交易费用10万元），到期还本、分期付息，每年1月5日按照票面年利率3%支付利息。合同约定债券发行方申花公司在遇到特定情况下可以将债券赎回，且不需要为赎回支付额外款项。亿立公司在购买时预计发行方不会提前赎回。亿立公司取得该债券时，将其划分为以摊余成本计量的金融资产，假定实际利率为6%。

要求：编制亿立公司的相关会计分录。

实训三

目的：实训债权投资的核算。

资料：甲公司进行债权投资如下：

2024年1月1日，从证券市场上购入乙公司2024年1月1日发行的3年期、到期一次还本付息债券300张，债券票面年利率为6%，每张面值为1 000元，每张买入价为1 019元（含交易费用），所有款项均以银行存款支付。购买该债券时的实际利率为5%，按实际利率计算确认利息收入。甲公司管理该债券的业务模式是收取合同现金流量。

要求：

（1）计算该债券投资的利息调整金额（计算结果保留整数，下同）。

（2）编制甲公司2024年1月1日买入该债券时的会计分录。

（3）填列表1-5，计算2024年至2026年该债券投资应调整的利息和应确认的利息收入，并编制相应的会计分录。

表1-5 实际利息与摊余成本计算表

年份	期初摊余成本	实际利息	现金流入	期末摊余成本
2024				
2025				
2026				
合计				

（4）编制2026年12月31日到期收回本息的会计分录。

实训四

目的：实训其他债权投资的会计处理。

资料：北京华美电器有限公司进行长期金融资产投资如下：

2024年1月1日，北京华美电器有限公司支付价款1 000万元（含交易费用）从上海证券交易所购入A公司同日发行的5年期公司债券12 500份，债券票面价值总额为1 250万元，票面年利率为4.72%，于年末支付本年度债券利息（即每年利息为59万元），本金在债券到期时一次偿还。合同约定，该债券的发行方在遇到特定情况时可以将债券赎回，且不需要为提前赎回支付额外款项。北京华美电器有限公司在购买该债券时，预计发行方不会提前赎回，甲公司根据其管理该债券的业务模式和该债券的合同现金流量特征，将该债券分类为以公允价值计量且其变动计入其他综合收益的金融资产。

其他资料如下：

（1）2024年12月31日，A公司债券的公允价值为1 200万元（不含利息）。

（2）2025年12月31日，A公司债券的公允价值为1 300万元（不含利息）。

（3）2026年12月31日，A公司债券的公允价值为1 250万元（不含利息）。

（4）2027年12月31日，A公司债券的公允价值为1 200万元（不含利息）。

（5）2028年1月20日，通过上海证券交易所出售了A公司债券12 500份，取得价款1 260万元。

假定不考虑所得税、减值损失等因素，计算该债券的实际利率为10%。

要求：填列表1-6并编制北京华美电器有限公司上述经济业务的会计分录。

表1-6　　**实际利息与摊余成本计算表**　　单位：万元

日　期	现金流入（A）	实际利息收入（B=期初D×10%）	已收回的本金（C=A-B）	摊余成本余额（D=期初D-C）	公允价值（E）	公允价值变动额（F=E-D-期初G）	公允价值变动累计金额（G=期初G+F）
2024年1月1日							
2024年12月31日							
2025年12月31日							
2026年12月31日							
2027年12月31日							
2028年1月20日							
小计							
2028年1月20日							
合计							

实训五

目的：实训其他权益工具投资的会计处理。

资料：

黄河公司2024年4月5日购入M上市公司的股票200万股作为其他权益工具投资，每股20元（含已宣告但尚未发放的现金股利2元），另支付相关费用20万元；5月15日收到现金股利400万元；6月30日每股公允价值为18.4元；9月30日每股公允价值为18.8元；12月31日每股公允价值为18.6元。2025年1月5日，黄河公司将上述M上市公司的股票对外出售100万股，每股售价为18.8元。黄河公司对外提供季度财务报告。

要求：根据上述资料编制黄河公司的有关会计分录。（金额单位：万元）

项目二
长期股权投资的核算

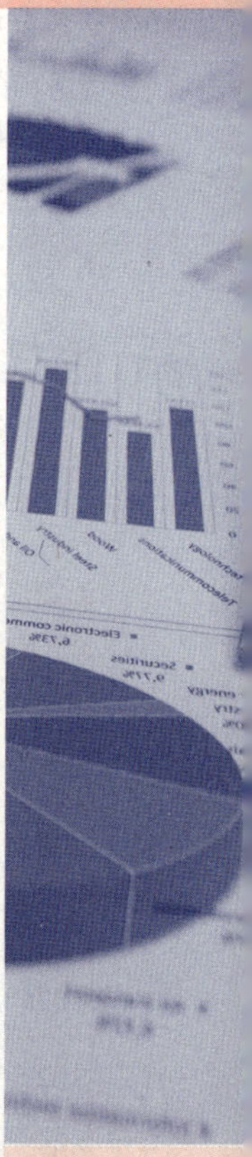

职业能力目标

通过本章学习，熟悉企业合并及其类型；掌握不同合并方式对长期股权投资初始投资成本的影响；熟练掌握和运用长期股权投资在成本法下的后续计量；熟练掌握和运用长期股权投资在权益法下的后续计量；熟练掌握长期股权投资减值和处置的会计处理。

典型工作任务

企业合并及其类型；企业合并形成长期股权投资的初始计量；长期股权投资的成本法；长期股权投资的权益法；长期股权投资的转换；长期股权投资的处置。

内容框架

长期股权投资的核算

- 长期股权投资的初始计量
  - 长期股权投资初始计量原则
  - 企业合并
  - 企业合并形成的长期股权投资的初始计量
  - 非企业合并形成的长期股权投资的初始计量
- 长期股权投资的后续计量
  - 长期股权投资核算的成本法
  - 长期股权投资核算的权益法
  - 长期股权投资核算方法的转换
  - 长期股权投资的减值
  - 长期股权投资的处置

任务一　长期股权投资的初始计量

【引例2-1】

A公司和B公司属于同一集团下的两个子公司。2024年7月1日，A公司向B公司定向增发1 500万股普通股（每股面值1元，市价8元），取得B公司80%的股权，并于当日对B公司实施控制；合并后B公司仍维持独立法人资格继续经营。两公司在合并前采用的会计政策相同。合并日，B公司所有者权益总额账面价值为10 000万元，公允价值为12 000万元。在企业合并过程中，A公司另外支付了10万元谈判费、过户费及其他直接费用等。

任务要求：

（1）企业合并对长期股权投资的初始成本是否产生影响？

（2）A公司支付的10万元谈判费、过户费及其他直接费用应该如何处理？

（3）A公司取得此项投资所确认的初始投资成本为多少？如何编制会计分录？

一、长期股权投资初始计量原则

长期股权投资在取得时，应按初始投资成本入账。长期股权投资的初始投资成本，应分企业合并和非企业合并两种情况确定。

长期股权投资包括以下内容：

❶投资企业能够对被投资单位实施控制的权益性投资，即对子公司投资；

❷投资企业与其他合营方同时对被投资单位实施共同控制的权益性投资，即对合营企业投资；

❸投资企业对被投资单位施加重大影响的权益性投资，即对联营企业投资。

二、企业合并

企业合并，是指将两个或者两个以上单独的企业合并形成一个报告主体的交易或事项。企业合并可按不同基础分类。

（一）以合并方式为基础对企业合并的分类

以合并方式为基础，企业合并包括控股合并、吸收合并和新设合并三种。

1.控股合并

控股合并，是指企业通过收购其他企业的股份或相互交换股票取得对方股份，达到对其他企业进行控制的一种合并形式。也就是说，一个企业通过购买另一个企业的股份，使被购买股份的企业成为它的附属公司或子公司，它自己则成为这些子公司的控股公司，又称“母公司”。例如，A公司购买B公司60%的股份，A公司就成了控股公司，B公司则是A公司的子公司。在控股合并中，控股企业和被控股企业仍继续存在并经营，且相互组成一个集团公司。

2.吸收合并

吸收合并，又称兼并，是指两个或两个以上的企业合并形成一个单一的企业，其中一个企业保留法人资格，其他企业的法人资格随着合并而消失。例如，A公司兼并B公司，兼并后A公司仍然存在，拥有了原A、B公司的资产，承担了原A、B公司相应的负债，而B公司宣告解散。

3.新设合并

新设合并，又称“创立合并”，是指两个或两个以上的企业协议合并组成一个新的企业，原参与合并的企业在合并后均注销其法人资格。例如，A公司和B公司合并，成立一家C公司，其中，A公司和B公司分别以其全部资产换取新成立C公司的股份，A公司和B公司随即宣告解散。

（二）以是否在同一控制下进行企业合并方式为基础对企业合并的分类

以是否在同一控制下进行企业合并方式为基础，企业合并分为同一控制下的企业合并和非同一控制下的企业合并。

1.同一控制下的企业合并

参与合并的企业在合并前后均受同一方或相同的多方最终控制，且该控制并非暂时性的，为同一控制下的企业合并。对于同一控制下的企业合并，在合并日取得对其他参与合并企业控制权的一方为合并方，参与合并的其他企业为被合并方。同一控制下的企业合并常常表现为母子公司之间、同一母公司下的各子公司之间的合并。

2.非同一控制下的企业合并

参与合并的各方在合并前后不受同一方或相同的多方最终控制的，为非同一控制下的企业合并。非同一控制下的企业合并，在购买日取得对其他参与合并企业控制权的一方为购买方，参与合并的其他企业为被购买方。

三、企业合并形成的长期股权投资的初始计量

（一）同一控制下的企业合并形成的长期股权投资的初始计量

同一控制下的企业合并形成的长期股权投资，投资双方在会计上称为“合并方”和“被合并方”。

1.初始投资成本的确定

（1）在同一控制下的企业合并形成的长期股权投资，合并方以支付现金、转让非现金资产或承担债务方式作为合并对价的，应当在合并日按照取得被合并方所有者权益账面价值的份额，作为长期股权投资的初始投资成本。长期股权投资初始投资成本与支付的现金、转让的非现金资产及所承担债务账面价值之间的差额，应当调整资本公积；资本公积不足冲减的，应调整留存收益。

（2）合并方以发行权益性证券作为合并对价的，应当在合并日按照取得被合并方所有者权益账面价值的份额作为长期股权投资的初始投资成本。按照发行股份的面值总额作为股本，长期股权投资初始投资成本与所发行股份面值总额之间的差额应当调整资本公积；资本公积不足冲减的，应调整留存收益。

（3）在同一控制下的企业合并中所形成的长期股权投资，实际支付的价款或对价中包含的已宣告但尚未发放的现金股利或利润应作为“应收股利”处理。

（4）因同一控制下企业合并过程中发生的审计、法律服务、评估咨询等中介费用以及其他相关管理费用，应当于发生时计入当期管理费用。

2. 会计处理

同一控制下企业合并形成的长期股权投资，应在合并日按取得被合并方所有者权益账面价值的份额，借记“长期股权投资”账户，按享有被投资企业已宣告但尚未发放的现金股利或利润，借记“应收股利”账户，按支付的合并对价的账面价值，贷记有关资产或有关负债账户，按其差额，贷记“资本公积——资本溢价（或股本溢价）”账户；如为借方差额的，借记“资本公积——资本溢价（或股本溢价）”账户；资本公积（资本溢价或股本溢价）不足冲减的，借记“盈余公积”“利润分配——未分配利润”账户。上述业务如以发行权益性证券方式进行的，应按发行权益性证券的面值总额，贷记“股本”账户。

【引例2-1解析】

（1）企业会计准则规定，同一控制下的企业合并形成的长期股权投资，合并方以转让非现金资产作为合并对价的，应当在合并日按照取得被合并方所有者权益账面价值的份额，作为长期股权投资的初始投资成本。所以，企业合并对长期股权投资的初始成本会产生影响。

（2）对于企业在合并过程中发生的谈判费、过户费及其他直接费用等不计入成本，直接列入管理费用。

（3）长期股权投资初始投资成本应确认为8 000万元。长期股权投资初始投资成本8 000万元与转让的非现金资产账面价值1 500万元的差额，应当调整资本公积。会计分录为：

借：长期股权投资　　80 000 000
　贷：股本　　15 000 000
　　资本公积——股本溢价　　65 000 000

【工作实例2-1】2024年1月1日，甲公司向同一集团内的A公司发行1 400万股普通股（每股面值1元，市价3.5元），取得A公司100%的股权，并于当日起能够对A公司实施控制。合并后A公司仍保持其独立的法人资格继续经营。两公司在企业合并前采用的会计政策相同。合并日，两公司的所有者权益的构成见表2-1。

表2-1　合并前甲公司和A公司的所有者权益　　单位：元

会计账户	甲公司账面价值	A公司账面价值
股本	60 000 000	10 000 000
资本公积	8 000 000	4 000 000
盈余公积	15 000 000	5 000 000
未分配利润	2 000 000	3 000 000
合计	85 000 000	22 000 000

甲公司编制的会计分录如下：

借：长期股权投资　　22 000 000
　贷：股本　　14 000 000
　　资本公积——股本溢价　　8 000 000

【工作实例2-2】沿用【工作实例2-1】资料，假定2024年1月1日，甲公司发行2 400万股普通股（每股面值1元，市价3.5元），取得A公司100%的股权，其他条件不变。则甲公司在合并日编制的会计分录如下：

借：长期股权投资　　22 000 000
　　资本公积——股本溢价　　2 000 000
　贷：股本　　24 000 000

【学中做2-1】如果【工作实例2-1】中，甲公司发行3 200万股普通股，其他条件不变。则甲公司在合并日编制的会计分录是什么？

【小思考2-1】为什么在【工作实例2-1】和【工作实例2-2】中，投资企业不考虑股票的市价？

【工作实例2-3】东方公司与北方公司属于同一集团公司的两个企业。2024年6月30日，东方公司以无形资产专利权（原价为2 500万元，累计摊销为500万元，公允价值为2 100万元，增值税税率为6%）和银行存款600万元为对价，取得了北方公司60%的股权。合并时，北方公司净资产账面价值为4 000万元，公允价值为5 000万元。

由于合并前后均受同一方控制，为同一控制下的企业合并。合并日，东方公司编制的会计分录如下：

借：长期股权投资　　25 260 000
　　累计摊销　　5 000 000
　　资本公积——资本溢价　　2 000 000
　贷：无形资产——专利权　　25 000 000
　　　银行存款　　6 000 000
　　　应交税费——应交增值税（销项税额）　　1 260 000

【小思考2-2】在【工作实例2-3】中，东方公司转让的无形资产为什么不产生损益？

（二）非同一控制下的企业合并形成的长期股权投资的初始计量

在非同一控制下的企业合并，是将合并行为看作是一方购买另一方的交易，因此，投资双方在会计上称为“购买方”和“被购买方”。

1.初始投资成本的确定

在非同一控制下的企业合并中，购买方为了取得对被购买方的控制权而放弃的资产、发生或承担的负债、发行的权益性证券等均应按其在购买日的公允价值计量。非同一控制下的控股合并中，购买方应该按照确定的企业合并成本作为长期股权投资的初始投资成本。企业合并成本包括购买方付出的资产、发生或承担的负债、发行的权益性证券的公允价值之和；购买方为企业合并发生的审计、法律服务、评估咨询等中介费用以及其他相关管理费用，应当于发生时计入当期损益；购买方作为合并对价发行的权益性证券或债务性证券的交易费用，应当计入权益性证券或债务性证券的初始确认金额。具体来说：

（1）一次交换交易实现的企业合并，合并成本为购买方在购买日为取得对被购买方的控制权而付出的资产、发生或承担的负债以及发行的权益性证券的公允价值。

（2）通过多次交换交易分步实现的企业合并，在个别财务报表中，应当以购买日之前所持被购买方的股权投资的账面价值与购买日新增投资成本之和作为初始投资成本之和。

（3）在非同一控制下的企业合并中所形成的长期股权投资，实际支付的价款或对价中包含的已宣告但尚未发放的现金股利或利润，应作为“应收股利”处理。

【知识链接2-1】《企业会计准则第20号——企业合并》将合并过程中发生的直接相关费用，按照合并形式进行了分别处理，即同一控制下的企业合并将直接合并成本费用化，非同一控制下则将其成本化，即企业合并形式决定合并成本的性质。

2.会计处理

非同一控制下企业合并形成的长期股权投资，应在购买日按企业合并成本，借记“长期股权投资”账户，按享有被投资企业已宣告但尚未发放的现金股利或利润，借记“应收股利”账户，按支付的合并对价的账面价值，贷记有关资产类账户或借记有关负债类账户，按其差额，借记或贷记“资产处置损益”等账户。按发生的直接相关费用，借记“管理费用”账户，贷记“银行存款”账户。非同一控制下企业合并涉及以库存商品等作为合并对价的，应按库存商品的公允价值，贷记“主营业务收入”账户，并同时结转销售成本。涉及增值税的，还应进行相应的处理。

【工作实例2-4】2024年4月1日，南方公司以大型设备和部分银行存款购买了北辰公司60%的股权（在购买日南方公司支付的资产账面价值和公允价值见表2-2）。合并中，南方公司聘请注册会计师进行资产评估和咨询，另支付相关费用40万元。在本次合并前，南方公司与北辰公司不存在任何关联方关系。

表2-2　购买日南方公司支付的资产账面价值和公允价值一览表　单位：元

项目	账面价值	公允价值
固定资产	10 000 000 （成本15 000 000，累计折旧5 000 000）	12 000 000
银行存款	16 000 000	16 000 000
合计	26 000 000	28 000 000

南方公司在合并日编制的会计分录如下：

借：固定资产清理　10 000 000
　　累计折旧　5 000 000
　贷：固定资产　15 000 000

借：固定资产清理　1 560 000
　贷：应交税费——应交增值税（销项税额）　1 560 000

借：长期股权投资　29 560 000
　贷：固定资产清理　13 560 000
　　　银行存款　16 000 000

借：固定资产清理　2 000 000
　贷：资产处置损益　2 000 000

借：管理费用　400 000
　贷：银行存款　400 000

四、非企业合并形成的长期股权投资的初始计量

除企业合并形成的长期股权投资以外其他方式取得的长期股权投资，应当按照下列规定确定其初始投资成本：

（一）以支付现金取得的长期股权投资

以支付现金取得的长期股权投资，应当按照实际支付的购买价款作为初始投资成本。初始投资成本包括与取得长期股权投资直接相关的费用、税金及其他必要支出。企业取得长期股权投资实际支付的价款或对价中包含的已宣告但尚未发放的现金股利或利润应作为“应收股利”处理。

【工作实例2-5】2024年3月1日，甲公司自公开市场中买入A公司55%的股份，实际支付价款550万元，其中包含已到期但尚未支付的现金股利10万元。另外，在购买过程中支付手续费等相关费用3万元。甲公司根据有关凭证，编制会计分录如下：

借：长期股权投资	5 430 000	
应收股利	100 000	
贷：银行存款		5 530 000

（二）以发行权益性证券取得的长期股权投资

以发行权益性证券取得的长期股权投资，应当按照发行权益性证券的公允价值，作为初始投资成本。为发行权益性证券支付的手续费、佣金等自权益性证券的溢价发行收入中扣除；溢价收入不足的，应冲减盈余公积和未分配利润。

【工作实例2-6】2024年6月8日，华瑞公司通过增发200万股普通股（每股面值1元）取得乙公司30%的股权，合并日，该股票的公允价值为790万元。为增发该部分股票，华瑞公司支付了5万元的佣金和手续费。华瑞公司根据有关凭证，编制会计分录如下：

借：长期股权投资	7 900 000	
贷：股本		2 000 000
资本公积——股本溢价		5 850 000
银行存款		50 000

（三）投资者投入的长期股权投资

投资者投入的长期股权投资，是指投资者将其持有的对第三方的投资作为出资投入企业形成的长期股权投资。对于接受投资的企业，原则上应当按照投资合同或协议约定的价值作为初始投资成本。例外的情况是，如果投资各方在投资合同或协议中约定的价值明显高于或低于该项投资公允价值的，应以公允价值作为长期股权投资的初始投资成本。

（四）其他方式取得的长期股权投资

企业通过非货币性资产交换、债务重组等方式取得的长期股权投资，其初始投资成本应当参照本书非货币性资产交换和债务重组等章节的有关规定处理。

任务二 长期股权投资的后续计量

【引例2-2】

2024年1月1日，甲公司与乙公司进行企业合并，甲公司从二级市场中购入乙公司60%的股权，可以对乙公司实施控制。2024年5月10日，因经营原因，甲公司将原先持有的乙公司60%的股权出售一半，取得收入900万元。剩余的一半投资继续持有，对乙公司具有重大影响。

任务要求：

（1）甲公司与乙公司合并属于何种合并？

（2）甲公司取得乙公司60%的股权时，应采用何种核算方法进行后续计量？

（3）甲公司对继续持有的长期股权投资应采用何种方法进行核算？

长期股权投资在持有期间，根据投资企业对被投资企业的影响程度进行划分，应分别采用成本法和权益法进行后续计量。

一、长期股权投资核算的成本法

（一）成本法的概念和适用范围

成本法，是指长期股权投资按投资成本计价的方法。投资方能够对被投资单位实施控制的长期股权投资，应当采用成本法。

控制是指投资方拥有对被投资方的权力，通过参与被投资方的相关活动而享有可变回报，并且有能力运用对被投资方的权力影响其可变回报金额。

控制的定义包含三项基本要素：❶拥有被投资方的权力；❷通过参与被投资方的相关活动而享有可变回报；❸有能力运用对被投资方的权力影响其可变回报金额。在判断投资方是否能够控制被投资方时，如果投资方具备以上所有的要素，则会计上认定投资方能够控制被投资方。

投资企业对子公司的长期股权投资，纳入合并财务报表的合并范围。在日常核算中，应当采用成本法，但编制合并财务报表时按照权益法进行调整。

（二）成本法的核算

1.长期股权投资初始投资成本的确定

在成本法下，长期股权投资应当按照初始投资成本计价。追加或收回投资应当调整长期股权投资的初始投资成本。同一控制下企业合并形成的长期股权投资初始投资成本为取得被合并方账面所有者权益的份额。企业取得长期股权投资实际支付的价款或对价中包含的已宣告但尚未发放的现金股利或利润，应作为“应收股利”处理。

【工作实例2-7】2024年4月1日，甲公司自公开市场中买入乙公司60 000股作为长期股权投资，每股买入价为8.2元，每股价格中包含0.2元的已宣告但未分派的现金股利，另支付相关税费30 000元。2024年4月20日，甲公司收到乙公司派发的现金股利。

甲公司根据有关凭证，编制会计分录如下：

借：长期股权投资——乙公司　　510 000

　　应收股利　　12 000

　贷：银行存款　　522 000

借：银行存款　　12 000

　贷：应收股利　　12 000

2. 长期股权投资持有期间被投资单位宣告发放现金股利或利润

长期股权投资持有期间被投资单位宣告发放现金股利或利润时，企业按应享有的部分确认为投资收益，借记“应收股利”账户，贷记“投资收益”账户。投资企业在确认自被投资单位应分得的现金股利或利润后，应当考虑长期股权投资是否发生减值。如果发生减值，应当确认资产减值损失。

【工作实例2-8】2023年1月2日，华艺公司以银行存款购入长江公司60%的股份，并准备长期持有。初始投资成本为130万元，采用成本法进行核算。投资后，长江公司发生下列业务：

（1）2023年4月10日，公司宣告发放2022年现金股利100万元；发放日为2023年4月18日。

（2）2023年长江公司实现净利润400万元。

（3）2024年4月15日，公司宣告发放2023年现金股利160万元；发放日为2024年4月22日。

（4）2024年长江公司发生净亏损180万元。

华艺公司应进行的账务处理如下：

（1）2023年取得投资时：

借：长期股权投资——长江公司　　1 300 000

　贷：银行存款　　1 300 000

（2）2023年从长江公司分回股利时：

借：应收股利　　600 000

　贷：投资收益　　600 000

借：银行存款　　600 000

　贷：应收股利　　600 000

（3）2024年从长江公司分回股利时：

借：应收股利　　960 000

　贷：投资收益　　960 000

借：银行存款　　960 000

　贷：应收股利　　960 000

【小思考2-3】为什么在成本法下，对投资企业从被投资企业分回的现金股利的会计处理都是相同的？

3. 长期股权投资的处置

处置长期股权投资时，按实际取得的价款与长期股权投资账面价值的差额确认为投资损益，并应同时结转已计提的长期股权投资减值准备。其会计处理是：企业处置长期股权投资时，应按实际收到的金额借记“银行存款”等账户，按原已计提的减值准备借记“长期股权投资减值准备”账户，按该项长期股权投资的账面余额贷记“长期股权投资”账户，按尚未领取的现金股利或利润贷记“应收股利”账户，按其差额贷记或借记“投资收益”账户。

【工作实例2-9】接【工作实例2-8】资料，2025年3月2日，华艺公司将所持有的长江公司的股份全部出售，取得价款1 500 000元存入银行。

华艺公司应进行的账务处理如下：

借：银行存款　　1 500 000

　贷：长期股权投资——长江公司　　1 300 000

　　投资收益　　200 000

二、长期股权投资核算的权益法

（一）权益法的概念和适用范围

权益法，是指投资以初始投资成本计量后，在投资持有期间根据投资企业享有被投资单位所有者权益份额的变动对投资的账面价值进行调整的方法。企业对被投资单位具有共同控制或者重大影响时，长期股权投资应当采用权益法核算。

共同控制，是指按相关约定对某项安排所共有的控制，并且该安排的相关活动必须经过分享控制权的参与方一致同意后才能决策。在判断是否存在共同控制时，应当首先判断所有参与方或参与方组合是否集体控制该安排；其次，再判断该安排相关活动的决策是否必须经过这些集体控制的参与方一致同意。

重大影响，是指对一个企业的财务和经营政策有参与决策的权力，但并不能够控制或者与其他方一起共同控制这些政策的制定。在确定能否对被投资单位施加重大影响时，应当考虑投资方和其他方持有的被投资单位当期可转换公司债券、当期可执行认股权证等潜在表决权因素。

（二）账户设置

长期股权投资采用权益法核算的，需要在“长期股权投资”账户下设置“投资成本”“损益调整”“其他综合收益”“其他权益变动”等二级账户进行明细核算。

“长期股权投资——投资成本”账户，核算初始投资成本及对初始投资成本的调整。

“长期股权投资——损益调整”账户，核算投资企业因被投资单位实现的净利润、发生的净亏损、宣告分派的现金股利等而调整的份额。

“长期股权投资——其他综合收益”账户，核算投资企业因被投资单位发生其他综合收益变动应享有的份额。

“长期股权投资——其他权益变动”账户，核算投资企业根据被投资单位除净损益变动以外的所有者权益变动计算应享有的份额。

（三）权益法的核算

1.初始投资成本的调整

长期股权投资的初始投资成本大于投资时应享有被投资单位可辨认净资产公允价值份额的，该部分差额系投资企业在购入该项投资过程中通过购买作价体现出的与所取得股权份额相对应的商誉，不需调整已确认的初始投资成本。

长期股权投资的初始投资成本小于投资时应享有被投资单位可辨认净资产公允价值份额的，该部分差额可以看作是被投资单位的股东给予投资企业的让步，或是出于其他方面的考虑，被投资单位的原有股东无偿赠与投资企业的价值，因而应确认为当期损益，同时调整长期股权投资的成本。

2.投资损益的确认

（1）根据被投资单位实现的净利润计算应享有的份额，确认投资收益，调增长期股权投资的账面价值，借记“长期股权投资——损益调整”账户，贷记“投资收益”账户。

（2）被投资单位发生净亏损，应当确认为投资损失，并冲减长期股权投资的账面价值，借记“投资收益”账户，贷记“长期股权投资——损益调整”账户。权益法下，投资企业确认应分担被投资企业发生的损失，原则上应以“长期股权投资”账户的账面价值减记至零为限，投资企业负有承担额外损失义务的除外。

（3）被投资单位宣告发放现金股利或利润时，根据计算出的应分得的部分，确认为应收股利，同时冲减长期股权投资的账面价值。收到被投资单位宣告发放的股票股利，不进行账务处理，但应在备查簿中登记。

3.长期股权投资持有期间被投资单位所有者权益的其他变动

在持股比例不变的情况下，被投资单位除净损益以外所有者权益的其他变动，企业按持股比例计算应享有或承担的份额，调整长期股权投资的账面价值，同时增加或减少资本公积（其他资本公积）。

4.长期股权投资的处置

处置长期股权投资时，按实际取得的价款与长期股权投资账面价值的差额确认投资损益，并应同时结转已计提的长期股权投资减值准备。

企业处置长期股权投资时，应按实际收到的金额，借记“银行存款”等账户，按原已计提的减值准备，借记“长期股权投资减值准备”账户，按该长期股权投资的账面余额，贷记“长期股权投资”账户，按尚未领取的现金股利或利润，贷记“应收股利”账户，按其差额贷记或借记“投资收益”账户。同时还应结转原记入资本公积的相关金额，借记或贷记“资本公积——其他资本公积”账户，贷记或借记“投资收益”账户。

【工作实例2-10】2022年1月2日，A公司以银行存款400万元购入B公司30%的股份，并对B公司具有重大影响，采用权益法核算。初始投资时发生相关税费3万元。取得投资时被投资单位所有者权益公允价值为1 000万元，假定该时点被投资单位各项可辨认资产、负债的公允价值与其账面价值相同。投资后，发生业务如下：

（1）2022年12月31日，B公司实现净利润300万元。

（2）2023年4月12日，B公司宣告分派现金股利120万元。

（3）2023年4月18日，A公司收到现金股利。

（4）2023年6月，B公司增加资本公积10万元。

（5）2023年12月31日，B公司发生净亏损100万元。

（6）2024年3月15日，A公司出售所持有的B公司全部股份，取得价款450万元。

A公司进行的账务处理如下：

(1) 长期股权投资初始确认时：

借：长期股权投资——投资成本 4 030 000

贷：银行存款 4 030 000

【学中做2-2】假定【工作实例2-10】中取得投资时点的被投资单位净资产公允价值为1 500万元，A公司按持股比例30%计算确定应享有450万元，则初始投资成本与应享有被投资单位净资产公允价值份额之间的差额47万元应计入取得投资当期的损益。请编制A公司的会计分录。

(2) 2022年12月31日，A公司确认实现的投资收益时：

借：长期股权投资——损益调整 900 000

贷：投资收益 900 000

【小思考2-4】为什么在成本法和权益法下，投资单位对被投资单位实现的净利润或发生的净亏损的会计处理方法不同？

(3) 2023年4月12日，B公司宣告分派现金股利时：

借：应收股利 360 000

贷：长期股权投资——损益调整 360 000

(4) 2023年4月18日，A公司收到现金股利时：

借：银行存款 360 000

贷：应收股利 360 000

(5) 2023年6月，B公司增加资本公积10万元时：

借：长期股权投资——其他权益变动 30 000

贷：资本公积——其他资本公积 30 000

(6) 2023年12月31日，B公司发生净亏损时：

借：投资收益 300 000

贷：长期股权投资——损益调整 300 000

(7) 2024年3月15日，A公司出售所持有的B公司全部股票时：

借：银行存款 4 500 000

贷：长期股权投资——投资成本 4 030 000

——损益调整 240 000

——其他权益变动 30 000

投资收益 200 000

同时：

借：资本公积——其他资本公积 30 000

贷：投资收益 30 000

【小思考2-5】在成本法和权益法下，处置长期股权投资的会计处理有何区别？

5.投资企业确认投资收益应注意的问题

值得关注的是，在确认应享有或应分担被投资单位的净利润或净亏损时，如果取得投资时被投资单位各项资产、负债的公允价值与其账面价值不同，投资企业在计算确认投资收益时，不能完全按照被投资单位自身核算的净利润与持股比例计算确定，而是需要在被投资单位实现净利润的基础上经过适当调整后确定。具体主要表现在：❶以取得投资时被投资单位存货的公允价值为基础计算的营业成本对被投资单位净利润的影响；❷以取得投资时被投资单位固定资产和无形资产的公允价值为基础计提的折旧额或摊销额对被投资单位净利润的影响。

【工作实例2-11】2024年1月2日，C公司以银行存款200万元购入乙公司30%的股份，并对乙公司施加重大影响，采用权益法核算。取得投资时，乙公司可辨认净资产公允价值为6 000万元，除表2-3所列项目外，其他资产、负债的公允价值与账面价值相同。

表2-3 购买时乙公司资产账面价值和公允价值一览表 金额单位：万元

项目	账面原价	已提折旧	公允价值	原预计使用年限（年）	现预计使用年限
存货	200		300		
固定资产	1 000	200	1 200	20	16

假定乙公司2024年实现净利润400万元，其中在C公司取得投资时的账面存货（200万元）有60%对外出售。C公司和乙公司对存货的会计处理方法相同。

调整后的净利润=400-（300-200）×60%-（1 200÷16-1 000÷20）=315（万元）

C公司应享有的份额=315×30%=94.5（万元）

C公司编制的会计分录如下：

借：长期股权投资——损益调整 945 000

贷：投资收益 945 000

【小思考2-6】C公司在确认投资收益时，为什么扣除而不是调增少计的营业成本和少计的固定资产折旧？

三、长期股权投资核算方法的转换

（一）成本法转换为权益法

因处置投资等原因导致对被投资单位由能够实施控制转为具有重大影响或者与其他投资方一起实施共同控制的，首先应按处置投资的比例结转应终止确认的长期股权投资成本。然后，比较剩余长期股权投资的成本与按照剩余持股比例计算原投资时应享有被投资单位可辨认净资产公允价值的份额，前者大于后者的，不调整长期股权投资的账面价值；前者小于后者的，在调整长期股权投资成本的同时，调整留存收益。

对于原取得投资时至处置投资（转为权益法核算）之间被投资单位实现净损益中投资方应享有的份额，应调整长期股权投资的账面价值；同时，对于原取得投资时至处置投资当期期初被投资单位实现的净损益（扣除已宣告但尚未发放的现金股利和利润）中应享有的份额，调整留存收益，对于处置投资当期期初至处置投资之日被投资单位实现的净损益中享有的份额，调整当期损益；对于被投资单位其他综合收益变动中应享有的份额，在调整长期股权投资账面价值的同时，应当计入其他综合收益；除净损益、其他综合收益和利润分配外的其他原因导致被投资单位其他所有者权益变动中应享有的份额，在调整长期股权权投资账面价值的同时，应当计入资本公积（其他资本公积）。

【引例 2-2 解析】

（1）甲公司与乙公司的企业合并属于控股合并。

（2）甲公司取得乙公司 60% 的股权时，甲公司是乙公司的母公司，可以对乙公司实施控制，按照企业会计准则规定，应采用成本法进行后续计量。

（3）由于甲公司出售了其所持有的乙公司股权的一半，目前持有乙公司 30% 的股权，对乙公司具有重大影响，按企业会计准则规定，对继续持有的长期股权投资应采用权益法进行后续计量。

【工作实例 2-12】甲公司原持有乙公司 60% 的股权，能够对乙公司实施控制。2023 年 11 月 6 日，甲公司对乙公司的长期股权投资账面价值为 30 000 000 元，未计提减值准备，甲公司将其持有的对乙公司长期股权投资中的 1/3 出售给非关联方，取得价款 18 000 000 元，当日被投资单位可辨认净资产公允价值总额为 80 000 000 元。相关手续于当日完成，甲公司不再对乙公司实施控制，但具有重大影响。甲公司原取得乙公司 60% 股权时，乙公司可辨认净资产公允价值总额为 45 000 000 元（假定公允价值与账面价值相同）。自甲公司取得对乙公司长期股权投资后至部分处置投资前，乙公司实现净利润 25 000 000 元，其中，自甲公司取得投资日至 2023 年年初实现净利润 20 000 000 元。假定乙公司一直未进行利润分配，也未发生其他计入资本公积的交易或事项。甲公司按净利润的 10% 提取法定盈余公积。不考虑相关税费等其他因素影响。

甲公司的有关账务处理如下：

（1）确认长期股权投资处置损益：

借：银行存款	18 000 000	
贷：长期股权投资——乙公司		10 000 000
投资收益		8 000 000

（2）调整长期股权投资账面价值：

剩余长期股权投资的账面价值为 20 000 000 元，与原投资时应享有被投资单位可辨认净资产公允价值份额之间的差额 2 000 000 元（20 000 000-45 000 000×40%）为商誉，该部分商誉的价值不需要对长期股权投资的成本进行调整。处置投资以后按照持股比例计算享有被投资单位自购买日至处置投资当期期初之间实现的净收益为 8 000 000 元（20 000 000×40%），应调整增加长期股权投资的账面价值，同时调整留存收益；处置期初至处置日之间实现的净损益 2 000 000 元［（25 000 000-20 000 000）×40%］，应调整增加长期股权投资的账面价值，同时计入当期投资收益。

借：长期股权投资——乙公司（损益调整）	10 000 000	
贷：盈余公积——法定盈余公积		800 000
利润分配——未分配利润		7 200 000
投资收益		2 000 000

投资方因其他投资方对其子公司增资而导致本投资方持股比例下降，从而丧失控制权但能实施共同控制或施加重大影响的，投资方在个别财务报表中，应当对该项长期股权投资从成本法转为权益法核算。首先，按照新的持股比例确认本投资方应享有的原子公司因

增资扩股而增加净资产的份额，与应结转持股比例下降部分所对应的长期股权投资原账面价值之间的差额计入当期损益；然后，按照新的持股比例视同自取得投资时即采用权益法核算进行调整。

【工作实例2-13】2022年1月1日，甲公司以30 000 000元现金取得乙公司60%的股权，能够对乙公司实施控制；当日，乙公司可辨认净资产公允价值为45 000 000元（假定公允价值与账面价值相同）。2024年10月1日，乙公司向非关联方丙公司定向增发新股，增资27 000 000元，相关手续于当日完成，甲公司对乙公司持股比例下降为40%，对乙公司丧失控制权但仍具有重大影响。2022年1月1日至2024年10月1日期间，乙公司实现净利润25 000 000元，其中，2022年1月1日至2023年12月31日期间，乙公司实现净利润20 000 000元。假定乙公司一直未进行利润分配，也未发生其他计入资本公积和其他综合收益的交易或事项。甲公司按净利润的10%提取法定盈余公积。不考虑相关税费等其他因素影响。2024年10月1日，甲公司有关账务处理如下：

（1）按比例结转部分长期股权投资账面价值并确认相关损益：

27 000 000×40%-30 000 000×（60%-40%）÷60%=800 000（元）

借：长期股权投资——投资成本	800 000	
贷：投资收益		800 000

（2）对剩余股权视同自取得投资时即采用权益法核算进行调整：

借：长期股权投资——损益调整	10 000 000	
贷：盈余公积——法定盈余公积		800 000
利润分配——未分配利润		7 200 000
投资收益		2 000 000

（二）成本法转换为公允价值计量

原持有的对被投资单位具有控制的长期股权投资，因部分处置等原因导致持股比例下降，不再对被投资单位实施控制、共同控制或重大影响的，应改按金融工具确认和计量准则进行会计处理，丧失控制之日的公允价值与账面价值之间的差额计入当期投资收益。

【工作实例2-14】甲公司持有乙公司60%的有表决权股份，能够对乙公司实施控制，对该股权投资采用成本法核算。2024年8月，甲公司将该项投资中的80%出售给非关联方，取得价款90 000 000元，相关手续于当日完成。甲公司无法再对乙公司实施控制，也不能施加共同控制或重大影响，将剩余股权投资转为其他权益工具投资。出售时，该项长期股权投资的账面价值为90 000 000元，剩余股权投资的公允价值为22 000 000元。不考虑相关税费等其他因素影响。

甲公司有关账务处理如下：

（1）确认有关股权投资的处置损益：

借：银行存款	90 000 000	
贷：长期股权投资——乙公司		72 000 000
投资收益		18 000 000

（2）剩余股权投资转为其他权益工具投资，当日公允价值为22 000 000元，账面价值为18 000 000元，两者差异应计入当期投资收益：

借：其他权益工具投资	22 000 000	

贷：长期股权投资——乙公司　　18 000 000

　　投资收益　　4 000 000

(三) 公允价值计量或权益法转换为成本法

因追加投资原因导致原持有的分类为以公允价值计量且其变动计入当期损益的金融资产，或非交易性权益工具投资分类为以公允价值计量且其变动计入其他综合收益的金融资产，以及对联营企业或合营企业的投资转变为对子公司投资的，长期股权投资账面价值的调整应当按照本章关于对子公司投资初始计量的相关规定处理。

对于原作为金融资产，转换为采用成本法核算的对子公司投资的，如有关金融资产分类为以公允价值计量且其变动计入当期损益的金融资产，应当按照转换时的公允价值确认为长期股权投资，公允价值与其原账面价值之间的差额计入当期损益；如非交易性权益工具投资分类为以公允价值计量且其变动计入其他综合收益的金融资产，在按照转换时的公允价值确认长期股权投资，该公允价值与账面价值之间的差额计入当期损益外，原确认计入其他综合收益的前期公允价值变动亦应结转计入当期损益。

(四) 公允价值计量转换为权益法

原持有的对被投资单位的股权投资（不具有控制、共同控制或重大影响的），按照金融工具确认和计量准则进行会计处理的，因追加投资等原因导致持股比例上升，能够对被投资单位施加共同控制或重大影响的，在转按权益法核算时，投资方应当按照金融工具确认和计量准则确定的原股权投资的公允价值加上为取得新增投资而应支付对价的公允价值，作为改按权益法核算的初始投资成本。原持有的股权投资分类为其他权益工具投资的，其公允价值与账面价值之间的差额，以及原计入其他综合收益的累计公允价值变动应当转入改按权益法核算的当期损益。然后，比较上述计算所得的初始投资成本与按照追加投资后全新的持股比例计算确定的应享有被投资单位在追加投资日可辨认净资产公允价值份额之间的差额。前者大于后者的，不调整长期股权投资的账面价值；前者小于后者的，差额应调整长期股权投资的账面价值，并计入当期营业外收入。

【工作实例2-15】2022年2月，甲公司以9 000 000元自非关联方处取得乙公司10%的股权。甲公司根据金融工具确认和计量准则将其作为其他权益工具投资。2024年1月2日，甲公司又以18 000 000元的现金自另一非关联方处取得乙公司15%的股权，相关手续于当日完成。当日，乙公司可辨认净资产公允价值总额为120 000 000元，甲公司对乙公司的其他权益工具投资的公允价值为15 000 000元，计入其他综合收益的累计公允价值变动为6 000 000元。取得该部分股权后，甲公司能够对乙公司施加重大影响，对该项股权投资转为采用权益法核算。不考虑相关税费等其他因素影响。

本例中，甲公司原持有10%股权的公允价值为15 000 000元，为取得新增投资而支付对价的公允价值为18 000 000元，因此甲公司对乙公司25%股权的初始投资成本为33 000 000元。甲公司对乙公司新持股比例为25%，应享有乙公司可辨认净资产公允价值的份额为30 000 000元（120 000 000×25%）。由于初始投资成本（33 000 000元）大于应享有乙公司可辨认净资产公允价值的份额（30 000 000元），因此，甲公司无须调整长期股权投资的成本。

2024年1月2日，甲公司应进行如下账务处理：

借：长期股权投资——投资成本　　33 000 000

　　其他综合收益　　6 000 000

贷：其他权益工具投资　　15 000 000
　　银行存款　　18 000 000
　　盈余公积　　600 000
　　利润分配——未分配利润　　5 400 000

四、长期股权投资的减值

（一）长期股权投资减值金额的确定

企业对子公司、合营企业及联营企业的长期股权投资，在资产负债表日存在可能发生减值的迹象时，其可收回金额低于账面价值的，应当按照《企业会计准则第22号——金融工具确认和计量》的规定确定其可收回金额及应予计提的资产减值准备。

（二）长期股权投资减值的会计处理

企业计提长期股权投资减值准备，应当设置"长期股权投资减值准备"账户核算。

企业按应减记的金额，借记"资产减值损失——计提的长期股权投资减值准备"账户，贷记"长期股权投资减值准备"账户。

长期股权投资减值损失一经确认，在以后会计期间不得转回。

五、长期股权投资的处置

处置长期股权投资时，应相应结转与所售股权相对应的长期股权投资的账面价值，一般情况下，出售所得价款与处置长期股权投资账面价值之间的差额，应确认为处置损益。

投资方全部处置权益法核算的长期股权投资时，原权益法核算的相关其他综合收益应当在终止采用权益法核算时采用与被投资单位直接处置相关资产或负债相同的基础进行会计处理，因被投资方除净损益、其他综合收益和利润分配以外的其他所有者权益变动而确认的所有者权益，应当在终止采用权益法核算时全部转入当期投资收益。投资方部分处置权益法核算的长期股权投资，剩余股权仍采用权益法核算的，原权益法核算的相关其他综合收益应当采用与被投资单位直接处置相关资产或负债相同的基础处理并按比例结转，因被投资方除净损益、其他综合收益和利润分配以外的其他所有者权益变动而确认的所有者权益，应当按比例结转入当期投资收益。

【工作实例2-16】甲公司持有乙公司40%的股权并采用权益法核算。2024年7月1日，甲公司将乙公司20%的股权出售给非关联的第三方，对剩余20%的股权仍采用权益法核算。甲公司取得乙公司股权至2024年7月1日期间，确认的相关其他综合收益为8 000 000元（为按比例享有的乙公司其他权益工具投资的公允价值变动），享有乙公司除净损益、其他综合收益和利润分配以外的其他所有者权益变动为2 000 000元。不考虑相关税费等其他因素影响。

由于甲公司处置后的剩余股权仍采用权益法核算，因此相关的其他综合收益和其他所有者权益应按比例结转。甲公司的有关账务处理如下：

借：其他综合收益　　4 000 000
　　资本公积——其他资本公积　　1 000 000
　贷：投资收益　　5 000 000

假设，2024年7月1日，甲公司将乙公司35%的股权出售给非关联的第三方，剩余5%股权作为其他权益工具投资核算。由于甲公司处置后的剩余股权改按金融工具确认和计量准则进行会计处理，因此相关的其他综合收益和其他所有者权益应全部结转。甲公司有关账务处理如下：

借：其他综合收益　　8 000 000

　　资本公积——其他资本公积　　2 000 000

　贷：投资收益　　10 000 000

企业通过多次交易分步处置对子公司股权投资直至丧失控制权，如果上述交易属于“一揽子交易”的，应当将各项交易作为一项处置子公司股权投资并丧失控制权的交易进行会计处理；但是，在丧失控制权之前每一次处置价款与所处置的股权对应的长期股权投资账面价值之间的差额，在个别财务报表中，应当先确认为其他综合收益，到丧失控制权时再一并转入丧失控制权的当期损益。

【素养提升】

勇挑上市公司治理重担，切实履行社会责任

2020年9月16日，辅仁药业发布公告称，公司及相关当事人收到中国证监会《行政处罚及市场禁入事先告知书》，因涉及四大信息披露违规问题，辅仁药业及其控股股东辅仁集团被中国证监会给予警告处分，并分别处以120万元、60万元罚款。辅仁药业原董事长朱文臣被处罚款150万元，禁入市场10年。其余13名高管分别被处以6万～35万元不等的罚款。

中国证监会发布的《行政处罚及市场禁入事先告知书》指出，辅仁药业、辅仁集团涉嫌信息披露违法一案已由中国证监会调查完毕。调查结果显示，辅仁药业2015—2018年四个年度财务报告存在虚假记载、重大遗漏；2016年发布的重大资产重组文件中存在虚假记载，2018年未及时披露关联担保；辅仁集团在重大资产重组中提供虚假信息。

2019年7月16日，辅仁药业发布《2018年年度权益分派实施公告》，计划实施约6 000万元分红。三日后，辅仁药业却因资金安排原因，未按有关规定完成现金分红款项划转，无法按照原定计划发放现金红利。

2020年7月21日，辅仁药业收到上交所下发的《关于辅仁药业集团制药股份有限公司信息披露有关事项的监管工作函》。因辅仁药业信息披露延期，且发现其存在法律诉讼和资产被冻结查封等重大信息未披露的情况，上交所要求辅仁药业收到工作函后立即披露。

思考与启示：

党的二十大报告指出，高质量发展是全面建设社会主义现代化国家的首要任务。完善中国特色现代企业制度，弘扬企业家精神，加快建设世界一流企业至关重要。弘扬企业家履行责任、敢于担当、服务社会的精神，其中的两点分别是引导企业家主动履行社会责任与鼓励企业家干事担当。将此引入到中国股市中来，结合中国股市的特点，在中国股市确实有必要呼唤并弘扬优秀企业家精神。而这种优秀企业家精神在中国股市主要体现在以下几个方面：

（1）企业效益原则。优秀企业家必能带来企业效益的优秀，即便是企业遇到了发展中的困难，优秀企业家也是应该能够予以解决的，有了优秀企业家，企业的效益基本上就有了保证。

（2）诚信原则。对于中国股市来说，诚信原则更是中国股市赖以存在与发展之本。股市尤其需要弘扬优秀企业家精神，使每一个企业都能遵守诚信原则，从而推动中国股市的诚信建设。

（3）责任与担当。要引导企业家主动履行社会责任，鼓励企业家干事担当。

项目小结

长期股权投资在取得时，应按初始投资成本入账。长期股权投资的初始投资成本，应分企业合并和非企业合并两种情况确定。企业合并又分为同一控制下的企业合并和非同一控制下的企业合并，其初始投资成本确认方法不同。

长期股权投资的后续计量应当分别采用成本法和权益法进行核算。

在成本法下，长期股权投资应当按照初始投资成本计价。长期股权投资持有期间被投资单位宣告发放现金股利或利润时，企业按应享有的部分确认为投资收益。在权益法下，投资企业在确认应享有被投资单位净损益的份额时，应当以取得投资时被投资单位各项可辨认净资产公允价值为基础，对被投资单位的净利润进行调整后确认。

长期股权投资的核算由成本法转为权益法时，应以成本法下长期股权投资的账面价值作为按照权益法核算的初始投资成本，并在此基础上比较该初始投资成本与应享有被投资单位可辨认净资产公允价值的份额，确定是否需要对长期股权投资的账面价值进行调整。因追加投资原因导致原持有的对联营企业或合营企业的投资转变为对子公司投资的，长期股权投资账面价值的调整应当按照分步实现企业合并的原则处理。除此之外，因减少投资等原因导致长期股权投资的核算由权益法转换为成本法的，应以转换时长期股权投资的账面价值作为按照成本法核算的基础。

处置长期股权投资时，按实际取得的价款与长期股权投资账面价值的差额确认为投资损益，并应同时结转已计提的长期股权投资减值准备。

复习思考题

1.同一控制下的企业合并与非同一控制下的企业合并形成的长期股权投资初始投资成本的确定有何区别？

2.同一控制下的企业合并取得的长期股权投资支付的价款中包括的已宣告发放但尚未领取的现金股利应如何进行处理？

3.长期股权投资核算的成本法与权益法适用范围有何不同？

4.在权益法下，为什么投资企业在确认应享有被投资单位净损益的份额时，应当以取得投资时被投资单位各项可辨认净资产等的公允价值为基础，对被投资单位的净利润进行调整后确认？

5.长期股权投资的核算由成本法转为权益法时，如何确认长期股权投资成本？

习题与实训

一、单项选择题

单项选择题

1.同一控制下企业合并中，合并方为企业合并发生的审计、法律服务、评估咨询等中介费用以及其他相关费用，应于发生时计入（　　）。

A.管理费用　　B.资本公积

C.长期股权投资的初始投资成本　　D.营业外支出

2.2024年6月20日，甲公司合并乙企业，该项合并属于同一控制下的企业合并。合并中，甲公司发行本公司普通股股票1 000万股（每股面值1元，市价为2.1元），作为对价取得乙企业60%股权。合并日，乙企业相对于最终控制方而言的净资产账面价值为3 200万元，公允价值为3 500万元。假定合并前双方采用的会计政策及会计期间均相同。不考虑其他因素，甲公司对乙企业长期股权投资的初始投资成本为（　　）。

A.1 920万元　　B.2 100万元　　C.3 200万元　　D.3 500万元

3.下列有关采用权益法核算的长期股权投资增资后仍采用权益法核算的说法中，正确的是（　　）。

A.投资方应当按照原有持股比例对股权投资继续采用权益法进行核算

B.增资后应综合考虑与原持有投资和追加投资相关的商誉或计入损益的金额

C.若原投资时产生正商誉50万元，新增投资时产生负商誉20万元，则增资日应确认营业外收入30万元

D.若原投资时产生负商誉10万元，新增投资时产生负商誉20万元，则增资日应确认营业外收入30万元

4.A公司2024年6月1日购入B公司30%的股份，对B公司能够实施重大影响，A公司以银行存款支付买价1 900万元，同时支付相关税费20万元。A公司购入B公司股份后准备长期持有，B公司2024年6月1日的所有者权益账面价值总额为6 000万元，B公司可辨认净资产的公允价值为6 500万元。A公司应确认的长期股权投资初始投资成本为（　　）。

A.1 900万元　　B.1 920万元　　C.1 800万元　　D.1 950万元

5.非同一控制下的企业合并中，关于发生的法律服务、评估咨询等中介费用的处理，正确的是（　　）。

A.计入长期股权投资成本　　B.记入“资本公积”科目

C.记入“投资收益”科目　　D.记入“管理费用”科目

6.同一控制下企业合并进行过程中发生的各项直接相关费用，应于发生时借记的科目是（　　）。

A.“长期股权投资”　　B.“管理费用”　　C.“财务费用”　　D.“资本公积”

7.下列有关长期股权投资的会计处理的表述中，正确的是（　　）。

A.企业无论以何种方式取得长期股权投资，实际支付的价款或对价中包含的已宣告但尚未发放的现金股利或利润，应作为取得的长期股权投资的成本

B.投资企业无论采用成本法还是权益法核算长期股权投资，均要在被投资单位宣告分派利润或现金股利时，按照应享有的部分确认为当期投资收益

C.非同一控制下企业合并形成的长期股权投资，发生的审计、评估费用，计入合并成本

D.企业的长期股权投资采用权益法核算的，初始投资成本大于投资时应享有被投资单位可辨认净资产公允价值份额的，不调整已确认的初始投资成本

8.下列关于权益法核算的长期股权投资转为金融资产的处理中，正确的是（　　）。

A.剩余股权的入账价值应按照公允价值计量

B.剩余股权对应的原权益法下确认的其他综合收益不作处理

C.减资当日剩余股权公允价值与账面价值的差额不作处理

D.减资当日与原股权有关的其他权益变动应按照处置股权的份额转入当期损益

9.关于成本法与权益法的转换，下列说法中不正确的是（　　）。

A.因追加投资等原因导致对被投资单位由重大影响转为控制的，应由权益法核算改为成本法核算

B.因追加投资等原因导致对被投资单位由共同控制转为控制的，应由成本法核算改为权益法核算

C.因处置投资导致对被投资单位的影响能力由控制转为具有重大影响的，应由成本法核算改为权益法核算

D.因处置投资导致对被投资单位的影响能力由控制转为与其他投资方一起实施共同控制的，应由成本法核算调整为权益法核算

10.甲公司于2024年6月1日，购入乙公司30%的表决权股份，能够对乙公司施加重大影响，后续采用权益法进行核算。购入时支付价款159 000元，包含已宣告但尚未发放的现金股利10 000元，同时支付相关税费1 000元，购入时被投资企业可辨认净资产公允价值为600 000元，则购入时该项长期股权投资的入账价值为（　　）元。

A.160 000　　B.159 000　　C.150 000　　D.180 000

11.2024年3月15日，甲公司以一项专利权和银行存款150万元投资设立N公司，占N公司注册资本的80%，对N公司形成控制。该专利权的账面原价为5 000万元，已计提累计摊销350万元，已计提无形资产减值准备200万元，公允价值为4 500万元。不考虑其他相关税费。甲公司的合并成本为（　　）。

A.5 000万元　　B.4 650万元　　C.4 600万元　　D.4 000万元

12.A公司于2024年6月1日用货币资金从证券市场上购入B公司发行在外股份的20%，并对B公司具有重大影响，实际支付价款450万元，另支付相关税费5万元。同日，B公司可辨认净资产的公允价值为2 200万元。不考虑其他因素，2024年6月1日，A公司该项长期股权投资的账面价值为（　　）。

A.450万元　　B.455万元　　C.440万元　　D.445万元

13.甲公司于2024年6月1日，购入乙公司30%的表决权股份，能够对乙公司施加重大影响，后续采用权益法进行核算。购入时支付价款159 000元，包含已宣告但尚未发放的现金股利10 000元，同时支付相关税费1 000元，购入时被投资企业可辨认净资产公允价值为600 000元，则购入时该项长期股权投资的入账价值为（　　）元。

A.160 000　　B.159 000　　C.150 000　　D.180 000

14.下列关于企业合并形成的长期股权投资的表述中，正确的是（　　）。

A.同一控制下发生的与企业合并直接相关的费用，应计入投资收益

B.非同一控制下，以支付非货币性资产作为合并对价的，所支付的非货币性资产在购买日的公允价值与其账面价值的差额应作为资产处置损益，计入当期损益

C.同一控制下长期股权投资的初始投资成本与所付出资产账面价值的差额，应调整留存收益

D.对于所付价款中包含的被投资单位已宣告但尚未发放的现金股利，应确认为投资收益

15.关于同一控制下的企业合并形成的长期股权投资，下列表述中正确的是（　　）。

A.初始投资成本一般为支付的现金、转让非现金资产及所承担债务的账面价值

B.合并方取得的净资产账面价值与支付对价账面价值（或发行股份面值总额）的差额，应先调整资本公积，资本公积不足冲减再调整留存收益

C.直接相关费用均应计入初始投资成本

D.同一控制下的企业合并，是指参与合并的各方在合并后受同一方或相同的多方最终控制，且该控制并非暂时性的

二、多项选择题

多项选择题

1.下列各项中，应作为长期股权投资核算的有（　　）。

A.对子公司的投资

B.对联营企业的投资

C.对合营企业的投资

D.对被投资单位不具有控制、共同控制或重大影响，并且在活跃市场中有报价、公允价值能够可靠计量的权益性投资

2.下列关于以发行权益性证券进行同一控制下企业合并的会计处理中，正确的有（　　）。

A.长期股权投资的初始投资成本为发行权益性证券的公允价值

B.长期股权投资的初始投资成本应当以取得的被投资单位所有者权益账面价值（相对于最终控制方）的份额为基础进行确认

C.应将所发行的权益性证券的面值记入“股本”科目

D.应将所发行权益性证券的公允价值与账面价值之间的差额记入“资本公积——股本溢价”科目

3.对于非同一控制下企业合并形成的长期股权投资，下列表述中正确的有（　　）。

A.合并过程中发生的审计及法律咨询等中介费用，应计入长期股权投资的初始投资成本

B.以发行权益性证券作为合并对价的，为发行权益性证券所发生的佣金、手续费应计入初始投资成本

C.作为合并对价的非货币性资产在购买日的公允价值与账面价值的差额应作为资产处置损益予以确认

D.实际支付的合并价款中包含的已宣告但尚未发放的现金股利或利润，应计入应收股利

4.企业按成本法核算时，下列事项中不会引起长期股权投资账面价值发生变动的有（　　）。

A.被投资单位以盈余公积转增资本

B.被投资单位宣告分派现金股利

C.期末计提长期股权投资减值准备

D.被投资方实际发放股票股利

5.甲公司2024年7月1日以银行存款3 000万元从证券市场取得乙公司20%的股权，能够对乙公司的生产经营活动产生重大影响，且该项投资在活跃市场中存在公允价值，另发生直接交易费用10万元。则甲公司的下列会计处理中，正确的有（　　）。

A.甲公司将该项投资划分为长期股权投资

B.甲公司将该项投资划分为交易性金融资产

C.该项投资的初始投资成本是3 010万元

D.该项投资应当采用权益法进行后续计量

6.下列各项中，属于确定投资单位对被投资单位能否施加重大影响时应考虑的因素的有（　　）。

A.投资企业持有的被投资单位当期可转换公司债券

B.投资企业持有的被投资单位5年后可转换的公司债券

C.投资企业持有的被投资单位当期可执行的认股权证

D.投资企业持有的被投资单位3年后可执行的认股权证

7.甲公司与乙公司共同出资设立A公司，经甲公司、乙公司双方协议，A公司的总经理由甲公司委派，且甲公司出资60%，甲公司、乙公司双方按出资比例行使表决权。不考虑其他因素，则下列表述中不正确的有（　　）。

A.甲公司应采用权益法核算其长期股权投资，乙公司应采用成本法核算其长期股权投资

B.甲公司应采用成本法核算其长期股权投资，乙公司应采用权益法核算其长期股权投资

C.甲公司和乙公司均应采用成本法核算其各自的长期股权投资

D.甲公司和乙公司均应采用权益法核算其各自的长期股权投资

8.下列各项中会引起长期股权投资账面价值发生增减变动的有（　　）。

A.采用成本法核算的长期股权投资，持有期间被投资单位宣告分派现金股利

B.采用权益法核算的长期股权投资，持有期间被投资单位宣告分派现金股利

C.采用权益法核算的长期股权投资，被投资单位实现净利润

D.采用权益法核算的长期股权投资，被投资单位因投资性房地产转换确认其他综合收益

9.下列关于成本法核算的长期股权投资的会计处理的说法中，正确的有（　　）。

A.被投资单位宣告发放现金股利时，投资方应确认投资收益

B.被投资单位实现净利润时，投资方需要调整长期股权投资的账面价值

C.被投资单位其他债权投资发生公允价值变动时，投资方不需要调整长期股权投资的账面价值

D.长期股权投资发生减值时，需要计提长期股权投资减值准备

10.采用权益法核算的长期股权投资，不考虑内部交易的情况下，投资企业可以以被投资单位账面净利润为基础计算确认投资收益的情况包括（　　）。

A.投资企业无法合理确定取得投资时被投资单位各项可辨认净资产的公允价值

B.投资时被投资单位可辨认净资产的公允价值与账面价值相比，两者之间的差额不具重要性

C.其他原因导致无法取得被投资单位的有关资料，不能按照准则中规定的原则对被投资单位的净损益进行调整

D.取得投资时被投资单位固定资产的公允价值与账面价值不同，且该差额具有重要性

三、判断题

1.除企业合并以外其他方式取得的长期股权投资，若为投资者投入的，一定按照投资合同或协议约定的价值作为初始投资成本。（　　）

判断题

2.企业无论以何种方式取得长期股权投资，取得投资时，对于投资成本中包含的应享有被投资单位已经宣告但尚未发放的现金股利或利润应作为应收项目单独核算，不构成取

得长期股权投资的初始投资成本。（ ）

3.同一控制下企业合并和非同一控制下企业合并形成的长期股权投资，后续计量均采用成本法核算，成本法核算时，无论是投资当年还是投资以后，被投资单位宣告发放的现金股利，均计入投资收益，不能冲减长期股权投资的账面价值。（ ）

4.长期股权投资采用权益法核算，初始投资成本大于投资时应享有被投资单位可辨认净资产公允价值份额的差额，应确认为商誉，并调整长期股权投资的初始投资成本。（ ）

5.无论是成本法还是权益法下，被投资方宣告分派的股票股利，投资企业均不需要做账务处理。（ ）

6.在权益法下，当被投资企业发生亏损时，投资企业一般不做账务处理；当被投资企业盈利时，投资企业应按持股比例计算应享有的份额并确认为投资收益。（ ）

7.长期股权投资采用权益法核算时，被投资单位发生除净损益、其他综合收益以及利润分配以外的所有者权益的其他变动，投资方应当在调整长期股权投资账面价值的同时，调整资本公积（资本溢价或股本溢价）。（ ）

8.部分处置权益法核算的长期股权投资剩余部分仍按照权益法核算时，实际取得价款与其账面价值的差额，应当计入当期损益，采用权益法核算的长期股权投资，处置该项投资时应当将原记入“资本公积——其他资本公积”账户的部分按相应处置比例直接转入留存收益。（ ）

9.在成本法下，当被投资企业发生盈亏时，投资企业应按持股比例确认投资收益；当被投资企业宣告分派现金股利时，投资企业应冲减长期股权投资的成本。（ ）

10. A公司购入B公司5%的股份（准备长期持有），在活跃市场上该5%的股份的公允价值是120万元，则A公司应该按照成本法对该股权投资进行后续计量。（ ）

四、实训题

实训一

实训题

目的：实训长期股权投资的权益法核算。

资料：泰山公司2023年1月1日至2024年12月31日发生下列与长期股权投资有关的经济业务：

（1）泰山公司2023年3月1日购入太湖公司30%的股份，从而对太湖公司能够施加重大影响，实际支付款项2 600万元（含已宣告但尚未发放的现金股利78万元），另支付相关税费13万元。2023年3月1日，太湖公司可辨认净资产公允价值为8 580万元，假定太湖公司除一台设备外，其他资产的公允价值与账面价值相等。该设备2023年2月10日的账面价值为520万元，公允价值为676万元，采用年限平均法计提折旧，预计尚可使用年限为10年。

（2）2023年3月20日，收到现金股利。

（3）2023年12月31日，太湖公司其他综合收益增加了260万元。

（4）2023年太湖公司实现净利润663万元。

（5）2024年3月10日，太湖公司宣告分派现金股利130万元。

（6）2024年3月25日，收到现金股利。

（7）2024年太湖公司实现净利润700万元。

要求：根据以上资料，编制泰山公司上述有关业务的会计分录。

实训二

目的：实训长期股权投资的核算。

资料一：2023年1月1日，甲公司以银行存款7 300万元从非关联方取得乙公司20%的有表决权股份，对乙公司的财务和经营政策具有重大影响。当日，乙公司所有者权益的账面价值为40 000万元，各项可辨认资产、负债的公允价值均与其账面价值相同。本次投资前，甲公司不持有乙公司股份且与乙公司不存在关联方关系。甲公司的会计政策、会计期间与乙公司相同。

资料二：2023年6月15日，甲公司将其生产的成本为600万元的设备以1 000万元的价格出售给乙公司。当日，乙公司以银行存款支付全部货款，并将该设备交付给本公司专设的销售机构作为固定资产立即投入使用。乙公司预计该设备的使用年限为10年，预计净残值为零，采用年限平均法计提折旧。

资料三：2023年度乙公司实现净利润6 000万元，持有的其他债权投资因公允价值上升计入其他综合收益380万元。

资料四：2024年4月1日，乙公司宣告分派现金股利1 000万元；2024年4月10日，甲公司按其持股比例收到乙公司发放的现金股利并存入银行。

资料五：2024年9月1日，甲公司以定向增发2 000万股普通股（每股面值为1元、公允价值为10元）的方式，从非关联方取得乙公司40%的有表决权股份，相关手续于当日完成后，甲公司共计持有乙公司60%的有表决权股份，能够对乙公司实施控制，甲公司2024年9月1日取得控制权时的合并成本为30 000万元。该企业合并不属于反向购买。当日，乙公司可辨认净资产的账面价值与公允价值均为45 000万元，甲公司原持有的乙公司20%股权的公允价值为10 000万元。

本题不考虑增值税等相关税费及其他因素。

要求：

（1）判断甲公司2023年1月1日对乙公司股权投资的初始投资成本是否需要调整，并编制与投资相关的会计分录。

（2）分别计算甲公司2023年度对乙公司股权投资应确认的投资收益、其他综合收益，以及2023年12月31日该项股权投资的账面价值，并编制相关会计分录。

（3）分别编制甲公司2024年4月1日在乙公司宣告分派现金股利时的会计分录，以及2024年4月10日收到现金股利时的会计分录。

（4）计算甲公司2024年9月1日取得乙公司控制权时长期股权投资改按成本法核算的初始投资成本，并编制相关会计分录。

项目三

投资性房地产的核算

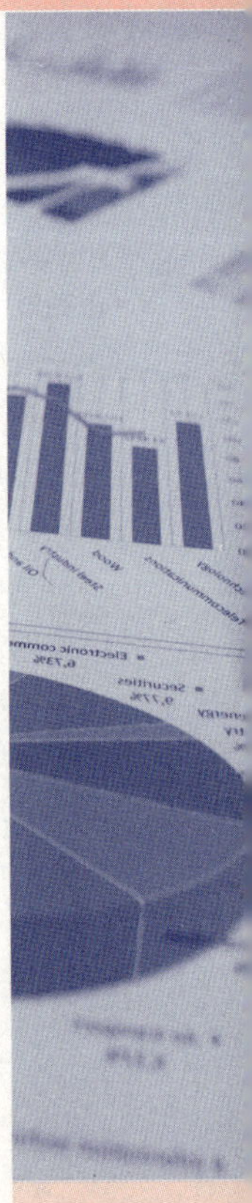

职业能力目标

通过本章学习，熟悉投资性房地产的定义、特点和范围；掌握投资性房地产的初始计量；掌握投资性房地产的后续计量；掌握投资性房地产后续计量模式的变更处理；掌握投资性房地产的转换和处置核算。能运用网络资源，通过调查研究，了解目前我国上市公司对该准则的应用情况。

典型工作任务

投资性房地产的定义；投资性房地产的范围；外购投资性房地产的初始计量；自行建造投资性房地产的初始计量；采用成本模式进行后续计量的投资性房地产的会计处理；采用公允价值模式进行后续计量的投资性房地产的会计处理；投资性房地产后续计量模式的变更处理；投资性房地产的转换和处置核算。

内容框架

- 投资性房地产的核算
  - 投资性房地产的确认
    - 投资性房地产的定义及特征
    - 投资性房地产的范围
    - 投资性房地产的确认条件
  - 采用成本模式计量的投资性房地产
    - 账户设置
    - 投资性房地产的初始计量
    - 投资性房地产的后续计量
    - 投资性房地产的处置
  - 采用公允价值模式计量的投资性房地产
    - 账户设置
    - 投资性房地产的计量
    - 投资性房地产的处置
    - 后续计量模式的变更
  - 投资性房地产的转换
    - 转换形式与转换日
    - 成本模式下的转换
    - 公允价值模式下的转换

任务一　投资性房地产的确认

【引例3-1】

进入21世纪，随着我国经济的快速发展，房地产业蓬勃发展，企业出于资金保值增值目的而持有投资房地产已成为一种普遍的经济现象。长期以来，在我国的会计实践中，企业将具有投资性的房地产等同于普通的固定资产和无形资产看待，计量上采用按历史成本入账和分期计提固定资产折旧或进行无形资产摊销的会计处理方法。然而，投资性房地产在经过数年后，其市场价值一般不但不会因计提折旧或摊销而低于初始投资成本，而且还经常高出其初始投资成本数倍。显然，会计上将投资性房地产等同于一般的固定资产和无形资产，在很大程度上低估了房地产的市场价值，歪曲了企业投资的真实含义，不利于会计报表使用者了解企业的真实状况，并给企业当局进行利润操纵提供了大好机会与操作便利，极大地损害了会计报表使用者的利益。为了规范投资性房地产的确认、计量和信息披露，2006年，我国财政部根据《企业会计准则——基本准则》，发布了《企业会计准则第3号——投资性房地产》。

任务要求：

（1）我国为什么发布投资性房地产会计准则？

（2）请上网查询：我国的《企业会计准则第3号——投资性房地产》与《国际会计准则第40号——投资性房地产》有何异同？

一、投资性房地产的定义及特征

投资性房地产的确认

（一）投资性房地产的定义

投资性房地产，是指为赚取租金或资本增值，或者两者兼有而持有的房地产，主要包括已出租的土地使用权、持有并准备增值后转让的土地使用权和已出租的建筑物。投资性房地产应当能够单独计量和出售。

（二）投资性房地产的特征

投资性房地产具有以下特征：

1.投资性房地产是一种经营活动

投资性房地产的主要形式是出租建筑物、出租土地使用权，这实质上属于一种让渡资产使用权行为。房地产租金就是让渡资产使用权取得的使用费收入，是企业为完成其经营目标所从事的经营性活动以及与之相关的其他活动形成的经济利益总流入。投资性房地产的另一种形式是持有并准备增值后转让的土地使用权，尽管其增值收益通常与市场供求、经济发展等因素相关，但目的是增值后转让以赚取增值收益，也是企业为完成其经营目标所从事的经营性活动以及与之相关的其他活动形成的经济利益总流入。

2.投资性房地产在用途、状态、目的等方面区别于作为生产经营场所的房地产和用于销售的房地产

企业持有的房地产除了用作自身管理、生产经营活动场所和对外销售之外，出现了将房地产用于赚取租金或增值收益的活动，甚至成为个别企业的主营业务。这就需要将投资

性房地产单独作为一项资产核算和反映，与自用的厂房、办公楼等房地产和作为存货（已建完工商品房）的房地产加以区别，从而更加清晰地反映企业所持有房地产的构成情况和盈利能力。

二、投资性房地产的范围

（一）属于投资性房地产的范围

1.已出租的土地使用权

已出租的土地使用权，是指企业通过出让或转让方式取得并以经营租赁方式出租的土地使用权。企业计划用于出租但尚未出租的土地使用权，不属于此类。对于将以经营租赁方式租入的土地使用权再转租给其他单位的，不能确认为投资性房地产。

2.持有并准备增值后转让的土地使用权

持有并准备增值后转让的土地使用权，是指企业通过出让或转让方式取得并准备增值后转让的土地使用权。但是，按照国家有关规定认定的闲置土地，不属于持有并准备增值的土地使用权。

3.已出租的建筑物

已出租的建筑物，是指企业拥有产权并以经营租赁方式出租的房屋等建筑物，包括自行建造或开发活动完成后用于出租的建筑物。已出租的建筑物是企业已经与其他方签订了租赁协议，约定以经营租赁方式出租的建筑物。一般应自租赁协议规定的租赁期开始日起，经营租出的建筑物才属于已出租的建筑物。

（二）不属于投资性房地产的范围

下列房地产不属于投资性房地产：

（1）自用房地产，即为生产商品、提供劳务或者经营管理而持有的房地产，包括自用建筑物（固定资产）和自用土地使用权（无形资产）。

（2）作为存货的房地产，通常指房地产开发企业在正常经营过程中销售的或为销售而正在开发的商品房和土地。

如果某项房地产部分用于赚取租金或资本增值、部分自用（即用于生产商品、提供劳务或经营管理），能够单独计量和出售的、用于赚取租金或资本增值的部分，应当确认为投资性房地产；不能够单独计量和出售的、用于赚取租金或资本增值的部分，不确认为投资性房地产。该项房地产自用的部分，以及不能够单独计量和出售的、用于赚取租金或资本增值的部分，应当确认为固定资产或无形资产。

【引例3-1解析】

（1）投资性房地产的概念和公允价值计量属性的引入，有利于提高会计信息质量，改善财务报告的列示，从而为会计信息使用者提供更有用的会计信息，有利于促进我国会计准则与国际会计准则趋同。

（2）我国的《企业会计准则第3号——投资性房地产》不是对国际会计准则的照搬、照抄，而是在借鉴《国际会计准则第40号——投资性房地产》的基础上，在充分考虑我国实际情况的基础上，制定出的体现中国特色的投资性房地产会计准则。两者在投资性房地产的涵盖范围、后续计量模式的选择、公允价值的确定及信息披露等方面均存在差异。

三、投资性房地产的确认条件

与其他资产项目一样，某个项目在符合投资性房地产定义的前提下，同时满足下列条件时，才能予以确认：❶与该投资性房地产有关的经济利益很可能流入企业；❷该投资性房地产的成本能够可靠地计量。

任务二 采用成本模式计量的投资性房地产

【引例3-2】

甲公司属于制造企业，2023年3月经批准从其他单位购入一块土地，并在这块土地上开始自行建造两栋厂房。2024年5月，甲公司预计厂房即将完工，与乙公司签订了经营租赁合同，将其中的一栋厂房租赁给乙公司使用。租赁合同约定，该厂房于完工时开始起租。2024年6月1日，两栋厂房同时完工。该块土地使用权的成本为900万元；每栋厂房的实际造价均为1 400万元，能够单独出售。

任务要求：

（1）企业购置的土地使用权用于自行开发建造厂房的，土地使用权是否与厂房合并计算成本，列为固定资产？

（2）甲公司用于出租的厂房价值是多少？如何核算？

一、账户设置

企业通常应当采用成本模式对投资性房地产进行后续计量。在采用成本模式计量投资性房地产的情形下，需要设置“投资性房地产”、“投资性房地产累计折旧（摊销）”和“投资性房地产减值准备”三个总分类账户进行核算。

投资性房地产成本模式计量

（1）“投资性房地产”账户，核算投资性房地产的原始价值，其明细账户按照房地产类型进行设置。

（2）“投资性房地产累计折旧（摊销）”账户，核算投资性房地产计提的折旧或摊销金额。如果投资性房地产属于房产（即固定资产），该账户名称为“投资性房地产累计折旧”；如果投资性房地产属于地产（即无形资产），该账户名称为“投资性房地产累计摊销”。

（3）“投资性房地产减值准备”账户，核算在成本模式下因投资性房地产减值而计提的减值准备金额。

二、投资性房地产的初始计量

投资性房地产应当按照其取得的成本进行初始计量。

（一）外购的投资性房地产

企业外购投资性房地产的成本，包括购买价款、相关税费和可直接归属于该资产的其他支出。企业应当在购入投资性房地产时，借记“投资性房地产”账户，贷记“银行存款”等账户。

【工作实例3-1】2024年4月5日，甲公司与乙公司签订了一项租赁合同，约定自写字楼购买日起将这栋写字楼出租给乙公司，租期为5年。2024年5月10日，甲公司实际购入写字楼，支付价款500万元，增值税45万元。甲公司的会计处理如下：

借：投资性房地产　5 000 000

　　应交税费——应交增值税（进项税额）　450 000

　贷：银行存款　5 450 000

（二）自行建造投资性房地产的确认和初始计量

企业自行建造的房地产，只有在自行建造活动完成（即达到预定可使用状态）的同时开始对外出租或用于资本增值，才能将自行建造的房地产确认为投资性房地产。

自行建造投资性房地产的成本，由建造该项房地产达到预定可使用状态前发生的必要支出构成，包括土地开发费、建筑成本、安装成本、应予资本化的借款费用、支付的其他费用和分摊的间接费用等。建造完工后，应按照确定的成本，借记“投资性房地产”账户，贷记“在建工程”或“开发产品”账户（房地产企业）。

【引例3-2解析】

（1）企业购置的土地使用权用于自行开发建造厂房的，土地使用权不与厂房合并计算成本，不列为固定资产，而仍作为无形资产进行核算，土地使用权与厂房分别进行摊销和提取折旧。但是，如果属于房地产开发企业取得的土地使用权用于建造对外出售的房屋建筑物，相关的土地使用权应当计入所建造的房屋建筑物成本。

（2）土地使用权成本中应转换为投资性房地产的成本= 900×（1 400÷2 800）= 450（万元）

借：固定资产　14 000 000

　　投资性房地产　14 000 000

　贷：在建工程　28 000 000

借：投资性房地产　4 500 000

　贷：无形资产——土地使用权（9 000 000÷2）　4 500 000

【学中做3-1】假定【引例3-2】中两栋厂房的造价分别为：出租的厂房1 000万元，自用的厂房1 500万元。应如何对投资性房地产的成本进行确认？

三、采用成本模式进行后续计量

企业通常应当采用成本模式对投资性房地产进行后续计量。采用成本模式进行后续计量的投资性房地产，应当遵循以下会计处理规定：

❶按照固定资产或无形资产的有关规定，按期（月）计提折旧或摊销，借记“其他业务成本”等账户，贷记“投资性房地产累计折旧（摊销）”账户。

❷根据取得的租金收入，借记“银行存款”等账户，贷记“其他业务收入”等账户。

❸投资性房地产存在减值迹象的，适用资产减值的有关规定。经减值测试后确定发生减值的，应当计提减值准备，借记“资产减值损失”账户，贷记“投资性房地产减值准备”账户。已经计提减值准备的投资性房地产，其减值损失在以后的会计期间不得转回。

【工作实例3-2】甲公司将一栋写字楼出租给乙公司使用，确认为投资性房地产，采用成本模式进行后续计量。假设这栋办公楼的成本为72 000 000元，按照年限平均法计提折旧，使用寿命为20年，预计净残值为零。租赁合同约定，乙公司每月等额支付甲公司租金400 000元，增值税为36 000元。甲公司的账务处理如下：

（1）每月计提折旧：

每月计提的折旧=（72 000 000÷20）÷12=300 000（元）

借：其他业务成本——出租写字楼折旧　　300 000

　贷：投资性房地产累计折旧　　300 000

（2）每月确认租金收入：

借：银行存款（或其他应收款）　　436 000

　贷：其他业务收入——出租写字楼租金收入　　400 000

　　　应交税费——应交增值税（销项税额）　　36 000

四、投资性房地产的处置

当投资性房地产被处置，或者永久退出使用且预计不能从其处置中取得经济利益时，应当终止确认该项投资性房地产。企业出售、转让、报废投资性房地产或者发生投资性房地产毁损，应当将处置收入扣除其账面价值和相关税费后的金额计入当期损益。此外，企业因其他原因，如非货币性资产交换等而减少投资性房地产，也属于投资性房地产的处置。

采用成本模式计量的投资性房地产处置时，应当按实际收到的金额，借记“银行存款”等账户，贷记“其他业务收入”账户；按该项投资性房地产的账面价值，借记“其他业务成本”账户，按其账面余额，贷记“投资性房地产”账户，按照已计提的折旧或摊销，借记“投资性房地产累计折旧（摊销）”账户，原已计提减值准备的，借记“投资性房地产减值准备”账户。

【工作实例3-3】甲公司于2022年4月将一栋写字楼出租给乙公司使用，确认为投资性房地产，采用成本模式进行后续计量。该写字楼的初始成本为8 400万元，按照年限平均法计提折旧，使用寿命为20年，预计净残值为零。经营租赁合同约定，乙公司于每月月末等额支付甲公司租金65.4万元（含增值税）。2024年8月1日，经双方协商，将该写字楼出售给乙公司，取得不含税售价8 000万元，增值税税率为9%。

甲公司的会计处理如下：

（1）每月计提折旧：

每月计提的折旧 =（8 400÷20）÷12 = 35（万元）

借：其他业务成本　　350 000

　贷：投资性房地产累计折旧　　350 000

（2）每月确认租金收入：

借：银行存款（或其他应收款）　　654 000

　贷：其他业务收入　　600 000

　　　应交税费——应交增值税（销项税额）　　54 000

（3）出售写字楼时：

借：银行存款　　87 200 000

　贷：其他业务收入　　80 000 000

　　　应交税费——应交增值税（销项税额）　　7 200 000

借：其他业务成本 74 200 000
　　投资性房地产累计折旧（350 000×28） 9 800 000
　贷：投资性房地产——写字楼 84 000 000

任务三 采用公允价值模式计量的投资性房地产

【引例3-3】

2020年，海马汽车靠卖房保壳成功引起资本市场的热议。*ST海马（000572.SZ）于2020年6月10日宣布，申请撤销退市风险警示，股票简称将摘掉“*ST”的帽子，恢复为“海马汽车”。海马汽车暂时脱离了退市风险。该公司2019年卖车数量同比下降56%，依靠甩卖房产，推动净利润扭亏，实现了“摘星脱帽”。加上此前游久游戏（600652.SH）于2019年“转让投资性房地产”使净利润扭亏，股票简称由“*ST游久”变更为“ST游久”，依靠卖房“保壳”已然成了套路。尚未“摘帽”的非房地产上市公司中，有28家的投资性房地产数额超过了海马汽车，有了海马汽车做“榜样”，这些公司未来将会有怎样的操作？

任务要求：

（1）投资性房地产公允价值模式的应用遭遇困境的原因是什么？

（2）上市公司是否有采用公允价值模式计量投资性房地产的意愿？

一、账户设置

采用公允价值模式计量的投资性房地产，需要设置“投资性房地产”总分类账户进行核算，并在其下设置“成本”和“公允价值变动”两个二级账户进行明细核算。

投资性房地产公允价值模式计量

“投资性房地产——成本”账户，核算投资性房地产初始确认的公允价值。

“投资性房地产——公允价值变动”账户，核算投资性房地产在持有期间发生的公允价值变动金额。

二、采用公允价值模式计量的投资性房地产

投资性房地产的后续计量有成本和公允价值两种模式，通常应当采用成本模式计量，满足特定条件时也可以采用公允价值模式计量。但是，同一企业只能采用一种模式对所有投资性房地产进行后续计量，不得同时采用两种计量模式。

只有存在确凿证据表明投资性房地产的公允价值能够持续可靠取得的情况下，企业才可以采用公允价值模式对投资性房地产进行后续计量。采用公允价值模式进行后续计量的投资性房地产，应当同时满足以下两个条件：

❶投资性房地产所在地有活跃的房地产交易市场。

所在地，通常指投资性房地产所在的城市。对于大中型城市，应当为投资性房地产所在的城区。

❷企业能够从活跃的房地产交易市场上取得同类或类似房地产的市场价格及其他相关

信息，从而对投资性房地产的公允价值做出合理的估计。

同类或类似的房地产，对建筑物而言，是指所处地理位置和地理环境相同、性质相同、结构类型相同或相近、新旧程度相同或相近、可使用状况相同或相近的建筑物；对土地使用权而言，是指同一位置区域、所处地理环境相同或相近、可使用状况相同或相近的土地。

投资性房地产的公允价值是市场参与者在计量日的有序交易中，出售该房地产所能收到的金额。确定投资性房地产的公允价值时，应当参照活跃市场上同类或类似房地产的现行市场价格（市场公开报价）；无法取得同类或类似房地产现行市场价格的，应当参照活跃市场上同类或类似房地产的最近交易价格，并考虑交易情况、交易日期、所在区域等因素，从而对投资性房地产的公允价值做出合理的估计；也可以基于预计未来获得的租金收益和相关现金流量予以估计。

企业一旦选择采用公允价值计量模式，就应当对其所有投资性房地产均采用公允价值模式进行后续计量。采用公允价值模式进行后续计量的投资性房地产，应当遵循以下会计处理规定：

❶初始计量时，按照投资性房地产的公允价值计量，并记入“投资性房地产——成本”账户。

❷不对投资性房地产计提折旧或摊销。

❸资产负债表日，企业以投资性房地产的公允价值为基础调整其账面价值，公允价值与原账面价值之间的差额记入“公允价值变动损益”账户。资产负债表日，投资性房地产的公允价值高于原账面价值的差额，借记“投资性房地产——公允价值变动”科目，贷记“公允价值变动损益”科目；公允价值低于原账面价值的差额，进行相反的账务处理。

❹取得的租金收入，列入“其他业务收入”等账户。

【引例 3-3 解析】

（1）投资性房地产公允价值模式的应用遭遇困境的原因主要有两个方面：一方面，目前我国房地产市场还不够活跃，缺乏公平价格的形成机制，因此以成本模式为主导的规定就成为了现阶段新会计准则对相关性和可靠性的一种不得已的权衡。另一方面，我国投资性房地产准则限制条件比较严格，企业容易将公允价值模式理解为会计准则不鼓励的计量模式。

（2）上市公司是否采用公允价值模式计量投资性房地产，与企业的顶层设计有关。如果房地产价格持续上涨，采用公允价值计量模式后，企业的财务状况会变好、资产负债率会变低、净资产和利润都会增加。但是，大部分企业不愿意投入更多的精力和成本去确认投资性房地产的公允价值。此外，他们可能考虑到我国房地产市场还不太完善，房价下跌不是没有可能，且企业一旦采用公允价值模式，在会计核算方法上不可逆转，并被监管机构充分关注，因此不愿意贸然采用公允价值计量模式。

三、投资性房地产的处置

采用公允价值模式计量的投资性房地产处置时，应当按实际收到的金额，借记“银行存款”等账户，贷记“其他业务收入”等账户；按该项投资性房地产的账面余额，借记

“其他业务成本”账户，按其成本，贷记“投资性房地产——成本”账户，按其累计公允价值变动，贷记或借记“投资性房地产——公允价值变动”账户。同时结转投资性房地产累计公允价值变动。若存在原转换日计入其他综合收益的金额，也一并结转。

【工作实例3-4】2021年8月，甲公司与乙公司签订租赁协议，约定将甲公司新建造的一栋写字楼租赁给乙公司使用，租赁期为10年，每年租金39.24万元（含增值税）。当年10月1日，该写字楼完工并开始起租，写字楼的工程造价为6 000万元。甲公司采用公允价值模式对该出租的房地产进行后续计量。

2021年12月31日，该写字楼的公允价值为6 400万元。

2022年12月31日，该写字楼的公允价值为7 000万元。

2023年12月31日，该写字楼的公允价值为7 400万元。

2024年2月1日，经双方协商，甲公司将写字楼出售给乙公司，合同价款为9 047万元（含增值税），已用银行存款付清。

甲公司的会计处理如下：

（1）2021年10月1日，写字楼完工并开始起租时：

借：投资性房地产——成本　　60 000 000

　贷：开发产品（或在建工程）　　60 000 000

（2）每月确认租金收入时：

借：银行存款（或其他应收款）　　32 700

　贷：其他业务收入　　30 000

　　应交税费——应交增值税（销项税额）　　2 700

（3）2021年12月31日期末计量时：

借：投资性房地产——公允价值变动　　4 000 000

　贷：公允价值变动损益　　4 000 000

【学中做3-2】请编制2022年12月31日和2023年12月31日期末调整投资性房地产账面记录的会计分录。

（4）2024年2月出售投资性房地产时：

借：银行存款　　90 470 000

　贷：其他业务收入　　83 000 000

　　应交税费——应交增值税（销项税额）　　7 470 000

（5）结转处置成本：

借：其他业务成本　　60 000 000

　　公允价值变动损益　　14 000 000

　贷：投资性房地产——成本　　60 000 000

　　　　　　——公允价值变动　　14 000 000

【小思考3-1】投资性房地产处置时，为什么需要将对应的累计公允价值变动及可能的“其他综合收益”金额转出到“其他业务成本”？

四、投资性房地产后续计量模式的变更

为保证会计信息的可比性，企业对投资性房地产的计量模式一经确定，不得随意变更。只有在房地产市场比较成熟、能够满足采用公允价值模式条件的情况下，才允许企业对投资性房地产从成本模式计量变更为公允价值模式计量。成本模式转为公允价值模式的，应当作为会计政策变更处理，将计量模式变更时公允价值与账面价值的差额，调整期初留存收益。企业变更投资性房地产计量模式，符合企业会计准则规定的，应当按照计量模式变更日投资性房地产的公允价值，借记“投资性房地产——成本”账户，按照已计提的折旧或摊销，借记“投资性房地产累计折旧（摊销）”账户，原已计提减值准备的，借记“投资性房地产减值准备”账户，按照原账面余额，贷记“投资性房地产”账户，按照公允价值与其账面价值之间的差额，贷记或借记“利润分配——未分配利润”“盈余公积”等账户。

已采用公允价值模式计量的投资性房地产，不得从公允价值模式转为成本模式。

五、与投资性房地产有关的后续支出

（一）资本化的后续支出

与投资性房地产有关的后续支出，满足投资性房地产确认条件的，应当计入投资性房地产成本。例如，企业为了提高投资性房地产的使用效能，往往需要对投资性房地产进行改建、扩建而使其更加坚固耐用，或者通过装修而改善其室内装潢，改扩建或装修支出满足确认条件的，应当将其资本化。企业对某项投资性房地产进行改扩建等再开发且将来仍作为投资性房地产的，在再开发期间应继续将其作为投资性房地产，再开发期间不计提折旧或摊销。

【工作实例3-5】2024年3月，甲企业与乙企业的厂房租赁合同即将到期。厂房按照成本模式进行后续计量，原价为2 000万元，已计提折旧600万元。甲企业决定在租赁期满后对厂房进行改扩建，与丙企业签订了租赁合同，约定改扩建完工时将厂房出租给丙企业。3月15日，与乙企业的租赁合同到期，进入改扩建工程。12月10日，工程完工，共发生支出150万元，即日按照租赁合同出租给丙企业。假设甲企业继续采用成本计量模式，不考虑相关税费。

本例中，改扩建支出属于资本化的后续支出，应当计入投资性房地产的成本。

甲企业的账务处理如下：

（1）2024年3月15日，投资性房地产转入改扩建工程：

借：投资性房地产——厂房（在建）	14 000 000	
投资性房地产累计折旧	6 000 000	
贷：投资性房地产——厂房		20 000 000

（2）2024年3月15日至12月10日：

借：投资性房地产——厂房（在建）	1 500 000	
贷：银行存款等		1 500 000

（3）2024年12月10日，改扩建工程完工：

借：投资性房地产——厂房	15 500 000	
贷：投资性房地产——厂房（在建）		15 500 000

【工作实例3-6】2024年3月，甲企业与乙企业的一项厂房经营租赁合同即将到期。为提高厂房的租金收入，甲企业决定在租赁期满后对厂房进行改扩建，并与丙企业签订了经营租赁合同，约定自改扩建完工时将厂房出租给丙企业。3月15日，与乙企业的租赁合同到期，厂房随即进入改扩建工程。11月10日，厂房改扩建工程完工，共发生支出150万元，即日起按照租赁合同出租给丙企业。3月15日，厂房账面余额为1 200万元，其中，成本为1 000万元，累计公允价值变动为200万元。假设甲企业采用公允价值计量模式，不考虑相关税费。甲企业的账务处理如下：

（1）2024年3月15日，投资性房地产转入改扩建工程：

借：投资性房地产——厂房（在建）	12 000 000	
贷：投资性房地产——成本		10 000 000
——公允价值变动		2 000 000

（2）2024年3月15日至11月10日：

借：投资性房地产——厂房（在建）	1 500 000	
贷：银行存款		1 500 000

（3）2024年11月10日，改扩建工程完工：

借：投资性房地产——成本	13 500 000	
贷：投资性房地产——厂房（在建）		13 500 000

（二）费用化的后续支出

与投资性房地产有关的后续支出，不满足投资性房地产确认条件的，应当在发生时计入当期损益。例如，企业对投资性房地产进行日常维护会发生一些支出。企业在发生投资性房地产费用化的后续支出时，借记“其他业务成本”等科目，贷记“银行存款”等科目。

任务四 投资性房地产的转换

【引例3-4】

2022年1月，兴达公司打算搬迁至新建的办公楼，由于原办公楼处于商业繁华地段，公司准备将其出租。2022年2月，兴达公司与甲公司签订了租赁协议，将其原办公楼租赁给甲公司使用，租赁期开始日为2022年3月1日，租赁期为2年。兴达公司认为该办公楼地处商业区，房地产交易活跃，决定对出租的办公楼采用公允价值模式计量。租赁开始日，该办公楼账面原值为10 000万元，已计提折旧3 000万元（该办公楼按年限平均法计提折旧，不考虑残值，预计使用年限为30年）。按照活跃市场的交易价格估算，该办公楼目前公允价值为9 000万元。企业因投资性房地产转换使资产升值2 000万元，同时增加其他综合收益2 000万元。2022年年末，该房地产的公允价值为8 500万元。

为了避免资产公允价值进一步下降，公司管理层决定于2024年年初将其出租的办公楼收回自用。公司在2024年一季度财务报告披露的理由是：公司为了改善职工办公条件，决定在租赁期满时，将出租的旧办公楼收回，作为自用办公楼用于本企业的行政管理使用，转换为按成本模式计量。2023年年末，该房地产公允价值为8 300万元，租赁期满该办公楼的公允价值为8 000万元，转换日确认损失300万元。

任务要求：

（1）兴达公司是否可以直接将出租的房地产按公允价值计量改为按账面价值计量？

（2）出于何种考虑，兴达公司将原本出租的投资性房地产收回自用？

一、房地产的转换形式及转换日

房地产的转换是指房地产用途的变更。企业有确凿证据表明房地产用途发生改变，满足下列条件之一的，应当将投资性房地产转换为其他资产或者将其他资产转换为投资性房地产：

❶投资性房地产开始自用，即将投资性房地产转为自用房地产。在此种情况下，转换日为房地产达到自用状态，企业开始将其用于生产商品、提供劳务或者经营管理的日期。

❷作为存货的房地产，改为出租，通常是指房地产开发企业将其持有的开发产品以经营租赁的方式出租，存货相应地转换为投资性房地产。在此种情况下，转换日为房地产的租赁期开始日。租赁期开始日，是指承租人有权行使其使用租赁资产权利的日期。

❸自用建筑物停止自用，改为出租，即企业将原本用于生产商品、提供劳务或者经营管理的房地产改用于出租，固定资产相应地转换为投资性房地产。在此种情况下，转换日为租赁期开始日。

❹自用土地使用权停止自用，改用于赚取租金或资本增值。即企业将原本用于生产商品、提供劳务或者经营管理的土地使用权改用于赚取租金或资本增值，该土地使用权相应地转换为投资性房地产。在此种情况下，转换日为自用土地使用权停止自用后，确定用于赚取租金或资本增值的日期。

❺房地产企业将用于经营出租的房地产重新开发用于对外销售，从投资性房地产转为存货。在这种情况下，转换日为租赁期满，企业董事会或类似机构做出书面决议明确表明将其重新开发用于对外销售的日期。

以上所指的确凿证据包括两个方面：一是企业董事会或类似机构应当就改变房地产用途形成正式的书面决议；二是房地产因用途改变而发生实际状态上的改变，如从自用状态改为出租状态。

【引例3-4解析】

（1）兴达公司不可以直接将出租的房地产按公允价值计量改为按账面价值计量。按照企业会计准则的规定，已采用公允价值模式计量的投资性房地产，不得从公允价值模式转为成本模式。但是，企业有确凿证据表明房地产用途发生改变，应当将投资性房地产转换为其他资产时，可以将公允价值模式转换为成本模式进行后续计量。

（2）采用公允价值模式进行后续计量时，如果房地产价格持续上涨，兴达公司因投资性房地产转换使资产升值，同时增加公允价值变动损益，粉饰了企业财务报表。但是，在物价持续下跌时期，企业将采用公允价值模式计量的投资性房地产转换为自用房地产，采用成本模式进行后续计量，虽然确认损失300万元，但是可以使企业减少投资性房地产公允价值持续下跌导致的损失。

二、成本模式下的转换

（一）投资性房地产转换为自用房地产

企业将采用成本模式计量的投资性房地产转换为自用房地产时，应当按该项投资性房地产在转换日的账面余额、累计折旧、减值准备等，分别转入“固定资产”“无形资产”“累计折旧”“累计摊销”“固定资产减值准备”等账户，按其账面余额，借记“固定资产”或“无形资产”账户，贷记“投资性房地产”账户，按已计提的折旧或摊销，借记“投资性房地产累计折旧（摊销）”账户，贷记“累计折旧”或“累计摊销”账户，原已计提减值准备的，借记“投资性房地产减值准备”账户，贷记“固定资产减值准备”或“无形资产减值准备”账户。

【工作实例3-7】2024年7月31日，租赁期满，甲公司将出租在外的厂房收回，公司董事会就将该厂房用于本公司产品生产形成了书面决议。该厂房于2024年8月1日开始用于本公司产品生产。该房地产在转换前采用成本模式计量，截至2024年7月31日，账面价值为3 600万元，其中，原价6 000万元，累计已提折旧2 400万元。

甲公司的会计处理如下：

借：固定资产	60 000 000	
投资性房地产累计折旧	24 000 000	
贷：投资性房地产		60 000 000
累计折旧		24 000 000

（二）自用房地产转换为投资性房地产

企业将自用土地使用权或建筑物转换为采用成本模式计量的投资性房地产时，应当按该项建筑物或土地使用权在转换日的原价、累计折旧、减值准备等，分别转入“投资性房地产”“投资性房地产累计折旧（摊销）”“投资性房地产减值准备”账户，按其账面余额，借记“投资性房地产”账户，贷记“固定资产”或“无形资产”账户，按已计提的折旧或摊销，借记“累计折旧”或“累计摊销”账户，贷记“投资性房地产累计折旧（摊销）”账户，原已计提减值准备的，借记“固定资产减值准备”或“无形资产减值准备”账户，贷记“投资性房地产减值准备”账户。

【工作实例3-8】甲公司拥有一栋本公司总部办公使用的办公楼，公司董事会就将该栋办公楼用于出租形成了书面决议。2024年3月8日，甲公司与乙公司签订了经营租赁协议，将这栋办公楼整体出租给乙公司使用，租赁期开始日为2024年4月1日，租期为5年。2024年5月1日，这栋办公楼的账面余额为5 000万元，已计提折旧1 500万元。甲公司对投资性房地产采用成本模式进行计量。

甲公司的会计处理如下：

借：投资性房地产	50 000 000	
累计折旧	15 000 000	
贷：固定资产		50 000 000
投资性房地产累计折旧		15 000 000

（三）作为存货的房地产转换为投资性房地产

企业将作为存货的房地产转换为采用成本模式计量的投资性房地产时，应当按该项存货在转换日的账面价值，借记“投资性房地产”账户，原已计提跌价准备的，借记“存货跌价准备”账户，按其账面余额，贷记“开发产品”等账户。

【工作实例3-9】C公司是房地产开发企业。2024年4月10日，C公司董事会决定将其开发的一栋写字楼不再出售改为出租，并形成了书面决议。C公司遂与租入方签订了租赁协议，将此写字楼整体出租给乙公司使用，租赁期开始日为2024年5月1日，租期为5年。2024年5月1日，该写字楼的账面余额为5 000万元，未计提存货跌价准备，转换后采用成本模式进行后续计量。

C公司的会计处理如下：

借：投资性房地产　　50 000 000

　贷：开发产品　　50 000 000

【小思考3-2】在上例中，如果企业在未来将投资性房地产改为存货，会计上应如何处理？

三、公允价值模式下的转换

（一）投资性房地产转换为自用房地产

企业将采用公允价值模式计量的投资性房地产转换为自用房地产时，应当以其转换当日的公允价值作为自用房地产的账面价值，公允价值与原账面价值的差额计入当期损益。转换日，按该项投资性房地产的公允价值，借记“固定资产”或“无形资产”账户，按该项投资性房地产的成本，贷记“投资性房地产——成本”账户，按该项投资性房地产的累计公允价值变动，贷记或借记“投资性房地产——公允价值变动”账户，按其差额，贷记或借记“公允价值变动损益”账户。

【工作实例3-10】2024年9月1日，租赁期满，甲公司将出租的写字楼收回，董事会就将该写字楼作为办公楼用于本公司的行政管理形成了书面决议。2024年9月1日，该写字楼正式开始自用，相应由投资性房地产转换为自用房地产，当日的公允价值为4 200万元。该项房地产在转换前采用公允价值模式计量，原账面价值为4 000万元，其中，成本为3 000万元，公允价值变动为1 000万元。

甲公司的会计处理如下：

借：固定资产　　42 000 000

　贷：投资性房地产——成本　　30 000 000

　　　　　　　　——公允价值变动　　10 000 000

　　公允价值变动损益　　2 000 000

（二）投资性房地产转换为存货

企业将采用公允价值模式计量的投资性房地产转换为存货时，应当以其转换当日的公允价值作为存货的账面价值，公允价值与原账面价值的差额计入当期损益。

转换日，按该项投资性房地产的公允价值，借记“开发产品”等账户，按该项投资性房地产的成本，贷记“投资性房地产——成本”账户；按该项投资性房地产的累计公允价值变动，贷记或借记“投资性房地产——公允价值变动”账户；按其差额，贷记或借记“公允价值变动损益”账户。

【学中做3-3】请根据上述表述，自行设计一个例题并进行相应的会计处理。

（三）自用房地产转换为投资性房地产

企业将自用土地使用权或建筑物转换为采用公允价值模式计量的投资性房地产时，应当按该项土地使用权或建筑物在转换日的公允价值，借记“投资性房地产——成本”账户，按已计提的累计摊销或累计折旧，借记“累计摊销”或“累计折旧”账户，原已计提减值准备的，借记“无形资产减值准备”或“固定资产减值准备”账户，按其账面余额，贷记“无形资产”或“固定资产”账户；同时，转换日的公允价值小于账面价值的，按其差额，借记“公允价值变动损益”账户，转换日的公允价值大于账面价值的，按其差额，贷记“其他综合收益”账户。待该项投资性房地产处置时，因转换计入其他综合收益的部分应转入当期损益。

【小思考3-3】自用房地产转换为投资性房地产，为什么转换日的公允价值大于账面价值的差额列入“其他综合收益”，而转换日的公允价值小于账面价值的差额列入“公允价值变动损益”？

【工作实例3-11】2023年8月，甲公司打算搬迁至新建办公楼，由于原办公楼处于商业繁华地段，甲公司准备将其出租，以赚取租金收入，已经公司董事会批准形成了书面决议。2023年12月底，甲公司完成了搬迁工作，原办公楼停止自用。2024年1月1日，甲公司与乙公司签订了租赁协议，租赁期为3年。假设甲公司对出租的该办公楼采用公允价值模式计量。2024年1月1日，该办公楼的公允价值为2 500万元，其原价为2 600万元，已计提折旧800万元。

甲公司的会计处理如下：

借：投资性房地产——成本	25 000 000	
累计折旧	8 000 000	
贷：固定资产		26 000 000
其他综合收益		7 000 000

（四）作为存货的房地产转换为投资性房地产

企业将作为存货的房地产转换为采用公允价值模式计量的投资性房地产时，应当按该项房地产在转换日的公允价值，借记“投资性房地产——成本”账户，原已计提跌价准备的，借记“存货跌价准备”账户，按其账面余额，贷记“开发产品”等账户；同时，转换日的公允价值小于账面价值的，按其差额，借记“公允价值变动损益”账户，转换日的公允价值大于账面价值的，按其差额，贷记“其他综合收益”账户。待该项投资性房地产处置时，因转换计入其他综合收益的部分应转入当期损益。

【工作实例3-12】2024年4月15日，甲房地产开发公司董事会形成书面决议，将其开发的一栋写字楼用于出租。甲房地产开发公司遂与乙公司签订了租赁协议，租赁期开始日为2024年5月1日，租赁期为5年。2024年5月1日，该写字楼的账面余额为4 000万元，公允价值为4 300万元。

甲房地产开发公司的会计处理如下：

借：投资性房地产——成本	43 000 000	
贷：开发产品		40 000 000
其他综合收益		3 000 000

【素养提升】

房子是用来住的，不是用来炒的

近来，部分城市楼市火爆，一些“网红”楼盘甚至出现“万人抢房”“众筹打新”现象。楼市调控问题再次引起关注。此番楼市火爆引起关注的焦点与以往不同，不再是纯粹的新盘价格问题，而是新旧住宅价格倒挂。而“打新热”背后的买房牟利现象显然与“房住不炒”理念背道而驰。

2016年12月中旬，中央经济工作会议提出，要坚持“房子是用来住的，不是用来炒的”的定位，要求回归住房居住属性——这一通俗化概括隐含着决策层的诸多良苦用心。2016年12月21日下午，习近平总书记在中央财经领导小组第十四次会议上进一步指出“要准确把握住房的居住属性”。党的二十大报告提出，坚持房子是用来住的、不是用来炒的定位，加快建立多主体供给、多渠道保障、租购并举的住房制度。

从理论上说，房地产同时具有资本品与消费品的双重属性，而且消费品属性应当远远大于资本品属性。然而，由于缺乏政策的厘清与定位，过去很长一段时间内无论是自然人还是法人，都片面地将住房视作投机炒作与赚钱谋利的工具。房地产商捂盘惜售，借机拉抬出售价格；不少个人或投机者借助信贷杠杆结队“扫楼”，囤积居奇并频繁高抛低吸。结果，整个社会金融资本有相当一部分集结到房地产领域。这不仅导致一二线城市房价轮番暴涨，也使三四线城市陷入库存积压的窘境，还大幅抬高了居民的生活成本，日益增大的财富泡沫加剧了金融风险。

思考与启示：

“房子是用来住的，不是用来炒的”“要准确把握住房的居住属性”，这两大提法是立足国情和住房政策的实践教训，是对住房市场的科学再定位。唐朝诗人杜甫写道“安得广厦千万间，大庇天下寒士俱欢颜”，表明建房居住对人类生存的重要性和人民的企盼。同学们应理性看待房地产投资，树立正确的价值观、投资观，不跟风追涨，不散布谣言，量力而行，为我国的房地产市场稳定做出积极贡献。

项目小结

投资性房地产是指为赚取租金或资本增值，或者两者兼有而持有的房地产，主要包括已出租的土地使用权、持有并准备增值后转让的土地使用权和已出租的建筑物。投资性房地产应当能够单独计量和出售。

投资性房地产应当按照其取得的成本进行初始计量。

投资性房地产的后续计量有成本和公允价值两种模式，通常应当采用成本模式计量，满足特定条件时也可以采用公允价值模式计量。但是，同一企业只能采用一种模式对所有投资性房地产进行后续计量，不得同时采用两种计量模式。已采用公允价值模式计量的投资性房地产，不得从公允价值模式转为成本模式。企业对投资性房地产的计量模式一经确定，不得随意变更。

房地产的转换是指房地产用途的变更。房地产转换的会计处理分为成本模式下的转换和公允价值模式下的转换两种。

当投资性房地产被处置，或者永久退出使用且预计不能从其处置中取得经济利益时，应当终止确认该项投资性房地产。企业出售、转让、报废投资性房地产或者发生投资性房地产毁损，应当将处置收入扣除其账面价值和相关税费后的金额计入当期损益。

复习思考题

1.投资性房地产包括哪些项目？

2.固定资产、无形资产与投资性房地产有何区别？

3.外购的投资性房地产，其初始计量包括哪些内容？

4.投资性房地产的后续计量有哪些模式？

5.投资性房地产采用公允价值模式进行后续计量应具备哪些条件？

6.投资性房地产转换能否将公允价值计量变为成本模式计量？

7.投资性房地产的处置收入和处置成本应该记入什么账户？

习题与实训

一、单项选择题

单项选择题

1.关于投资性房地产的定义，下列说法中不正确的是（　　）。

A.投资性房地产不包括以融资租赁方式出租的建筑物

B.企业不拥有产权的建筑物一般不能划分为投资性房地产

C.只有已出租的房地产才能划分为投资性房地产

D.不能单独计量和出售的房地产不能划分为投资性房地产

2.下列资产项目中，属于投资性房地产的是（　　）。

A.用于生产产品的建筑物

B.已出租的土地使用权

C.已开发完成将用于出租的商品房

D.超过闲置期正接受土地管理部门处理的土地使用权

3.企业对采用成本模式进行后续计量的投资性房地产取得的租金收入，应贷记（　　）科目。

A.“资本公积”　　B.“其他综合收益”

C.“其他业务收入”　　D.“投资收益”

4.2024年3月，甲公司与乙公司的一项写字楼经营租赁合同即将到期。该写字楼按照成本模式进行后续计量。为了提高写字楼的租金收入，甲公司决定在租赁期满后对写字楼进行改扩建，并与丙公司签订了经营租赁合同，约定自改扩建完工时将写字楼出租给丙公司。3月31日，与乙公司的租赁合同到期，写字楼随即进入改扩建工程，原价为10 000万元，已计提折旧2 000万元。12月15日，写字楼改扩建工程完工，共发生支出3 000万元，即日按照租赁合同出租给丙公司。改扩建支出属于资本化的后续支出。甲公司改扩建完工后的投资性房地产入账价值为（　　）万元。

A.11 000　　B.13 000　　C.3 000　　D.10 000

5.甲公司对投资性房地产以成本模式进行后续计量。2024年1月10日，甲公司以银行存款9 600万元购入一栋写字楼并立即以经营租赁方式租出，甲公司预计该写字楼的使用寿命为40年，预计净残值为120万元。采用年限平均法计提折旧，不考虑相关税费及其他因素。2024年甲公司对该写字楼应计提的折旧金额为（　　）万元。

A.240　　B.220　　C.217.25　　D.237

6.企业处置一项以成本模式计量的投资性房地产，实际收到的金额为500万元，投资性房地产的账面余额为400万元，累计折旧为100万元。假设不考虑相关税费，下列关于处置该项投资性房地产的会计处理中，不正确的是（　　）。

A.贷记“其他业务收入”500万元　　B.借记“其他业务成本”300万元

C.贷记“投资性房地产”400万元　　D.贷记“营业外收入”175万元

7.企业处置一项以成本模式计量的投资性房地产，实际收到的金额为70万元，投资性房地产的账面余额为120万元，累计计提的折旧金额为60万元，计提的减值准备金额为20万元。假设不考虑相关税费，处置该项投资性房地产的净收益为（　　）万元。

A.30　　B.20　　C.40　　D.10

8.甲公司将一栋写字楼转换为采用成本模式计量的投资性房地产。该写字楼的账面原值为2 500万元，已计提累计50万元，已计提固定资产减值准备150万元，转换日的公允价值为3 000万元。不考虑其他因素，则转换日该投资性房地产的账面价值为（　）万元。

A.3 000　　B.2 300　　C.2 500　　D.2 450

9.某公司的投资性房地产采用公允价值模式计量。2024年6月23日，该公司将一项固定资产转换为投资性房地产。该固定资产的账面余额为400万元，已计提折旧80万元，已经计提减值准备30万元。该项房地产在当日的公允价值为330万元。关于转换日的处理，下列各项表述中，正确的是（　）。

A.计入公允价值变动损益的金额为40万元

B.投资性房地产的入账价值为290万元

C.该项房地产在转换日的处理不影响当期损益

D.该事项属于会计政策变更

10.存货转换为采用公允价值模式计量的投资性房地产，投资性房地产应当按照转换当日的公允价值计量。转换当日的公允价值小于原账面价值的差额通过（　）科目核算。

A.“营业外支出”　　B.“公允价值变动损益”

C.“投资收益”　　D.“其他综合收益”

二、多项选择题

多项选择题

1.下列有关投资性房地产的定义与特征的表述中，正确的有（　）。

A.投资性房地产是为赚取租金或资本增值，或者两者兼有而持有的房地产

B.投资性房地产应当能够单独计量和出售

C.投资性房地产是一种经营活动

D.投资性房地产有两种计量模式：成本模式和公允价值模式

2.下列各项中，不属于投资性房地产的有（　）。

A.房地产企业开发的准备出售的商品房

B.租入后再转租的建筑物

C.计划用于出租但尚未出租的土地使用权

D.持有并准备增值后转让的土地使用权

3.下列有关投资性房地产后续计量会计处理的表述中，正确的有（　）。

A.不同企业可以分别采用成本模式或公允价值模式

B.满足特定条件时可以采用公允价值模式

C.同一企业可以分别采用成本模式和公允价值模式

D.同一企业不得同时采用成本模式和公允价值模式

4.下列各项中，应计入其他业务收入的有（　）。

A.投资性房地产租金收入

B.投资性房地产公允价值变动额

C.出售投资性房地产收到的款项

D.处置投资性房地产时，与该项投资性房地产相关的其他综合收益

5.下列有关投资性房地产的表述中，不正确的有（　）。

A.成本模式下，当月增加的房屋当月不计提折旧

B.公允价值模式下，当月增加的房屋下月开始计提折旧

C.成本模式下，当月增加的土地使用权当月进行摊销

D.成本模式下，当月增加的土地使用权当月不进行摊销

6.处置采用公允价值模式计量的投资性房地产时，下列说法中不正确的有（　）。

A.应按累计公允价值变动金额，将公允价值变动损益转入其他业务成本

B.实际收到的金额与该投资性房地产账面价值之间的差额，应计入营业外支出或营业外收入

C.实际收到的金额与该投资性房地产账面价值之间的差额，应计入投资收益

D.对于投资性房地产的累计公允价值变动金额，在处置时不需要进行会计处理

7.关于投资性房地产后续计量模式的转换，下列说法中正确的有（　　）。

A.投资性房地产后续计量模式变更时公允价值大于账面价值的差额，计入其他综合收益

B.已经采用成本模式计量的投资性房地产，符合条件的可以从成本模式转换为公允价值模式

C.投资性房地产后续计量模式变更时公允价值与账面价值的差额，计入公允价值变动损益

D.投资性房地产后续计量模式变更时的处理，一般不影响当期损益

8.下列关于企业将作为存货的房地产转换为采用公允价值模式计量的投资性房地产时的会计处理的表述中，正确的有（　　）。

A.应该按该项房地产在转换日的公允价值入账

B."存货跌价准备"应转入"投资性房地产减值准备"

C.转换日的公允价值大于账面价值的，其差额记入"其他综合收益"账户

D.转换日的公允价值小于账面价值的，其差额记入"公允价值变动损益"账户

9.投资性房地产的后续计量从成本模式转为公允价值模式，转换日投资性房地产的公允价值高于其账面价值的差额，不会对下列财务报表项目产生影响的有（　　）。

A."盈余公积"　　B."营业外收入"　　C."未分配利润"　　D."投资收益"

10.将投资性房地产转换为其他资产或者将其他资产转换为投资性房地产，关于转换日的确定，以下叙述中，正确的有（　　）。

A.企业于2024年5月15日开始将原本用于出租的房地产改用于自身生产使用，则该房地产的转换日为2024年5月15日

B.房地产开发企业2024年6月30日决定将其持有的开发产品以经营租赁的方式出租，租赁期开始日为2024年7月1日，则该房地产的转换日为2024年7月1日

C.2024年10月20日，企业将某项土地使用权停止自用，2024年11月30日正式确定该项资产将于增值后出售，则该房地产的转换日为2024年10月20日

D.企业2024年6月4日将原本用于生产商品的房地产改用于出租，租赁期开始日为2024年7月1日，则该房地产的转换日为2024年7月1日

三、判断题

判断题

1.企业以经营租赁方式租入后再转租给其他单位的土地使用权，不能确认为投资性房地产。（　　）

2.甲公司将其自有写字楼的部分楼层以经营租赁方式对外出租，因自用部分与出租部分不能单独计量，为此甲公司将该写字楼整体确定为固定资产。（　　）

3.企业外购的房地产，只有在购入的同时开始对外出租或用于资本增值，才能作为投资性房地产确认。（　　）

4.企业将自行建造的房地产达到预定可使用状态时开始自用，之后改为对外出租，应当在该房地产达到预定可使用状态时确认为投资性房地产。（　　）

5.已采用公允价值模式计量的投资性房地产，不得从公允价值模式转为成本模式。（　　）

6.成本模式下，企业取得的投资性房地产，均应于达到预定可使用状态后的下一个月开始折旧或摊销。（　　）

7.成本模式和公允价值模式计量下的投资性房地产，均以实际成本进行初始计量。（　　）

8.投资性房地产发生的日常维护支出，应于发生时记入"其他业务成本"科目。（　　）

9.企业将其拥有的办公楼由自用转为收取租金收益时，应将其转为投资性房地产。（　　）

10.企业将某项房地产部分用于出租，部分自用，如果出租部分能单独计量和出售，企业应将该项房地产整体确认为投资性房地产。（　）

四、实训题

实训题

实训一

目的：实训投资性房地产采用成本模式计量的会计处理。

资料：甲企业对投资性房地产采用成本模式进行后续计量，有关投资性房地产的业务资料如下：

（1）2022年12月15日，甲企业将一栋新建完工的办公楼出租给乙企业使用。假设该栋办公楼的成本为1 800万元，采用直线法计提折旧，使用寿命为20年，预计净残值为零。

（2）按照租赁合同的约定，乙企业每月支付甲企业租金8万元。

（3）2025年3月15日，租赁期届满，甲公司将该栋写字楼出售给丙公司，合同价款为1 250万元，丙公司已用银行存款付清。不考虑其他相关税费。

要求：

（1）编制甲企业2022年12月15日取得投资性房地产的会计分录（由“在建工程”转入）。

（2）编制甲企业投资性房地产每月计提折旧的会计分录。

（3）编制甲企业每月收到租金的会计分录。

（4）编制甲企业2025年3月15日出售该写字楼的会计分录。

实训二

目的：实训投资性房地产采用公允价值模式计量的会计处理。

资料：甲企业对投资性房地产采用公允价值模式计量，有关投资性房地产的业务资料如下：

甲企业于2023年1月1日以银行存款7 000万元购入一幢商品房用于对外出租，租期为3年，每年12月31日收取租金300万元（不含税），增值税税率为9%。

2023年12月31日，该幢商品房的公允价值为7 300万元。

2024年12月31日，该幢商品房的公允价值为7 500万元。

2025年12月31日，该幢商品房的公允价值为7 600万元。

2026年1月10日将该幢商品房对外出售，收到8 502万元（含税）存入银行。

要求：编制甲企业上述经济业务的会计分录。（假定按年确认公允价值变动损益和确认租金收入）

实训三

目的：实训投资性房地产采用公允价值模式计量转换的会计处理。

资料：甲公司对投资性房地产采用公允价值模式进行后续计量，2023年至2024年的有关资料如下：

（1）2023年3月1日，甲公司将一栋原作为固定资产使用的写字楼出租给乙公司并办妥相关手续，租期为18个月。当日，写字楼的公允价值为16 000万元，原值为15 000万元，已计提累计折旧的金额为3 000万元。

（2）2023年3月31日，甲公司收到出租写字楼当月的租金125万元，存入银行。2023年12月31日，该写字楼的公允价值为17 000万元。

（3）2024年9月1日，租期已满，甲公司以17 500万元的价格出售该写字楼，价款已存入银行，出售满足收入确认条件，不考虑其他因素。

要求：

（1）编制2023年3月1日甲公司出租该写字楼的相关会计分录。

（2）编制2023年3月31日甲公司收到租金的会计分录。

（3）编制2023年12月31日写字楼公允价值变动的会计分录。

（4）编制2024年9月1日甲公司出售该写字楼的会计分录。（会计分录金额以万元表示）

项目四
非货币性资产交换的核算

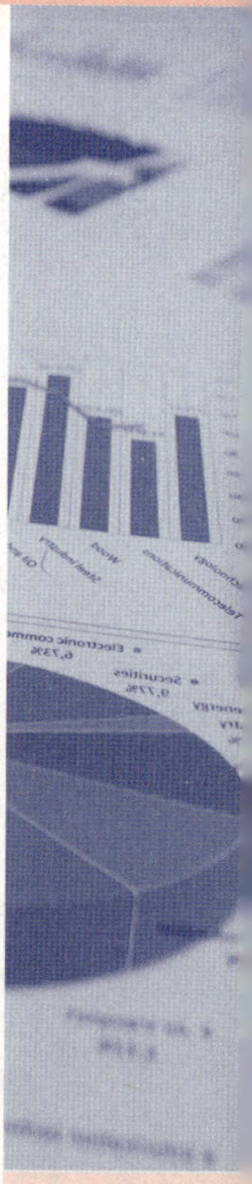

职业能力目标

通过本任务学习，了解非货币性资产交换的意义；熟悉非货币性资产交换的概念及判断条件；掌握具有商业实质和不具有商业实质的非货币性资产交换的确认与计量；运用非货币性资产交换会计准则，能够正确地进行涉及补价和不涉及补价的非货币性资产交换的核算，提供真实可靠的资产核算信息。

典型工作任务

非货币性资产交换的确认；非货币性资产交换的计量；按账面价值计量的非货币性资产交换的核算；按公允价值计量的非货币性资产交换的核算。

内容框架

- 非货币性资产交换的核算
  - 认知非货币性资产交换
    - 非货币性资产交换概述
    - 非货币性资产交换的确认和计量
      - 商业实质的判断
      - 公允价值能否可靠计量的判断
  - 按账面价值计量的非货币性资产交换
    - 不涉及补价的会计处理
    - 涉及补价的会计处理
      - 单项非货币性资产交换
      - 多项非货币性资产交换
  - 按公允价值计量的非货币性资产交换
    - 不涉及补价的会计处理
    - 涉及补价的会计处理
      - 单项非货币性资产交换
      - 多项非货币性资产交换

任务一　认知非货币性资产交换

【引例4-1】

2024年6月18日，A公司的子公司B公司、C公司及关联方D公司与E公司签署资产置换协议。协议规定：B公司以其面积为6 731平方米的主楼与面积为1 734平方米的招待所等固定资产、C公司以其面积为359平方米的仓库等固定资产，以及D公司以其面积为24 688平方米的仓库，共同换入E公司位于开来商城面积为10 434平方米的房产。

任务要求：

（1）以上公司之间的协议交易有什么特别之处，是否属于非货币性资产交换？

（2）如果本例属于非货币性资产交换，交换具有商业实质且资产公允价值能够可靠计量，那么该资产置换应采用何种模式进行会计处理？

一、非货币性资产交换概述

非货币性资产交换的认知

（一）非货币性资产交换的概念及特征

非货币性资产交换，是指企业主要以固定资产、无形资产、投资性房地产和长期股权投资等非货币性资产进行的交换。该交换不涉及或只涉及少量的货币性资产（即补价）。

【知识链接4-1】货币性资产，是指企业持有的货币资金和收取固定或可确定的金额的货币资金的权利，包括库存现金、银行存款、以摊余成本计量的应收账款和应收票据以及债权投资等。

从非货币性资产交换的定义可以看出，非货币性资产交换具有如下特征：

❶非货币性资产交换的交易对象主要是非货币性资产。

企业用货币性资产（如库存现金、银行存款）来交换非货币性资产（如存货、固定资产等）的交易最为普遍；但是在有些情况下，企业为了满足各自生产经营的需要，同时减少货币性资产的流出，而进行非货币性资产交换。比如，A企业需要B企业闲置的生产设备，B企业需要A企业闲置的办公楼，双方在货币性资产短缺的情况下，可能会出现非货币性资产交换的交易行为。

❷非货币性资产交换是以非货币性资产进行交换的行为。

交换，通常是指一个企业和另一个企业之间的互惠转让，通过转让，企业以让渡其他资产或劳务或者承担其他义务而取得资产或劳务（或偿还负债）。非互惠的非货币性资产转让不属于本项目所述的非货币性资产交换，如企业捐赠非货币性资产等。

❸非货币性资产交换一般不涉及货币性资产，但有时也可能涉及少量的货币性资产。

通常情况下，交易双方对于某项交易是否为非货币性资产交换的判断是一致的。需要注意的是，对非货币性资产交换进行判断，企业应从自身的角度，根据交易的实质判断相关交易是否属于本项目定义的非货币性资产交换，不应基于交易双方的情况进行判断。例如，投资方以一项固定资产出资取得对被投资方的权益性投资，对投资方来说，换出资产为固定资产，换入资产为长期股权投资，属于非货币性资产交换；但对于被投资方来说，则是接受换入的实物资产，属于接受权益性投资，不属于非货币性资产交换。

【小思考4-1】因城市规划需要，很多企业整体搬迁置换、房地产企业拆迁还房等是否属于非货币性资产交换的范围？

（二）非货币性资产交换的认定

非货币性资产交换一般不涉及货币性资产，或只涉及少量货币性资产即补价。非货币性资产交换准则规定，认定涉及少量货币性资产的交换为非货币性资产交换。通常以补价占整个资产交换金额的比例是否低于25%作为参考比例，具体来说：从收到补价的企业来看，收到的补价的公允价值占换出资产公允价值（或占换入资产公允价值和收到的货币性资产之和）的比例低于25%的，视为非货币性资产交换；从支付补价的企业来看，支付的货币性资产占换出资产公允价值与支付的补价的公允价值之和（或占换入资产公允价值）的比例低于25%的，视为非货币性资产交换；如果上述比例高于25%（含25%）的，则视为货币性资产交换，适用《企业会计准则第14号——收入》等相关准则的规定。

二、非货币性资产交换的确认和计量

（一）非货币性资产交换的确认

非货币性资产交换的确认

企业应当分别按照下列原则对非货币性资产交换中的换入资产进行确认，对换出资产终止确认：

❶对于换入资产，企业应当在换入资产符合资产定义并满足资产确认条件时予以确认。

❷对于换出资产，企业应当在换出资产满足资产终止确认条件时终止确认。

换入资产的确认时点与换出资产的终止确认时点存在不一致的，企业在资产负债表日应当按照下列原则进行处理：

❶换入资产满足资产确认条件，换出资产尚未满足终止确认条件的，在确认换入资产的同时将交付换出资产的义务确认为一项负债。

❷换入资产尚未满足资产确认条件，换出资产满足终止确认条件的，在终止确认换出资产的同时将取得换入资产的权利确认为一项资产。

（二）非货币性资产交换的计量

在非货币性资产交换的情况下，不论是一项资产换入一项资产、一项资产换入多项资产、多项资产换入一项资产，还是多项资产换入多项资产，非货币性资产交换准则规定了确定换入资产成本的两种计量基础和交换所产生损益的确认原则。

换入资产成本的两种计量基础（即公允价值模式和账面价值模式）的选择取决于非货币性资产交换是否具有商业实质，以及换入资产或换出资产的公允价值能否可靠地计量。当非货币性资产交换同时满足以上两个条件时，应当以公允价值为基础计量，否则采用账面价值为基础计量。

1.商业实质的判断

认定某项非货币性资产交换具有商业实质，必须满足下列条件之一：

（1）换入资产的未来现金流量在风险、时间分布和金额方面与换出资产显著不同。具体表现在：

❶未来现金流量的风险、金额相同，时间分布不同。比如，东方公司以一批存货换入一项设备，因存货流动性强，能够在较短的时间内产生现金流量，设备作为固定资产要在较长的时间内为公司带来现金流量，假定两者产生的未来现金流量风险和总额均相同，但由于两者产生现金流量的时间跨度相差较大，则可以判断上述存货与固定资产的未来现金流量显著不同，因而该两项资产的交换具有商业实质。

❷未来现金流量的时间分布、金额相同，风险不同。比如，甲企业以其用于经营出租的一幢公寓楼，与乙企业同样用于经营出租的一幢公寓楼进行交换，两幢公寓楼的租期、每期租金总额均相同，但是甲企业是租给一家财务及信用状况良好的企业（该企业租用该公寓是给其单身职工居住），乙企业的客户都是单个租户，相比较而言，甲企业取得租金的风险较小，乙企业由于租给散户，租金的取得依赖于各单个租户的财务和信用状况，因此，两者现金流量流入的风险或不确定性程度存在明显差异，则两幢公寓楼的未来现金流量显著不同，进而可判断该两项资产的交换具有商业实质。

❸未来现金流量的风险、时间分布相同，金额不同。比如，长江公司以一项商标权换入黄河公司的一项专利技术，预计两项无形资产的使用寿命相同，在使用寿命内预计为公司带来的现金流量总额相同，但是换入的专利技术是新开发的，预计开始阶段产生的未来现金流量明显少于后期，而商标权每年产生的现金流量比较均衡，则两者各年产生的现金流量金额差异明显，所以上述商标权与专利技术的未来现金流量显著不同，因而该两项资产的交换具有商业实质。

（2）使用换入资产所产生的预计未来现金流量现值与继续使用换出资产不同，且其差额与换入资产和换出资产的公允价值相比是重大的。

企业如按照上述第（1）项条件难以判断某项非货币性资产交换是否具有商业实质，再根据第（2）项条件，通过计算换入资产和换出资产的预计未来现金流量现值，进行比较后判断。资产预计未来现金流量的现值，应当按照资产在持续使用过程中和最终处置时所产生的预计未来现金流量，选择恰当的折现率对其进行折现后的金额加以确定。强调企业自身，是由于考虑到换入资产的性质和换入企业经营活动的特征，换入资产与换入企业其他现有资产相结合，能够比换出资产产生更大的作用，即换入资产对换入企业的使用价值与换出资产对该企业的使用价值明显不同，使换入资产的预计未来现金流量现值与换出资产产生明显差异，因而表明该两项资产的交换具有商业实质。

例如，某企业以一项专利权换入另一企业拥有的长期股权投资，假定从市场参与者来看，该项专利权与该项长期股权投资的公允价值相同，两项资产未来现金流量的风险、时间和金额亦相同，但是对换入企业来讲，换入该项长期股权投资使该企业对被投资方由重大影响变为控制关系，从而对换入企业产生的预计未来现金流量现值与换出的专利权有较大差异；另一企业换入的专利权能够解决生产中的技术难题，从而对换入企业产生的预计未来现金流量现值与换出的长期股权投资有明显差异，因而该两项资产的交换具有商业实质。

2. 公允价值能否可靠计量的判断

属于以下三种情形之一的，公允价值视为能够可靠计量：

❶换入资产或换出资产存在活跃市场，以市场价格为基础确定公允价值。

❷换入资产或换出资产不存在活跃市场，但同类或类似资产存在活跃市场，以同类或类似资产市场价格为基础确定公允价值。

❸换入资产或换出资产不存在同类或类似资产可比市场交易，采用估值技术确定公允价值。

换入资产和换出资产公允价值均能够可靠计量的，应当以换出资产公允价值作为确定换入资产成本的基础，一般来说，取得资产的成本应当按照所放弃资产的对价来确定，在非货币性资产交换中，换出资产就是放弃的对价，如果其公允价值能够可靠确定，应当优先考虑按照换出资产的公允价值作为确定换入资产成本的基础；如果有确凿证据表明换入资产的公允价值更加可靠的，应当以换入资产公允价值为基础确定换入资产的成本。

【引例4-1解析】

（1）上述公司之间的协议交易是固定资产与固定资产之间的置换，根本没有涉及货币性资产，属于企业之间以非货币性资产进行的互惠转让，所以该项资产交换属于非货币性资产交换。

（2）由于该项资产交换具有商业实质，且交换资产的公允价值能够可靠计量，应以公允价值模式进行确认和计量。

任务二 按账面价值计量的非货币性资产交换

【引例4-2】

A公司以机器设备交换B公司一幢房产，该机器设备的原价为1 200万元，累计折旧为200万元；B公司房产的原价为1 500万元，累计折旧为600万元。经双方协议，B公司向A公司支付补价100万元，交易双方均维持换入资产的原使用状态。完成该项非货币性资产交换后，双方未来现金流量的现值与交易前明显不同，但是没有同类资产活跃交易市场，且无法正确判断交易资产的公允价值。假设不考虑相关税费。

任务要求：

（1）判断本例是否属于非货币性资产交换。

（2）如果本例属于非货币性资产交换，A公司如何确认换入资产的成本？

（3）在本例中，A公司是否确认资产交换损益？

非货币性资产交换不具有商业实质，或者虽然具有商业实质但换入资产和换出资产的公允价值均不能可靠计量的，应当以账面价值为基础计量。对于换入资产，企业应当以换出资产的账面价值和应支付的相关税费作为换入资产的成本，无论是否支付补价，均不确认损益。如果涉及增值税，属于可以抵扣的进项税额的，则在确定换入资产入账价值总额时减去；属于销项税额的，则在确定换入资产入账价值总额时加上。

以账面价值计量的非货币性资产交换的会计处理

一、不涉及补价的会计处理

在不涉及补价的情况下，应当以换出资产的账面价值加上应支付的相关税费作为换入资产的入账价值，对于换出资产，终止确认时不确认损益。公式为：

换入资产的成本=换出资产的账面价值+应支付的相关税费

（一）单项非货币性资产交换

【工作实例4-1】丙公司拥有一台专有设备，该设备账面原价为450万元，已计提折旧330万元；丁公司拥有一项长期股权投资，账面价值为90万元，未计提减值准备。丙公司决定以其专有设备交换丁公司的长期股权投资。该专有设备是生产某种产品所必需的。由于丙公司拥有的专有设备系当时专门制造、性质特殊，其公允价值不能可靠计量；丁公司拥有的长期股权投资在活跃市场中没有报价，其公允价值也不能可靠计量。丙公司转让该专用设备应交增值税13万元，除增值税外，该项交易中没有涉及其他税费。

（1）丙公司的账务处理如下：

丙公司换入长期股权投资的成本=450-330+13=133（万元）

借：固定资产清理　1 200 000
　　累计折旧　3 300 000
　贷：固定资产　4 500 000
借：固定资产清理　130 000
　贷：应交税费——应交增值税（销项税额）　130 000
借：长期股权投资　1 330 000
　贷：固定资产清理　1 330 000

（2）丁公司的账务处理如下：

丁公司换入固定资产的成本=90-13=77（万元）

借：固定资产　770 000
　　应交税费——应交增值税（进项税额）　130 000
　贷：长期股权投资　900 000

【学中做4-1】如果【工作实例4-1】中丁公司转让的是一项无形资产，其账面成本为150万元，累计摊销为20万元，计税价值为140万元，增值税税率为6%。请根据学习的知识做出相应的账务处理。

（二）多项非货币性资产交换

非货币性资产交换有时涉及多项资产，例如，企业以一项非货币性资产同时换入另一企业的多项非货币性资产，或同时以多项非货币性资产换入另一企业的一项非货币性资产，或以多项非货币性资产同时换入另一企业的多项非货币性资产。对于同时换入的多项资产，按照各项换入资产的公允价值的相对比例，将换出资产的账面价值总额分摊至各项换入资产，加上应支付的相关税费，作为各项换入资产的初始计量金额。换入资产的公允价值不能可靠计量的，可以按照各项换入资产的原账面价值的相对比例或其他合理的比例对换出资产的账面价值进行分摊。

【工作实例4-2】2024年6月12日，甲公司与乙公司经协商用一项交易性金融资产交换乙公司的固定资产和无形资产。该项交易性金融资产的成本为1 300万元，公允价值变动为借方余额200万元。固定资产的账面余额为800万元，累计折旧为200万元，已计提固定资产减值准备100万元。无形资产的账面原价为2 000万元，累计摊销为1 000万元，减值准备为100万元。甲公司换入的固定资产和无形资产仍作为固定资产和无形资产核算，乙公司换入的交易性金融资产仍作为交易性金融资产核算。假定该项交易不具有商业实质，不考虑相关税费等因素。

（1）甲公司的账务处理如下：

换入资产的入账价值总额=1 300+200=1 500（万元）

换入固定资产的入账价值=［500÷（500+900）］×1 500=535.71（万元）

换入无形资产的入账价值=［900÷（500+900）］×1 500=964.29（万元）

借：固定资产	5 357 100	
无形资产	9 642 900	
贷：交易性金融资产——成本		13 000 000
——公允价值变动		2 000 000

（2）乙公司的账务处理如下：

换入交易性金融资产的入账价值=（800-200-100）+（2 000-1 000-100）=1 400（万元）

借：固定资产清理	5 000 000	
累计折旧	2 000 000	
固定资产减值准备	1 000 000	
贷：固定资产		8 000 000
借：交易性金融资产	14 000 000	
累计摊销	10 000 000	
无形资产减值准备	1 000 000	
贷：固定资产清理		5 000 000
无形资产		20 000 000

【小思考4-2】涉及多项非货币性资产交换怎样确定各项换入资产的成本？

二、涉及补价的会计处理

对于以账面价值为基础计量的非货币性资产交换，涉及补价的，应当将补价作为确定换入资产初始计量金额的调整因素，分别下列情况进行处理：

1.支付补价方

应当以换出资产的账面价值，加上支付的补价和应支付的相关税费，作为换入资产的成本，不确认损益。其计算公式为：

换入资产成本=换出资产账面价值+支付的补价+应支付的相关税费

2.收到补价方

应当以换出资产的账面价值，减去收到的补价，加上应支付的相关税费，作为换入资产的成本，不确认损益。其计算公式为：

换入资产成本=换出资产账面价值-收到的补价+应支付的相关税费

【引例4-2解析】

（1）在资产交换中，涉及的货币性资产占整个资产交换的比例低于25%，属于非货币性资产交换。A公司收到的补价与换出资产的账面价值之比为：100÷1 000×100%=10%＜25%，所以可以认定为非货币性资产交换。

（2）本例中，资产交换虽然具有商业实质但换入资产和换出资产的公允价值均不能可靠计量，应当以换出资产的账面价值，加上支付的补价（或减去收到的补价），加上应支付的相关税费确定换入资产的成本。

A公司换入房产的入账成本=1 200-200-100=900（万元）

B公司换入机器设备的入账成本=1 500-600+100=1 000（万元）

（3）按照会计准则规定，以账面价值计量的非货币性资产交换，无论是否涉及补价，均不确认损益。

（一）单项非货币性资产交换

【工作实例4-3】甲公司拥有一台专有设备，该设备原价300万元，已计提折旧220万元，乙公司拥有一项长期股权投资，账面价值70万元；两项资产均未计提减值准备。由于甲公司拥有的专有设备系当时专门制造、性质特殊，其公允价值不能可靠计量；乙公司拥有的长期股权投资在活跃市场中没有报价，其公允价值也不能可靠计量。双方商定，乙公司以两项资产账面价值的差额为基础，支付甲公司10万元补价，以换取甲公司拥有的专有设备。甲公司向乙公司开具的增值税专用发票上注明的增值税为11.7万元，除增值税外，假定交易中没有涉及其他税费。

分析：该项资产交换涉及收付货币性资产，即补价10万元。对甲公司而言，收到的补价占换出资产账面价值的比例为：10÷80×100%=12.5%＜25%，因此，该项交换属于非货币性资产交换；乙公司的情况也类似。由于两项资产的公允价值不能可靠计量，因此，甲、乙公司换入资产的成本均应当按照换出资产的账面价值确定。

（1）甲公司的账务处理如下：

借：固定资产清理	800 000	
累计折旧	2 200 000	
贷：固定资产——专有设备		3 000 000
借：固定资产清理	117 000	
贷：应交税费——应交增值税（销项税额）		117 000
借：长期股权投资	817 000	
银行存款	100 000	
贷：固定资产清理		917 000

（2）乙公司的账务处理如下：

借：固定资产——专有设备	683 000	
应交税费——应交增值税（进项税额）	117 000	
贷：长期股权投资		700 000
银行存款		100 000

（二）多项非货币性资产交换

对于以账面价值为基础计量的非货币性资产交换，如涉及换入多项资产或换出多项资产，或者同时换入和换出多项资产的，应当分别对换入的多项资产、换出的多项资产进行会计处理：

❶对于换入的多项资产，由于通常无法将换出资产与换入的某项特定资产相对应，应当按照各项换入资产的公允价值的相对比例（换入资产的公允价值不能够可靠计量的，也

可以按照各项换入资产的原账面价值的相对比例或其他合理的比例），将换出资产的账面价值总额（涉及补价的，加上支付补价的账面价值或减去收到补价的公允价值）分摊至各项换入资产，加上应支付的相关税费，作为各项换入资产的初始计量金额。

❷对于同时换出的多项资产，各项换出资产终止确认时均不确认损益。

任务三　按公允价值计量的非货币性资产交换

【引例4-3】

公允价值计量是近年来使用非常频繁的计量基础，尤其是在资产评估行业的运用。1999年非货币性资产交换准则初露峥嵘，我国就引入了时髦的公允价值概念。2001年，财政部对非货币性资产交换准则进行大幅度修改，删繁就简，而公允价值仅仅在交易中出现补价时才使用。于是非货币性资产交易损益几乎不再确认，换入资产的账面价值基本上以换出资产的账面价值确认。这样的举措在当时确实制止了不少滥用会计准则的行为，但却背离了资产本质。

2006年，非货币性资产交换准则又回到了以公允价值为准绳的初始状态，并创设性地提出了“商业实质”的概念。即如果非货币性交易不具有商业实质，则公允价值与换出资产账面价值的差额不能计入当期损益。2017年，财政部发布了修订后的《企业会计准则第14号——收入》，自2018年1月1日起分步实施，对相关业务做出新的规范要求，为在会计处理上与新收入准则保持一致，有必要对非货币性资产交换准则做出相应调整，因此，财政部于2019年5月正式印发修订了《企业会计准则第7号——非货币性资产交换》，并于2019年6月10日起施行。

任务要求：

（1）非货币性资产交换中使用公允价值计量有何意义？

（2）为什么企业能够利用公允价值计量的非货币性资产交换来粉饰利润？

一、以公允价值计量的非货币性资产交换的条件和会计处理原则

（一）以公允价值计量的非货币性资产交换应具备的条件

以公允价值计量的非货币性资产交换的会计处理

非货币性资产交换同时满足下列两个条件的，应当以公允价值和应支付的相关税费作为换入资产的成本，公允价值与换出资产账面价值的差额计入当期损益：

❶该项交换具有商业实质。

❷换入资产或换出资产的公允价值能够可靠地计量。

以公允价值为基础计量的非货币性资产交换，对于换入资产，应当以换出资产的公允价值和应支付的相关税费作为换入资产的成本进行初始计量；对于换出资产，应当在终止确认时，将换出资产的公允价值与其账面价值之间的差额计入当期损益。

有确凿证据表明换入资产的公允价值更加可靠的，对于换入资产，应当以换入资产的公允价值和应支付的相关税费作为换入资产的初始计量金额；对于换出资产，应当在终止确认时，将换入资产的公允价值与换出资产账面价值之间的差额计入当期损益。

在以公允价值计量的情况下，不论是否涉及补价，只要换出资产的公允价值与其账面

价值不相同，就通常会涉及损益的确认，因为非货币性资产交换损益通常是由换出资产公允价值与换出资产账面价值的差额通过非货币性资产交换予以实现的。

（二）以公允价值计量的非货币性资产交换的会计处理原则

以公允价值计量的非货币性资产交换的会计处理，视换出资产的类别不同而有所区别：

（1）换出资产为固定资产、生产性生物资产、无形资产的，应当视同固定资产、生产性生物资产、无形资产处置处理，换出资产公允价值与换出资产账面价值的差额计入资产处置损益。

（2）换出资产为长期股权投资、以公允价值计量且其变动计入其他综合收益的金融资产（债务工具）的，资产公允价值与其账面价值的差额，计入投资收益，并将其持有期间形成的"其他综合收益（可转损益部分）"转入投资收益。

（3）换出资产为投资性房地产的，按换出资产公允价值或换入资产公允价值确认其他业务收入，按换出资产账面价值结转其他业务成本，二者之间的差额计入当期损益。原持有期间计入公允价值变动损益和其他综合收益的金额也需转入其他业务成本。

（4）非货币性资产交换涉及相关税费的，按照相关税收规定计算确定。

【引例4-3解析】

（1）公允价值是指资产和负债按照市场参与者在计量日发生的有序交易中，出售资产所能收到或者转移负债所需支付的价格。一般情况下，对会计要素的计量应当采用历史成本计量属性，但在某些情况下，仅仅以历史成本计量难以达到会计信息质量的要求，不能反映市场行情的变化，因此需引入公允价值。

（2）企业进行资产置换将可能产生利润，如以优质资产换取劣质资产等。如果非货币性资产交换具有商业实质，换入资产或换出资产的公允价值能够可靠计量，公允价值与换出资产账面价值的差额可计入当期损益，将会影响企业的当期利润，企业可以通过资产重组提高当期利润，但是此处确认的非货币性资产交换损益可能没有现金流作为支撑。

二、不涉及补价的会计处理

不涉及补价的情况下，若以公允价值计价，以换出资产的公允价值加上应支付的相关税费，作为换入资产的入账价值，换出资产公允价值与其账面价值的差额计入当期损益。公式为：

$$\text{换入资产的入账价值}=\text{换出资产的公允价值}+\text{应支付的相关税费}+\text{换出资产的增值税（销项税额）}-\text{换入资产的增值税（进项税额）}$$

（一）单项非货币性资产交换的核算

【工作实例4-4】甲公司和乙公司均为增值税一般纳税人，增值税税率为13%。甲公司以其所拥有的一批原材料交换乙公司的一台机器设备。在交换日，甲公司持有的原材料的账面余额为115 000元，已计提存货跌价准备8 000元，公允价值为100 000元；乙公司持有的机器设备的账面原值为165 000元，已提折旧30 000元，公允价值为100 000元。假设乙公司因取得原材料而发生相关税费8 000元，甲公司因取得机器设备而发生相关税费5 000元，双方均用银行存款支付相关税费，整个交易过程中没有发生其他税费。

甲公司的会计处理如下：

换入机器设备的入账价值=100 000+100 000×13%+5 000-100 000×13%=105 000（元）

非货币性资产交换收益=100 000-（115 000-8 000）=-7 000（元）

编制会计分录如下：

借：固定资产　105 000

　　应交税费——应交增值税（进项税额）　13 000

　贷：其他业务收入　100 000

　　　应交税费——应交增值税（销项税额）　13 000

　　　银行存款　5 000

借：其他业务成本　107 000

　　存货跌价准备　8 000

　贷：原材料　115 000

乙公司的会计处理如下：

换入原材料的入账价值=100 000+100 000×13%+8 000-100 000×13%=108 000（元）

非货币性资产交换收益=100 000-（165 000-30 000）=-35 000（元）

编制会计分录如下：

借：固定资产清理　135 000

　　累计折旧　30 000

　贷：固定资产　165 000

借：原材料　108 000

　　应交税费——应交增值税（进项税额）　13 000

　　资产处置损益　35 000

　贷：固定资产清理　135 000

　　　应交税费——应交增值税（销项税额）　13 000

　　　银行存款　8 000

【学中做4-2】如果【工作实例4-4】中乙公司所支付的8 000元费用属于固定资产清理费用，请完成乙公司的账务处理。

（二）多项非货币性资产交换的核算

涉及多项非货币性资产交换的会计处理

以公允价值为基础计量的非货币性资产交换，同时换入或换出多项资产的，应当按照下列规定进行处理：

（1）对于同时换入的多项资产，按照换入的金融资产以外的各项换入资产公允价值相对比例，将换出资产公允价值总额（涉及补价的，加上支付补价的公允价值或减去收到补价的公允价值）扣除换入金融资产公允价值后的净额进行分摊，以分摊至各项换入资产的金额，加上应支付的相关税费，作为各项换入资产的成本进行初始计量。

有确凿证据表明换入资产的公允价值更加可靠的，以各项换入资产的公允价值和应支付的相关税费作为各项换入资产的初始计量金额。

（2）对于同时换出的多项资产，将各项换出资产的公允价值与其账面价值之间的差额，在各项换出资产终止确认时计入当期损益。

有确凿证据表明换入资产的公允价值更加可靠的，按照各项换出资产的公允价值的相对比例，将换入资产的公允价值总额（涉及补价的，减去支付补价的公允价值或加上收到补价的公允价值）分摊至各项换出资产，分摊至各项换出资产的金额与各项换出资产账面价值之间的差额，在各项换出资产终止确认时计入当期损益。

【工作实例4-5】甲公司和乙公司均为增值税一般纳税人，货物的增值税税率为13%，房屋的增值税税率为9%。甲公司为了适应经济业务发展的需要，与乙公司协商，将甲公司原生产用的库房、车床与乙公司的办公楼进行交换，双方交换的财产均作为固定资产核算。

甲公司换出库房的账面原价为600万元，已提折旧120万元，公允价值为500万元；换出车床的账面原价为480万元，已提折旧240万元，公允价值为300万元。

乙公司换出办公楼的账面原价为760万元，已提折旧100万元，公允价值为800万元。

假设该交易具有商业实质，且换入资产和换出资产的公允价值均能够可靠计量。

（1）甲公司的会计处理如下：

换入资产的总成本=500×（1+9%）+300×（1+13%）-800×9%=812（万元）

换入办公楼的入账价值=812万元

编制相关的会计分录如下：

借：固定资产清理	7 200 000	
累计折旧	3 600 000	
贷：固定资产		10 800 000
借：固定资产——办公楼	8 120 000	
应交税费——应交增值税（进项税额）	720 000	
贷：固定资产清理		8 000 000
应交税费——应交增值税（销项税额）		840 000
借：固定资产清理	800 000	
贷：资产处置损益		800 000

（2）乙公司的会计处理如下：

换入资产的总成本=800×（1+9%）-300×13%-500×9%=788（万元）

其中：

换入的库房应分配的价值=788×500÷800=492.5（万元）

换入的车床应分配的价值=788×300÷800=295.5（万元）

编制相关的会计分录如下：

借：固定资产清理	6 600 000	
累计折旧	1 000 000	
贷：固定资产		7 600 000
借：固定资产——库房	4 925 000	
——车床	2 955 000	
应交税费——应交增值税（进项税额）	840 000	
贷：固定资产清理		8 000 000
应交税费——应交增值税（销项税额）		720 000

借：固定资产清理　　1 400 000
　贷：资产处置损益　　1 400 000

三、涉及补价的会计处理

涉及补价的情况下，若以公允价值计价，应当分情况处理：

1.支付补价方

以换出资产的公允价值，加上支付的补价和应支付的相关税费，作为换入资产的入账价值，换出资产公允价值与其账面价值的差额计入当期损益。公式为：

换入资产的入账价值=换出资产的公允价值+支付的补价+应支付的相关税费

2.收到补价方

以换出资产的公允价值，减去收到的补价和应支付的相关税费，作为换入资产的入账价值，换出资产公允价值与其账面价值的差额计入当期损益。公式为：

换入资产的入账价值=换出资产的公允价值-收到的补价+应支付的相关税费

（一）单项非货币性资产交换的核算

【工作实例4-6】甲公司以其离主要生产基地较远的仓库与离其主要生产基地较近的乙公司的办公楼交换。甲公司换出仓库的账面原价为380万元，已计提折旧50万元，公允价值为360万元；乙公司换出办公楼的账面原价为450万元，已计提折旧100万元，公允价值为370万元。甲公司另支付现金10.9万元给乙公司。假设甲公司换入的办公楼作为固定资产管理。甲公司未对换出的仓库计提减值准备，增值税税率为9%。

（1）甲公司的会计处理如下：

借：固定资产清理　　3 300 000
　　累计折旧　　500 000
　贷：固定资产　　3 800 000

借：固定资产　　3 700 000
　　应交税费——应交增值税（进项税额）（3 700 000×9%）　　333 000
　贷：固定资产清理　　3 600 000
　　　应交税费——应交增值税（销项税额）（3 600 000×9%）　　324 000
　　　银行存款　　109 000

借：固定资产清理　　300 000
　贷：资产处置损益　　300 000

（2）乙公司的会计处理如下：

借：固定资产清理　　3 500 000
　　累计折旧　　1 000 000
　贷：固定资产　　4 500 000

借：固定资产　　3 600 000
　　应交税费——应交增值税（进项税额）　　324 000
　　银行存款　　109 000
　贷：固定资产清理　　3 700 000
　　　应交税费——应交增值税（销项税额）　　333 000

借：固定资产清理　　200 000

　贷：资产处置损益　　200 000

（二）多项非货币性资产交换的核算

企业以一项非货币性资产同时换入另一企业的多项非货币性资产，或同时以多项非货币性资产换入另一企业的一项非货币性资产，或以多项非货币性资产同时换入多项非货币性资产，而且涉及补价问题，会计处理工作量将会加大，但是其会计处理程序与不涉及补价下多项非货币性资产交换是相同的，即首先确定换入资产的总成本，然后按照各单项换入资产的公允价值占换入资产的公允价值总额的比例来确定各单项换入资产的成本。

【学中做4-3】甲公司属于增值税一般纳税人。2024年4月1日，甲公司为了进行产品的生产转型，以一台机器设备和一批B产品与乙公司的厂房和商标权进行交换。

甲公司拥有的机器设备账面原价为800万元，已计提折旧300万元，已计提减值准备100万元，当日的公允价值为500万元，增值税税额为65万元。B产品的账面成本为500万元，已计提存货跌价准备50万元，当日的公允价值为450万元，增值税税额为58.5万元。

乙公司厂房的账面原价为600万元，已计提折旧100万元，未计提减值准备，当日的公允价值为550万元，增值税税额为49.5万元。商标权的账面原价为200万元，已计提摊销50万元，未计提减值准备，当日的公允价值为400万元，增值税税额为24万元。

乙公司另支付补价161.5万元给甲公司。

请完成下列任务：

（1）计算甲公司换出机器设备和B产品对损益的影响金额，以及换入厂房和商标权的入账价值，并做出相应的会计处理。

（2）计算乙公司换出厂房和商标权对损益的影响金额，以及换入机器设备和B产品的入账价值，并做出相应的会计处理。

【知识链接4-2】企业应当在附注中披露与非货币性资产交换有关的下列信息：（1）换入资产、换出资产的类别；（2）换入资产成本的确定方式；（3）换入资产、换出资产的公允价值以及换出资产的账面价值；（4）非货币性资产交换确认的损益。

【素养提升】

正确判断商业实质，警惕利润操纵行为

2019年9月，神农科技收到证监会行政处罚决定书，被查实存在定期报告虚假记载、未按规定披露信息等情形。2019年8月，监管层的立案调查结果显示，神农科技存在定期报告虚假记载、未按规定披露信息等情形，在2014—2016年通过虚构种子销售业务来虚增主营业务收入，伪造“真实”的资金流。与多家公司签订技术转让合同11份，合同金额共计2 515万元。上述业务为无商业实质的交易，导致公司虚增利润2 515万元。自此，曾经头顶光环的公司跌落神坛，公司不仅受到监管层的处罚，业绩也难言乐观。

随着证券市场的发展，以货易货越来越成为企业间交易的常见形式，由于非货币性资产交换准则在实际运用过程中存在诸多不确定性因素，因此仍然存在一些企业利用非货币性资产交换虚增收入、调节损益，导致利益相关者发生经济损失，影响了资源的优化配置和市场的有效运行。2019年5月，财政部修订印发《企业会计准则第7号——非货币性资产交换》，规范了非货币性资产交换的核算，有利于防止企业进行利润调节。

从理论上说，非货币性资产交换的基本目的是通过交换取得与换出资产存在明显差异的换入资产，与其他现有资产相结合产生更大的经济效用，换入资产的特定主体价值远远大于换出资产的特定主体价值，实际上这是对企业“有利”的。不同的商业实质界定，会带来会计处理方法的差异，财务报表上的损益也会产生不同，这就给企业会计人员提供了可操作的空间，为企业调剂利润、弄虚作假创造可能。因此，商业实质的判断是非货币性资产交换计量模式选择的重要依据，企业应遵循实质重于形式的会计信息质量要求判断非货币性资产交换是否具有商业实质。

思考与启示：

虚增利润等财务舞弊行为由“形式上假，实质上也假”逐步发展为“形式上真，实质上假”的交易模式。作为未来从事会计工作的职业人员，一方面要遵守国家法律法规和企业会计准则，提升专业素养和职业技能，正确判断商业实质，关注非货币性资产交换的商业实质，才能客观公正地去处理会计业务。另一方面要诚实守信，确保经济业务处理真实准确，不隐瞒、不虚构经济活动，确保财务信息如实提供。

项目小结

非货币性资产交换，是指交换双方主要以固定资产、无形资产和长期股权投资等非货币性资产进行的交换。该交换不涉及或只涉及少量的货币性资产（即补价）。认定涉及少量货币性资产的交换为非货币性资产交换，通常以补价占整个资产交换金额的比例作为参考，如果支付的货币性资产占换入资产公允价值或占换出资产公允价值与支付的货币性资产之和的比例低于25%的，视为非货币性资产交换；否则，视为以货币性资产取得非货币性资产。

非货币性资产交换如果同时满足具有商业实质且公允价值能够可靠计量条件的，以公允价值为基础计量，公允价值与其账面价值之间的差额，确认为当期损益；不符合条件的，换入资产的入账价值以换出资产的账面价值为基础计量，不确认损益。

复习思考题

1.什么是非货币性资产交换？我国《企业会计准则第7号——非货币性资产交换》对非货币性资产交换是如何规定的？

2.什么是商业实质？判断是否具有商业实质的主要依据有哪些？

3.在非货币性资产交换中，换入、换出资产的公允价值均不能可靠计量时，应当如何计量换入资产的价值？

4.在换入多项非货币性资产时，计量各项换入资产的价值有哪些步骤？

习题与实训

一、单项选择题

1.下列项目中，属于货币性资产的是（　　）。

A.投资性房地产　　B.长期股权投资

C.银行存款　　D.交易性金融资产

单项选择题

2.企业对具有商业实质且换入或换出资产的公允价值能够可靠计量的非货币性资产交换，在换出库存商品且其公允价值包含增值税的情况下，下列会计处理中，正确的是（　　）。

A.按换出库存商品含税的公允价值确认主营业务收入

B.按换出库存商品不含税的公允价值确认主营业务收入

C.按换出库存商品公允价值高于账面价值的差额确认营业外收入

D.按换出库存商品公允价值低于账面价值的差额确认资产减值损失

3.甲公司以A和B两台设备换入乙公司的一项专利权，A设备的账面价值为1 100万元，公允价值为1 000万元，B设备的账面价值为80万元，公允价值为50万元，适用的增值税税率为13%；专利权的账面原价为2 000万元，累计摊销为800万元，公允价值为1 100万元，适用的增值税税率为6%。乙公司向甲公司支付补价20.5万元。假设该项交换具有商业实质，则乙公司换入A、B两台设备的入账价值分别为（　　）。

A.1 000万元和50万元　　B.1 100万元和100万元

C.1 100万元和50万元　　D.1 000万元和100万元

4.甲公司以其持有的一项固定资产换入乙公司一项专利技术，该项交易不涉及补价，假设具有商业实质。甲公司该项固定资产的账面价值为150万元，公允价值为200万元，增值税税额为26万元。乙公司该项专利技术的账面价值为160万元，公允价值为180万元，增值税税额为10.8万元。甲公司在此交易中为换入资产发生了20万元的税费。甲公司换入该项资产的入账价值为（　　）万元。

A.150　　B.220　　C.235.2　　D.204.8

5.在不具有商业实质、涉及补价的非货币性资产交换中，不影响换入资产的入账价值的因素是（　　）。

A.换出资产的账面成本　　B.换出资产所计提的减值损失

C.换出资产的公允价值　　D.换出资产收到的补价

6.甲公司和乙公司均为增值税一般纳税人。甲公司以一台设备与乙公司的厂房进行交换，甲公司换出的设备原价为200万元，已提折旧80万元，支付的增值税税额为13万元。乙公司换出厂房的账面原价为150万元，已提折旧30万元，支付的增值税税额为18万元。假设该项交换不具有商业实质。则甲公司换入厂房的入账价值为（　　）万元。

A.120　　B.133　　C.115　　D.150

7.下列各项交易中，属于非货币性资产交换的是（　　）。

A.以摊余成本计量的应收账款换入固定资产　　B.以银行汇票购买材料

C.以银行本票购买无形资产　　D.以固定资产换入长期股权投资

8.以下事项中，属于非货币性资产交换的是（　　）。

A.用货币资金100万元购入原材料　　B.用应收账款100万元抵偿债务

C.用银行存款30万元购入汽车　　D.用价值30万元的机器设备换取等值的汽车

9.在确定涉及补价的交易是否为非货币性资产交换时，支付补价的企业，应当按照支付的补价占（　　）的比例是否低于25%确定。

A.换出资产公允价值　　B.换出资产公允价值加补价

C.换入资产公允价值加补价　　D.换出资产公允价值减补价

10.非货币性资产交换中，如果同时换入多项资产，非货币性资产交换具有商业实质，且换入资产和换出资产的公允价值均能够可靠计量的，应当按照（　　）的比例，对换入资产的成本总额进行分配，确定各项换入资产的入账价值。

A.换入各项资产的公允价值与换入资产公允价值总额

B.换出各项资产的公允价值与换出资产公允价值总额

C.换入各项资产的账面价值与换入资产账面价值总额

D.换出各项资产的账面价值与换出资产账面价值总额

二、多项选择题

1.下列各项中，属于非货币性资产的有（　　）。

A.预付账款　　B.长期股权投资　　C.交易性金融资产　　D.固定资产

多项选择题

2.在非货币性资产交换中，以换出资产的公允价值和应支付的相关税费作为换入资产的入账价值，其应同时满足的条件有（　　）。

A.该项交换具有商业实质

B.换入资产或换出资产的公允价值能够可靠计量

C.换入资产的公允价值大于换出资产的公允价值

D.换入资产的公允价值小于换出资产的公允价值

3.非货币性资产交换具有商业实质的条件有（　　）。

A.未来现金流量的风险、金额相同，时间不同

B.未来现金流量的时间、金额相同，风险不同

C.未来现金流量的风险、时间相同，金额不同

D.只要换入资产与换出资产的预计未来现金流量现值不同即可

4.对于涉及多项资产、收到补价的非货币性资产交换（具有商业实质），在确定换入资产的入账价值时需要考虑的因素有（　　）。

A.换入资产的进项税额　　B.换出资产的销项税额

C.收到对方支付的补价　　D.换入资产的公允价值

5.下列关于非货币性资产交换的说法中，正确的有（　　）。

A.如果换入资产与换出资产的预计未来现金流量的现值不同，且其差额与换入资产和换出资产公允价值相比是重大的，则说明该项交换具有商业实质

B.企业持有的不准备持有至到期的债券投资属于货币性资产

C.以银行本票购买固定资产不属于非货币性资产交换

D.具有商业实质且其换入或换出资产的公允价值能够可靠计量的非货币性资产交换，应当以换出资产的公允价值为基础确定换入资产的成本，有确凿证据表明换入资产公允价值更加公允的，可以按照换入资产公允价值为基础来确定换入资产的成本

6.在不具有商业实质、涉及补价的非货币性资产交换中，影响换入资产入账价值的因素有（　　）。

A.换出资产的账面价值　　B.换出资产计提的减值损失

C.为换入资产支付的相关税费　　D.换出资产收到的补价

7.在非货币性资产交换中，根据换出资产的不同，换入资产的成本与换出资产的账面价值、支付的补价和支付的相关税费之和的差额，可能记入的账户有（　　）。

A.“营业外收入”　　B.“营业外支出”　　C.“投资收益”　　D.“资产处置损益”

8.在换入资产按公允价值计量的情况下，换出资产为固定资产、无形资产的，其换出资产公允价值和换出资产账面价值的差额，不可计入（　　）。

A.营业外收入　　B.资产处置损益　　C.营业外支出　　D.其他业务成本

9.在涉及多项非货币性资产交换的会计处理中，如果非货币性资产交换具有商业实质，以换出资产公允价值总额为基础确定换入资产的总成本的情形有（　　）。

A.换入资产和换出资产的公允价值均能可靠计量

B.换入资产和换出资产的公允价值均不能可靠计量

C.换入资产的公允价值能可靠计量，换出资产的公允价值不能可靠计量

D.换入资产的公允价值不能可靠计量，换出资产的公允价值能可靠计量

10.不具有商业实质、不涉及补价的非货币性资产交换中，在确定换入资产的入账价值时需要考虑的因素有（　　）。

A.换入资产的公允价值　　B.换出资产的账面余额

C.换出资产已计提的减值准备　　D.换出资产的公允价值

三、判断题

判断题

1.非货币性资产交换具有商业实质且公允价值能够可靠计量的，在发生补价的情况下，支付补价方，应当以换入资产的公允价值和应支付的相关税费，作为换入资产的成本。（　）

2.不具有商业实质且换入资产的公允价值不能可靠计量的非货币性资产交换，在同时换入多项资产的情况下，确定各项换入资产的入账价值时，需要按照换入各项资产的原账面价值占换入资产原账面价值总额的比例，确定各项换入资产的成本。（　）

3.在非货币性资产交换中，企业可以自行确定是采用换出资产的公允价值，还是采用换出资产的账面价值对换入资产的成本进行计量。（　）

4.若换入资产的未来现金流量在风险、时间和金额方面与换出资产显著不同，则说明该项非货币性资产交换具有商业实质。（　）

5.若具有商业实质且换入或换出资产的公允价值能够可靠计量，则换出的长期股权投资账面价值和公允价值之间的差额，计入营业外收支。（　）

6.非货币性资产交换不具有商业实质，或虽具有商业实质但所涉及资产的公允价值不能可靠计量的，无论是否支付补价，均不确认损益。（　）

7.在非货币性资产交换中，只要该项交换具有商业实质，就可以按照公允价值计量换入资产的成本。（　）

8.关联方关系的存在可能会导致发生的非货币性资产交换不具有商业实质。（　）

9.企业以存货换取其他企业固定资产、无形资产等，换出存货的企业适用《企业会计准则第14号——收入》的规定进行会计处理。（　）

10.换出资产为长期股权投资、以公允价值计量且其变动计入其他综合收益的金融资产（债务工具）的，资产公允价值与其账面价值的差额，计入投资收益，并将其持有期间形成的“其他综合收益”（可转损益部分）转入投资收益。（　）

四、实训题

实训一

实训题

目的：实训以账面价值计量的非货币性资产交换的会计处理。

资料：2024年6月11日，经协商，恒通公司用一项无形资产交换东大公司的固定资产。

（1）该项无形资产的原值为1 300万元，已计提减值准备300万元，应交增值税78万元。

（2）固定资产的账面原值为1 300万元，累计折旧为200万元，已计提固定资产减值准备100万元，应交增值税为78万元。

（3）恒通公司换入的固定资产仍作为固定资产核算。

（4）东大公司换入的无形资产仍作为无形资产核算。

（5）假定该项交易不具有商业实质。

要求：分别计算恒通公司和东大公司换入资产的入账价值并进行账务处理。（以万元为单位，保留两位小数）

实训二

目的：实训以账面价值计量的非货币性资产交换的会计处理。

资料：甲公司和乙公司均为增值税一般纳税人，货物的增值税税率为13%，专利权的增值税税率为6%。现双方达成协议，甲公司以一台大型设备交换乙公司的专利权和长期股权投资。有关资料如下：

（1）大型设备的账面余额为880 000元，已计提折旧150 000元，计税价格为700 000元。

（2）专利权的账面余额为200 000元，已摊销90 000元，公允价值为120 000元。

（3）长期股权投资的账面余额为520 000元，公允价值为680 000元。

（4）甲公司支付给乙公司银行存款2万元作为补价。

（5）整个资产交换过程没有发生除增值税以外的其他相关税费，假定该交换不具有商业实质。

要求：

（1）根据资料，计算甲公司取得的专利权和长期股权投资的入账价值。

（2）编制甲公司非货币性资产交换的会计分录。

（3）根据资料，计算乙公司取得的大型设备的入账价值。

（4）编制乙公司非货币性资产交换的会计分录。

实训三

目的：实训以公允价值计量的非货币性资产交换的会计处理。

资料：A公司和B公司均为增值税一般纳税人，现双方达成协议，A公司以一台设备交换B公司一台车床。有关资料如下：

（1）设备的账面余额为180 000元，已计提折旧70 000元，公允价值为100 000元。

（2）车床的账面余额为200 000元，已计提折旧90 000元，公允价值为120 000元。

（3）A公司支付补价2.26万元给B公司。

（4）整个资产交换过程没有发生除增值税以外的其他相关税费，假定交换具有商业实质，且换入资产和换出资产的公允价值能够可靠计量。

要求：

（1）根据资料，编制A公司非货币性资产交换的会计分录。

（2）根据资料，编制B公司非货币性资产交换的会计分录。

实训四

目的：实训以公允价值计量的非货币性资产交换的会计处理。

资料：甲公司以一项长期股权投资与乙公司交换一台设备和一项无形资产。甲公司的长期股权投资账面余额为250万元，计提减值准备30万元，公允价值为190万元。乙公司的设备原价为80万元，累计折旧为40万元，公允价值为50万元，增值税税率为13%；无形资产的账面价值为160万元，公允价值为150万元，增值税税率为6%，甲公司支付给乙公司补价25.5万元，其中包括换入换出资产公允价值不同的差额10万元，以及换出资产销项税额和换入资产进项税额的差额15.5万元。乙公司发生固定资产清理费用5万元。假设该项交换具有商业实质且换出资产和换入资产的公允价值均能够可靠计量。

要求：

（1）判断本业务是否属于非货币性资产交换；如属于非货币性资产交换，计算甲公司换入的各项资产的入账价值。

（2）编制甲公司的相关会计分录。

（3）假设上述交易不具有商业实质，编制甲公司的相关会计分录。（金额单位以万元表示）

实训五

目的：实训以公允价值计量的非货币性资产交换的会计处理。

资料：甲公司和乙公司均为增值税一般纳税人，货物的增值税税率为13%，专利权的增值税税率为6%。现双方达成协议，甲公司以一台大型设备和交易性金融资产交换乙公司的专利权、运输汽车和长期股权投资。有关资料如下：

（1）大型设备账面余额为150万元，已计提折旧30万元，公允价值为110万元。

（2）交易性金融资产的账面余额为204万元（其中：成本为200万元，公允价值变动为4万元），公允价值为210万元。

（3）专利权的账面余额为35万元，累计摊销为14万元，公允价值为15万元。

（4）运输汽车的账面原值为60万元，已计提折旧32万元，公允价值为25万元。

（5）长期股权投资的账面余额为200万元，公允价值为240万元。

（6）乙公司向甲公司支付银行存款50.15万元作为补价。

（7）甲公司和乙公司对换入的资产均不改变其用途。

（8）假设整个交易过程中没有发生除增值税以外的其他相关税费，非货币性资产交换具有商业实质且公允价值均能够可靠计量。

要求：

（1）根据资料，计算甲公司取得的专利权、运输汽车和长期股权投资的入账价值。

（2）编制甲公司非货币性资产交换的会计分录。

（3）根据资料，计算乙公司取得的大型设备和交易性金融资产的入账价值。

（4）编制乙公司非货币性资产交换的会计分录。

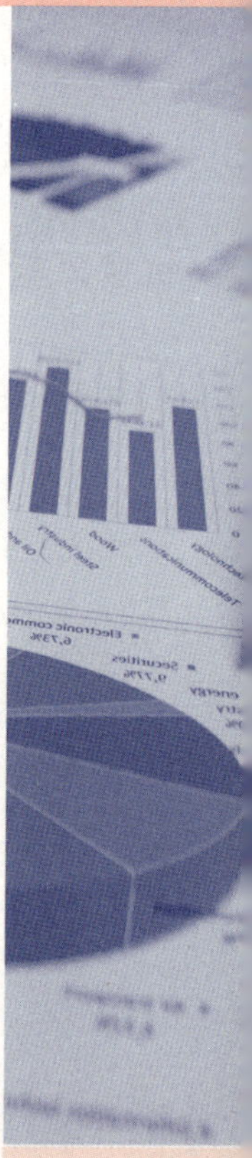

项目五
债务重组的核算

职业能力目标

通过本项目学习，熟悉债务重组的概念和债务重组的方式；掌握不同债务重组方式下债权人的会计处理和债务人的会计处理；能够正确提供债务重组的核算信息。

典型工作任务

债务重组的确认；债务重组的终止确认；以资产清偿债务的债务重组会计处理；将债务转为权益工具的债务重组会计处理；修改其他条款的债务重组会计处理；以多项资产清偿债务或者以组合方式进行债务重组的会计处理。

内容框架

- 债务重组的核算
  - 认知债务重组
    - 债务重组的概念
    - 债务重组的方式
  - 债务重组的会计处理
    - 以资产清偿债务
      - 以金融资产清偿债务
      - 以非金融资产清偿债务
    - 债务转为权益工具
    - 修改其他条款
    - 多项资产清偿债务或者以组合方式进行债务重组
  - 债务重组的相关披露
    - 披露的信息

任务一　认知债务重组

【引例 5-1】

甲公司是一家上市公司，经营范围主要为通信设备制造、通信工程及技术咨询、增值电信、机械产业投资及设备制造等业务。公司设立后，在生产经营过程中曾陆续向多家商业银行、企业大笔举债，债务负担十分沉重；同时，公司还为其他企业贷款提供了大量担保。因经营不善，公司发生巨额亏损，无力偿付到期债务。此外，公司近年来连续亏损，截至2023年12月31日，公司所有者权益为-11.85亿元，已处于严重资不抵债状态。

乙公司拟通过其下属企业收购甲公司，完成借壳上市。为此，乙公司与甲公司的债权人进行了多轮谈判，以期通过与各债权人达成协议从而解决甲公司的负债问题，为后期并购奠定基础。但由于甲公司的债权人众多，债务关系较为复杂，谈判始终难以取得进展。因时间紧迫，而谈判又陷入僵持阶段，甲公司最终选择与债权人达成协议，通过延缓债务的偿还期限、减免本金和利息等方式顺利实现转轨改制。

任务要求：

（1）乙公司与甲公司的债权人谈判解决负债问题，是否属于债务重组范围？

（2）甲公司与其债权人达成协议，是否属于债务重组？

一、债务重组的概念

债务重组认知

债务重组涉及债权人和债务人，对债权人而言为“债权重组”，对债务人而言为“债务重组”，为便于表述，统称为“债务重组”。债务重组，是指在不改变交易对手方的情况下，经债权人和债务人协定或法院裁定，就清偿债务的时间、金额或方式等重新达成协议的交易。

（一）关于交易对手方

债务重组是在不改变交易对手方的情况下进行的交易。实务中经常出现第三方参与相关交易的情形，例如，某公司以不同于原合同条款的方式代债务人向债权人偿债；又如，新组建的公司承接原债务人的债务，与债权人进行债务重组；再如，资产管理公司从债权人处购得债权，再与债务人进行债务重组。在上述情形下，企业应当首先考虑债权和债务是否发生终止确认，适用《企业会计准则第22号——金融工具确认和计量》和《企业会计准则第23号——金融资产转移》等，再就债务重组交易适用《企业会计准则第12号——债务重组》。

债务重组不强调在债务人发生财务困难的背景下进行，也不论债权人是否做出让步。也就是说，无论何种原因导致债务人未按原定条件偿还债务，也无论双方是否同意债务人以低于债务的金额偿还债务，只要债权人和债务人就债务条款重新达成了协议，就符合债务重组的定义。例如，债权人在减免债务人部分债务本金的同时提高剩余债务的利息，或者债权人同意债务人用等值库存商品抵偿到期债务等，均属于债务重组。

（二）关于债权和债务的范围

债务重组涉及的债权和债务，是指《企业会计准则第22号——金融工具确认和计量》规范的债权和债务，不包括合同资产、合同负债、预计负债，但包括租赁应收款和租赁应付款。债务重组中涉及的债权、重组债权、债务、重组债务和其他金融工具的确认、计量和列报，适用《企业会计准则第22号——金融工具确认和计量》和《企业会计准则第37号——金融工具列报》等金融工具相关准则。

（三）债务重组过程中不适用债务重组准则的项目或情形

通过债务重组形成企业合并的，适用《企业会计准则第20号——企业合并》。债务重组构成权益性交易的，应当适用权益性交易的有关会计处理规定，债权人和债务人不确认构成权益性交易的债务重组相关损益。例如，甲公司是乙公司的股东，为了弥补乙公司临时性经营现金流短缺，甲公司向乙公司提供1 000万元无息借款，并约定于6个月后收回。借款期满时，尽管乙公司具有充足的现金流，甲公司仍然决定免除乙公司部分本金还款义务，仅收回200万元借款。在此项交易中，如果甲公司不以股东身份而是以市场交易者身份参与交易，在乙公司具有足够偿债能力的情况下不会免除其部分本金。因此，甲公司和乙公司应当将该交易作为权益性交易，不确认债务重组相关损益。

企业在判断债务重组是否构成权益性交易时，应当遵循实质重于形式原则。例如，假设债权人对债务人的权益性投资通过其他人代持，债权人不具有股东身份，但实质上以股东身份进行债务重组，债权人和债务人应当认为该债务重组构成权益性交易。

二、债务重组的方式

债务重组的方式主要包括：债务人以资产清偿债务、将债务转为权益工具、修改其他条款，以及前述一种以上方式的组合。这些债务重组方式都是通过债权人和债务人重新协定或者法院裁定达成的，与原来约定的偿债方式不同。

（一）债务人以资产清偿债务

债务人以资产清偿债务，是债务人转让其资产给债权人以清偿债务的债务重组方式。债务人用于偿债的资产通常是已经在资产负债表中确认的资产，例如，货币资金、应收账款、长期股权投资、投资性房地产、固定资产、在建工程、生物资产、无形资产等。债务人以日常活动产出的商品或服务清偿债务的，用于偿债的资产可能体现为存货等资产。

在受让上述资产后，按照相关会计准则要求及本企业会计核算要求，债权人核算相关受让资产的类别可能与债务人不同。例如，债务人以作为固定资产核算的房产清偿债务，债权人可能将受让的房产作为投资性房地产核算；债务人以部分长期股权投资清偿债务，债权人可能将受让的投资作为金融资产核算；债务人以存货清偿债务，债权人可能将受让的资产作为固定资产核算等。

除上述已经在资产负债表中确认的资产外，债务人也可能以不符合确认条件而未予确认的资产清偿债务。例如，债务人以未确认的内部产生品牌清偿债务，债权人在获得的商标权符合无形资产确认条件的前提下作为无形资产核算。在少数情况下，债务人还可能以处置组（即一组资产和与这些资产直接相关的负债）清偿债务。

（二）债务人将债务转为权益工具

债务人将债务转为权益工具，这里的权益工具，是指根据《企业会计准则第

37号——金融工具列报》分类为“权益工具”的金融工具，会计处理上体现为“股本”（或“实收资本”）、“资本公积”等科目。

实务中，有些债务重组名义上采用“债转股”的方式，但同时附加相关条款，如约定债务人在未来某个时点有义务以某一金额回购股权，或债权人持有的股份享有强制分红权等。对于债务人，其可能不属于债务人将债务转为权益工具的债务重组方式。债权人和债务人还可能协议以一项同时包含金融负债成分和权益工具成分的复合金融工具替换原债权债务，这类交易也不属于债务人将债务转为权益工具的债务重组方式。

（三）修改其他条款

修改债权和债务的其他条款，是债务人不以资产清偿债务，也不将债务转为权益工具，而是改变债权和债务的其他条款的债务重组方式，如调整债务本金、改变债务利息、变更还款期限等。经修改其他条款的债权和债务分别形成重组债权和重组债务。

【引例5-1解析】

（1）资料显示乙公司不是甲公司的债权人，乙公司拟通过其下属企业收购甲公司，完成借壳上市，因而不属于债务重组的类型。

（2）甲公司与其债权人达成协议，属于在不改变交易对手方的情况下，通过延缓债务的偿还期限、减免本金和利息等方式渡过难关，符合债务重组的条件。

（四）组合方式

组合方式，是采用债务人以资产清偿债务、债务人将债务转为权益工具、修改其他条款三种方式中一种以上方式的组合清偿债务的债务重组方式。例如，债权人和债务人约定，由债务人以机器设备清偿部分债务，将另一部分债务转为权益工具，调减剩余债务的本金，但利率和还款期限不变；再如，债务人以现金清偿部分债务，同时将剩余债务展期等。

任务二 债务重组的会计处理

【引例5-2】

星光股份有限公司与中国建设银行海州市分行（以下简称“海州建行”）于2022年4月20日签订了债务重组的协议，就本公司所欠海州建行债务96 800 055.36元本金及相应利息达成重组协议。

债务重组方案的主要内容如下：

星光股份有限公司在两年内分六笔偿还借款本金，即：

（1）2022年4月末归还人民币9 385 055.36元；

（2）2022年6月末归还人民币9 415 000.00元；

（3）2022年8月末归还人民币19 500 000.00元；

（4）2022年12月末归还人民币19 500 000.00元；

（5）2023年2月末归还人民币19 500 000.00元；

（6）2023年5月末归还人民币19 500 000.00元。

如星光股份有限公司按上述还款方案还款，则海州建行免除星光股份有限公司尚欠海州建行至本金全部清偿完毕之日止的所有贷款利息。但如出现星光股份有限公司未按照约定按期足额偿还债务本金的情形，则之前减免利息无效，海州建行有权向星光股份有限公司追收自贷款发放之日起应还未还的所有利息。

任务要求：

（1）此项债务重组是以哪种方式进行的？

（2）星光股份有限公司何时能确认债务重组损益？

一、债权和债务的终止确认

债务重组中涉及的债权和债务的终止确认，应当遵循《企业会计准则第22号——金融工具确认和计量》和《企业会计准则第23号——金融资产转移》有关金融资产和金融负债终止确认的规定。债权人在收取债权现金流量的合同权利终止时终止确认债权，债务人在债务的现时义务解除时终止确认债务。

由于债权人与债务人之间进行的债务重组涉及债权和债务的认定，以及清偿方式和期限等的协商，通常需要经历较长时间，如破产重整中进行的债务重组，只有在符合上述终止确认条件时才能终止确认相关债权和债务，并确认债务重组相关损益。对于在报告期间已经开始协商、但在报告期资产负债表日后的债务重组，不属于资产负债表日后调整事项。

【引例5-2解析】

（1）此项债务重组的方式是修改其他债务条款。

（2）星光股份有限公司2023年5月末确认债务重组损益。星光股份有限公司债务重组协议的执行过程和结果的不确定性于2023年5月末消除，此时债务人清偿该部分债务的现时义务已经解除，可以确认债务重组相关损益。

对于终止确认的债权，债权人应当结转已计提的减值准备中对应该债权终止确认部分的金额。对于终止确认的分类为以公允价值计量且其变动计入其他综合收益的债权，之前计入其他综合收益的累计利得或损失应当从其他综合收益中转出，记入“投资收益”科目。

【工作实例5-1】A公司为上市公司，2020年1月1日，A公司取得B银行贷款4 000万元，约定贷款期限为4年（即2023年12月31日到期），年利率为6%，按年付息。A公司已按时支付所有利息。2023年12月31日，A公司出现严重资金周转问题，多项债务违约，信用风险增加，无法偿还贷款本金。2024年1月10日，B银行同意与A公司就该项贷款重新达成协议，新协议约定：

（1）A公司将一项作为固定资产核算的房产转让给B银行，用于抵偿债务本金1 000万元。

（2）A公司向B银行增发股票500万股，用于抵偿债务本金2 000万元。

（3）在A公司履行上述偿债义务后，B银行免除A公司500万元债务本金，并将尚未偿还的债务本金500万元展期至2024年12月31日，年利率为8%；如果A公司未能履行上述（1）和（2）所述偿债义务，B银行有权终止债务重组协议，尚未履行的债权调整承诺随之失效。

2024年3月2日，双方办理完成房产转让手续；2024年5月9日，双方办理完成股权增发手续。

分析：此案例中，对于债权人B银行，与A公司以组合方式进行债务重组，同时涉及以资产清偿债务、将债务转为权益工具、包括债务豁免的修改其他条款等方式，可以认为对全部债权的合同条款做出了实质性修改，债权人在收取债权现金流量的合同权利终止时应当终止确认全部债权，即在2024年5月9日该债务重组协议的执行过程和结果不确定性消除时，可以确认债务重组相关损益，并按照修改后的条款确认新金融资产。

对于债务人，该债务重组协议的执行过程和结果不确定性于2024年5月9日消除时，债务人清偿该部分债务的现时义务已经解除，可以确认债务重组相关损益，并按照修改后的条款确认新金融负债。

二、债权人的会计处理

（一）以资产清偿债务或将债务转为权益工具

债务重组采用以资产清偿债务或者将债务转为权益工具方式进行的，一方面，由于债权人在拥有或控制相关资产时，通常其收取债权现金流量的合同权利也同时终止，债权人一般可以终止确认该债权；另一方面，债权人应当在受让的相关资产符合其定义和确认条件时予以确认。

1.债权人受让金融资产

债权人受让包括现金在内的单项或多项金融资产的，应当按照《企业会计准则第22号——金融工具确认和计量》的规定进行确认和计量。金融资产初始确认时应当以其公允价值计量。金融资产确认金额与债权终止确认日账面价值之间的差额，记入“投资收益”科目。但是，收取的金融资产的公允价值与交易价格（即放弃债权的公允价值）存在差异的，应按有关规定处理。

【工作实例5-2】2023年6月6日，甲公司向乙公司销售商品一批，应收乙公司款项的入账金额为100万元。甲公司将该应收款项分类为以摊余成本计量的金融资产。乙公司将该应付账款分类为以摊余成本计量的金融负债。2023年8月8日，双方签订债务重组合同，乙公司以一项作为交易性金融资产核算的股权工具偿还该欠款。交易性金融资产的账面价值为90万元（其中成本80万元，公允价值变动10万元），公允价值为80万元，双方办理完成股权转让手续。甲公司支付交易费用4万元。当日甲公司应收款项的公允价值为80万元，已计提坏账准备10万元，乙公司应付款项的账面价值仍为100万元。假设不考虑相关税费。

分析：债权人甲公司受让金融资产，应当以其公允价值80万元计量。

借：交易性金融资产	800 000	
坏账准备	100 000	
投资收益	140 000	
贷：应收账款		1 000 000
银行存款		40 000

2.债权人受让非金融资产

债权人初始确认受让的金融资产以外的资产时，应当按照下列原则以成本计量：

（1）存货的成本，包括放弃债权的公允价值，以及使该资产达到当前位置和状态所发生的可直接归属于该资产的税金、运输费、装卸费、保险费等其他成本。

（2）对联营企业或合营企业投资的成本，包括放弃债权的公允价值，以及可直接归属于该资产的税金等其他成本。

（3）投资性房地产的成本，包括放弃债权的公允价值，以及可直接归属于该资产的税金等其他成本。

（4）固定资产的成本，包括放弃债权的公允价值，以及使该资产达到预定可使用状态前所发生的可直接归属于该资产的税金、运输费、装卸费、安装费、专业人员服务费等其他成本。确定固定资产成本时，应当考虑预计弃置费用因素。

（5）生物资产的成本，包括放弃债权的公允价值，以及可直接归属于该资产的税金、运输费、保险费等其他成本。

（6）无形资产的成本，包括放弃债权的公允价值，以及可直接归属于使该资产达到预定用途所发生的税金等其他成本。

（7）放弃债权的公允价值与账面价值之间的差额，记入“投资收益”科目。

【工作实例5-3】2023年6月18日，甲公司向乙公司销售商品一批，应收乙公司款项的入账金额为95万元。甲公司将该应收款项分类为以摊余成本计量的金融资产。乙公司将该应付账款分类为以摊余成本计量的金融负债。

2023年10月18日，双方签订债务重组合同，乙公司以一项作为无形资产核算的非专利技术偿还该欠款。该无形资产的账面余额为100万元，累计摊销额为10万元，已计提减值准备2万元。

2023年10月22日，双方办理完成该无形资产转让手续，甲公司支付评估费用4万元。当日，甲公司应收款项的公允价值为87万元，已计提坏账准备7万元，乙公司应付款项的账面价值仍为95万元。假设不考虑相关税费。

分析：2023年10月22日，债权人甲公司取得该无形资产的成本为债权公允价值87万元与评估费用4万元的合计91万元，放弃债权的公允价值87万元与账面价值88万元（95-7）之间的差额计入投资收益。甲公司的账务处理如下：

借：无形资产	910 000	
坏账准备	70 000	
投资收益	10 000	
贷：应收账款		950 000
银行存款		40 000

【工作实例5-4】2023年2月10日，甲公司从乙公司购买一批材料，约定6个月后甲公司应结清款项100万元（假定无重大融资成分）。乙公司将该应收款项分类为以公允价值计量且其变动计入当期损益的金融资产；甲公司将该应付款项分类为以摊余成本计量的金融负债。2023年8月12日，甲公司因无法支付货款与乙公司协商进行债务重组，双方商定乙公司将该债权转为对甲公司的股权投资。2023年10月20日，乙公司办结了对甲公司的增资手续，甲公司和乙公司分别支付手续费等相关费用1.5万元和1.2万元。债转股后甲公司的总股本为100万元，乙公司持有的抵债股权占甲公司总股本的25%，对甲公司具有重大影响，甲公司股权的公允价值不能可靠计量。甲公司应付款项的账面价值

仍为100万元。

2023年6月30日，应收款项和应付款项的公允价值均为85万元。

2023年8月12日，应收款项和应付款项的公允价值均为76万元。

2023年10月20日，应收款项和应付款项的公允价值仍为76万元。

假定不考虑其他相关税费。

债权人乙公司的账务处理如下：

❶2023年6月30日：

借：公允价值变动损益　150 000

　贷：交易性金融资产——公允价值变动　150 000

❷2023年8月12日：

借：公允价值变动损益　90 000

　贷：交易性金融资产——公允价值变动　90 000

❸2023年10月20日，乙公司对甲公司长期股权投资的成本为应收款项公允价值76万元与相关税费1.2万元的合计77.2万元。

借：长期股权投资——甲公司　772 000

　　交易性金融资产——公允价值变动　240 000

　贷：交易性金融资产——成本　1 000 000

　　　银行存款　12 000

【小思考5-1】债权人受让金融资产和非金融资产时，受让资产的初始入账成本确定方式有何不同？

3.债权人受让多项资产

债权人受让多项非金融资产，或者包括金融资产、非金融资产在内的多项资产的：

（1）按照《企业会计准则第22号——金融工具确认和计量》的规定确认和计量受让的金融资产。

（2）按照受让的金融资产以外的各项资产在债务重组合同生效日的公允价值比例，对放弃债权在合同生效日的公允价值扣除受让金融资产当日公允价值后的净额进行分配，并以此为基础分别确定各项资产的成本。

（3）放弃债权的公允价值与账面价值之间的差额，记入“投资收益”科目。

【工作实例5-5】2023年11月5日，甲公司向乙公司赊购一批材料，含税价为234万元。2024年9月10日，甲公司因发生财务困难，无法按合同约定偿还债务，双方协商进行债务重组。乙公司同意甲公司用其生产的商品、作为固定资产管理的机器设备和一项债券投资抵偿欠款。当日，该债权的公允价值为210万元，甲公司用于抵债的商品市价（不含增值税）为90万元，抵债设备的公允价值为75万元，用于抵债的债券投资市价为23.55万元。抵债资产于2024年9月20日转让完毕，甲公司发生设备运输费用0.65万元，乙公司发生设备安装费用1.5万元。

乙公司以摊余成本计量该项债权。2024年9月20日，乙公司对该债权已计提坏账准备19万元，债券投资市价为21万元。乙公司将受让的商品、设备和债券投资分别作为低值易耗品、固定资产和以公允价值计量且其变动计入当期损益的金融资产核算。甲、乙公司均为增值税一般纳税人，适用的增值税税率为13%，经税务机关核定，该项交易中商品和设备的计税价格分别为90万元和75万元。不考虑其他相关税费。

债权人的会计处理如下：

低值易耗品可抵扣增值税=90×13% =11.7（万元）

设备可抵扣增值税=75 ×13% =9.75（万元）

低值易耗品和固定资产的成本应当以其公允价值比例（90：75），对放弃债权公允价值扣除受让金融资产公允价值后的净额进行分配，并以此为基础确定。

低值易耗品的成本=90÷（90 +75）×（210-23.55-11.7-9.75）=90（万元）

固定资产的成本=75÷（90 +75）×（210-23.55-11.7-9. 75）=75（万元）

2024年9月20日，债权人乙公司的账务处理如下：

❶结转债务重组相关损益：

借：周转材料——低值易耗品　　900 000

　　在建工程——在安装设备　　750 000

　　应交税费——应交增值税（进项税额）　　214 500

　　交易性金融资产　　210 000

　　坏账准备　　190 000

　　投资收益　　75 500

　贷：应收账款——甲公司　　2 340 000

❷支付安装成本：

借：在建工程——在安装设备　　15 000

　贷：银行存款　　15 000

❸安装完毕达到可使用状态：

借：固定资产——××设备　　765 000

　贷：在建工程——在安装设备　　765 000

4.债权人受让处置组

债务人以处置组清偿债务的，债权人应当分别按照《企业会计准则第22号——金融工具确认和计量》和其他相关准则的规定，对处置组中的金融资产和负债进行初始计量，然后按照金融资产以外的各项资产在债务重组合同生效日的公允价值比例，对放弃债权在合同生效日的公允价值以及承担的处置组中负债的确认金额之和，扣除受让金融资产当日公允价值后的净额进行分配，并以此为基础分别确定各项资产的成本。放弃债权的公允价值与账面价值之间的差额，记入“投资收益”科目。

5.债权人将受让的资产或处置组划分为持有待售类别

债务人以资产或处置组清偿债务，且债权人在取得日未将受让的相关资产或处置组作为非流动资产和非流动负债核算，而是将其划分为持有待售类别的，债权人应当在初始计量时，比较假定其不划分为持有待售类别情况下的初始计量金额和公允价值减去出售费用后的净额，以两者孰低计量。

（二）修改其他条款

债务重组通过调整债务本金、改变债务利息、变更还款期限等修改合同条款方式进行的，合同修改前后的交易对手方没有发生改变，合同涉及的本金利息等现金流量很难在本息之间及债务重组前后做出明确分割，即很难单独识别合同的特定可辨认现金流量。因此通常情况下，应当整体考虑是否对全部债权的合同条款做出了实质性修改。如果做出实质性修改，或者债权人与债务人之间签订协议，以获取实质上不同的新金融资产方式替换债权，应当终止确认原债权，并按照修改后的条款或新协议确认新金融资产。

债务重组采用以修改其他条款方式进行的，如果修改其他条款导致全部债权终止确认，债权人应当按照修改后的条款以公允价值初始计量新的金融资产，新金融资产的确认金额与债权终止确认日账面价值之间的差额，记入“投资收益”科目。

如果修改其他条款未导致债权终止确认，债权人应当根据其分类，继续以摊余成本、以公允价值计量且其变动计入其他综合收益，或者以公允价值计量且其变动计入当期损益进行后续计量。其中，对于以摊余成本计量的债权，债权人应当根据重新议定合同的现金流量变化情况，重新计算该重组债权的账面余额，并将相关利得或损失记入“投资收益”科目。重新计算的该重组债权的账面余额，应当根据将重新议定或修改的合同现金流量按债权原实际利率折现的现值确定，购买或源生的已发生信用减值的重组债权，应按经信用调整的实际利率折现。对于修改或重新议定合同所产生的成本或费用，债权人应当调整修改后的重组债权的账面价值，并在修改后重组债权的剩余期限内摊销。

【工作实例5-6】2021年6月30日，甲企业从乙银行取得2年期、年利率为10%的贷款1 500万元，该项贷款到期一次还本付息。现因甲企业发生财务困难，到期无法偿还借款。2023年12月31日，甲企业与乙银行进行债务重组，乙银行同意免除积欠利息300万元及本金300万元，并将尚未偿还的债务本金1 200万元延长到期日至2026年12月31日，年利率降至8%，利息按年支付。当日，予以展期的乙银行贷款的公允价值为1 200万元。乙银行以摊余成本计量该贷款，已计提贷款减值准备300万元。假设不考虑贷款的罚息。(P/A，10%，3）=2.4869，(P/F，10%，3）=0.7513。

债权人乙银行的账务处理如下：

借：贷款——本金	12 000 000	
投资收益	3 000 000	
贷款损失准备	3 000 000	
贷：贷款——本金		15 000 000
——应计利息		3 000 000

（三）组合方式

与“（二）修改其他条款”部分的分析类似，通常情况下应当整体考虑是否终止确认全部债权。由于组合方式涉及多种债务重组方式，一般可以认为对全部债权的合同条款做出了实质性修改，从而终止确认全部债权，并按照修改后的条款确认新金融资产。

债权人应当按照修改后的条款，以公允价值初始计量新的金融资产和受让的新金融资产，按照受让的金融资产以外的各项资产在债务重组合同生效日的公允价值比例，对放弃债权在合同生效日的公允价值扣除受让金融资产和重组债权当日公允价值后的净额进行分配，并以此为基础分别确定各项资产的成本。放弃债权的公允价值与账面价值之间的差额，记入“投资收益”科目。

三、债务人的会计处理

（一）债务人以资产清偿债务

债务重组采用以资产清偿债务方式进行的，由于债务人通过交付资产解除了其清偿债务的现时义务，债务人一般可以终止确认该债务，将所清偿债务账面价值与转让资产账面价值之间的差额计入当期损益。

1.债务人以金融资产清偿债务

债务人以单项或多项金融资产清偿债务的，债务的账面价值与偿债金融资产账面价值的差额，记入“投资收益”科目。偿债金融资产已计提减值准备的，应结转已计提的减值准备。

对于以分类为以公允价值计量且其变动计入其他综合收益的债务工具投资清偿债务的，之前计入其他综合收益的累计利得或损失应当从其他综合收益中转出，记入“投资收益”科目。

对于以指定为以公允价值计量且其变动计入其他综合收益的非交易性权益工具投资清偿债务的，之前计入其他综合收益的累计利得或损失应当从其他综合收益中转出，记入“盈余公积”“利润分配——未分配利润”等科目。

【工作实例5-7】接【工作实例5-2】资料，债务人乙公司将债务的账面价值100万元与偿债金融资产账面价值90万元之间的差额，记入“投资收益”科目，会计分录如下：

借：应付账款	1 000 000	
贷：交易性金融资产——成本		800 000
——公允价值变动		100 000
投资收益		100 000

2.债务人以非金融资产清偿债务

债务人以单项或多项非金融资产清偿债务，或者以包括金融资产和非金融资产在内的多项资产清偿债务的，不需要区分资产处置损益和债务重组损益，也不需要区分不同资产的处置损益，而应将所清偿债务账面价值与转让资产账面价值之间的差额，记入“其他收益——债务重组收益”科目。偿债资产已计提减值准备的，应结转已计提的减值准备。

债务人以包含非金融资产的处置组清偿债务的，应当将所清偿债务和处置组中负债的账面价值之和，与处置组中资产的账面价值之间的差额，记入“其他收益——债务重组收益”科目。处置组所属的资产组或资产组组合按照《企业会计准则第8号——资产减值》分摊了企业合并中取得的商誉的，该处置组应当包含分摊至处置组的商誉。处置组中的资产已计提减值准备的，应结转已计提的减值准备。

债务人以日常活动产出的商品或服务清偿债务的，应当将所清偿债务账面价值与存货等相关资产账面价值之间的差额，记入“其他收益——债务重组收益”科目。

【工作实例5-8】接【工作实例5-3】资料，2023年10月22日，债务人乙公司将所清偿债务账面价值95万元与转让资产账面价值88万元（100-10-2）之间的差额记入“其他收益——债务重组收益”科目，其账务处理如下：

借：应付账款	950 000
累计摊销	100 000
无形资产减值准备	20 000

贷：无形资产　　1 000 000

其他收益——债务重组收益　　70 000

【工作实例5-9】接【工作实例5-5】资料，甲公司以摊余成本计量该项债务。2024年9月20日，甲公司用于抵债的商品成本为70万元；抵债设备的账面原价为150万元，累计折旧为40万元，已计提减值准备18万元；甲公司以摊余成本计量用于抵债的债券投资，债券票面价值总额为15万元，票面利率与实际利率一致，按年付息。当日，该项债务的账面价值仍为234万元。2024年9月20日，甲公司的账务处理如下：

借：固定资产清理　　920 000

累计折旧　　400 000

固定资产减值准备　　180 000

贷：固定资产　　1 500 000

借：固定资产清理　　6 500

贷：银行存款　　6 500

借：应付账款　　2 340 000

贷：固定资产清理　　926 500

库存商品　　700 000

应交税费——应交增值税（销项税额）　　214 500

债权投资——成本　　150 000

其他收益——债务重组收益　　349 000

【小思考5-2】债务人以资产清偿债务，会计处理时用于清偿的资产是否视同销售？

（二）债务人将债务转为权益工具

债务重组采用将债务转为权益工具方式进行的，由于债务人通过交付权益工具解除了其清偿债务的现时义务，债务人一般可以终止确认该债务。

债务人初始确认权益工具时，应当按照权益工具的公允价值计量，权益工具的公允价值不能可靠计量的，应当按照所清偿债务的公允价值计量。所清偿债务账面价值与权益工具确认金额之间的差额，记入“投资收益”科目。债务人因发行权益工具而支出的相关税费等，应当依次冲减资本溢价、盈余公积、未分配利润等。

【工作实例5-10】接【工作实例5-4】资料，2023年10月20日，由于甲公司股权的公允价值不能可靠计量，初始确认权益工具公允价值时应当按照所清偿债务的公允价值76万元计量，并扣除因发行权益工具支付的相关税费1.5万元。甲公司的账务处理如下：

借：应付账款　　1 000 000

贷：实收资本　　250 000

资本公积——资本溢价　　495 000

银行存款　　15 000

投资收益　　240 000

（三）修改其他条款

债务重组采用修改其他条款方式进行的，如果对债务或部分债务的合同条款做出

“实质性修改”形成重组债务，或者债权人与债务人之间签订协议，以承担“实质上不同”的重组债务方式替换债务，债务人应当终止确认原债务，同时按照修改后的条款确认一项新金融负债。其中，如果重组债务未来现金流量（包括支付和收取的某些费用）现值与原债务的剩余期间现金流量现值之间的差异超过10%，则意味着新的合同条款进行了“实质性修改”或者重组债务是“实质上不同”的，有关现值的计算均采用原债务的实际利率。

如果修改其他条款导致债务终止确认，债务人应当按照公允价值计量重组债务，终止确认的债务账面价值与重组债务确认金额之间的差额，记入“投资收益”科目。

如果修改其他条款未导致债务终止确认，或者仅导致部分债务终止确认，对于未终止确认的部分债务，债务人应当根据其分类，继续以摊余成本、以公允价值计量且其变动计入当期损益或其他适当方法进行后续计量。对于以摊余成本计量的债务，债务人应当根据重新议定合同的现金流量变化情况，重新计算该重组债务的账面价值，并将相关利得或损失记入“投资收益”科目。重新计算的该重组债务的账面价值应当根据将重新议定或修改的合同现金流量按债务的原实际利率或按《企业会计准则第24号——套期会计》第二十三条规定的重新计算的实际利率（如适用）折现的现值确定。对于修改或重新议定合同所产生的成本或费用，债务人应当调整修改后的重组债务的账面价值，并在修改后重组债务的剩余期限内摊销。

【工作实例5-11】接【工作实例5-6】资料，债务人甲企业的会计处理如下：

对于债务人甲企业借款的新现金流量=1 200×8%×（P/A，10%，3）+1 200×（P/F，10%，3）

=1 200×8%×2.4869+1 200×0.7513

=1 140.3（万元）

现金流量变化=（1 200-1 140.30）÷1 200×100%=4.98%<10%

因此对于甲企业而言，该合同条款的修改不构成实质性修改，不终止确认该负债。

借：长期借款——本金	15 000 000	
——应计利息	3 000 000	
贷：长期借款——本金		11 403 000
投资收益		6 597 000

（四）组合方式

债务重组采用以资产清偿债务、将债务转为权益工具、修改其他条款等方式的组合进行的，组合中以资产清偿债务或者将债务转为权益工具方式进行的债务重组，如果债务人清偿该部分债务的现时义务已经解除，应当终止确认该部分债务。组合中以修改其他条款方式进行的债务重组，需要根据具体情况，判断对应的部分债务是否满足终止确认条件。

对于权益工具，债务人应当在初始确认时按照权益工具的公允价值计量，权益工具的公允价值不能可靠计量的，应当按照所清偿债务的公允价值计量。对于修改其他条款形成的重组债务，债务人应当参照上文“（三）修改其他条款”部分的内容，确认和计量重组债务。所清偿债务的账面价值与转让资产的账面价值以及权益工具和重组债务的确认金额之和的差额，记入“其他收益——债务重组收益”或“投资收益”（仅涉及金融工具时）科目。

任务三　债务重组的相关披露

债务重组中涉及的债权、重组债权、债务、重组债务和其他金融工具的披露，应当按照《企业会计准则第37号——金融工具列报》的规定处理。此外，债权人和债务人还应当在附注中披露与债务重组有关的额外信息。

债权人应当在附注中披露与债务重组有关的下列信息：❶根据债务重组方式，分组披露债权账面价值和债务重组相关损益。分组时，债权人可以按照以资产清偿债务方式、将债务转为权益工具方式、修改其他条款方式、组合方式为标准分组，也可以根据重要性原则以更细化的标准分组。❷债务重组导致的对联营企业或合营企业的权益性投资增加额，以及该投资占联营企业或合营企业股份总额的比例。

债务人应当在附注中披露与债务重组有关的下列信息：❶根据债务重组方式，分组披露债务账面价值和债务重组相关损益。分组的标准与对债权人的要求类似。❷债务重组导致的股本等所有者权益的增加额。

报表使用者可能关心与债务重组相关的其他信息，例如，债权人和债务人是否具有关联方关系；再如，如何确定债务转为权益工具方式中的权益工具，以及修改其他条款方式中的新重组债权或重组债务等的公允价值；又如，是否存在与债务重组相关的或有事项等，企业应当根据《企业会计准则第13号——或有事项》《企业会计准则第22号——金融工具确认和计量》《企业会计准则第36号——关联方披露》《企业会计准则第37号——金融工具列报》《企业会计准则第39号——公允价值计量》等准则的规定，披露相关信息。

【素养提升】

依法化解债务危机，加快企业转型升级

2019年7月初，莲花味精公告称，因公司不能清偿到期债务，且明显缺乏清偿能力，公司债权人国厚资产管理股份有限公司（简称“国厚资产”）向法院递交了对该公司进行重整的申请。2019年9月，债权债务重组的部分清偿方案出炉。公司与国厚资产、河南莲花糖业有限公司三方签署《债务清偿协议》，将其对河南莲花糖业有限公司享有的债权金额合计2 068.02万元，用以抵偿所欠国厚资产的等额债务。此次债务重组有利于公司清理前期遗留事项，解决联营企业欠付公司的债务问题，符合公司各项运作的合规要求，不影响公司财务状况和经营成果，不存在损害股东特别是中小股东利益的情形。

“中国味精第一股——莲花味精”——1983年河南省创办的莲花味精股份有限公司，于1998年8月在上交所挂牌上市，辉煌时期销量曾达亚洲第一，也曾是“河南四大工业名片”之一。近年来，莲花味精主营业务收入持续下滑，业绩大幅亏损。年报数据显示，2011年公司营业收入为27.62亿元，但2018年仅为17.28亿元；其主营业务味精收入也由2011年的20.23亿元降至2018年的9.68亿元。连续两年亏损后，2019年4月，莲花味精被实施退市风险警示，更名为*ST莲花。

其实在2015年至2019年上半年，莲花味精资产负债率已从99.5%攀升至123.18%。半年报的风险预估中，也已披露大部分借款逾期多年，大量债权人已向法院提起诉讼，且均已判决公司承担相应的偿还本息义务，部分资产已被质押或抵押，未来其相关资产存在被强制执行的风险。

思考与启示：

党的二十大报告明确提出“完善中国特色现代企业制度，弘扬企业家精神，加快建设世界一流企业”，宣示了我们党大力促进经济发展壮大的坚定决心。莲花味精置过度负债于不顾，盲目自信经营，终至受人所困。企业杠杆经营能以小博大，但随之而来的是财务风险加剧，过度举债可能产生灾难性后果。但是，我国企业会计准则规定，对于企业因经营不善带来的债务危机，可以通过债务重组予以化解，盘活闲置资产，降低资金使用成本，提高资产的使用效率，使流入企业的经济利益得到增加，有利于企业长远发展，有利于资产增值保值，推动工业转型升级，是加快转变发展方式的重要举措，展现了社会主义制度的优越性。

项目小结

债务重组，是指在不改变交易对手方的情况下，经债权人和债务人协定或法院裁定，就清偿债务的时间、金额或方式等重新达成协议的交易。债务重组一般包括下列方式，或下列一种以上方式的组合：❶债务人以资产清偿债务；❷债务人将债务转为权益工具；❸除上述第❶项和第❷项以外，采用调整债务本金、改变债务利息、变更还款期限等方式修改债权和债务的其他条款，形成重组债权和重组债务。

对于债权人来说，以资产清偿债务或者将债务转为权益工具方式进行债务重组的，债权人应当在相关资产符合其定义和确认条件时予以确认；放弃债权的公允价值与账面价值之间的差额，应当计入当期损益。以多项资产清偿债务或者以组合方式进行债务重组的，债权人应当首先按照金融工具确认和计量的规定确认和计量受让的金融资产和重组债权，然后按照受让的金融资产以外的各项资产的公允价值比例，对放弃债权的公允价值扣除受让金融资产和重组债权确认金额后的净额进行分配，并以此为基础按照规定分别确定各项资产的成本。放弃债权的公允价值与账面价值之间的差额，应当计入当期损益。

对于债务人来说，以资产清偿债务方式进行债务重组的，债务人应当在相关资产和所清偿债务符合终止确认条件时予以终止确认，所清偿债务账面价值与转让资产账面价值之间的差额计入当期损益。将债务转为权益工具方式进行债务重组的，债务人应当在所清偿债务符合终止确认条件时予以终止确认。债务人初始确认权益工具时应当按照权益工具的公允价值计量，权益工具的公允价值不能可靠计量的，应当按照所清偿债务的公允价值计量。所清偿债务的账面价值与权益工具确认金额之间的差额，应当计入当期损益。以多项资产清偿债务或者以组合方式进行债务重组的，债务人应当按照规定确认和计量权益工具和重组债务，所清偿债务的账面价值与转让资产的账面价值以及权益工具和重组债务的确认金额之和的差额，应当计入当期损益。

复习思考题

1. 什么是债务重组？债务重组的方式有哪些？
2. 修改其他债务条件的债务重组具有哪些特征？
3. 债务人以非金融资产清偿债务时，对于非金融资产是否采用公允价值进行处理？
4. 债权人取得受让资产采用什么价值作为受让资产的计量基础？
5. 采用多项资产清偿债务或者以组合方式进行债务重组，如何确定债务清偿顺序？

习题与实训

一、单项选择题

单项选择题

1. 下列不属于债务重组方式的是（　　）。

A. 以资产清偿债务　　B. 债务人将债务转为权益工具

C. 以等额现金即刻偿还所欠债务　　D. 修改其他条款

2.下列各项中，属于债务重组会计准则规定的债权和债务范围的是（　　）。

A.合同资产　　　　B.合同负债

C.预计负债　　　　D.租赁应收款和租赁应付款

3.债务人以单项或多项金融资产清偿债务的，下列关于债权人和债务人会计处理的表述中，不正确的是（　　）。

A.债权人受让金融资产时应以其公允价值计量，与债权账面价值之间的差额，记入“投资收益”科目

B.债权人受让金融资产时应以其公允价值计量，与债权账面价值之间的差额，记入“其他收益”科目

C.对于以其他债权投资清偿债务的，原计入其他综合收益的累计利得或损失应当从其他综合收益中转出，记入“投资收益”科目

D.对于以其他权益工具投资清偿债务的，原计入其他综合收益的累计利得或损失应当从其他综合收益中转出，记入“盈余公积”“利润分配——未分配利润”等科目。

4.债务人以非金融资产清偿债务，下列关于债权人和债务人会计处理的表述中，不正确的是（　　）。

A.债权人初始确认受让的非金融资产成本计量为放弃债权的公允价值，以及使该资产达到当前位置和状态所发生的可直接归属于该资产的税金、运输费、装卸费等其他成本

B.债权人放弃债权的公允价值与账面价值之间的差额，记入“投资收益”科目

C.债务人以非金融资产清偿债务，不需要区分资产处置损益和债务重组损益，差额记入“其他收益”科目。

D.债务人以单项或多项非金融资产清偿债务，应将所清偿债务账面价值与转让资产公允价值之间的差额，记入“投资收益”科目。

5.债务人将债务转为权益工具，下列关于债权人和债务人会计处理的表述中，不正确的是（　　）。

A.债务人初始确认权益工具时，应当按照权益工具的公允价值计量

B.债务人初始确认权益工具时，如果权益工具的公允价值不能可靠计量的，应当按照所清偿债务的公允价值计量

C.债务人所清偿债务账面价值与权益工具确认金额之间的差额，记入“其他收益”科目

D.债权人对债务人股权投资的成本为应收款项公允价值与相关税费的合计

6. 2024年7月1日，甲公司与乙公司进行债务重组，重组日甲公司应收乙公司账款账面余额为200万元，已提坏账准备10万元，其公允价值为180万元，乙公司以持有的A公司3%股权抵偿上述账款，该项股权投资的公允价值为170万元。甲公司为取得该项股权投资支付直接相关费用1万元。取得该项股权投资后，甲公司将其作为交易性金融资产核算。假定不考虑其他因素。甲公司债务重组取得交易性金融资产的入账价值为（　　）万元。

A. 170　　B.171　　C.180　　D.181

7. 2024年8月10日，甲公司与乙公司进行债务重组。甲公司应收乙公司账款账面余额为200万元，已提坏账准备20万元，其公允价值为190万元，乙公司以一批存货抵偿上述账款，该批库存商品的公允价值为200万元，增值税为26万元。甲公司为取得库存商品支付的运费和保险费为2万元，假定不考虑除增值税外的其他因素。甲公司债务重组取得存货的入账价值为（　　）万元。

A.192　　B.202　　C.166　　D.200

8.甲公司是乙公司的母公司，为了弥补乙公司临时性经营现金短缺，2024年甲公司向乙公司提供5 000万元无息借款，并约定于1年后收回。借款期满时，尽管乙公司具有充足的现金流，甲公司仍然决定免除乙公司部分本金还款义务，仅收回1 000万元借款。甲公司和乙公司的下列会计处理中，正确的是（　　）。

A.甲公司和乙公司应当将该交易作为权益性交易处理

B.甲公司确认其他收益4 000万元

C.乙公司确认投资收益4 000万元

D.甲公司和乙公司均应确认与债务重组相关的损益

9.下列关于债务重组中债权和债务终止确认的表述中，不正确的是（　　）。

A.债权人在收取债权现金流量的合同权利终止时终止确认债权

B.债务人在债务的现时义务解除时终止确认债务

C.在报告期间已经开始协商、但在报告期资产负债表日后的债务重组，属于资产负债表日后调整事项

D.债权人终止确认其他债权投资的，应将持有期间累计确认的利得或损失从其他综合收益中转出

10.下列关于在组合方式下进行的债务重组的表述中，不正确的是（　　）。

A.债务人所清偿债务的账面价值与转让资产的账面价值以及权益工具和重组债务的确认金额之和的差额，记入“投资收益”科目

B.对于权益工具，债务人应当在初始确认时按照权益工具的公允价值计量，权益工具的公允价值不能可靠计量的，应当按照所清偿债务的公允价值计量

C.债务重组采用组合方式进行的，债权人一般可以认为对全部债权的合同条款做出了实质性修改

D.对于债务人，组合中以资产清偿债务或者将债务转为权益工具方式进行的债务重组，如果债务人清偿该部分债务的现时义务已经解除，应当终止确认该部分债务

二、多项选择题

多项选择题

1.下列各项中，不属于债务重组的有（　　）。

A.甲企业同意发生财务困难的乙企业推迟偿还货款的期限，并减少乙企业偿还货款的金额

B.债务人经与债权人协商，未达成一致意见，仍以现金偿还全部债务

C.银行同意出现财务困难的企业分期偿付银行贷款

D.经债务人同意，债权人将应收账款出售给资产管理公司

2.以资产清偿债务方式进行债务重组的，债权人初始确认受让的金融资产以外的资产时，其会计处理表述正确的有（　　）。

A.存货的成本，包括放弃债权的公允价值和使该资产达到当前位置和状态所发生的可直接归属于该资产的税金、运输费、装卸费、保险费等其他成本

B.对联营企业或合营企业投资的成本，包括放弃债权的公允价值和可直接归属于该资产的税金等其他成本

C.投资性房地产的成本，包括放弃债权的公允价值和可直接归属于该资产的税金等其他成本

D.固定资产的成本，包括放弃债权的公允价值和使该资产达到预定可使用状态前所发生的可直接归属于该资产的税金、运输费、装卸费、安装费、专业人员服务费等其他成本。

3.下列有关债权人进行的债务重组会计处理的表述中，正确的有（　　）。

A.债权人取得无形资产的成本，包括放弃债权的公允价值和可直接归属于使该资产达到预定用途所发生的税金等其他成本

B.采用修改其他条款方式进行债务重组的，债权人应当按照《企业会计准则第22号——金融工具确认和计量》的规定，确认和计量重组债权

C.将债务转为权益工具方式进行债务重组导致债权人将债权转为对联营企业或合营企业的权益性投资的，债权人应当按照以资产清偿债务方式进行债务重组的规定计量其初始投资成本

D.债权人放弃债权的公允价值与账面价值之间的差额，应当计入当期损益

4.下列有关债务人进行债务重组的会计处理中，表述正确的有（　　）。

A.以资产清偿债务方式进行债务重组的，债务人应当在相关资产和所清偿债务符合终止确认条件时

予以终止确认，所清偿债务账面价值与转让资产账面价值之间的差额计入当期损益

B.将债务转为权益工具方式进行债务重组的，债务人初始确认权益工具时一般应当按照权益工具的公允价值计量，所清偿债务账面价值与权益工具确认金额之间的差额，应当计入当期损益

C.采用修改其他条款方式进行债务重组的，债务人应当按照《企业会计准则第22号——金融工具确认和计量》和《企业会计准则第37号——金融工具列报》的规定，确认和计量重组债务

D.以多项资产清偿债务或者以组合方式进行债务重组的，债务人应当将所清偿债务的账面价值与转让资产的账面价值以及权益工具和重组债务的确认金额之和的差额，计入当期损益

5.债务人以资产清偿债务时，影响债权人确认损益金额的项目有（　　）。

A.债权人计提的坏账准备　　B.债务人抵债资产计提的减值准备

C.可抵扣的增值税进项税额　　D.债权的公允价值

6.以组合方式进行债务重组的，下列关于债权人和债务人会计处理的表述中，正确的有（　　）。

A.对于终止确认的债权，债权人应当结转对应部分的减值准备

B.债权人通常情况下应当整体考虑是否终止确认全部债权

C.合同条款对全部债权做出实质性修改的，债权人应终止确认全部债权，并按照修改后的条款确认新金融资产

D.债务人应当整体考虑是否终止确认全部债务

7.下列债务重组方式中，属于组合方式的有（　　）。

A.债务人以现金清偿部分债务，同时将剩余债务展期

B.债务人以包括金融资产和非金融资产在内的多项资产清偿债务

C.债务人以机器设备清偿部分债务，将另一份债务转为权益工具

D.债权人调整债务本金、改变债务利息、变更还款期限

8.下列关于债务重组的相关披露的说法中，正确的有（　　）。

A.债权人应当在附注中根据债务重组方式分组披露债权账面价值和债务重组相关损益

B.债权人应当在附注中披露债务重组导致的对联营企业或合营企业的权益性投资增加额，以及该投资占联营企业或合营企业股份总额的比例

C.债务人应当在附注中根据债务重组方式分组披露债务账面价值和债务重组相关损益

D.债务人应当在附注中披露债务重组导致的股本等所有者权益的增加额

9.2024年8月31日，甲公司应收乙公司账款账面余额为260万元，已提坏账准备13万元，其公允价值为250万元。乙公司以增发其普通股偿还债务，假设普通股每股面值为1元，重组日市价为3元，乙公司以80万股普通股抵偿该项债务，甲公司发生直接相关税费2万元，甲公司取得乙公司普通股后能够对乙公司施加重大影响，不考虑其他因素。重组日甲公司下列会计处理中正确的有（　　）。

A.长期股权投资初始投资成本为252万元

B.该项业务影响2024年当期损益的金额为3万元

C.该项业务不影响损益

D.长期股权投资初始投资成本为242万元

10.甲公司因无法偿还乙公司3 000万元货款，于2024年3月1日与乙公司签订债务重组协议。协议约定甲公司通过增发1 700万股普通股（每股面值1元）抵偿债务，发行股票的公允价值为2 800万元，乙公司已对该应收账款计提了360万元的坏账准备，该应收账款的公允价值为2 700万元。乙公司将取得的股权指定为以公允价值计量且其变动计入其他综合收益的金融资产核算。甲公司于2024年6月1日已经办理完股票增发等相关的手续。不考虑其他因素，针对上述业务，下列表述中正确的有（　　）。

A.乙公司其他权益工具投资入账价值为2 800万元

B.乙公司影响当期损益的金额为60万元

C.甲公司计入资本公积的金额为1 100万元

D.甲公司计入当期损益的金额为200万元

三、判断题

1.债务人所清偿债务的账面价值与转让资产的账面价值以及权益工具和重组债务的确认金额之和的差额，记入“投资收益”科目。（　）

2.对于权益工具，债务人应当在初始确认时按照权益工具的公允价值计量，权益工具的公允价值不能可靠计量的，应当按照所清偿债务的公允价值计量。（　）

3.债务重组采用组合方式进行的，债权人一般可以认为对全部债权的合同条款做出了实质性修改。（　）

4.对于债务人，组合中以资产清偿债务或者将债务转为权益工具方式进行的债务重组，如果债务人清偿该部分债务的现时义务已经解除，应当终止确认该部分债务。（　）

5.对于在报告期间已经开始协商、但在报告期资产负债表日后的债务重组，属于资产负债表日后调整事项。（　）

6.债务重组中，债权方受让债权投资的初始确认金额为放弃债权公允价值与为取得债权投资的初始直接费用之和。（　）

7.债务重组中，债权人应将放弃债权的公允价值与账面价值之间的差额，记入“其他收益”科目。

8.债务重组采用以资产清偿债务或者将债务转为权益工具方式进行的，债权人应当在受让的相关资产符合其定义和确认条件时予以确认。（　）

9.债权人受让金融资产，金融资产初始确认时应当以其公允价值计量，金融资产确认金额与债权终止确认日账面价值之间的差额，记入“投资收益”科目。（　）

10.债权人受让多项资产，应当按照受让的金融资产以外的各项资产在债务重组合同生效日的公允价值比例，对放弃债权在合同生效日的公允价值扣除受让金融资产当日公允价值后的净额进行分配，并以此为基础分别确定各项资产的成本。（　）

四、实训题

实训一

目的：实训以资产清偿债务的债务重组会计处理。

资料：2023年3月10日，A公司销售一批商品给B公司，形成应收债权600万元。2023年12月10日，经双方协商进行债务重组，协议约定：A公司同意B公司将其拥有的一台设备用于抵偿债务。B公司该设备的账面原值为600万元，已累计计提折旧120万元，公允价值为500万元，适用的增值税税率为13%。A公司将该债权作为以摊余成本计量的金融资产核算，已为该项应收账款计提40万元坏账准备，其公允价值为550万元。B公司将该债务作为以摊余成本计量的金融负债核算。2024年3月20日，相关资产转让手续办理完成。不考虑其他因素。

要求：分别编制A公司和B公司有关债务重组的会计分录。（答案以万元为单位）

实训二

目的：实训以资产清偿债务的债务重组会计处理。

资料：2023年8月8日，甲公司有一笔应收乙公司的账款15万元，双方协商进行债务重组。重组协议规定，乙公司以其持有的丙公司的一项长期股权投资抵偿该账款。长期股权投资账面价值为12.5万元（明细科目只涉及投资成本与损益调整）。甲公司将应收款项作为以摊余成本计量的金融资产核算，已计提坏账准备0.8万元。乙公司将应付款项作为以摊余成本计量的金融负债核算。2023年9月8日，办理完成股权转让手续，当日该股权的公允价值不能可靠计量；甲公司应收款账的公允价值为13.5万元。假定甲公司取得丙公司股权后能对其施加重大影响，不考虑相关税费。

要求：分别编制甲公司和乙公司有关债务重组的会计分录。（答案以万元为单位）

实训三

目的：实训以资产清偿债务的债务重组会计处理。

资料：A公司和B公司有关债务重组资料如下：2024年1月12日，B公司从A公司购买一批原材料，应付货款金额为1 100万元，至2024年12月2日尚未支付。2024年12月31日，由于B公司经营困难导致无法按期还款，双方协商决定B公司以一项商标权和一项交易性金融资产偿还债务。该商标权的账面原值为440万元，B公司已对该商标权累计计提摊销30万元，公允价值为490万元；交易性金融资产的账面价值为500万元（其中成本明细科目余额为600万元，公允价值变动明细科目贷方余额为100万元），公允价值为510万元。A公司已对该债权计提坏账准备40万元。应收款项的公允价值为1 000万元。假定不考虑其他因素影响。

要求：分别编制A公司和B公司有关债务重组的会计分录。（答案以万元为单位）

实训四

目的：实训将债务转为权益工具的债务重组会计处理。

资料：2024年7月1日，甲公司应收乙公司账款的账面余额为5 000万元，经双方协商同意，乙公司以其普通股偿还债务。假定普通股的面值为每股1元，乙公司以1 000万股抵偿该项债务，该股票每股市价为4元。甲公司该项应收账款的公允价值为4 600万元，已计提坏账准备200万元。股票转让手续已于2024年8月10日办理完毕，甲公司将其作为交易性金融资产核算。当日乙公司股票每股市价仍为4元。甲公司和乙公司均发生与股票相关的手续费10万元，已经以银行存款支付。

要求：分别编制甲公司和乙公司有关债务重组的会计分录。（答案以万元为单位）

实训五

目的：实训以组合方式清偿债务的债务重组会计处理。

资料：甲公司2023年从乙公司购入一批产品，应付乙公司货款800万元。至2023年年末，甲公司尚未偿还该账款，遂与乙公司达成一项债务重组协议。协议约定：甲公司以一项设备抵偿所欠乙公司的80%的债务，剩余20%的债务延期至2024年年末偿还，并按照3%的市场利率计算延期支付的利息。甲公司该设备的账面价值为350万元（原值为400万元，已计提折旧50万元），公允价值为500万元；乙公司为该应收款项已计提15万元坏账准备。甲公司该应收债权的公允价值为680万元，予以延期部分的公允价值为160万元。2024年1月1日，双方办理完毕相关手续。假定展期债务的现金流量变化不构成实质性修改，不考虑增值税的影响。

要求：分别编制甲公司和乙公司有关债务重组的会计分录。（答案以万元为单位）

实训六

目的：实训以组合方式清偿债务的债务重组会计处理。

资料：甲公司、乙公司均为境内上市公司。2023年11月5日，甲公司向乙公司销售一批商品，应收货款2 700万元；2024年3月10日，乙公司因发生财务困难，无法按合同约定偿还债务，双方协商进行债务重组。债务重组协议如下：

（1）乙公司向甲公司增发股票500万股，面值1元/股，占乙公司股份总额的1%，用于抵偿货款2 000万元，乙公司股票于2024年3月10日的收盘价格为4元/股；乙公司以银行存款支付发行费用2万元。

（2）甲公司同意豁免乙公司200万元货款；剩余货款延期至2024年12月31日。予以延期的货款公允价值为400万元。

（3）甲公司以摊余成本计量该项应收债权，已计提坏账准备200万元。2024年3月10日，该债权的公允价值为2 400万元。2024年4月10日，双方办理完成股权转让手续，甲公司将股票投资划分为以公允价值计量且其变动计入当期损益的金融资产。乙公司股票当日的收盘价为4.02元/股。

（4）乙公司以摊余成本计量该项债务，截至2024年3月10日，该货款的账面价值为2 700万元。不考虑其他因素。

要求：

（1）编制债权人甲公司的相关会计分录。

（2）编制债务人乙公司的相关会计分录。（答案以万元为单位）

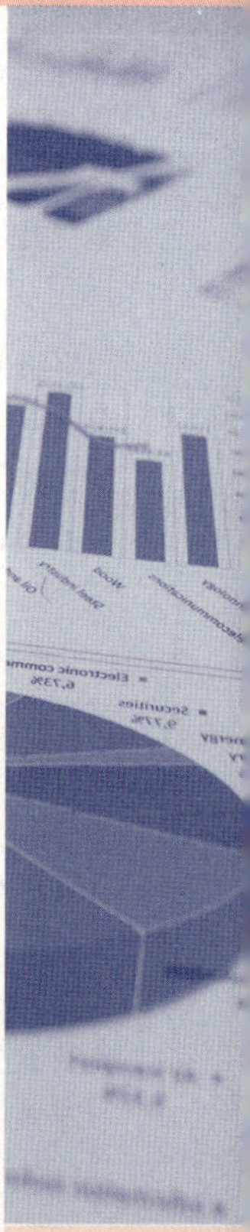

项目六
或有事项的核算

职业能力目标

通过本章学习，熟悉或有资产和或有负债的含义，熟悉或有事项的披露技巧，掌握或有事项的概念和内容，掌握预计负债的确认条件，掌握预计负债最佳估计数的确认和计量，培养学生的会计职业判断能力。

典型工作任务

或有事项的认知；或有事项在财务报表中的披露；或有事项最佳估计数的确定；或有事项会计处理方法。

内容框架

或有事项的核算
- 认知或有事项
  - 或有事项概述
  - 或有负债和或有资产
- 或有事项的确认和计量
  - 或有事项的确认
  - 预计负债的计量
- 或有事项会计处理原则的具体应用
  - 未决诉讼或未决仲裁
  - 债务担保
  - 产品质量保证
  - 亏损合同
  - 重组义务

任务一　认知或有事项

【引例6-1】

紫金矿业集团股份有限公司（简称：紫金矿业）是以黄金及基本金属矿产资源勘查和开发为主的矿业集团，属全球500强企业；2003年12月成功登陆我国香港股票市场，2008年4月回归A股，成为A股市场首家以0.1元面值发行股票的企业。2010年7月，紫金矿业所属紫金山金铜矿湿法厂先后两次发生含铜酸性溶液渗漏，造成汀江重大水污染事故，直接经济损失为3 187.71万元。紫金矿业因推迟发布渗水事故处理结果，自10月4日起被停牌。2011年5月4日，紫金矿业发布公告称，公司近日收到福建省龙岩市中级人民法院刑事判决书，维持龙岩市新罗区法院对紫金矿业的一审判决：紫金矿业紫金山金铜矿犯重大环境污染事故罪，判处罚金人民币3 000万元。

任务要求：

（1）作为全球500强企业，紫金矿业提出的“减少环保成本”是否承担社会责任义务？

（2）你认为紫金矿业在会计上是否需要确认一项负债，体现环境恢复义务？

一、或有事项概述

（一）或有事项的概念

或有事项认知

或有事项，是指过去的交易或者事项形成的，其结果须由某些未来事项的发生或不发生才能决定的不确定事项。企业在经营活动中有时会面临诉讼、仲裁、债务担保、产品质量保证等具有较大不确定性的经济事项，这些不确定事项对企业的财务状况和经营成果可能会产生较大的影响，其最终结果须由某些未来事项的发生或不发生加以决定。比如，企业对商品提供售后担保，承诺在商品发生质量问题时由企业无偿提供修理服务，从而会发生一些费用。至于这些费用是否发生以及如果发生金额是多少，取决于未来是否发生修理请求以及修理工作量的大小等。按照权责发生制的要求，企业不能等到客户提出修理请求时，才确认因提供产品质量保证而发生的义务，而应当在资产负债表日对这一不确定事项做出判断，以决定是否在当期确认可能承担的修理义务。会计上将这种不确定事项称为或有事项。

常见的或有事项包括：未决诉讼或未决仲裁、债务担保、产品质量保证（含产品安全保证）、亏损合同、重组义务、承诺、环境污染整治等。

（二）或有事项的特征

1.或有事项是由过去的交易或者事项形成的

由过去的交易或者事项形成，是指或有事项的现存状况是由过去的交易或者事项引起的客观存在。例如，未决诉讼是企业因过去的经济纠纷导致起诉其他单位或被其他单位起诉，是现存的一种状况，而不是未来将要发生的事项。又如，产品质量保证是企业对已售商品或已提供劳务的质量提供的保证，不是为尚未出售商品或尚未提供劳务的质量提供的保证。基于这一特征，未来可能发生的自然灾害、交通事故、经营亏损等事项，都不属于或有事项。

2.或有事项的结果具有不确定性

或有事项的结果具有不确定性，是指或有事项的结果是否发生具有不确定性或者或有事项的结果预计将会发生，但发生的具体时间或金额具有不确定性。

3.或有事项的结果须由未来事项决定

或有事项的结果，由未来事项发生或不发生予以确定。例如，或有事项发生时，将会对企业产生有利影响还是不利影响，或虽已知是有利影响或不利影响，但影响有多大，在或有事项发生时是难以确定的。这种不确定性的消失，只能由未来不确定事项的发生或不发生才能证实。例如，未决诉讼只能等到人民法院判决才能决定其结果。

或有事项与不确定性联系在一起，但会计处理过程中存在不确定性的事项并不都是或有事项，企业应当按照或有事项的定义和特征进行判断。例如，对固定资产计提折旧虽然也涉及对固定资产预计净残值和使用寿命进行分析和判断，带有一定的不确定性，但是，固定资产折旧是已经发生的损耗，固定资产的原值是确定的，其价值最终会转移到成本或费用中也是确定的，该事项的结果是确定的，因此，对固定资产计提折旧不属于或有事项。

【小思考6-1】企业对应收款项计提坏账准备，但提取比例的确定具有不确定性。那么，该事项是否属于或有事项？

二、或有负债和或有资产

（一）或有负债

或有负债，是指过去的交易或事项形成的潜在义务，其存在须通过未来不确定事项的发生或不发生予以证实；或过去的交易或事项形成的现时义务，履行该义务不是很可能导致经济利益流出企业或该义务的金额不能可靠计量。

【知识链接6-1】或有负债涉及两类义务：一类是潜在义务；另一类是现时义务。

潜在义务，是指结果取决于不确定未来事项的可能义务。也就是说，潜在义务最终是否转变为现时义务，由某些未来不确定事项的发生或不发生才能决定。

现时义务，是指企业在现行条件下已承担的义务，该现时义务的履行不是很可能导致经济利益流出企业，或者该现时义务的金额不能可靠地计量。其中：(1)“不是很可能导致经济利益流出企业”，是指该现时义务导致经济利益流出企业的可能性不超过50%（含50%）；(2)“金额不能可靠地计量”，是指该现时义务导致经济利益流出企业的“金额”难以合理预计，现时义务履行的结果具有较大的不确定性。

或有负债无论是潜在义务还是现时义务，均不符合负债的确认条件，因而不能在报表中予以确认，但应按相关规定在财务报表附注中披露。

（二）或有资产

或有资产，是指过去的交易或者事项形成的潜在资产，其存在须通过未来不确定事项的发生或不发生予以证实。

或有资产作为一种潜在资产，其结果具有较大的不确定性，只有随着经济情况的变化，通过某些未来不确定事项的发生或不发生才能证实其是否会形成企业真正的资产。

正如或有负债不符合负债确认条件一样，或有资产也不符合资产确认条件，因而也不能在报表中确认。然而，需要指出的是，影响或有负债和或有资产的多种因素处于不断变化之中，企业应当持续地对这些因素予以关注。随着时间的推移和事态的发展，或有负债对应的潜在义务可能转化为现时义务，原来不是很可能导致经济利益流出的现时义务也可能被证实将很可能导致经济利益流出企业，并且现时义务的金额也能够可靠计量。企业应当对或有负债相关义务进行评估，分析判断其是否符合预计负债确认条件。如符合预计负债确认条件，应将其确认为负债。类似地，或有资产对应的潜在权利也可能随着相关因素的改变而发生变化，如基本确定可以收到，应将其予以确认。

【引例6-1解析】

（1）紫金矿业的采矿成本低在行业中是出了名的。2007年，紫金矿业每克矿产金的成本只有57.64元，仅为国内平均水平的45%。然而，紫金矿业创造的这一低成本奇迹，却使自己陷入污染的泥潭，不能自拔。不注重环保投入，注定是要付出巨大代价的，需要承担社会责任。

（2）作为一个高污染高收益的企业，应该在建设初期就考虑承担社会责任的义务，并承担恢复环境的义务所必需的支出，同时确认一项预计负债，为恢复环境做准备。

任务二　或有事项的确认和计量

【引例6-2】

2024年10月2日，乙公司因产品质量问题涉及一起诉讼案。2024年12月31日，乙公司尚未接到人民法院的判决。在咨询了公司的法律顾问后，乙公司认为：胜诉的可能性为30%，败诉的可能性为70%；如果败诉，需要赔偿80万元。

任务要求：

（1）乙公司会计对该未决诉讼确认一项负债，理由是否充足？

（2）乙公司确认“管理费用”和“其他应付款”56万元是否正确？

一、或有事项的确认

或有事项的确认

或有事项形成的或有资产只有在企业基本确定能够收到的情况下，才能变为真正的资产，从而予以确认。与或有事项有关的义务应当在同时符合以下三个条件时，作为预计负债进行确认和计量：❶该义务是企业承担的现时义务；❷履行该义务很可能导致经济利益流出企业；❸该义务的金额能够可靠地计量。

1.该义务是企业承担的现时义务

该义务是企业承担的现时义务，是指与或有事项相关的义务是在企业当前条件下已承担的义务，企业没有其他现实的选择，只能履行该现时义务。这里所指的义务包括法定义务和推定义务。其中，法定义务，是指因合同、法规或其他司法解释等产生的义务，通常为企业在经济管理和经济协调中，依照经济法律、法规的规定必须履行的责任。比如，企业与其他企业签订购货合同产生的义务就属于法定义务。推定义务，是指因企业的特定行为而产生的义务。企业的“特定行为”，泛指企业以往的习惯做法、已公开的承诺或已公开宣布的经营政策。并且，由于以往的习惯做法，或通过这些承诺或公开的声明，企业向外界表明了它将承担特定的责任，从而使受影响的各方形成了其将履行那些责任的合理预期。

2.履行该义务很可能导致经济利益流出企业

履行该义务很可能导致经济利益流出企业，是指履行与或有事项相关的现时义务时，导致经济利益流出企业的可能性超过50%，但尚未达到基本确定的程度。我国企业会计准则确定的各种可能性及其对应的概率见表6-1。

表6-1　　各种可能性及其对应的概率

结果的可能性	对应的概率区间
基本确定	大于95%但小于100%
很可能	大于50%但小于或等于95%
可能	大于5%但小于或等于50%
极小可能	大于0但小于或等于5%

3.该义务的金额能够可靠地计量

该义务的金额能够可靠地计量，是指与或有事项相关的现时义务的金额能够合理地估计。由于或有事项具有不确定性，因或有事项产生的现时义务的金额也具有不确定性，需要估计。要对或有事项确认一项预计负债，相关现时义务的金额应当能够可靠估计。只有在其金额能够可靠地估计，并同时满足其他两个条件时，企业才能加以确认。

二、预计负债的计量

预计负债的计量主要涉及两个方面：一是最佳估计数的确定；二是预期可获得补偿的处理。

（一）最佳估计数的确定

预计负债应当按照履行相关现时义务所需支出的最佳估计数进行初始计量。最佳估计数的确定应当分别两种情况处理：

1.按中间值计算确定

如果所需支出存在一个连续范围，且该范围内各种结果发生的可能性相同，则最佳估计数应当按照该范围内的中间值，即上下限金额的平均数确定。

【工作实例6-1】2024年6月1日，甲公司因合同违约而被乙公司起诉。2024年6月30日，甲公司尚未接到人民法院的判决。甲公司预计，最终的法律判决很可能对公司不利。假定预计将要支付的赔偿金额为100万～140万元的某一金额，而且这个区间内每个金额的可能性都大致相同。在这种情况下，甲公司应在2024年6月30日的资产负债表中确认一项预计负债，金额为120万元（（100+140）÷2）。

2.视单个项目或多个项目加以确定

如果所需支出不存在一个连续范围，或者虽然存在一个连续范围，但该范围内各种结果发生的可能性不相同。在这种情况下，最佳估计数按照如下方法确定：

（1）如果或有事项涉及单个项目，最佳估计数按照最可能发生金额确定。“涉及单个项目”指或有事项涉及的项目只有一个，如一项未决诉讼、一项未决仲裁或一项债务担保等。

【引例6-2解析】

（1）由于乙公司因产品质量问题引起经济纠纷，属于企业承担的现时义务；经咨询后得知败诉的可能性为70%，需要赔偿80万元。因而，与未决诉讼有关的义务同时符合预计负债确认的三个条件，应作为一项负债予以确认和计量。

（2）按照准则规定，乙公司应确认80万元而不是56万元的损失和负债，并列入“营业外支出”和“预计负债”账户进行核算。

（2）如果或有事项涉及多个项目，最佳估计数按照各种可能结果及相关概率加权计算确定。“涉及多个项目”指或有事项涉及的项目不止一个，如产品质量保证。在产品质量保证中，提出产品保修要求的可能有许多客户，相应地，企业对这些客户负有保修义务。

【工作实例6-2】丙公司是生产并销售A产品的企业，2024年度第1季度共销售A产品30万件，销售收入为1 800万元。根据公司的产品质量保证条款，该产品售出后1年内，如发生正常质量问题，公司将负责免费维修。根据以前年度的维修记录，如果发生较小的质量问题，发生的维修费用为销售收入的1%；如果发生较大的质量问题，发生的维修费用为销售收入的2%。公司质量部门预测，本季度销售的产品中，80%不会发生质量问题；15%可能发生较小的质量问题；5%可能发生较大的质量问题。

根据上述资料，2024年第1季度末丙公司应确认的预计负债金额为：

1 800×（0×80%+1%×15%+2%×5%）= 4.5（万元）

（二）预期可获得补偿的处理

如果企业清偿因或有事项而确认的负债所需支出全部或部分预期由第三方或其他方补偿，则此补偿金额只有在基本确定能收到时，才能作为资产单独确认，确认的补偿金额不能超过所确认负债的账面价值。

预期可能获得补偿的情况通常有：发生交通事故等情况时，企业通常可从保险公司获得合理的赔偿；在某些索赔诉讼中，企业可对索赔人或第三方另行提出赔偿要求；在债务担保业务中，企业在履行担保义务的同时，通常可向被担保企业提出追偿要求。

企业预期从第三方获得的补偿，是一种潜在资产，其最终是否会转化为企业真正的资产具有较大的不确定性，企业只有在基本确定能够收到补偿时才能对其进行确认。根据资产和负债不能随意抵销的原则，预期可获得的补偿在基本确定能够收到时应当确认为一项资产，而不能作为预计负债金额的扣减。

补偿金额的确认涉及两个方面的问题：一是确认时间，补偿只有在“基本确定”能够收到时才予以确认；二是确认金额，确认的金额是基本确定能够收到的金额，而且不能超过相关预计负债的金额。

【工作实例6-3】2024年6月30日，乙公司因或有事项而确认了一笔金额为50万元的预计负债，同时，乙公司因该或有事项基本确定可从甲保险公司获得20万元的赔偿。

本例中，乙公司应分别确认一项金额为50万元的预计负债和一项金额为20万元的资产，而不能只确认一项金额为30万元（50—20）的预计负债。同时，乙公司所确认的补偿金额（20万元）不能超过所确认的负债的账面价值（50万元）。

（三）预计负债的计量需要考虑的其他因素

1.风险和不确定性

企业在确定最佳估计数时应当综合考虑与或有事项有关的风险、不确定性、货币时间价值和未来事项等因素。风险的变动可能影响预计负债计量的金额。企业在不确定的情况下进行判断需要谨慎，使得收入或资产不会被高估，费用或负债不会被低估。但是，不确定性并不说明应当确认过多的预计负债和故意夸大支出或费用。企业应当充分考虑与或有事项有关的风险和不确定性，既不能忽略风险和不确定性对或有事项计量的影响，也要避免反复对风险和不确定性进行调整，从而在低估和高估预计负债金额之间寻找平衡点。

2.货币时间价值

预计负债的金额通常应当等于未来应支付的金额。但是，因货币时间价值的影响，资产负债表日后不久发生的现金流出，要比一段时间之后发生的同样金额的现金流出负有更大的义务。所以，如果预计负债的确认时点距离实际清偿有较长的时间跨度，货币时间价值的影响重大，那么在确定预计负债的确认金额时，应考虑采用现值计量，即通过对相关未来现金流出进行折现后确认最佳估计数。例如，油气井或核电站的弃置费用等，应按照未来应支付金额的现值确定。确定预计负债的金额不应考虑预期处置相关资产形成的利得。

3.未来事项

企业应当考虑可能影响履行现时义务所需金额的相关未来事项。也就是说，对于这些未来事项，如果有足够的客观证据表明它们将发生，如未来技术进步、相关法规出台等，则应当在预计负债计量中予以考虑。

（四）资产负债表日对预计负债账面价值的复核

企业应当在资产负债表日对预计负债的账面价值进行复核。有确凿证据表明该账面价值不能真实反映当前最佳估计数的，应当按照当前最佳估计数对该账面价值进行调整。例如，某化工企业对环境造成了污染，按照当时的法律规定，只需要对污染进行清理。随着国家对环境保护越来越重视，按照现在的法律规定，该企业不但需要对污染进行清理，还很可能需要对居民进行赔偿。这种法律要求的变化，会对企业预计负债的计量产生影响。企业应当在资产负债表日对为此确认的预计负债金额进行复核，相关因素发生变化表明预计负债金额不再能反映真实情况时，需要按照当前情况下企业清理和赔偿支出的最佳估计数对预计负债的账面价值进行相应的调整。

企业已经确认的预计负债在实际支出发生时，应当仅限于最初确定该预计负债的支出。也就是说，只有与该预计负债有关的支出才能冲减预计负债，否则将会混淆不同预计负债确认事项的影响。

任务三　或有事项会计处理原则的具体应用

【引例6-3】

A集团公司于2023年12月17日给所属公司印发了《A集团公司深化改革、搬迁减员分流工作指导意见》，文件要求整个集团公司要用三年的时间（2024—2026年）减员3 500人左右（其中，B子公司此次减员分流的总体目标为1 000人），目的是突出公司主营业务，通过结构调整和减员分流，提高劳动生产率，降低人工成本。为此，B子公司管理层于2024年1月14日召开的董事会提交了一项议案，内容是“按照A集团公司减员分流方案的经济补偿标准，经本公司劳动人事部门及财务部门测算，公司将支付4 305万元的减员分流费用，为此公司将在2024年度确认预计负债4 305万元，则2024年度公司利润将减少4 305万元，因此，需董事会对此做出决议”。

对上述议案，董事会进行了严肃的讨论，最后形成了两种意见：❶公司内部董事主张通过该决议；❷公司外部董事（包括独立董事）不同意此项议案。

任务要求：

（1）请谈谈两种意见的焦点是什么？

（2）你认为应该如何处理？

（3）会计人员如何正确运用或有事项会计准则？

一、未决诉讼或未决仲裁

诉讼，是指当事人不能通过协商解决争议，因而在人民法院起诉、应诉，请求人民法院通过审判程序解决纠纷的活动。诉讼尚未裁决之前，对于被告者来说，可能形成一项或有负债或者预计负债；对于原告来说，则可能形成一项或有资产。

未决诉讼或未决仲裁的会计处理

仲裁，是指经济法的各方当事人依照事先约定或事后达成的书面仲裁协议，共同选定仲裁机构并由其对争议依法做出具有约束力裁决的一种活动。作为当事人一方，仲裁的结果在仲裁决定公布以前是不确定的，会构成一项潜在义务或现时义务，或者潜在资产。

【工作实例6-4】A公司2024年度发生的有关交易或事项如下：

2024年10月1日有一笔已到期的银行贷款本金1 000万元，利息150万元，A公司具有还款能力，但因与B银行存在其他经济纠纷，而未按时归还B银行的贷款。2024年12月1日，B银行向人民法院提起诉讼。截至2024年12月31日，人民法院尚未对该案件进行审理。A公司法律顾问认为败诉的可能性为60%，预计将要支付的罚息在100万元至120万元之间，诉讼费为5万元。

A公司的会计处理如下：

A公司败诉的可能性为60%，则A公司应在2024年12月31日确认一项预计负债，编制会计分录为：

借：管理费用　　50 000

　　营业外支出（（1 000 000+1 200 000）÷2）　　1 100 000

贷：预计负债　　1 150 000

【学中做6-1】在【工作实例6-4】中，B银行是否进行账务处理，是否应在财务报表中披露？

二、债务担保

债务担保的会计处理

债务担保在企业中是较为普遍的现象。作为提供担保的一方，在被担保方无法履行合同的情况下，常常承担连带责任。从保护投资者、债权人的利益出发，客观、充分地反映企业因担保义务而承担的潜在风险是十分必要的。

企业对外提供债务担保常常会涉及未决诉讼，这时可以分别以下情况进行处理：

（1）企业已被判决败诉，则应当按照人民法院判决的应承担的损失金额，确认为负债，并计入当期营业外支出。

（2）已判决败诉，但企业正在上诉，或者经上一级人民法院裁定暂缓执行，或者由上一级人民法院发回重审等，企业应当在资产负债表日，根据已有判决结果合理估计可能产生的损失金额，确认为预计负债，并计入当期营业外支出。

（3）人民法院尚未判决的，企业应向其律师或法律顾问等咨询，估计败诉的可能性，以及败诉后可能发生的损失金额，并取得有关书面意见。如果败诉的可能性大于胜诉的可能性，并且损失金额能够合理估计的，应当在资产负债表日将预计担保损失金额，确认为预计负债，并计入当期营业外支出。

【工作实例6-5】2023年10月，A公司为B公司人民币2 000万元、期限2年的银行贷款提供全额担保；2024年4月，A公司为C公司美元100万元、期限1年的银行贷款提供50%的担保。各贷款单位的情况如下：B公司贷款逾期未还，银行已起诉B公司和A公司，A公司因连带责任需赔偿多少金额尚无法确定；C公司由于受政策影响和内部管理不善等原因，经营效益不如以往，可能不能偿还到期美元债务。截至2024年12月31日，法院尚未最终裁决。

分析：本例中，对B公司而言，A公司很可能需履行连带责任，但损失金额是多少，目前还难以预计；就C公司而言，A公司可能需履行连带责任。这两项债务担保形成A公司的或有负债，但不符合预计负债的确认条件，A公司应在2024年12月31日的财务报表附注中披露相关债务担保的被担保单位、担保金额以及财务影响等。

三、产品质量保证

产品质量保证，通常指销售商或制造商在销售产品或提供劳务后，对客户提供服务的一种承诺。在约定期内（或终身保修），若产品或劳务在正常使用过程中出现质量或与之相关的其他属于正常范围的问题，企业负有更换产品、免费或只收成本价进行修理等责任。按照权责发生制的要求，上述相关支出符合确认条件就应在收入实现时确认相关预计负债。

【工作实例6-6】A公司为电冰箱生产和销售企业。A公司对购买其电冰箱的消费者做出承诺：电冰箱售出后3年内如出现非意外事件造成的电冰箱故障和质量问题，A公司免费负责保修（含零配件更换）。A公司2024年发生业务如下：

（1）第1季度、第2季度、第3季度、第4季度分别销售电冰箱1万台、1.5万台、1.6万台和1.4万台，每台售价为2 000元。

（2）根据以往经验，电冰箱发生的保修费一般为销售额的0.8%～1%。

（3）2024年四个季度实际发生的维修费用分别为8万元、12万元、18万元和20万元（假定用银行存款支付50%，另50%为耗用的原材料）。

（4）假定2024年“预计负债”账户年初余额为10万元。

A公司的会计处理如下：

因销售电冰箱而承担了现时义务，该现时义务的履行很可能导致经济利益流出A公司，且该义务的金额能够可靠计量。A公司应在每季度末确认一次预计负债。

（1）第1季度发生产品质量保证费用（维修费）：

借：预计负债　　80 000
　贷：银行存款　　40 000
　　原材料　　40 000

应确认的产品质量保证负债金额＝1×2 000×（0.8%+1%）÷2＝18（万元）

借：销售费用　　180 000
　贷：预计负债　　180 000

第1季度末“预计负债”账户余额＝10+18−8＝20（万元）

（2）第2季度发生产品质量保证费用（维修费）：

借：预计负债　　120 000
　贷：银行存款　　60 000
　　原材料　　60 000

应确认的产品质量保证负债金额＝1.5×2 000×（0.8%+1%）÷2＝27（万元）

借：销售费用　　270 000
　贷：预计负债　　270 000

第2季度末“预计负债”账户余额＝20+27−12＝35（万元）

【学中做6-2】请计算第3季度和第4季度发生产品质量保证费用（维修费）、应确认的产品质量保证负债金额并编制相关会计分录，同时计算确定“预计负债”账户余额。根据“预计负债”年末余额判断预计负债的准确性，并对预计负债的账面价值进行复核。

在对产品质量保证确认预计负债时，需要注意的是：

❶如果发现保证费用的实际发生额与预计数相差较大，应及时对预计比例进行调整；

❷如果企业针对特定批次产品确认预计负债，则在保修期结束时，应将“预计负债——产品质量保证”余额冲销，同时冲销销售费用；

❸已对其确认预计负债的产品，如企业不再生产了，那么应在相应的产品质量保证期满后，将“预计负债——产品质量保证”余额冲销，同时冲销销售费用。

四、亏损合同

亏损合同的会计处理

亏损合同产生的义务满足预计负债的确认条件，应当确认为预计负债。其中，亏损合同，是指履行合同义务不可避免会发生的成本超过预期经济利益的合同。预计负债的计量应当反映退出该合同的最低净成本，即履行该合同的成本与未能履行该合同而发生的补偿或处罚两者之中的较低者。企业与其他企业签订的任何合同均可能变为亏损合同。

企业对亏损合同进行会计处理，需要遵循以下两个原则：

（1）如果与亏损合同相关的义务不需支付任何补偿即可撤销，企业通常就不存在现时义务，不应确认为预计负债；如果与亏损合同相关的义务不可撤销，企业就存在了现时义务，同时满足该义务很可能导致经济利益流出企业且金额能够可靠地计量的，应当确认为预计负债。

（2）待执行合同变为亏损合同时，合同存在标的资产的，应当对标的资产进行减值测试并按规定确认减值损失，在这种情况下，企业通常不需确认预计负债，如果预计亏损超过该减值损失，应将超过部分确认为预计负债；合同不存在标的资产的，亏损合同相关义务满足预计负债确认条件时，应当确认预计负债。

【工作实例6-7】甲公司2023年12月10日与乙公司签订不可撤销合同，约定在2024年3月1日以每件200元的价格向乙公司提供A产品1 000件，若不能按期交货，将对甲公司处以总价款20%的违约金。签订合同时A产品尚未开始生产，甲公司准备生产A产品时，原材料价格突然上涨，预计生产A产品的单位成本将超过合同单价。不考虑相关税费。

若生产A产品的单位成本为210元，甲公司的会计处理如下：

履行合同发生的损失 = 1 000×（210-200）= 10 000（元）

不履行合同支付的违约金 = 1 000×200×20% = 40 000（元）

本例中，甲公司与乙公司签订了不可撤销合同，如果执行合同，将发生损失10 000元；如果不履行合同，将发生损失40 000元。由于该合同已经变为亏损合同，且不存在标的资产，甲公司应当按照履行合同造成的损失与违约金两者中的较低者确认一项预计负债，即应确认预计负债10 000元。

借：营业外支出　　10 000

　贷：预计负债　　10 000

待产品完工后，将已确认的预计负债冲减产品成本。

借：预计负债　　10 000

　贷：库存商品——A产品　　10 000

【学中做6-3】若【工作实例6-7】中甲公司生产A产品的单位成本为250元，请判断亏损合同的损失，并进行相应的账务处理。

【工作实例6-8】甲公司与乙公司于2023年12月签订不可撤销合同，甲公司向乙公司销售A设备50台，合同价格为每台100万元（不含税）。该批设备在2024年2月1日交货。至2023年年末甲公司已生产10台A设备，由于原材料价格上涨，单位成本达到102万元，每销售一台A设备亏损2万元，因此这项合同已成为亏损合同。预计其余未生产的40台A设备的单位成本与已生产的A设备的单位成本相同。则甲公司应对有标的的10台A设备计提存货跌价准备，对没有标的的40台A设备确认预计负债。不考虑相关税费。

甲公司的会计处理如下：

（1）有标的的部分，合同为亏损合同，确认减值损失：

借：资产减值损失　　200 000

　贷：存货跌价准备　　200 000

（2）无标的的部分，合同为亏损合同，确认预计负债：

借：营业外支出　　800 000

　贷：预计负债　　800 000

（3）在产品生产出来后，将预计负债冲减成本：

借：预计负债　　800 000

　贷：库存商品——A设备　　800 000

五、重组义务

重组，是指企业制定和控制的，将显著改变企业组织形式、经营范围或经营方式的计划实施行为。属于重组的事项主要包括：❶出售或终止企业的部分业务；❷对企业的组织结构进行较大调整；❸关闭企业的部分营业场所，或将营业活动由一个国家或地区迁移到其他国家或地区。

企业应当将重组与企业合并、债务重组区别开。因为重组通常是企业内部资源的调整和组合，谋求现有资产效能的最大化；企业合并是在不同企业之间的资本重组和规模扩张；债务重组是指在不改变交易对手方的情况下，经债权人和债务人协定或法院裁定，就清偿债务的时间、金额或方式等重新达成协议的交易，债务人减轻债务负担，债权人尽可能减少损失。

（一）重组义务的确认

企业因重组而承担了重组义务，并且同时满足预计负债确认条件时，才能确认预计负债。

（1）同时存在下列情况的，表明企业承担了重组义务：

❶有详细、正式的重组计划，包括重组涉及的业务、主要地点、需要补偿的职工人数、预计重组支出、计划实施时间等；

❷该重组计划已对外公告。

企业制订了详细、正式的重组计划，并已经对外公告，使那些受其影响的其他单位或个人可以合理预期企业将实施重组，这构成了企业的一项推定义务。而管理层或董事会在资产负债表日前做出的重组决定，在资产负债表日并不形成一项推定义务，除非企业在资产负债表日前已经对外进行了公告，将重组计划传达给受其影响的各方，使他们形成了对企业实施重组的合理预期。

（2）需要判断重组义务是否同时满足预计负债的三个确认条件，即判断其承担的重组义务是否是现时义务、履行重组义务是否很可能导致经济利益流出企业、重组义务的金额是否能够可靠计量。只有同时满足这三个确认条件，才能将重组义务确认为预计负债。

【引例6-3解析】

（1）两种意见的分歧在于各自代表的利益不同。内部董事出于公司的角度和谨慎性的考虑，认为应该把此项或有负债确定为预计负债；而外部董事则是出于广大投资者的角度看待这个问题，如果把潜在义务确定为预计负债，将减少当期利润，给投资者带来损失。

（2）本案例应该属于企业重组，企业应当按照与重组有关的直接支出确认预计负债金额。企业因重组而承担了重组义务，并且同时满足预计负债确认条件时，才能确认预计负债，即：❶有详细、正式的重组计划；❷该重组计划已对外公告。

（3）会计实务工作中，面对变幻莫测的经营环境，企业会计人员应本着实质重于形式的原则，持续地关注那些不断变化着的影响因素，以判断潜在义务是否已转化为现时义务。既不能滥记预计负债，也不能置之不理，粉饰企业经营状况。

（二）重组义务的计量

企业应当按照与重组有关的直接支出确认预计负债金额。其中，直接支出是企业重组必须承担的，并且与主体继续进行的活动无关的支出，不包括留用职工岗前培训、市场推广、新系统和营销网络投入等支出。因为这些支出与未来经营活动有关，在资产负债表日不是重组义务。

由于企业在计量预计负债时不应当考虑预期处置相关资产的利得，在计量与重组义务相关的预计负债时，也不考虑处置相关资产（如厂房、店面，有时是一个事业部整体）可能形成的利得或损失，即使资产的出售构成重组的一部分也是如此。

企业可以参照表6-2判断该项支出是否属于与重组有关的直接支出。

表6-2　**与重组有关的支出判断表**

支出项目	包括	不包括	不包括的原因
自愿遣散	√		
强制遣散（如果自愿遣散目标未满足）	√		
将不再使用的厂房的租赁撤销费	√		
将职工和设备从拟关闭的工厂转移到继续使用的工厂		√	支出与继续进行的活动相关
剩余职工的再培训		√	支出与继续进行的活动相关
新经理的招聘成本		√	支出与继续进行的活动相关
推广公司新形象的营销成本		√	支出与继续进行的活动相关
对新营销网络的投资		√	支出与继续进行的活动相关
重组的未来可辨认经营损失（最新预计值）		√	支出与继续进行的活动相关
特定固定资产的减值损失		√	资产减值准备应当按照《企业会计准则第8号——资产减值》进行计提

【素养提升】

化危为机，变“或有”为“现实”

2021年6月2日，华为正式发布的鸿蒙系统占据了热点话题的“C位”，虽然不全是赞美的声音，但这种努力打破美国垄断，挑战谷歌、苹果在移动操作系统上垄断地位的尝试必将成为中国科技史上的里程碑事件。

中国工程院院士倪光南就曾经指出，中国信息产业看似繁荣的背景下，却缺少了最为重要的两个部分，那就是“魂”和“芯”。“魂”指的是操作系统，而“芯”则指的是芯片。如果不能解决这两个问题，那中国的信息产业就只虚有其表。

华为创始人任正非也曾表达过类似的观点。在他看来，国内企业和用户对于安卓和Windows的依赖性过大，倘若有一天两个都被禁用了，中国该怎么办？这无异于“断粮”。2012年，华为公司出于谷歌如果对其断供就会难以维持生产的顾虑，开始布局自有分布式操作系统，麒麟芯片与鸿蒙系统相继问世，其成绩无疑是傲人的。

可以说鸿蒙不仅仅是华为的鸿蒙，就像其名字一般，它还是中国“开天辟地”、打破天地格局的重要一招。因此鸿蒙的成败，不仅关系到华为自身，而且关系到中国的操作系统，甚至关系到中国高科技的成败以及国家的信息安全。

思考与启示：

习近平总书记在党的二十大报告中指出：“加强企业主导的产学研深度融合，强化目标导向，提高科技成果转化和产业化水平。强化企业科技创新主体地位，发挥科技型骨干企业引领支撑作用，营造有利于科技型中小微企业成长的良好环境，推动创新链产业链资金链人才链深度融合。”这些重要论述，明确了强化企业科技创新主体地位的战略意义。华为的“备胎”计划有效地应对了西方的技术封锁，为企业的发展，乃至中国科技创新打开了一片新天地。这一事件深刻地告诉我们，对于未来的不确定事项，要有居安思危的忧患意识，合理应对，并提前布局安排，化“危”为“机”，把握主动权。华为的危机文化其实就是居安思危，以终为始，不断学习。长盛不衰的文化靠着兼容并包，集百家之长——一家伟大的企业就是如此。

项目小结

或有事项，是指过去的交易或者事项形成的，其结果须由某些未来事项的发生或不发生才能决定的不确定事项。常见的或有事项包括：未决诉讼或未决仲裁、债务担保、产品质量保证（含产品安全保证）、亏损合同、重组义务、承诺、环境污染整治等。

准则规定，与或有事项有关的义务应当在同时符合三个确认条件时，才能作为预计负债进行确认和计量。预计负债的计量主要涉及两个方面：一是最佳估计数的确定；二是预期可获得补偿的处理。

复习思考题

1.或有负债与预计负债有何差别，两者应分别如何处理？

2.如何确定或有事项的最佳估计数？

3.企业常见的或有事项有哪些，分别如何进行会计处理？

4.如何在财务报表中确认和计量或有事项？

5.企业或有事项是否仅包括或有资产和或有负债？

习题与实训

一、单项选择题

单项选择题

1.关于最佳估计数，下列说法中错误的是（　　）。

A.如果或有事项涉及单个项目，最佳估计数按照最可能发生金额确定

B.企业不应当在资产负债表日对或有事项确认的最佳估计数进行复核

C.确认预计负债的最佳估计数既有初始计量，也有后续计量

D.对货币时间价值影响重大的，应当通过对相关未来现金流出进行折现后确定最佳估计数

2.在确认预计负债时，不涉及的会计账户是（　　）。

A."管理费用"　　B."销售费用"　　C."营业外支出"　　D."财务费用"

3.下列说法中，不正确的是（　　）。

A.待执行合同变成亏损合同的，该亏损合同产生的义务满足预计负债确认条件的，应当确认为预计负债

B.待执行合同均属于或有事项

C.待执行合同变成亏损合同时，有合同标的资产的，应当先对标的资产进行减值测试并按规定确认减值损失，如预计亏损超过该减值损失，应将超过部分确认为预计负债

D.无合同标的资产的，亏损合同相关义务满足预计负债确认条件时，应当确认为预计负债

4.企业清偿预计负债所需支出全部或部分预期由第三方补偿的，其涉及补偿金额应当（　　）。

A.直接冲减预计负债和营业外支出金额

B.直接增加预计负债金额

C.于很可能收到时作为资产单独确认

D.于基本确定能够收到时才能作为资产单独确认

5.甲公司由于受国际金融危机的不利影响，决定对乙事业部进行重组，将相关业务转移到其他事业部。经履行相关报批手续，甲公司对外正式公告其重组方案。甲公司根据该重组方案预计很可能发生的下列各项支出中，不应当确认为预计负债的是（　　）。

A.自愿遣散费　　B.强制遣散费

C.剩余职工岗前培训费　　D.不再使用厂房的租赁撤销费

6.下列说法中，正确的是（　　）。

A."基本确定"指发生的可能性大于95%但小于100%

B."很可能"指发生的可能性大于或等于50%但小于95%

C."可能"指发生的可能性大于或等于5%但小于50%

D."极小可能"指发生的可能性大于0但小于5%

7.下列不属于或有事项的是（　　）。

A.企业与管理人员签订的利润分享计划　　B.对其他单位的债务担保

C.未决仲裁　　D.产品质保期内的质量保证

8.下列说法中，不正确的是（　　）。

A.任何合同都可能变为亏损合同

B.待执行合同变成亏损合同时，亏损合同产生的义务满足预计负债确认条件的，应当确认为预计负债

C.待执行合同变成亏损合同时，都应确认相应的预计负债

D.亏损合同预计负债的计量，为履行该合同的成本与未能履行该合同而发生的补偿或处罚两者之中的较低者

9.下列有关或有事项的表述中，不正确的是（　　）。

A.企业应当按照与重组有关的直接支出确定预计负债金额

B.关闭企业的部分营业场所，或将营业活动由一个国家或地区迁移到其他国家或地区，属于重组事项

C.待执行合同变成亏损合同的，该亏损合同产生的义务满足预计负债确认条件的，应当确认为预计负债

D.或有资产的发生概率在达到可能状态时，应在报表中披露

10. 2024年12月31日，甲公司存在一项未决诉讼。根据类似案例的经验判断，该项诉讼败诉的可能性为90%。如果败诉，甲公司将须赔偿对方100万元并承担诉讼费用5万元，但很可能从第三方收到补偿

款10万元。2024年12月31日，甲公司应就此项未决诉讼确认的预计负债金额为（　　）万元。

A.90　　B.95　　C.100　　D.105

二、多项选择题

1.企业清偿预计负债所需支出全部或部分预期由第三方补偿的，其正确的处理方法有（　　）。

A.补偿金额只有在基本确定能够收到时才能作为资产单独确认

B.补偿金额单独确认为资产，并列入“其他应收款”

C.确认的补偿金额不应当超过预计负债的账面价值

D.扣除补偿可能取得的金额后确认预计负债

2.预计负债应当按照履行相关现时义务所需支出的最佳估计数进行初始计量，其正确的处理方法有（　　）。

A.所需支出存在一个连续范围，且该范围内各种结果发生的可能性相同的，最佳估计数应当按照该范围内的中间值确定

B.如果存在一个连续范围，但该范围内各种结果发生的可能性不相同，最佳估计数应按最可能发生的金额确定

C.或有事项涉及单个项目的，按照最可能发生的金额确定

D.或有事项涉及多个项目的，按照各种可能结果及相关概率计算确定

3.下列事项中，属于重组事项的有（　　）。

A.出售或终止企业的部分经营业务

B.对企业的组织结构进行较大调整

C.关闭企业的部分营业场所

D.将营业活动由一个国家或地区迁移到其他国家或地区

4.下列有关或有事项披露内容的表述中，正确的有（　　）。

A.因或有事项而确认的负债应在资产负债表中单列项目反映

B.因或有事项而确认的支出或费用应在利润表中单列项目反映

C.因或有事项很可能获得的补偿应在资产负债表中单列项目反映

D.当未决诉讼的披露将对企业造成重大不利影响时，可以只披露其形成的原因

5.下列有关预计负债计量需要考虑的因素的说法中，正确的有（　　）。

A.企业应当充分考虑与或有事项有关的风险和不确定性，在低估和高估预计负债金额之间寻找平衡点

B.如果预计负债的确认时点距离实际清偿有较长的时间跨度，在确定预计负债金额时，有必要考虑用现值计量

C.对于未来事项，即使有足够的客观证据表明它们将会发生，也不应在预计负债的计量中予以反映

D.企业应当在资产负债表日对预计负债的账面价值进行复核

6.桂江公司为甲公司、乙公司、丙公司和丁公司提供了银行借款担保，下列各项中，桂江公司不应确认预计负债的有（　　）。

A.甲公司运营良好，桂江公司极小可能承担连带还款责任

B.乙公司发生暂时财务困难，桂江公司可能承担连带还款责任

C.丙公司发生财务困难，桂江公司很可能承担连带还款责任

D.丁公司发生严重财务困难，桂江公司基本确定承担还款责任

7.下列关于或有事项的表述中，正确的有（　　）。

A.或有资产由过去的交易或事项形成

B.或有负债应在资产负债表内予以确认

C.或有资产不应在资产负债表内予以确认

D.因或有事项所确认负债的偿债时间或金额不确定

8.下列关于或有事项的说法中，正确的有（　　）。

A.企业承担的重组义务满足或有事项确认预计负债规定的，应当确认预计负债

B.企业应当按照与重组有关的直接支出确认预计负债

C.与重组有关的直接支出包括留用职工岗前的培训、市场的推广、新系统和营销网络投入的支出

D.企业在重组业务过程中承担重组义务的，应当确认预计负债

9.下列事项中，属于或有事项的有（　　）。

A.售后商品担保　　B.对其他单位的债务担保

C.未决仲裁　　D.可能发生的汇率变动

10.大洋企业因或有事项很可能赔偿A公司120万元，同时，因该或有事项大洋企业基本确定可以从B公司获得80万元的补偿金。大洋企业正确的会计处理有（　　）。

A.确认营业外支出和预计负债120万元　　B.确认营业外支出和预计负债40万元

C.确认其他应收款80万元　　D.不确认其他应收款

三、判断题

判断题

1.企业承担的重组义务只要有详细、正式的重组计划就表明企业承担了重组义务。（　　）

2.在估计预计负债时，如果所需支出存在一个连续范围，且该范围内各种结果发生的可能性相同，最佳估计数应当按照该范围内的中间值确定。（　　）

3.待执行合同不是或有事项准则规范的内容，但待执行合同变成亏损合同时，则适用或有事项准则，必须确认预计负债。（　　）

4.待执行合同变成亏损合同时，企业有合同标的资产的，应当先对标的资产进行减值测试并按规定确认减值损失，如预计亏损超过该减值损失，应将超过部分确认为预计负债。（　　）

5.与或有事项有关的义务如果符合确认条件加以确认时，涉及单个项目的，按最高的估计负债金额入账。（　　）

6.针对特定产品质量保证确认的预计负债，如果由于转产或保修期结束导致该产品保修的负债义务消失，则“预计负债——产品质量保证”余额应予冲销。（　　）

7.如果预计负债的确认时点距离实际清偿有较长的时间跨度，货币时间价值的影响重大，在确定预计负债金额时，有必要考虑用现值计量。（　　）

8.企业已经确认的预计负债在实际支出发生时，应当仅限于最初确定该预计负债的支出。（　　）

9.或有负债无论涉及潜在义务还是现时义务，均不应在财务报表中确认，但应按相关规定在附注中披露。（　　）

10.企业清偿预计负债所需支出全部或部分预期由第三方补偿的，补偿金额在基本确定收到时作为预计负债的抵减，也可以作为一项资产单独确认。（　　）

四、实训题

实训一

实训题

目的：实训预计负债的会计处理。

资料：甲企业为工业生产企业，假定甲企业从2023年起生产和销售A、B两种产品，并建立为售出产品提供售后免费维修的服务体系。

（1）甲企业为A产品的质量保证所确认的预计负债在2024年年初的账面余额为30万元，A产品的质量保证期限为3年。该企业对售出的A产品可能发生的维修费用按照A产品销售收入的1.5%～2.5%预计。甲企业2024年A产品的销售收入及发生的维修费用资料见表6-3。

表 6-3　　2024 年 A 产品的销售收入及发生的维修费用明细表　　单位：万元

项目	第 1 季度	第 2 季度	第 3 季度	第 4 季度
A 产品销售收入	1 000	800	1 200	600
发生的维修费	15	10	30	20
其中：原材料成本	10	8	10	15
人工成本	5	2	5	5
用银行存款支付的其他支出			15	

（2）甲企业为 B 产品提供产品质量保证所确认的预计负债在 2024 年年初的账面余额为 8 万元，B 产品已于 2024 年 1 月 31 日停止生产，B 产品的售后质量保证截止日期为 2024 年 12 月 31 日。甲企业库存的 B 产品已全部售出。2024 年第 4 季度发生的 B 产品维修费用为 5 万元（均为人工成本），其他各季度均未发生费用。

要求：

（1）计算对 A 产品 2024 年年末应确认的预计负债。

（2）编制对 A 产品 2024 年年末确认预计负债的相关会计分录（假定按年编制会计分录）。

（3）编制 A 产品 2024 年发生的与售出产品维修费用相关的会计分录（假定按年编制会计分录）。

（4）编制 B 产品 2024 年与预计负债相关的会计分录（假定按年编制会计分录）。

（5）计算甲企业 2024 年 12 月 31 日预计负债的账面余额（注明借方或贷方）。

实训二

目的：实训或有事项的会计处理。

资料：甲股份有限公司（以下称甲公司）为一家上市公司，2023 年发生如下事项：

（1）2023 年 5 月 20 日，甲公司的客户（乙公司）因产品质量问题向法院提起诉讼，请求法院裁定甲公司赔偿损失 120 万元。截至 2023 年 6 月 30 日，法院尚未对上述案件做出判决，在向法院了解情况并向法律顾问咨询后，甲公司判断该产品质量诉讼案件发生赔偿损失的可能性小于 50%。2023 年 12 月 31 日，甲公司对乙公司产品质量诉讼案件进行了评估，认定该诉讼案件状况与 2023 年 6 月 30 日相同。2024 年 2 月 5 日，法院对乙公司产品质量诉讼案件做出判决，驳回乙公司的诉讼请求。

（2）2023 年 12 月 20 日，甲公司在生产中发生事故，造成有毒液体外泄，使附近的一鱼塘受到污染，大部分鱼死亡。该鱼塘业主已上诉至法院，要求赔偿 10 万元。律师研究后认为，鱼死亡的确是毒水所致，甲公司胜诉的可能性仅为 5%。根据市场价格，赔偿损失的金额为 8 万～10 万元。至 2023 年 12 月 31 日，诉讼尚在进行中。

（3）2023 年 12 月，甲公司与丙公司签订不可撤销合同，约定在 2024 年 3 月 1 日以每件 500 元的价格向乙公司提供 B 产品 800 件，若不能按期交货，将对甲公司处以总价款 20% 的违约金。签订合同时 B 产品尚未开始生产，甲公司准备生产 B 产品时，原材料价格突然上涨，预计生产 B 产品的单位成本达到 600 元。

要求：分析甲公司发生的上述或有事项，应该如何处理，并说明理由。

项目七
非流动负债及借款费用的核算

职业能力目标

通过本项目的学习，熟悉非流动负债的核算内容，熟悉借款费用的内容，掌握长期借款的取得、计息及到期还本付息的会计处理，掌握应付债券的发行、计（付）息及到期偿还的会计处理，掌握租赁负债的会计处理；掌握长期应付款的会计处理，掌握借款费用资本化利息的计算及账务处理。

典型工作任务

长期借款的核算；分期付息到期还本债券的核算；分期计息到期一次还本付息债券的核算；租赁负债的核算；长期应付款的核算；借款费用资本化的计算；借款费用的会计处理。

内容框架

非流动负债及借款费用的核算

- 长期借款的核算
  - 认知长期借款
  - 长期借款的核算
- 应付债券的核算
  - 认知债券及债券发行
  - 应付债券的核算
- 租赁负债和长期应付款的核算
  - 租赁负债的核算
  - 长期应付款的核算
- 借款费用的核算
  - 借款费用的范围
  - 借款费用的确认
  - 借款费用的计量

任务一　长期借款的核算

长期借款的核算

【引例7-1】

表7-1是作者整理出的部分上市公司2023年度借款情况。

表7-1　部分上市公司2023年度借款情况　单位：百万元

公司名称	长期借款	短期借款	每股收益	行业
中国石化	45 459	20 756	0.272	化工
中国神华	50 251	5 043	1.0240	采掘
中国铁建	111 018	49 879	1.50	建筑建材
中集集团	19 562	8 416	1.41	机械设备

任务要求：

（1）从披露的上市公司会计报表中你能发现借款结构有何特点？

（2）为什么上市公司倾向于向银行借入长期借款？

一、认知长期借款

长期借款，是指企业从银行或其他金融机构借入的期限在一年以上（不含一年）的借款。它一般用于固定资产的购建、改扩建工程、大修理工程等方面，是企业的一项非流动负债。长期借款关系到企业未来的生产经营规模和经济效益，如果使用合理可以使企业扩大经营规模和范围，增强生产能力和获利能力；但如果决策失误，借款项目未能达到预期的目标，则会使企业陷入困境，到期无力偿还本息。因此，必须强化长期借款管理。

企业筹集的长期借款，按付息方式可以分为还本时一次付息和在借款期限内分期付息的长期借款；按借款条件可以分为抵押借款、担保借款和信用借款；按偿还方式可分为定期偿还和分期偿还的长期借款；按长期借款的币种可以分为人民币长期借款和外币长期借款等。

【引例7-1解析】

（1）从披露的上市公司会计报表中我们不难发现，上市公司的长期借款的数额比短期借款大，例如，中国神华能源股份有限公司的长期借款约是短期借款的10倍。显然，长期借款是我国大多数上市公司筹资的首选。

（2）上市公司倾向于向银行借入长期借款的原因主要有：首先，筹资程序简单，容易取得；其次，可以转嫁经营风险；最后，可以降低筹资成本，带来财务杠杆收益。

二、长期借款的核算

（一）账户设置

企业应设置“长期借款”账户反映和监督长期借款的借入和归还情况。该账户按照贷款单位和贷款种类，分别用“本金”“利息调整”等进行明细核算。该账户的贷方登记长期借款本金或利息的增加额，借方登记偿还的长期借款或利息，期末贷方余额，反映企业尚未偿还的长期借款本金和利息。

（二）长期借款的核算

1.取得长期借款

企业借入各种长期借款，按实际收到的款项，借记“银行存款”账户，贷记“长期借款——本金”账户；按其差额，借记“长期借款——利息调整”账户。

2.借款利息的处理

长期借款利息费用应当在资产负债表日按照实际利率法计算确定，实际利率与合同利率差异较小的，也可以采用合同利率计算确定利息费用。

计算确定的长期借款利息费用，应当按以下原则计入有关成本费用：

（1）属于筹建期间的，计入管理费用。

（2）属于生产经营期间的，如果长期借款用于生产符合资本化条件的资产（包括需要1年以上建造或生产才能达到可销售状态的存货，如大型机械等）而发生的利息支出，需要计入存货成本；若产品品种多样，则可以通过制造费用归集；若是研究开发产品发生的利息支出，计入研发支出。

（3）如果长期借款用于购建固定资产，在固定资产尚未达到预定可使用状态前所发生的应当资本化的利息支出，计入在建工程成本。固定资产达到预定可使用状态后发生的利息支出，以及按规定不予资本化的利息支出，计入财务费用。

【小思考7-1】为什么长期借款在筹建期间发生的借款利息计入管理费用，而不是财务费用？

3.到期归还长期借款

企业归还长期借款，按归还的长期借款本金，借记“长期借款——本金”账户，按转销的利息调整金额，贷记“长期借款——利息调整”账户，按实际归还的款项，贷记“银行存款”账户，按其差额，借记“在建工程”“管理费用”“制造费用”“财务费用”“研发支出”等账户。

【工作实例7-1】某企业为建造一幢厂房，于2022年1月1日借入期限为2年的长期专门借款1 500万元，款项已存入银行。借款利率按市场利率确定为9%，每年年初付息一次，期满后一次偿还本金及最后一次利息。2022年年初，该企业以银行存款支付工程价款共计900万元；2023年年初，该企业又以银行存款支付工程价款600万元。该厂房于2023年8月31日完工，达到预定可使用状态。假定不考虑闲置长期专门借款资金存款的利息收入或者投资收益。

会计处理如下：

（1）2022年1月1日，取得借款时：

借：银行存款　　15 000 000

　贷：长期借款——本金　　15 000 000

（2）2022年年初，支付工程价款时：

借：在建工程　　9 000 000

　贷：银行存款　　9 000 000

（3）2022年12月31日，计算2022年应计入工程成本的利息费用时：

借款利息 = 1 500×9% = 135（万元）

借：在建工程　　1 350 000

　贷：应付利息　　1 350 000

（4）2023年1月1日，支付借款利息时：

借：应付利息　　1 350 000

　贷：银行存款　　1 350 000

（5）2023年年初，支付工程价款时：

借：在建工程　　6 000 000

　贷：银行存款　　6 000 000

（6）2023年8月31日，工程达到预定可使用状态时：

该期应计入工程成本的利息 = 1 500×9%÷12×8 = 90（万元）

借：在建工程　　900 000

　贷：应付利息　　900 000

借：固定资产　　17 250 000

　贷：在建工程　　17 250 000

（7）2023年12月31日，计算2023年9—12月的利息费用时：

应计入财务费用的利息 = 1 500×9%÷12×4 = 45（万元）

借：财务费用　　450 000

　贷：应付利息　　450 000

（8）2024年1月1日，偿还最后一期利息及本金时：

借：应付利息　　1 350 000

　　长期借款——本金　　15 000 000

　贷：银行存款　　1 635 000

【学中做7-1】假设【工作实例7-1】中的长期借款的利息支付方式改为到期一次还本付息，应如何进行账务处理？

任务二　应付债券的核算

【引例7-2】

某企业于2024年7月1日按面值发行5年期、到期一次还本付息的公司债券。该债券面值总额为8 000万元，票面年利率为6%，自发行日起计息。假定债券发行时的市场利率为5%，不考虑相关税费。

任务要求：

（1）该债券应按面值、溢价还是折价发行？

（2）如何计算债券的发行价格？其发行价格为多少？

（3）假定该债券每年付息一次、到期一次还本，其发行价格为多少？

一、认知债券及债券发行

应付债券，是指企业为筹集长期资金而实际发行的债券及应付的利息，它是企业筹集长期资金的一种重要方式。企业发行的期限超过一年的债券，构成一项非流动负债。

企业发行债券的价格受同期银行存款利率的影响较大，一般情况下，企业可以按面值发行、溢价发行和折价发行债券。应付债券的发行价格是企业在发行债券时向购买人收取的价款。债券发行价格的高低一般取决于债券票面金额、债券票面利率、发行时的市场利率以及债券期限的长短等因素。企业债券的票面利率是计算企业应付债券持有人利息的利率，又称名义利率。实际利率也可称为市场利率。假定其他条件不变的情况下，当票面利率与市场利率一致时，债券的发行价格等于面值，这时为平价发行或称面值发行。当票面利率高于市场利率时，债券的发行价格高于面值，称为溢价发行。当票面利率低于市场利率时，企业按低于面值的价格发行，称为折价发行。溢价或折价实质上是发行债券的企业在债券存续期间内对利息费用的一种调整。

【引例7-2解析】

（1）由于该债券票面年利率为6%，发行时的市场利率为5%，应按溢价发行债券。

（2）由于该债券属于到期一次还本付息债券，其发行价格应该是根据到期后的本利和按5%进行折现计算得出的。

发行价格=8 000×（1+5×6%）×（P/F，5%，5）=8 148.4（万元）

（3）假定该债券每年付息一次、到期一次还本。

发行价格=8 000×（P/F，5%，5）+8 000×6%×（P/A，5%，5）

=8 000×0.7835+480×4.3295=8 346.16（万元）

二、应付债券的核算

为了核算企业发行的长期债券，企业应该设置“应付债券”账户，并在该账户下设置“面值”“利息调整”“应计利息”等明细账户，核算应付债券发行、计提利息、还本付息等情况。

（一）应付债券的发行

企业发行债券时，按实际收到的款项，借记“银行存款”等账户，按债券票面价值，贷记“应付债券——面值”账户，按实际收到的款项与票面价值之间的差额，贷记或借记“应付债券——利息调整”账户。

（二）债券利息的确认和计量

企业发行的债券通常分为到期一次还本付息和分期付息、到期还本两种。

1.应计（付）利息的确认和计量

资产负债表日，企业应按照债券面值和票面利率计算当期应计（付）利息，即：

当期应确认的应计（付）利息＝应付债券票面金额×票面利率

企业计提到期一次还本付息债券利息时，应通过“应付债券——应计利息”账户核算；而计提分期付息、到期还本债券利息时，应通过“应付利息”账户核算。

2.债券利息调整的摊销

利息调整应在债券存续期间内采用实际利率法进行摊销。实际利率法，是按照应付债券的实际利率计算其摊余成本及各期利息费用的方法。在实际利率法下，有关指标计算如下：

当期利息费用＝应付债券当期期初摊余成本×实际利率

利息调整的摊销额＝当期应确认的应计利息－当期利息费用

3.债券利息的确认

资产负债表日，对于分期付息一次还本的债券，企业应按应付债券的摊余成本和实际利率计算确定的债券利息费用，借记“在建工程”“制造费用”“财务费用”等账户，按票面利率计算确定的应付未付利息，贷记“应付利息”账户，按其差额，借记或贷记“应付债券——利息调整”账户。

对于一次还本付息的债券，应于资产负债表日，按摊余成本和实际利率计算确定的债券利息费用，借记“在建工程”“制造费用”“财务费用”等账户，按票面利率计算确定的应付未付利息，贷记“应付债券——应计利息”账户，按其差额，借记或贷记“应付债券——利息调整”账户。

（三）应付债券偿还的处理

采用到期一次还本付息方式的，企业应于债券到期支付债券本息时，借记“应付债券——面值”和“应付债券——应计利息”账户，贷记“银行存款”等账户。

采用分期付息、到期还本方式的，债券于到期时只剩下最后一期利息和本金，企业在支付债券本息时，借记“应付债券——面值”“应付利息”等账户，贷记“银行存款”等账户。

【工作实例7-2】2021年1月1日，甲公司经批准发行5年期一次还本、分期付息的公司债券6 000万元，债券利息在每年1月1日支付，票面利率为6%。假定债券发行时的市场利率为5%。

甲公司该批债券实际发行价格为：

60 000 000×（P/F，5%，5）+ 60 000 000×6%×（P/A，5%，5）

= 60 000 000×0.7835 + 60 000 000×6%×4.3295

= 62 596 200（元）

实际利率法下债券摊余成本计算表见表7-2。

表7-2　实际利率法下债券摊余成本计算表　单位：元

日期	现金流出 （a）	实际利息费用 （b）=期初（d）×5%	已偿还的本金 （c）=（a）－（b）	摊余成本余额 （d）=期初（d）－（c）
2021年1月1日				62 596 200
2021年12月31日	3 600 000	3 129 810	470 190	62 126 010
2022年12月31日	3 600 000	3 106 300.50	493 699.50	61 632 310.50
2023年12月31日	3 600 000	3 081 615.53	518 384.47	61 113 926.03
2024年12月31日	3 600 000	3 055 696.30	544 303.70	60 569 622.33
2025年12月31日	3 600 000	3 030 377.67*	569 622.33	60 000 000
小计	18 000 000	15 403 800	2 596 200	60 000 000
2026年1月1日	60 000 000	—	60 000 000	0
合计	78 000 000	15 403 800	62 596 200	—

*尾数调整：60 000 000+3 600 000−60 569 622.33=3 030 377.67（元）

根据表7-2，甲公司的账务处理如下：

（1）2021年1月1日，发行债券时：

借：银行存款　　62 596 200

　贷：应付债券——面值　　60 000 000

　　　　　　——利息调整　　2 596 200

（2）2021年12月31日，计算利息费用时：

借：财务费用（或在建工程）　　3 129 810

　　应付债券——利息调整　　470 190

　贷：应付利息　　3 600 000

（3）2022年1月1日，支付利息时：

借：应付利息　　3 600 000

　贷：银行存款　　3 600 000

【学中做7-2】请编制2022年、2023年、2024年确认利息费用及支付对应利息费用的会计分录。

（4）2026年1月1日，归还债券本金及最后一期利息费用时：

借：应付债券——面值　　60 000 000

　　　　　　——利息调整　　3 600 000

　贷：银行存款　　63 600 000

【学中做7-3】如果【工作实例7-2】中发行债券的票面利率为5%，市场利率为6%，请计算债券的发行价格，并完成甲公司与债券有关的会计处理。

【工作实例7-3】2022年1月1日，美华公司经批准发行3年期、利率8%、到期一次还本付息的公司债券1 000万元。假定债券发行时的市场利率为10%。

美华公司该批债券实际发行价格为：

10 000 000×（P/F，10%，3）+10 000 000×8%×3×（P/F，10%，3）

= 10 000 000×0.7513 + 800 000×3×0.7513

= 9 316 120（元）

实际利率法下债券摊余成本计算表见表7-3。

表7-3　实际利率法下债券摊余成本计算表　　单位：元

日期	现金流出 (a)	实际利息费用 (b)＝期初(d)×10%	已偿还的本金 (c)＝(a)－(b)	摊余成本余额 (d)＝期初(d)－(c)
2022年1月1日				9 316 120
2022年12月31日		931 612	—	10 247 732
2023年12月31日		1 024 773.20	—	11 272 505.20
2024年12月31日		1 127 494.80*	—	12 400 000
2025年1月1日	12 400 000	—	—	0
合计	12 400 000	3 083 880		—

* 尾数调整：10 000 000+2 400 000−11 272 505.20=1 127 494.80（元）

根据表7-3，美华公司的账务处理如下：

（1）2022年1月1日，发行债券时：

借：银行存款　　9 316 120

　　应付债券——利息调整　　683 880

　贷：应付债券——面值　　10 000 000

（2）2022年12月31日，确认债券利息时：

借：财务费用（或在建工程）　　931 612

　贷：应付债券——应计利息　　800 000

　　　　　　——利息调整　　131 612

【学中做7-4】请编制2023年和2024年确认利息费用的会计分录。

（3）2025年1月1日，到期归还债券本金及利息费用时：

借：应付债券——面值　　10 000 000

　　　　　　——应计利息　　2 400 000

　贷：银行存款　　12 400 000

任务三　租赁负债和长期应付款的核算

【引例7-3】

某运输公司于2024年1月1日与伟丰租赁公司签订了一份租赁合同。租赁合同规定：租赁标的物为50台货运汽车，租赁开始日为2024年1月1日，租赁期为4年，合同总金额为1 000万元，该运输公司从租赁开始日起每年年初支付租赁费250万元，租赁合同规定的年利率为10%；50台货运汽车在2024年1月1日的公允价值为850万元，租赁期满后50台货运汽车的所有权转移给该运输公司。该运输公司另以银行存款支付印花税500元，佣金2万元，人员培训费3万元。

任务要求：

（1）新租赁准则有何变化？

（2）运输公司支付的相关费用是否可以计入租入固定资产成本？

一、租赁负债的核算

（一）租赁的相关概念

1.租赁

租赁是指在一定的期间内，出租人将资产的使用权让与承租人以获取对价的合同。就承租人而言，租赁包括使用权资产、短期租赁和低价值资产租赁。使用权资产，是指承租人可在租赁期内使用租赁资产的权利。短期租赁，是指在租赁期开始日，租赁期不超过12个月的租赁。低价值资产租赁，是指单项租赁资产为全新资产时价值较低的租赁。

2.融资租赁

融资租赁是指实质上转移了与租赁资产所有权有关的几乎全部风险和报酬的租赁。其所有权最终可能转移，也可能不转移。就出租人而言，租赁包括融资租赁和经营租赁。

3.经营租赁

经营租赁是指除融资租赁以外的其他租赁。

4.租赁期开始日

租赁期开始日是指出租人提供租赁资产使其可供承租人使用的起始日期。

5.租赁期

租赁期是指承租人有权使用租赁资产且不可撤销的期间。

6.租赁付款额

租赁付款额是指承租人向出租人支付的与在租赁期内使用租赁资产的权利相关的款项，包括：❶固定付款额及实质固定付款额，存在租赁激励的，扣除租赁激励相关金额；❷取决于指数或比率的可变租赁付款额；❸购买选择权的行权价格；❹行使终止租赁选择权需支付的款项；❺根据承租人提供的担保余值预计应支付的款项。

7.可变租赁付款额

可变租赁付款额是指承租人为取得在租赁期内使用租赁资产的权利，向出租人支付的因租赁期开始日后的事实或情况发生变化（而非时间推移）而变动的款项。可变租赁付款额包括取决于指数或比率的可变租赁付款额和未纳入租赁负债计量的可变租赁付款额两部分。取决于指数或比率的可变租赁付款额在初始计量时根据租赁期开始日的指数或比率确定计入租赁负债的初始成本。

8.担保余值

担保余值是指与出租人无关的一方向出租人提供担保，保证在租赁结束时租赁资产的价值至少为某指定的金额。

9.未担保余值

未担保余值是指租赁资产余值中，出租人无法保证能够实现或仅由与出租人有关的一方予以担保的部分。

（二）使用权资产的初始计量

在租赁期开始日，承租人应当对租赁确认使用权资产和租赁负债，但对短期租赁和低价值资产租赁除外。

使用权资产应当按照成本进行初始计量。初始成本包括：

（1）租赁负债的初始计量金额。租赁负债应当按照租赁期开始日尚未支付的租赁付款额的现值进行初始计量；在计算租赁付款额的现值时，承租人应当采用租赁内含利率作为折现率；无法确定租赁内含利率的，应当采用承租人增量借款利率作为折现率。

（2）已经发生的租赁付款额。在租赁期开始日或之前支付的租赁付款额，存在租赁激励的，扣除已享受的租赁激励相关金额（租赁激励，是指出租人为达成租赁向承租人提供的优惠，包括出租人向承租人支付的与租赁有关的款项、出租人为承租人偿付或承担的成本等）。

（3）初始直接费用。初始直接费用，是指为达成租赁所发生的增量成本（增量成本是指若企业不取得该租赁，则不会发生的成本），通常有印花税、佣金、律师费、差旅费、谈判费等。

（4）预计成本。承租人为拆卸及移除租赁资产、复原租赁资产所在场地或将租赁资产恢复至租赁条款约定状态预计将发生的成本，承租人应当按照《企业会计准则第13

号——或有事项》对预计将发生的成本进行确认和计量。

企业确认使用权资产时，应在租赁期开始日按照确认的成本，借记“使用权资产”（或“在建工程”）账户；按租赁期开始日尚未支付的租赁付款额的现值，贷记“租赁负债——租赁付款额”，借记“租赁负债——未确认融资费用”，“租赁负债——租赁付款额”和“租赁负债——未确认融资费用”两个科目的差额为租赁负债的初始计量金额；按预计将发生的成本的现值，贷记“预计负债”账户；按租赁期开始日或之前支付的租赁付款额和初始直接费用，贷记“银行存款”等账户。

【引例7-3解析】

（1）2018年12月7日，财政部修订发布了《企业会计准则第21号——租赁》，这是进一步完善我国企业会计准则体系、保持与国际财务报告准则持续全面趋同的重要成果。取消承租人经营租赁和融资租赁的分类，要求对所有租赁（短期租赁和低价值资产租赁除外）确认使用权资产和租赁负债；在境内外同时上市的企业以及在境外上市并采用国际财务报告准则或企业会计准则编制财务报表的企业自2019年1月1日起实施，以避免出现境内外报表会计准则适用差异；其他执行企业会计准则的企业（包括A股上市公司）自2021年1月1日起实施，以为其留出充足准备时间，总结借鉴境内外上市企业执行新租赁准则的经验，确保准则实施质量。

（2）运输公司（承租人）支付的印花税和佣金属于为达成租赁所发生的增量成本，也就是租赁的初始直接费用，应当计入使用权资产成本。但是人员培训费用不能计入使用权资产成本。

（三）使用权资产的后续计量

在租赁期开始日后，承租人应当采用成本模式对使用权资产进行后续计量。

承租人对使用权资产参照固定资产准则有关折旧的规定，对使用权资产计提折旧。能够合理确定租赁期届满时取得租赁资产所有权的，应当在租赁资产剩余使用寿命内计提折旧；无法合理确定租赁期届满时能够取得租赁资产所有权的，应当在租赁期与租赁资产剩余使用寿命两者孰短的期间内计提折旧。如果使用权资产发生了减值，应借记“资产减值损失”账户，贷记“使用权资产减值准备”账户。资产减值损失已经确认，在以后期间不得转回。

承租人应当按照固定的周期性利率计算租赁负债在租赁期内各期间的利息费用，并计入当期损益。

（四）履约成本的会计处理

履约成本，是指租赁期内为租赁资产支付的各种使用费用，如技术咨询和服务费、人员培训费、维修费、保险费等。承租人发生的履约成本通常应计入当期损益。

（五）未纳入租赁负债计量的可变租赁付款额的会计处理

未纳入租赁负债计量的可变租赁付款额，由于发生的金额不固定，无法采用系统合理的方法对其进行分摊，应在实际发生时，计入当期损益。

【工作实例7-4】2023年12月28日，A公司与B公司签订了一份租赁合同。合同主要条款如下：

（1）租赁标的物：数控机床。

（2）租赁期开始日：租赁物运抵A公司生产车间之日（即2024年1月1日）。

（3）租赁期：从租赁期开始日起36个月（即2024年1月1日至2026年12月31日）。

（4）租金支付方式：自租赁期开始日起每年年末支付租金900 000元。

（5）购买选择权的行权价格为50 000元。租赁期满时，估计该日租赁资产的公允价值远高于50 000元。

（6）租赁合同规定的利率为8%（年利率）。

（7）该机床为全新设备，预计使用年限为5年，不须安装调试，采用年限平均法计提折旧。

（8）2024年和2026年，A公司每年按该机床所生产产品的年销售收入的1%向B公司支付经营分享收入。该部分为未纳入租赁负债计量的可变租赁付款额。

（9）A公司在租赁谈判和签订租赁合同过程中发生可归属于租赁项目的手续费、差旅费8 910元。

（10）2024年和2026年，A公司使用该数控机床生产产品的销售收入分别为800万元和1 000万元。

（11）2024年12月31日，A公司以银行存款支付该机床的维护费2 800元。

（12）2026年12月31日，A公司行使购买选择权，以银行存款支付50 000元。

A公司（承租人）的会计处理如下：

（1）租赁期开始日的会计处理：

第一步，判断租赁类型。

本例中，在合同开始日，租赁合同中B公司让渡了在3年内使用数控机床的权利给A公司以换取对价，A公司有权获得在使用期间内使用已识别资产所产生的几乎全部经济利益，并有权在该使用期间主导已识别资产的使用，则该合同为租赁合同。因此，A公司应当将该项租赁确认为使用权资产。

第二步，确认租赁负债的现值。

本例中A公司不知道出租人的租赁内含利率，因此应选择租赁合同规定的利率8%作为租赁付款额的折现率。

租赁付款额的现值=各期固定付款额现值之和＋承租人担保的资产余值现值

=900 000×（P/A，8%，3）＋50 000×（P/F，8%，3）

=900 000×2.5771+50 000×0.7938= 2 359 080（元）

第三步，确认使用权资产的入账价值。

使用权资产的入账价值=2 359 080+8 910= 2 367 990（元）

第四步，进行具体账务处理。

借：使用权资产	2 367 990	
租赁负债——未确认融资费用	390 920	
贷：租赁负债——租赁付款额		2 750 000
银行存款		8 910

（2）确认每期财务费用的会计处理：

第一步，确定周期性利率。

承租人应当按照固定的周期性利率计算租赁负债在租赁期内各期间的利息费用，并计入当期损益。由于承租人选择租赁合同规定的利率8%作为租赁付款额的折现率，因此该折现率就是其周期性利率，即8%。

第二步，在租赁期内采用周期性利率分摊财务费用（见表7-4）。

表7-4　　采用周期性利率分摊财务费用计算表　　单位：元

日期	支付租赁付款额 （a）	确认的财务费用 （b）=期初（d）×8%	租赁负债减少额 （c）=（a）－（b）	应付本金余额 （d）=期初（d）－（c）
2024年1月1日				2 359 080
2024年12月31日	900 000	188 726.40	711 273.60	1 647 806.40
2025年12月31日	900 000	131 824.51	768 175.49	879 630.91
2026年12月31日	950 000	70 369.09	879 630.91	0
合计	2 750 000	390 920	2 359 080	—

第三步，进行具体账务处理：

2024年1月至12月，每月计提财务费用时：

每月财务费用 = 188 726.40÷12 = 15 727.20（元）

借：财务费用　　15 727.20

　贷：租赁负债——未确认融资费用　　15 727.20

2024年12月31日，支付第1期租金时：

借：租赁负债——租赁付款额　　900 000

　贷：银行存款　　900 000

每月计提折旧时：

每月折旧费用 = 2 367 990÷3÷12 = 65 777.50（元）

借：制造费用　　65 777.50

　贷：使用权资产累计折旧　　65 777.50

【学中做7-5】请编制2025年和2026年支付租金及每月计提财务费用的会计分录。

（3）履约成本的会计处理：

2024年12月31日，A公司发生该机床的维护费2 800元时：

借：管理费用　　2 800

　贷：银行存款　　2 800

（4）未纳入租赁负债计量的可变租赁付款额的会计处理：

2024年12月31日，根据合同规定，A公司应向B公司支付经营分享收入80 000元：

借：销售费用　　80 000

　贷：其他应付款——B公司　　80 000

2026年12月31日，根据合同规定，A公司应向B公司支付经营分享收入100 000元：

借：销售费用　　100 000

　贷：其他应付款——B公司　　100 000

二、长期应付款的核算

长期应付款是指企业除长期借款和应付债券以外的其他各种长期应付款项，包括以分期付款方式购买固定资产和无形资产发生的应付款项等。

如果延期支付的购买价款超过正常信用条件，实质上具有融资性质的，所购资产的成本应当以延期支付的购买价款的现值为基础确定。实际支付的价款与购买价款现值之间的差额，应当在信用期间内采用实际利率法进行摊销，符合资本化条件的，计入相关资产成本，否则计入当期损益。

其账务处理为：企业购入资产超过正常信用条件延期付款实质上具有融资性质时，应按购买价款的现值，借记“固定资产”“在建工程”“无形资产”等账户，按应支付的价款总额，贷记“长期应付款”账户，按其差额，借记“未确认融资费用”账户。按期支付价款时，借记“长期应付款”账户，贷记“银行存款”账户。同时，企业应当采用实际利率法计算确定当期的利息费用，借记“财务费用”“在建工程”“研发支出”等账户，贷记“未确认融资费用”账户。

【工作实例7-5】某公司2024年1月1日以分期付款方式购入一台设备，总价款为150万元，购货合同约定购买之日首付60万元，以后每年年末支付30万元，分3年于2026年12月31日全部付清。假设银行同期贷款利率为10%。根据上述经济业务，该公司应做会计处理如下：

（1）2024年1月1日确认固定资产入账价值及未确认融资费用时：

固定资产入账价值=600 000+300 000×（P/A，10%，3）=1 346 070（元）

未确认融资费用=1 500 000−1 346 070=153 930（元）

借：固定资产　　1 346 070

　　未确认融资费用　　153 930

　贷：长期应付款　　900 000

　　　银行存款　　600 000

（2）按期支付价款、分摊未确认融资费用。

合同付款期内采用实际利率法分摊融资费用（见表7-5）。

表7-5　实际利率法下融资费用的分摊　单位：元

日期	每期付款额 (a)	确认的融资费用 (b)=期初（d）×10%	应付本金减少额 (c)=(a)−(b)	应付本金余额 (d)=期初（d）−(c)
2024年1月1日				746 070
2024年12月31日	300 000	74 607	225 393	520 677
2025年12月31日	300 000	52 067.70	247 932.30	272 744.70
2026年12月31日	300 000	27 255.30	272 744.70	0
合计	900 000	153 930	746 070	—

2024年12月31日支付第一期应付款时：

借：长期应付款　　300 000

　贷：银行存款　　300 000

借：财务费用　　74 607

　贷：未确认融资费用　　74 607

2025年12月31日支付第二期应付款时：

借：长期应付款　　300 000

　贷：银行存款　　300 000

借：财务费用　　52 067.70

　贷：未确认融资费用　　52 067.70

2026年12月31日支付第三期应付款时：

借：长期应付款　　300 000

　贷：银行存款　　300 000

借：财务费用　　27 255.30

　贷：未确认融资费用　　27 255.30

任务四　借款费用的核算

【引例7-4】

甲股份有限公司是一家生产化工类产品的企业，主要经营钛白粉系列产品及其副产品、工业硫酸和硫酸二甲酯等产品的生产、销售。公司于2021年在深圳证券交易所上市交易。2024年会计师事务所对其进行了2023年度的审计，签发了颇有争议的否定意见审计报告。否定意见的主要成因是：钛白粉工程按准则规定，一旦竣工应把建造期间内的一切成本计入当期费用。在是否竣工问题上公司和审计师产生分歧。公司认为，设备需要通过反复试生产，逐步调整才能投放市场，并且其设备特殊，需要一笔很大的整改费用。年报披露的亏损中有很大一笔就是设备整改费用。钛白粉项目还有一个整改和试生产期，这仍属于工程在建期，因此该期间支出应予以资本化。而审计师则认为，钛白粉工程于2022年下半年就开始投产，2023年已经可以生产出合格产品。这一工程虽曾一度停产，但主要原因是缺乏流动资金，而非工程尚未完工，因此该工程应认定为已交付使用。

任务要求：

你认为会计师事务所对甲股份有限公司签发的否定意见审计报告是否正确？为什么？

一、借款费用的范围

借款费用，是指企业因借款而发生的利息及其他相关成本。对于企业发生的权益性融资费用，不应包括在借款费用中。借款费用主要包括：

借款费用的认知

1.借款利息

借款利息包括企业向银行或其他金融机构等借入资金发生的利息、发行公司债券发生的利息，以及为购建或生产符合资本化条件的资产而发生的带息债务所承担的利息等。

2.折价或者溢价的摊销

折价或者溢价的摊销主要是指发行债券等所发生的折价或溢价在实际利率法摊销时所摊销的利息调整金额。

3.外币借款的汇兑差额

外币借款的汇兑差额是指由于汇率变动导致市场汇率和账面汇率出现差异，从而对外币借款本金和利息的记账本位币金额所产生的影响金额。

4.辅助费用

因借款而发生的辅助费用是指企业在借款过程中发生的诸如手续费、佣金、印刷费等费用。

二、借款费用的确认

（一）确认原则

借款费用的确认主要解决的是将每期发生的借款费用资本化、计入相关资产的成本，还是将有关借款费用费用化、计入当期损益的问题。借款费用确认的基本原则是：企业发生的借款费用可直接归属于符合资本化条件的资产购建或者生产的，应当予以资本化，计入相关资产成本；其他借款费用应当在发生时根据其发生额确认为费用，计入当期损益。

符合资本化条件的资产是指需要经过相当长时间的购建或者生产活动才能达到预定可使用状态或者可销售状态的固定资产、投资性房地产和存货等资产。建造合同成本、无形资产的开发支出等在符合条件的情况下，也可以认定为符合资本化条件的资产。其中，“相当长时间”应当是指资产的购建或者生产所必需的时间，通常为1年以上（含1年）。

（二）借款费用应予资本化的借款范围

借款包括专门借款和一般借款。专门借款是指为购建或者生产符合资本化条件的资产而专门借入的款项。专门借款通常应当有明确的用途，即为购建或者生产某项符合资本化条件的资产而专门借入，并通常应当具有标明该用途的借款合同。例如，某企业为了建造一条生产线向某银行专门贷款5 000万元，某房地产开发企业为了开发某住宅小区向某银行专门贷款2亿元等，均属于专门借款，其使用目的明确，而且其使用受到相关合同的限制。一般借款是指除专门借款之外的借款，相对于专门借款而言，一般借款在借入时，其用途通常没有特指用于符合资本化条件的资产的购建或者生产。

借款费用应予资本化的借款范围既包括专门借款，也包括一般借款。其中，对于一般借款，只有在购建或者生产某项符合资本化条件的资产占用了一般借款时，才应将与该部分一般借款相关的借款费用资本化；否则，所发生的借款费用应当计入当期损益。

（三）借款费用资本化期间的确定

只有发生在资本化期间内的有关借款费用才允许资本化，资本化期间的确定是借款费用确认和计量的重要前提。借款费用资本化期间是指从借款费用开始资本化时点到停止资本化时点的期间，但不包括借款费用暂停资本化的期间。

1.借款费用开始资本化的时点

借款费用允许开始资本化必须同时满足三个条件，即资产支出已经发生、借款费用已经发生、为使资产达到预定可使用或者可销售状态所必要的购建或者生产活动已经开始。

（1）资产支出已经发生的判断。

资产支出包括以支付现金、转移非现金资产和承担带息债务形式所发生的支出。

❶ 支付现金，是指用货币资金支付符合资本化条件的资产的购建或者生产支出。

❷ 转移非现金资产，是指企业将自己的非现金资产直接用于符合资本化条件的资产的购建或者生产。

❸ 承担带息债务，是指企业为了购建或者生产符合资本化条件的资产而承担的带息应付款项。企业以赊购方式购买这些物资所产生的债务可能带息，也可能不带息。如果企业赊购这些物资承担的是不带息债务，就不应当将购买价款计入资产支出，因为该债务在偿付前不需要承担利息，也没有占用借款资金。企业只有等到实际偿付债务，发生了资源流出时，才能将其作为资产支出。如果企业赊购物资承担的是带息债务，企业要为这笔债务付出代价，支付利息，与企业向银行借入款项用以支付资产支出在性质上是一致的。企业为购建或者生产符合资本化条件的资产而承担的带息债务应当作为资产支出，当该带息债务发生时，视同资产支出已经发生。

（2）借款费用已经发生的判断。借款费用已经发生，是指企业已经发生了因购建或者生产符合资本化条件的资产而专门借入款项的借款费用，或者占用了一般借款的借款费用。

（3）为使资产达到预定可使用或者可销售状态所必要的购建或者生产活动已经开始的判断。为使资产达到预定可使用或者可销售状态所必要的购建或者生产活动已经开始，是指符合资本化条件的资产的实体建造或者生产工作已经开始，如主体设备的安装、厂房的实际开工建造等。它不包括仅仅持有资产但没有发生为改变资产形态而进行的实质上的建造或者生产活动。

企业只有在上述三个条件同时满足的情况下，有关借款费用才可以开始资本化；只要其中有一个条件没有满足，借款费用就不能资本化，而应计入当期损益。

2.借款费用暂停资本化的时间

符合资本化条件的资产在购建或者生产过程中发生非正常中断且中断时间连续超过3个月的，应当暂停借款费用的资本化。中断的原因必须是非正常中断，属于正常中断的，相关借款费用仍可资本化。在实务中，企业应当遵循“实质重于形式”等原则来判断借款费用暂停资本化的时间，如果相关资产购建或者生产的中断时间较长而且满足其他规定条件的，相关借款费用应当暂停资本化。

【小思考7-2】某企业在北方某地建造某工程期间，遇上冰冻季节（通常为6个月），工程施工因此中断，待冰冻季节过后方能继续施工。其间的冰冻季节6个月是否属于非正常中断？

3.借款费用停止资本化的时点

购建或者生产符合资本化条件的资产达到预定可使用或者可销售状态时，借款费用应当停止资本化。在符合资本化条件的资产达到预定可使用或者可销售状态之后所发生的借款费用，应当在发生时根据其发生额确认为费用，计入当期损益。

资产达到预定可使用或者可销售状态，是指所购建或者生产的符合资本化条件的资产已经达到建造方、购买方或者企业自身等预先设计、计划或者合同约定的可以使用或者可以销售的状态。企业在确定借款费用停止资本化的时点时需要运用职业判断，应当遵循实质重于形式原则，针对具体情况，依据经济实质判断所购建或者生产的符合资本化条件的资产达到预定可使用或者可销售状态的时点，具体可从以下几个方面进行判断：

（1）符合资本化条件的资产的实体建造（包括安装）或者生产活动已经全部完成或者实质上已经完成。

（2）所购建或者生产的符合资本化条件的资产与设计要求、合同规定或者生产要求相符或者基本相符，即使有极个别与设计要求、合同规定或者生产要求不相符的地方，也不影响其正常使用或者销售。

（3）继续发生在所购建或生产的符合资本化条件的资产上的支出金额很少或者几乎不再发生。

购建或者生产符合资本化条件的资产需要试生产或者试运行的，在试生产结果表明资产能够正常生产出合格产品，或者试运行结果表明资产能够正常运转或者营业时，应当认为该资产已经达到预定可使用或者可销售状态。

【引例7-4解析】

会计师事务所对甲股份有限公司签发的否定意见审计报告是正确的。根据借款费用准则的规定：购建或者生产符合资本化条件的资产需要试生产或者试运行的，在试生产结果表明资产能够正常生产出合格产品，或者试运行结果表明资产能够正常运转或者营业时，应当认为该资产已经达到预定可使用或者可销售状态。

购建或者生产符合资本化条件的资产达到预定可使用或者可销售状态时，借款费用应当停止资本化。在符合资本化条件的资产达到预定可使用或者可销售状态之后所发生的借款费用，应当在发生时根据其发生额确认为费用，计入当期损益。

在符合资本化条件的资产的实际购建或者生产过程中，如果所购建或者生产的符合资本化条件的资产分别建造、分别完工，企业也应当遵循实质重于形式原则，区别不同情况，界定借款费用停止资本化的时点。

如果所购建符合资本化条件的资产的各部分分别完工，且每部分在其他部分继续建造或者生产过程中可供使用或者可对外销售，且为使该部分资产达到预定可使用或可销售状态所必要的购建或者生产活动实质上已经完成的，应当停止与该部分资产相关的借款费用的资本化，因为该部分资产已经达到了预定可使用或者可销售状态。

如果企业购建或者生产的资产的各部分分别完工，但必须等到整体完工后才可使用或者对外销售的，应当在该资产整体完工时停止借款费用的资本化。在这种情况下，即使各部分资产已经完工，也不能够认为该部分资产已经达到预定可使用或者可销售状态，企业只能在所购建或生产的资产整体完工时，才能认为资产已经达到了预定可使用或者可销售状态，借款费用方可停止资本化。

三、借款费用的计量

（一）借款利息资本化金额的确定

在借款费用资本化期间内，每一会计期间的利息的资本化金额，应当按照下列原则确定：

（1）为购建或者生产符合资本化条件的资产而借入专门借款的，应当以专门借款当期实际发生的利息费用减去尚未动用的借款资金存入银行取得的利息收入或进行暂时性投资取得的投资收益后的金额，确定专门借款应予资本化的利息金额。

专门借款的会计处理

（2）为购建或者生产符合资本化条件的资产而占用了一般借款的，企业应当根据累计资产支出超过专门借款部分的资产支出加权平均数乘以所占用一般借款的资本化率，计算确定一般借款应予资本化的利息金额。资本化率应当根据一般借款加权平均利率计算确定。即企业占用一般借款购建或者生产符合资本化条件的资产时，一般借款的借款费用的资本化金额的确定应当与资产支出相挂钩。有关计算公式如下：

一般借款的会计处理

$$\text{一般借款利息费用资本化金额}=\text{累计资产支出超过专门借款部分的资产支出加权平均数}\times\text{所占用一般借款的资本化率}$$

$$\text{所占用一般借款的资本化率}=\text{所占用一般借款当期实际发生的利息之和}\div\text{所占用一般借款本金加权平均数}$$

（3）每一会计期间的利息资本化金额不应当超过当期相关借款实际发生的利息金额。

【工作实例7-6】A公司于2023年1月1日正式动工兴建一幢厂房，工期预计为1年零6个月。工程采用出包方式，分别于2023年1月1日、2023年7月1日和2024年1月1日支付工程进度款。

A公司为建造厂房于2023年1月1日专门借款3 000万元，借款期限为3年，年利率为5%。另外，在2023年7月1日又专门借款6 000万元，借款期限为5年，年利率为6%。借款利息按年支付。

A公司将闲置借款资金用于固定收益债券短期投资，该短期投资月收益率为0.1%。

厂房于2024年6月30日完工，达到预定可使用状态。

A公司建造该厂房支出金额见表7-6。

表7-6　A公司建造该厂房支出金额表　单位：元

日期	每期资产支出金额	累计资产支出金额	闲置借款资金用于短期投资金额
2023年1月1日	15 000 000	15 000 000	15 000 000
2023年7月1日	35 000 000	50 000 000	40 000 000
2024年1月1日	35 000 000	85 000 000	5 000 000
总计	85 000 000	—	—

由于A公司使用了专门借款建造厂房，而且厂房建造支出没有超过专门借款金额，因此，公司2023年、2024年建造厂房应予资本化的利息金额计算如下：

（1）确定借款费用资本化期间为2023年1月1日至2024年6月30日。

（2）计算在资本化期间内专门借款实际发生的利息金额：

2023年专门借款利息= 3 000×5% + 6 000×6%×6/12 = 330（万元）

2024年1月1日至6月30日专门借款利息= 3 000×5%×6/12 + 6 000×6%×6/12 = 255（万元）

（3）计算在资本化期间内利用闲置的专门借款资金进行短期投资的收益：

2023年短期投资收益 = 1 500×0.1%×6 + 4 000×0.1%×6 = 33（万元）

2024年1月1日至6月30日短期投资收益 = 500×0.1%×6 = 3（万元）

（4）由于在资本化期间内，专门借款利息费用的资本化金额应当以其实际发生的利息费用减去将闲置的借款资金进行短期投资取得的投资收益后的金额确定，因此：

公司2023年的利息费用资本化金额 = 330 − 33 = 297（万元）

公司2024年的利息费用资本化金额 = 255 − 3= 252（万元）

（5）有关账务处理如下：

❶ 2023年12月31日

借：在建工程	2 970 000	
应收利息（或银行存款）	330 000	
贷：应付利息		3 300 000

❷ 2024年6月30日

借：在建工程	2 520 000	
应收利息（或银行存款）	30 000	
贷：应付利息		2 550 000

【工作实例7-7】N公司2023年1月1日开始动工建造一生产车间，施工期2年。公司向银行借入一般借款2笔：

2023年1月1日借入3年期借款1 000万元，年利率6%；

2023年7月1日借入2年期借款1 200万元，年利率7%。

施工期间发生的支出情况如下：2023年1月1日支出700万元，2023年4月1日支出240万元，2023年8月1日支出300万元，2023年12月1日支出120万元。

N公司的会计处理如下：

（1）2023年借款利息 = 1 000×6% + 1 200×7%×6/12=102（万元）

（2）借款本金加权平均数 = 1 000×12/12 + 1 200×6/12=1 600（万元）

（3）加权平均利率=102÷1 600×100%=6.375%

（4）累计资产支出加权平均数 = 700×12/12 + 240×9/12 + 300×5/12 + 120×1/12 = 1 015（万元）

（5）一般借款利息费用资本化金额 = 1 015×6.375%×10 000 = 647 062.50（元）

（6）2023年12月31日编制会计分录如下：

借：在建工程	647 062.50	
财务费用	372 937.50	
贷：应付利息		1 020 000

【工作实例7-8】甲公司为了扩大生产规模，经研究决定，采用出包方式建造生产厂房一栋，工期1年半。2024年1月至12月发生的有关借款及工程支出业务资料如下：

（1）1月1日，为建造生产厂房从银行借入3年期的专门借款2 000万元，年利率为7.2%，于每年年末支付借款利息。当日，该工程已开工。

（2）1月1日，以银行存款支付工程款1 800万元。暂时闲置的专门借款在银行的存款年利率为0.6%，于每年年末收取存款利息。

（3）7月1日，借入2年期的一般借款600万元，年利率为4.8%，每半年支付一次利息。

（4）8月1日，以银行存款支付工程款320万元。

（5）11月1日，以银行存款支付工程款360万元。

甲公司的会计处理如下：

（1）2024年专门借款会计处理：

应付利息（利息费用）= 2 000×7.2% = 144（万元）

暂时闲置专门借款的存款利息收入 = 200×0.6%×7/12 = 0.7（万元）

专门借款利息费用资本化金额 = 144 − 0.7 = 143.3（万元）

（2）2024年占用一般借款会计处理：

一般借款利息费用 = 600×4.8%×6/12 = 14.4（万元）

占用一般借款工程支出的累计支出加权平均数 = 120×5/12 + 360×2/12 = 110（万元）

一般借款利息费用资本化金额 = 110×4.8% = 5.28（万元）

一般借款利息费用费用化金额 = 14.4 − 5.28 = 9.12（万元）

（3）资本化金额=143.3+5.28=148.58（万元）

2024年12月31日编制会计分录如下：

借：在建工程	1 485 800	
财务费用	91 200	
银行存款	7 000	
贷：应付利息		1 584 000

（二）借款辅助费用资本化金额的确定

辅助费用是企业为了安排借款而发生的必要费用，包括借款手续费（如发行债券手续费）、佣金等。如果企业不发生这些费用，就无法取得借款，因此，辅助费用是企业借入款项所付出的一种代价，是借款费用的有机组成部分。

对于企业发生的专门借款辅助费用，在所购建或者生产的符合资本化条件的资产达到预定可使用或者可销售状态之前发生的，应当在发生时根据其发生额予以资本化；在所购建或者生产的符合资本化条件的资产达到预定可使用或者可销售状态之后发生的，应当在发生时根据其发生额确认为费用，计入当期损益。

一般借款发生的辅助费用，也应当按照上述原则确定其发生额并进行处理。

（三）外币专门借款汇兑差额资本化金额的确定

在资本化期间内，外币专门借款本金及其利息的汇兑差额应当予以资本化，计入符合资本化条件的资产的成本；除外币专门借款之外的其他外币借款本金及其利息所产生的汇兑差额，应当作为财务费用计入当期损益。

【素养提升】

借人一只鹅，还人一峰驼

2020年以来，华晨汽车集团陆续发生未能按时清偿到期债务、发生重大诉讼及有关资产被司法冻结、对重要子公司股权进行转让等多项问题，2020年10月23日，华晨汽车集团相关债券发布公告称，在上交所非公开发行的公司债券“17华汽05债”未能按时足额兑付，发生10.35亿元实质性违约，引发广泛关注。上交所发出纪律处分决定书，对华晨汽车集团控股有限公司及其董事长、信息披露事务负责人予以公开谴责。

自2015年公司债券发行改革以来，沪深交易所在证监会的指导下，坚持市场化、法治化方向，推进公司债券市场基础设施建设。2021年，以新证券法实施为契机，证监会对《公司债券发行与交易管理办法》进行了修订，重点规范了公司债券注册制等相关事宜。华晨汽车集团的违规行为虽属个案，但市场关注度高、负面影响大，损害了债券持有人的利益，在一定程度上挫伤了市场信心，影响了债券市场的健康有序发展，上交所依法依规及时予以严肃处理。

从理论上说，公司债券“发行”是发行人通过出售自身的信用凭证——公司债券来获得资金，同时公司债券投资者通过支付资金购买发行人的信用凭证的一种信用交易过程。公司债券反映的是其发行人和投资者之间的债权债务关系，因此，公司债券到期是要偿还的，不是“投资”“赠与”，而是一种“借贷”关系。所以，对于发行人而言，发行公司债券属于向社会投资者出售信用、增加负债的重大社会融资行为，涉及社会重大信用，对稳定社会经济秩序、维护投资者权益有重大影响，因此发行方应该做到诚实守信，依据法律法规执行法定债券发行与履约流程。

思考与启示：

中国古代谚语从借入者的角度强调“借债还钱，天经地义”“有借有还，再借不难”“借人一只鹅，还人一峰驼”等。在这个借贷过程中，“义”字当先，“宁可人负我，不可我负人”等深入骨髓的中华优秀传统精神和道德标准影响着人们的行为。作为一个中国企业，应该懂得诚实守信是债券市场健康发展的基础，公司债券发行人应把讲诚信、守规矩作为企业融资和发展的根本准绳。任何违背市场规则、违背中华传统文化的经济行为，都不会有好下场。

项目小结

长期借款，是指企业从银行或其他金融机构借入的期限在一年以上（不含一年）的借款，它主要用于固定资产的购建、改扩建工程、大修理工程等方面，是企业的一项非流动负债。企业应设置“长期借款”账户反映和监督长期借款的借入和归还情况。

应付债券是指企业为筹集长期资金而实际发行的债券及应付的利息，它是企业筹集长期资金的一种重要方式。为了核算企业发行的长期债券，企业应该设置“应付债券”账户，并在该账户下设置“面值”“利息调整”“应计利息”等明细账户，核算应付债券发行、计提利息、还本付息等情况。

租赁负债应当按照租赁期开始日尚未支付的租赁付款额的现值进行初始计量；承租人应当按照固定的周期性利率计算租赁负债在租赁期内各期间的利息费用，并计入当期损益。

长期应付款，是企业除长期借款和应付债券以外的其他各种长期应付款项，包括具有融资性质的延期付款购买资产发生的应付款项等。

借款费用反映的是企业借入资金所付出的代价，是指企业因借款而发生的利息及其他相关成本，包括：借款利息、折价或者溢价的摊销、外币借款的汇兑差额和辅助费用。企业发生的借款费用可直接归属于符合资本化条件的资产购建或者生产的，应当予以资本化，计入相关资产成本；其他借款费用应当在发生时根据其发生额确认为费用，计入当期损益。

复习思考题

1.长期借款与应付债券的核算有何相同的地方？

2.应付债券的核算会涉及哪些明细账户，每个明细账户是如何核算的？

3.借款费用的资本化期间应如何确定？

4.专门借款与一般借款的借款费用资本化金额应如何确定？

习题与实训

一、单项选择题

单项选择题

1.某公司于2024年1月1日对外发行3年期、面值总额为1 000万元的公司债券，债券票面年利率为7%，分期付息，到期一次还本，实际收到发行价款1 054.47万元。该公司采用实际利率法摊销债券溢折价，不考虑其他相关税费，经计算确定其实际利率为5%。2024年12月31日，该公司该项应付债券的“利息调整”明细账户余额为（　　）万元。

A.54.74　　B.71.75　　C.37.19　　D.17.28

2.在某商铺的租赁安排中，出租人2023年1月1日与承租人签订协议，出租人于2023年11月1日将房屋钥匙交付承租人，承租人在收到钥匙后，就可以自主安排对商铺的装修使用。合同约定有1个月的免租期，起租日为2023年12月1日，承租人2024年1月1日开始支付租金。租赁期开始日为（　　）。

A.2023年12月1日　　B.2024年1月1日

C.2023年1月1日　　D.2023年11月1日

3.下列项目中，出租人应认定为经营租赁的是（　　）。

A.租赁资产性质特殊，如果不作较大改造，只有承租人才能使用

B.在租赁期开始日，租赁收款额的现值几乎相当于租赁资产的公允价值

C.租赁资产的风险和报酬没有转移

D.在租赁期届满时，租赁资产的所有权转移给承租人

4.承租人甲公司与出租人乙公司于2024年1月1日签订了为期3年的设备租赁合同。每年的租赁付款额为50万元，在每年年末支付。甲公司确定租赁内含利率为4%。在租赁期开始日，甲公司按租赁付款额的现值所确认的租赁负债为120万元。不考虑其他因素，2024年12月31日租赁负债的账面价值为（　　）万元。

A.45.2　　B.70　　C.120　　D.74.8

5.下列表述中不正确的是（　　）。

A.租赁期，是指承租人有权使用租赁资产且不可撤销的期间

B.初始直接费用，是指为达成租赁所发生的增量成本

C.租赁的不可撤销期限越短，承租人不行使终止租赁选择权的可能性就越小

D.担保余值，是指与出租人无关的一方向出租人提供担保，保证在租赁结束时租赁资产的价值至少为某指定的金额

6.下列项目中不属于借款费用的是（　　）。

A.发行债券的印刷费　　B.发行股票的发行费用

C.借款手续费　　D.借款利息

7.对于符合资本化条件的借款费用的处理中，不会涉及的会计科目是（　　）。

A.在建工程　　B.制造费用　　C.研发支出　　D.财务费用

8.借款费用开始资本化必须同时满足的条件中，不包括（　　）。

A.资产支出已经发生

B.借款费用已经发生

C.为使资产达到预定可使用或者可销售状态所必要的购建或者生产活动已经开始

D.工程项目人员工资已经支出

9.下列各项中，不属于借款费用准则中的资产支出的有（　　）。

A.计提的在建工程人员的工资及福利费

B.企业赊购工程建设所用物资而承担的带息债务

C.企业为建设工程项目而转移的非现金资产

D.支付的工程人员工资

10.甲企业于2023年1月1日开工建造一项固定资产，2024年12月31日该固定资产全部完工并投入使用，该企业为建造该固定资产于2023年1月1日专门借入一笔2年期款项，本金为2 000万元，年利率为9%。该企业另占用两笔一般借款：第一笔为2023年1月1日借入的600万元，借款年利率为8%，期限为2年；第二笔为2024年1月1日借入的450万元，借款年利率为6%，期限为3年。该企业2024年为购建该项固定资产而占用一般借款的资本化率为（　　）。

A.7.33%　　B.7.14%　　C.6.80%　　D.6.89%

二、多项选择题

多项选择题

1.对于分期付息、一次还本的债券，于资产负债表日按摊余成本和实际利率计算确定的债券利息，可能借记的会计账户有（　　）。

A.在建工程　　B.制造费用

C.财务费用　　D.应付利息

2.下列关于企业发行一般公司债券的会计处理中，正确的有（　　）。

A.无论是按面值发行，还是溢价发行或折价发行，均应按债券面值记入“应付债券”账户的“面值”明细账户

B.实际收到的款项与面值的差额，应记入“利息调整”明细账户

C.对于利息调整，企业应在债券存续期间内选用实际利率法或直线法进行摊销

D.资产负债表日，企业应按应付债券的面值和实际利率计算确定当期的债券利息费用

3.租赁付款额，是指承租人向出租人支付的与在租赁期内使用租赁资产的权利相关的款项，其内容包括（　　）。

A.购买选择权的行权价格

B.取决于指数或比率的可变租赁付款额

C.根据承租人提供的担保余值预计应支付的款项

D.固定付款额及实质固定付款额，存在租赁激励的，扣除租赁激励相关金额

4.下列项目中，影响使用权资产入账价值的有（　　）。

A.租赁付款额　　B.为达成租赁而发生的增量成本

C.预计成本　　D.履约成本

5.下列各项中，表述正确的有（　　）。

A.借款费用确认的基本原则是：企业发生的借款费用可直接归属于符合资本化条件的资产购建或者生产的，应当予以资本化，计入相关资产成本；其他借款费用应当在发生时根据其发生额确认为费用，计入当期损益

B.符合资本化条件的资产是指需要经过相当长时间的购建或生产活动才能达到预定可使用或者可销

售状态的固定资产、投资性房地产或存货等资产

C.由于人为或者故意等非正常因素导致资产的购建或生产时间相当长的，该资产不属于符合资本化条件的资产

D.购入即可使用的资产，或购入后需要安装但所需安装时间较短的资产，或者需要建造或生产但建造或生产时间较短的资产，均不属于符合资本化条件的资产

6.下列为购建固定资产而发生的支出，属于借款费用资本化时点时资产支出已经发生的有（　　）。

A.以外币专门借款向工程承包方支付进度款

B.自供应商处以带息方式赊购建造固定资产项目的物资

C.企业将自己生产的库存商品用于固定资产建造

D.计提在建工程人员工资及福利费

7.下列各种情形中，所购建的资产符合资本化条件时，需要暂停资本化的有（　　）。

A.因工程事故，施工连续中断4个月

B.因突发泥石流，施工连续中断2个月

C.在北方建造工程期间因冰冻季节，施工中断5个月

D.因建筑工人工资未妥善协调发生劳动纠纷导致工程连续停工半年

8.企业为购建固定资产专门借入的款项所发生的借款费用，应当停止资本化的时点有（　　）。

A.符合资本化条件的资产的实体建造（包括安装）或者生产工作已经全部完成或者实质上已经完成

B.继续发生在所购建或生产的符合资本化条件的资产上的支出金额很少或者几乎不再发生

C.购建的符合资本化条件的资产的各部分分别完工，且每部分在其他部分继续建造过程中可供使用或者可对外销售，且为使该部分资产达到预定可使用状态所必要的购建活动实质上已经完成的

D.购建的资产的各部分分别完工，但必须等到整体完工后才可使用

9.下列各项中，属于确定累计资产支出加权平均数需要考虑的因素有（　　）。

A.一般借款的支出时间　　B.一般借款的支出金额

C.剔除暂停资本化期间　　D.一般借款是否被工程占用

10.下列符合资本化条件的资产所发生的借款费用在予以资本化时，不与实际占用金额相挂钩的有（　　）。

A.为购建厂房专门借入长期借款的利息　　B.为购建办公楼专门发行应付债券的利息

C.一般借款利息　　D.外币专门借款的汇兑差额

三、判断题

1.企业为生产产品而借入的银行借款所产生的利息，不能够进行资本化。（　　）

2.在资产负债表日，企业应按长期借款的摊余成本和实际利率计算确定利息费用。（　　）

3.租赁负债应当按照租赁期开始日尚未支付的租赁付款额的现值进行初始计量。（　　）

判断题

4.购买固定资产的价款超过正常信用条件延期支付，实质上具有融资性质的，固定资产的成本应当以支付的总价款为入账价值。（　　）

5.符合借款费用资本化条件的存货通常需要经过相当长时间（3个月或以上）的建造或者生产过程，才能达到预定可销售状态。（　　）

6.专门借款实际发生的借款利息减去闲置资金的利息收入或投资收益后的金额应全部资本化。（　　）

7.符合资本化条件的资产在购建或者生产过程中发生非正常中断，且中断时间累计达到3个月的，应当暂停借款费用的资本化。（　　）

8.为购建或者生产符合资本化条件的资产而借入专门借款的，应当以专门借款当期实际发生的利息费用确定资本化额。（　　）

9.为购建或者生产符合资本化条件的资产而占用了一般借款的，企业应当根据累计资产支出超过专门借款部分乘以所占用一般借款的资本化率，计算确定一般借款应予资本化的利息金额。（　　）

10.对于溢价发行的分期付息债券，在采用实际利率法进行摊销时，各期确认的实际利息费用会逐期减少。 （ ）

四、实训题

实训一

实训题

目的：租赁负债的核算。

资料：甲公司（承租人）于2023年12月31日签订了一份为期4年的机器租赁合同，用于生产A产品。于次年起每年年末支付租金200 000元。在租赁期开始日，以银行存款支付初始直接费用10 000元。在租赁期开始日，甲公司无法确定租赁内含利率，其增量借款年利率为6%。

已知（P/A，6%，4）=3.4651。假定使用权资产按直线法在4年内计提折旧，利息费用不符合资本化条件，不考虑其他因素。

要求：

（1）计算2023年12月31日的租赁付款额、租赁付款额现值、未确认融资费用，并编制相关会计分录。

（2）编制2024年12月31日确认利息费用和支付租金的会计分录。

（3）编制2024年使用权资产计提折旧的会计分录。

（4）计算2025年应确认的利息费用。

实训二

目的：实训企业发行分期付息、到期还本的公司债券会计处理。

资料：2023年1月1日，甲公司经批准发行5年期一次还本、分期付息的公司债券5 000万元用于生产经营，债券利息在每年1月1日支付，票面利率为6%。假定债券发行时的市场利率为8%。

要求：

（1）计算甲公司该债券的实际发行价格。

（2）填列实际利率法下债券摊余成本计算表（见表7-7）。

表7-7 实际利率法下债券摊余成本计算表

日期	现金流出 (a)	实际利息费用 (b) =期初 (d) ×____	已偿还的本金 (c) = (a) − (b)	摊余成本余额 (d) = 期初 (d) − (c)
2023年1月1日				
2023年12月31日				
2024年12月31日				
2025年12月31日				
2026年12月31日				
2027年12月31日				
小计				
2028年1月1日				
合计				

(3) 逐年编制应付债券的相关会计分录。

实训三

目的：实训企业发行分期计息、到期一次还本付息的公司债券会计处理。

资料：2024年7月1日，A公司经批准发行3年期分期计息、到期一次还本付息的公司债券4 000万元用于生产经营，债券利息每半年计息一次，票面利率为8%。假定债券发行时的市场利率为6%。

要求：

(1) 计算A公司该债券的实际发行价格。

(2) 填列实际利率法下债券摊余成本计算表（见表7-8）。

表7-8　实际利率法下债券摊余成本计算表

日期	现金流出 (a)	实际利息费用 (b) =期初 (d) ×____	已偿还的本金 (c) = (a) − (b)	摊余成本余额 (d) =期初 (d) − (c)
2024年7月1日				
2024年12月31日				
2025年6月30日				
2025年12月31日				
2026年6月30日				
2026年12月31日				
2027年6月30日				
合计				

(3) 编制应付债券的相关会计分录。

实训四

目的：实训借款费用的确认和计量。

资料：甲公司2023年1月1日动工兴建一办公楼，工程采用出包方式，每半年支付一次工程进度款。工程于2024年6月30日完工，达到预定可使用状态。建造工程资产支出如下：2023年1月1日，支出1 500万元；2023年7月1日，支出2 500万元，累计支出4 000万元；2024年1月1日，支出1 500万元，累计支出5 500万元。

甲公司为建造办公楼于2023年1月1日取得专门借款2 000万元，借款期限为3年，年利率为8%。除此之外，无其他专门借款。

办公楼的建造还占用两笔一般借款：A银行长期贷款2 000万元，期限为2022年12月1日至2025年12月1日，年利率为6%，按年支付利息。发行公司债券1亿元，发行日为2022年1月1日，期限为5年，年利率为8%，按年支付利息。闲置专门借款资金用于固定收益债券短期投资，取得利息收入2.5万元。

要求：

(1) 计算2023年利息资本化金额并进行账务处理；

(2) 计算2024年利息资本化金额并进行账务处理。(计算结果保留两位小数)

实训五

目的：综合实训借款费用的确认和计量。

资料：甲股份有限公司为上市公司（以下简称甲公司），为了扩大生产规模，经研究决定，采用出包方式建造生产厂房一栋。2023年7月至12月发生的有关借款及工程支出业务资料如下：

（1）7月1日，为建造生产厂房从银行借入3年期的专门借款3 000万元，年利率为7.2%，于每季度末支付借款利息。当日，该工程已开工。

（2）7月1日，以银行存款支付工程款1 900万元。暂时闲置的专门借款在银行的存款年利率为1.2%，于每季度末收取存款利息。

（3）10月1日，借入半年期的一般借款300万元，年利率为4.8%，利息于每季度末支付。

（4）10月1日，甲公司与施工单位发生纠纷，工程暂时停工。

（5）11月1日，甲公司与施工单位达成谅解协议，工程恢复施工，以银行存款支付工程款1 250万元。

（6）12月1日，借入1年期的一般借款600万元，年利率为6%，利息于每季度末支付。

（7）12月1日，以银行存款支付工程款1 100万元。

假定工程支出超过专门借款时占用一般借款；仍不足的，占用自有资金。

要求：

（1）计算甲公司2023年第三季度专门借款的利息费用、暂时闲置专门借款的存款利息收入和专门借款利息费用资本化金额。

（2）计算甲公司2023年第四季度专门借款利息费用、暂时闲置专门借款的存款利息收入和专门借款利息费用资本化金额。

（3）计算甲公司2023年第四季度一般借款利息费用、占用一般借款工程支出的累计支出加权平均数、一般借款平均资本化率和一般借款利息费用资本化金额。

（一般借款平均资本化率的计算结果在百分号前保留两位小数；金额单位：万元）

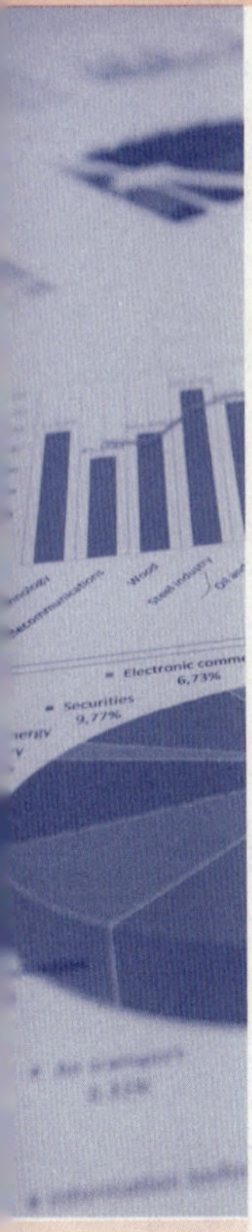

项目八
所得税的核算

职业能力目标

通过本项目的学习，熟悉所得税会计的由来，熟悉所得税会计的核算方法分类；掌握应付税款法的核算方法；掌握资产负债表债务法的一般程序；掌握资产及负债计税基础的确定；掌握暂时性差异的确定；掌握递延所得税资产和递延所得税负债的确认；掌握应交所得税和所得税费用的确认和计量。

典型工作任务

所得税的利润表法（应付税款法）的运用；所得税的利润表法（纳税影响会计法）的运用；资产负债表债务法的一般程序；资产及负债计税基础的确定；暂时性差异的确定；递延所得税资产的确认；递延所得税负债的确认；应交所得税的计算；所得税费用的确认和计量。

内容框架

- 所得税的核算
  - 认知所得税会计
    - 企业所得税
    - 所得税会计的由来
  - 利润表法
    - 应付税款法
    - 纳税影响会计法
  - 资产负债表法
    - 资产负债表递延法
    - 资产负债表债务法
      - 资产负债表债务法基本原理
      - 资产负债表债务法核算程序
      - 计税基础
      - 暂时性差异
      - 递延所得税资产的确认和计量
      - 递延所得税负债的确认和计量
      - 适用所得税税率变动对已确认递延项目的影响
      - 所得税费用的确认与计量

任务一 认知所得税会计

【引例 8-1】

认知所得税会计

美华公司2023年实现利润总额500万元，其中包括国库券利息收入50万元，对黄河公司直接投资而取得的投资收益20万元（黄河公司属于国家扶持的高新技术企业，适用的所得税税率为15%）。本年会计折旧300万元，税法折旧200万元；企业计提的存货跌价准备为40万元，应付违法经营罚款10万元，银行罚息8万元。企业所得税税率为25%。

任务要求：

（1）企业实现的利润总额是否可以用来计算应交所得税？

（2）按照《中华人民共和国企业所得税法》的规定，上例中的哪些项目需要调整应纳税所得额？

（3）按照《中华人民共和国企业所得税法》的规定，美华公司当年应交所得税为多少？

（4）对于利润总额和应纳税所得额之间的差异，其会计处理是否相同？

一、企业所得税

《中华人民共和国企业所得税法》（以下简称《企业所得税法》）和《中华人民共和国企业所得税法实施条例》（以下简称《实施条例》）是计算企业所得税的法律依据。企业所得税法规定：在中华人民共和国境内，企业和其他取得收入的组织（以下统称企业）为企业所得税的纳税人，依法缴纳企业所得税，个人独资企业、合伙企业不适用《企业所得税法》。企业所得税税率为25%；非居民企业在中国境内未设立机构、场所的，或者虽设立机构、场所但取得的所得与其所设机构、场所没有实际联系的，其来源于中国境内的所得缴纳企业所得税，适用税率为20%。对于国家需要重点扶持和鼓励发展的特定产业和项目，还规定了两档优惠税率：

（1）符合条件的小型微利企业，减按20%的税率征收企业所得税；

（2）国家需要重点扶持的高新技术企业，减按15%的税率征收企业所得税。

企业计算所得税的依据为应纳税所得额。企业所得税应纳税所得额，是指企业每一纳税年度的收入总额，减除不征税收入、免税收入、各项扣除以及允许弥补的以前年度亏损后的余额。应纳税所得额的计算公式为：

应纳税所得额＝收入总额－不征税收入－免税收入－各项扣除－弥补的亏损

企业应纳税所得额的计算，以权责发生制为原则，属于当期的收入和费用，不论款项是否收付，均作为当期的收入和费用；不属于当期的收入和费用，即使款项已经在当期收付，均不作为当期的收入和费用。计算应纳税所得额时，企业财务、会计处理办法与税收法律、行政法规的规定不一致时，应当依照税收法律、行政法规的规定计算。

二、所得税会计的由来

财务会计和税法分别遵循不同的法规、服务于不同的目的。财务会计核算必须遵循会计准则和会计制度，其目的是真实、完整地反映企业财务状况、经营成果以及现金流量变化的全貌，为投资者、债权人、企业管理者以及其他会计报表使用者提供对决策有用的信息。税法是以课税为目的，根据经济合理、公平税负、促进竞争的原则，依据有关的税收法规，确定一定时期内纳税人应交纳的税额。从所得税角度考虑，主要确定企业的应税所得，以对企业的经营所得以及其他所得进行征税。

所得税会计就是研究如何处理按照会计准则和会计制度计算的税前会计利润与按企业所得税法计算的应税所得之间差异的会计理论和方法。由于财务会计是按照会计准则和会计制度核算收益、费用、资产、负债，而税法是按照税收法规确认收益、费用、资产、负债，因此，按照财务会计方法计算的会计利润（或利润总额）与按税法规定计算的应税利润（应纳税所得额）往往不相等。我们知道，企业收益的增加伴随着资产的增加或负债的减少，费用的增加也与资产的减少或负债的增加密切相关。如果从确认收益实现和费用扣减的时间和口径不同的角度去研究所得税，并据此采用的会计处理方法，称为利润表法；而从确认资产和负债计税基础角度去研究所得税，并据此采用的会计处理方法，称为资产负债表法。

【小思考 8-1】为什么会产生利润总额与应纳税所得额不相等？

【引例 8-1 解析】

（1）依据财政部颁布的企业会计准则的规定，企业计算出利润总额；按照全国人民代表大会审议通过的《企业所得税法》的规定，企业计算出应纳税所得额。应纳税所得额是计算应交所得税的唯一依据。

（2）按照《企业所得税法》的规定，【引例 8-1】中的国库券利息收入免税，对黄河公司直接投资而取得的投资收益免税，需要调减应纳税所得额；按会计准则多提的折旧 100 万元、计提的存货跌价准备和违法经营罚款需要调增应纳税所得额。

（3）按照《企业所得税法》的规定，美华公司当年应交所得税为 145 万元（（500-50-20+100+40+10）×25%）。

（4）利润总额和应纳税所得额之间的差异，其会计处理是不相同的。其具体内容需要我们继续学习才能掌握。

任务二　利润表法

在利润表法下，因会计准则和会计制度与税法在收益、费用或损失的确认和计量原则方面的不同，而导致按照会计准则和会计制度计算的税前会计利润与按照税法规定计算的应税所得之间的差异，分为永久性差异和时间性差异。

利润表法

永久性差异是指某一会计期间，由于会计准则和会计制度与税法在计算收益、费用或损失时的口径不同，所产生的税前会计利润与应税所得之间的差异。例如，企业购买国库券产生的利息收入，在会计上应确认为收益，但按税法规定国库券利息不计入应税所得，不交纳所得税。这样两者在收益确认口径上存在差异。再比如，赞助、税收罚款或滞纳金、企业违法经营罚款等，都属于永久性差异。这种差异的共同特征是：差异在本期发生，不会在以后任何时候转回。

时间性差异是指税法与会计准则和会计制度确认收益、费用或损失的时间不同而产生的税前会计利润与应税所得之间的差异。比如，企业按会计准则计提的存货跌价准备已经确认为当期的损失（资产减值损失），但税法规定存货跌价损失应于实际发生时从应税所得中扣减。显然，这种差异是由于税法和会计确认收益或费用在时间上的不同而产生的。时间性差异的共同特征是：差异发生于某一会计期间，但在以后某期或若干期内能够转回。

在所得税会计的利润表法下，对产生的永久性差异和时间性差异通常采用应付税款法或纳税影响会计法进行核算。

一、应付税款法

应付税款法，是将本期税前会计利润与应税所得之间产生的差异在当期确认所得税费用的会计处理方法。这种核算方法的特点是：

（1）在计算交纳所得税时应按税法规定对税前会计利润进行调整，调整为应税所得，再按应税所得计算出本期应交的所得税，作为本期所得税费用，即本期所得税费用等于本期应交所得税。

（2）时间性差异影响的所得税金额在本期确认所得税费用，或在本期抵减所得税费用，即在应付税款法下，本期发生的时间性差异不单独核算，与本期发生的永久性差异同样处理。

【工作实例8-1】华丰公司适用的所得税税率为25%。2023年度实现的利润总额为2 000万元，其中包括：国债利息收入35万元；全年实际支出业务招待费15万元，按税法规定只允许扣除10万元；计提存货跌价准备200万元，税法规定存货跌价准备只有在存货转让时才能在税前扣除。

根据上述资料，国债利息收入35万元和超标准业务招待费5万元属于永久性差异，而计提的存货跌价准备200万元属于时间性差异。在应付税款法下，其会计处理如下：

应纳税所得额=2 000−35＋（15－10）＋200＝2 170（万元）

应交所得税=2 170×25%=542.5（万元）

所得税费用=542.5万元

编制会计分录为：

借：所得税费用　　5 425 000

　贷：应交税费——应交所得税　　5 425 000

【知识链接8-1】《小企业会计准则》规定只能采用应付税款法

《小企业会计准则》第七十一条明确规定：小企业应当按照企业所得税法规定计算的当期应纳税额，确认所得税费用。小企业应当在利润总额的基础上，按照企业所得税法规定进行纳税调整，计算出当期应纳税所得额，按照应纳税所得额与适用所得税税率为基础计算确定当期应纳税额。

二、纳税影响会计法

纳税影响会计法，是将本期时间性差异的所得税影响金额，递延和分配到以后各期的会计处理方法。采用纳税影响会计法，所得税被视为企业在获得收益时发生的一项费用，并应随同有关的收入和费用计入同一期内，以达到收入和费用的配比。时间性差异影响的所得税金额，包括在利润表的所得税费用项目内，以及资产负债表的递延税款余额中。

【工作实例8-2】接【工作实例8-1】，假定企业采用纳税影响会计法对所得税进行核算，其会计处理如下：

应纳税所得额=2 000－35＋（15－10）＋200＝2 170（万元）

应交所得税=2 170×25%=542.5（万元）

因时间性差异产生的递延所得税=200×25%=50（万元）

所得税费用=542.5－50=492.5（万元）

编制的会计分录如下：

借：所得税费用	4 925 000	
递延税款	500 000	
贷：应交税费——应交所得税		5 425 000

【知识链接8-2】应付税款法与纳税影响会计法的区别和联系

区别：应付税款法不确认时间性差异对所得税的影响金额，时间性差异的所得税影响金额确认为本期所得税费用或抵减本期所得税费用；纳税影响会计法确认时间性差异对所得税的影响，并将确认的时间性差异的所得税影响金额记入“递延税款”的借方或贷方，同时确认所得税费用或抵减所得税费用。

联系：按会计制度计算的税前会计利润与按税法规定计算的应税所得之间产生的永久性差异，均在产生的当期确认为所得税费用或抵减所得税费用。

任务三　资产负债表法

【引例8-2】

资产负债表法

金湖公司2023年度利润表中利润总额为1 000万元，该公司适用的所得税税率为25%，所得税采用资产负债表债务法进行核算。2023年发生的有关交易或事项中，会计处理与税收处理存在的差别有：

（1）2022年12月取得一项固定资产，成本600万元，使用年限为10年，净残值为零，会计上按年限平均法计提折旧，税法按双倍余额递减法计提折旧。假定税法规定的使用年限和净残值与会计规定相同。

（2）向某公司赞助100万元银行存款。

（3）支付违法经营罚款30万元。

（4）期末对持有的350万元存货计提了50万元的存货跌价准备。

（5）2023年1月12日取得某项无形资产，取得成本为400万元，会计确认的摊销年限为5年，税法规定的摊销年限为10年，均采用直线法。

任务要求：

（1）上述五项业务中，哪些业务会产生暂时性差异？

（2）指出暂时性差异的类型，并确认暂时性差异的金额。

(3) 确认递延所得税资产或递延所得税负债的金额。

(4) 计算确认2023年应交企业所得税及所得税费用。

(5) 完成对企业所得税的账务处理。

如前所述，如果从确认企业资产和负债的计税基础角度去研究企业所得税的会计处理，称为资产负债表法。资产负债表法一般包括资产负债表递延法和资产负债表债务法两种。

一、资产负债表递延法

资产负债表递延法（简称“递延法”）是将本期由于暂时性差异产生的影响所得税的金额，递延和分配到以后各期，并同时转回原已确认的暂时性差异对本期所得税的影响金额。递延法的特点在于：

第一，在递延法下，在资产负债表上反映的“递延所得税负债”和“递延所得税资产”余额，并不代表收款的权利或付款的义务，因此，在税率变动或开征新税时，不需要对递延所得税项目的余额进行调整。

第二，本期发生的暂时性差异影响所得税的金额，用现行税率计算；以前发生而在本期转销的各项暂时性差异对所得税的影响一般用当初的原有税率计算。

二、资产负债表债务法

（一）资产负债表债务法基本原理

资产负债表债务法是将本期由于暂时性差异产生的影响所得税的金额，递延和分配到以后各期，并同时转回原已确认的暂时性差异对本期所得税的影响金额；当税率变动或开征新税时，需要调整“递延所得税负债”和“递延所得税资产”的账户余额。资产负债表债务法的特点在于：

第一，在债务法下，在资产负债表上反映的“递延所得税负债”和“递延所得税资产”余额，代表收款的权利或付款的义务，因此，在税率变动或开征新税时，需要对递延所得税资产（或负债）的余额进行调整。

第二，本期发生的暂时性差异影响所得税的金额，用现行税率计算；以前发生而在本期转销的各项暂时性差异对所得税的影响也采用现行税率计算。

【知识链接8-3】资产负债表债务法替代资产负债表递延法

从20世纪50年代初起，所得税会计就已经成为争论最多的会计热点问题之一。1986年美国财务会计准则委员会发布了《所得税会计征求意见稿》，几经修改，最终于1992年10月完成了109号公告，明确规定采用债务法代替递延法来确定所得税支出。国际会计准则委员会于1985年成立了专门的课题组，集中研究所得税会计准则，并于1989年发布了《所得税会计征求意见稿》，建议采用利润表债务法。1994年10月，国际会计准则委员会再次颁布了《所得税会计征求意见稿》，禁止采用递延法，要求采用资产负债表债务法，理由是：按照债务法确认的递延所得税资产或递延所得税负债更符合资产与负债的定义。1996年国际会计准则委员会正式发布修订后的所得税会计准则。我国于2006年颁布的《企业会计准则第18号——所得税》，借鉴了《国际会计准则第12号——所得税》，并结合我国的实际情况，要求企业对所得税会计处理采用资产负债表债务法。本章主要介绍该方法的运用。

（二）资产负债表债务法核算程序

采用资产负债表债务法核算所得税的情况下，企业一般应于每一资产负债表日进行所得税的核算。企业进行所得税核算一般应遵循以下程序：

1.确定资产和负债的账面价值

按照相关会计准则的规定，确定资产负债表日除递延所得税资产和递延所得税负债以外的其他资产和负债的账面价值。其中，资产和负债项目的账面价值，是指企业按照相关会计准则规定进行核算后在资产负债表中列示的金额。

2.确定资产和负债的计税基础

按照企业会计准则中对资产和负债计税基础的确定方法，以适用的税收法规为基础，确定资产负债表中有关资产、负债的计税基础。

3.计算递延所得税资产或递延所得税负债

分析确认暂时性差异，在此基础上确认递延所得税资产或递延所得税负债的本期发生额。

4.确定利润表中的所得税费用

利润表中的所得税费用包括当期所得税和递延所得税两个部分。其中，当期所得税是指当期发生的交易或事项按照适用的税法规定计算确定的当期应交所得税；递延所得税是当期确认的递延所得税资产或递延所得税负债金额和予以转销的金额的综合结果。

所得税费用＝当期所得税＋递延所得税

（三）计税基础

采用资产负债表债务法，要求企业的资产及负债应根据会计准则与税法的不同要求分别进行计价，简称会计计价基础和税法计价基础。会计计价基础即资产或负债的账面价值；税法计价基础，即计税基础，是在资产负债表日，根据税法规定为计算应交所得税所确认的资产、负债的价值。

资产负债表债务法——计税基础

1.资产的计税基础

资产的计税基础，是指企业收回资产账面价值的过程中，计算应纳税所得额时按照税法规定可以自应税经济利益中抵扣的金额，即某一项资产在未来期间计税时可以税前扣除的金额。从税收的角度考虑，资产的计税基础是假定企业按照税法的规定进行核算所提供的资产负债表中资产的应有金额。如果有关的经济利益不纳税，则资产的计税基础即为其账面价值。

资产在初始确认时，其计税基础一般为其取得成本。在资产持续持有的过程中，可在未来期间税前扣除的金额是指资产的取得成本减去以前期间按照税法的规定已经税前扣除的余额。

企业应当按照适用的税收法规的规定计算确定资产的计税基础。如固定资产、无形资产等的计税基础可确定如下：

（1）固定资产计税基础。以各种方式取得的固定资产，初始确认时入账价值基本上是被税法认可的，即取得时其账面价值与计税基础相等。固定资产在持有期间进行后续计量时，会计上的基本计量模式是“成本－累计折旧－固定资产减值准备”，税收上的基本计量模式是“成本－按照税法规定计算确定的累计折旧”。会计与税收处理的差异主要来自折旧方法、折旧年限的不同以及固定资产减值准备的计提。例如，企业于2022年12月取得一项设备，价值为300万元，税法和会计上都采用年限平均法计提折旧（假定无残值）。会计核算按5年计提折旧，税法规定按10年计提折旧。在2022年，该项固定资产账面价值与计税基础相等。但在2023年年末，固定资产账面价值为240万元，计税基础为270万元。

（2）无形资产计税基础。除内部研究开发形成的无形资产，以其他方式取得的无形资产，初始确认时其入账价值与税法规定的成本之间一般不存在差异。无形资产在后续计量时，会计与税法处理的差异主要来自是否摊销、摊销的方法以及无形资产减值准备的计提。例如，企业于2023年1月取得一项无形资产，成本为100万元，税法和会计上都采用年限平均法进行摊销，摊销期10年。2023年年底经减值测试计提20万元减值准备。那么，2023年年末，无形资产账面价值为70万元，但计税基础为90万元。

2.负债的计税基础

负债的计税基础，是指负债的账面价值减去未来期间计算应纳税所得额时按照税法规定可予抵扣的金额。即假定企业按照税法进行核算，在其按照税法的规定确定的资产负债表上有关负债的应有金额。

一般情况下，负债的确认与偿还不会影响损益，也不会影响其应税所得，未来期间计算应税所得时按税法规定可予抵扣的金额为零，计税基础即为账面价值，如短期借款、应付账款等。但是，某些情况下，负债的确认与偿还会影响损益，进而影响其应税所得，使得其计税基础与账面价值之间产生差异。例如，某企业在2023年涉及一项未决诉讼，预计将要发生赔偿费用，为此企业确认了12万元的预计负债。按税法规定，企业涉及的未决诉讼将发生的费用只有在实际发生时才能在税前扣除。因此，在2023年资产负债表日，预计负债的账面价值为12万元，其计税基础为0（12－12），从而产生差异12万元。

【小思考8-2】企业应付的违法经营罚款6万元，其账面价值和计税基础分别是多少？

（四）暂时性差异

资产负债表债务法——暂时性差异

因资产或负债的账面价值与其计税基础不同而产生的差异，称为暂时性差异。根据暂时性差异对未来期间应税金额影响的不同，分为应纳税暂时性差异和可抵扣暂时性差异。

【知识链接8-4】暂时性差异与时间性差异的理论基础

时间性差异，强调差异的形成以及差异的转回对本期所得税费用的影响，但不能直接反映其对未来的影响，利润表债务法的眼光放在“过去和现在”，因此其理论基础是典型的“利润表观”。暂时性差异则强调差异的内容及对期末资产负债的影响，可以直接得出递延所得税资产、递延所得税负债余额，能够直接反映其对未来的影响，资产负债表债务法的眼光放在“现在和将来”，因此其理论基础是典型的“资产负债表观”。

1.应纳税暂时性差异

应纳税暂时性差异，是指在确定未来收回资产或清偿负债期间的应纳税所得额时，将导致产生应税金额的暂时性差异。该差异在未来期间转回时，会增加转回期间的应纳税所得额，即在未来期间不考虑该事项影响的应纳税所得额的基础上，由于该暂时性差异的转回，会进一步增加转回期间的应纳税所得额和应交所得税金额。

应纳税暂时性差异通常产生于以下情况：

（1）资产的账面价值大于其计税基础。一项资产的账面价值，代表的是企业在持续使用及最终出售该项资产时会取得的经济利益的总额，而计税基础代表的是一项资产在未来期间可予税前扣除的总额。资产的账面价值大于其计税基础，该项资产未来期间产生的经济利益不能全部税前抵扣，两者之间的差额需要交税，产生应纳税暂时性差异。

（2）负债的账面价值小于其计税基础。一项负债的账面价值为企业预计在未来期间清偿该项负债时的经济利益流出，而其计税基础代表的是账面价值在扣除税法规定未来期间允许税前扣除的金额之后的差额。因负债的账面价值与其计税基础不同产生的暂时性差异，实质上是税法规定就该项负债在未来期间可以税前扣除的金额。负债的账面价值小于其计税基础，则意味着该项负债在未来期间可以税前抵扣的金额为负数，即应在未来期间应纳税所得额的基础上调增，增加应纳税所得额和应交所得税金额，产生应纳税暂时性差异。

2.可抵扣暂时性差异

可抵扣暂时性差异，是指在确定未来收回资产或清偿负债期间的应纳税所得额时，将导致产生可抵扣金额的暂时性差异。该差异在未来期间转回时，会减少转回期间的应纳税所得额，减少未来期间的应交所得税。在该暂时性差异产生当期，应当确认相关的递延所得税资产。

可抵扣暂时性差异一般产生于以下情况：

（1）资产的账面价值小于其计税基础。从经济含义来看，资产在未来期间产生的经济利益少，按照税法规定允许税前扣除的金额多，则企业在未来期间可以减少应纳税所得额，并减少应交所得税，形成可抵扣暂时性差异。

（2）负债的账面价值大于其计税基础。负债产生的暂时性差异，实质上是税法规定就该项负债可以在未来期间税前扣除的金额。一项负债的账面价值大于其计税基础，意味着未来期间按照税法规定构成负债的全部或部分金额可以自未来应税经济利益中扣除，减少未来期间的应纳税所得额和应交所得税，产生可抵扣暂时性差异。

对于按照税法的规定可以结转以后年度的未弥补亏损及税款抵减，虽不是因资产负债的账面价值与计税基础不同产生的，但本质上可抵扣亏损和税款抵减与可抵扣暂时性差异具有同样的作用，均能够减少未来期间的应纳税所得额，进而减少未来期间的应交所得税。在会计处理上，视同可抵扣暂时性差异。

（五）递延所得税资产的确认和计量

1.递延所得税资产的确认

（1）确认递延所得税资产的一般原则。

资产负债表法——递延所得税资产

资产、负债的账面价值与其计税基础不同产生可抵扣暂时性差异的，在估计未来期间能够取得足够的应纳税所得额用以利用该可抵扣暂时性差异时，应当以很可能取得用来抵扣可抵扣暂时性差异的应纳税所得额为限，确认相关的递延所得税资产。在确认递延所得税资产时，交易或事项发生时会影响到会计利润或应纳税所得额的，确认相关的所得税影响即递延所得税资产，同时应调整利润表中的所得税费用；可抵扣暂时性差异产生于直接计入所有者权益的交易或事项，确认相关的所得税影响，同时计入所有者权益；企业合并中产生的可抵扣暂时性差异的所得税影响，则应调整合并中确认的商誉或者计入当期损益的金额。

（2）“递延所得税资产”账户。

“递延所得税资产”账户，用来核算企业确认的可抵扣暂时性差异产生的递延所得税资产。资产负债表日，企业确认的递延所得税资产，借记本账户，贷记“所得税费用”账户。资产负债表日递延所得税资产的应有余额大于其账面余额的，应按其差额确认，借记本账户，贷记“所得税费用”等账户。资产负债表日递延所得税资产的应有余额小于其账面余额的差额做相反的会计分录。资产负债表日，预计未来期间很可能无法获得足够的应纳税所得额用以抵扣可抵扣暂时性差异的，按原已确认的递延所得税资产中应减记的金额，借记“所得税费用”等账户，贷记本账户。期末借方余额反映企业确认的递延所得税资产。

2.递延所得税资产的计量

（1）适用税率的确定。确认递延所得税资产时，应估计相关可抵扣暂时性差异的转回时间，采用转回期间适用的所得税税率为基础计算确定。无论相关的可抵扣暂时性差异转回期间如何，递延所得税资产均不予折现。

【小思考8-3】为什么在确认递延所得税资产时，应采用转回期间适用的所得税税率为基础计算确定，而不是当期适用的所得税税率？

（2）递延所得税资产账面价值的复核。资产负债表日，企业应当对递延所得税资产的账面价值进行复核。如果未来期间很可能无法取得足够的应纳税所得额用以利用递延所得税资产的利益，应当减记“递延所得税资产”的账面价值。递延所得税资产的账面价值减记以后，继后期间根据新的环境和情况判断能够产生足够的应纳税所得额用以利用可抵扣暂时性差异，使得递延所得税资产包含的经济利益能够实现的，应相应恢复递延所得税资产的账面价值。

【工作实例8-3】丰乐公司2023年12月31日存货余额为2 000万元，该公司期末对存货计提了100万元的存货跌价准备。按照税法的规定，存货跌价准备只有在存货出售时才能在税前扣除。假定该企业期初存货跌价准备的余额为零。企业适用的所得税税率为25%，所得税采用资产负债表债务法进行核算。假定企业未来期间有足够的应纳税所得额用以抵扣可抵扣暂时性差异。

该项存货在2023年12月31日的账面价值为1 900万元（2 000－100），其计税基础为初始账面价值2 000万元。该计税基础与账面价值之间产生的100万元可抵扣暂时性差异，应确认相关的递延所得税资产25万元。编制的会计分录为：

借：递延所得税资产　　250 000

　贷：所得税费用　　250 000

（六）递延所得税负债的确认和计量

递延所得税负债

1.确认递延所得税负债的一般原则

除企业会计准则中明确规定，可不确认递延所得税负债的情况以外，企业对于所有的应纳税暂时性差异，均应确认相关的递延所得税负债。在确认递延所得税负债时，交易或事项发生时影响到会计利润或应纳税所得额的，相关的所得税影响应确认为利润表中的所得税费用；与直接计入所有者权益的交易或事项相关的所得税影响，则应直接增加或减少所有者权益；企业合并中产生的相关所得税影响，应调整购买日应确认的商誉或者计入当期损益的金额。

2.“递延所得税负债”账户

“递延所得税负债”账户，用来核算企业确认的应纳税暂时性差异产生的所得税负债。资产负债表日，企业确认的递延所得税负债，借记“所得税费用”账户，贷记本账户。资产负债表日递延所得税负债的应有余额大于其账面余额的，应按其差额确认，借记“所得税费用”账户，贷记本账户。资产负债表日递延所得税负债的应有余额小于其账面余额的差额做相反的会计分录。期末贷方余额反映企业确认的递延所得税负债。

【小思考8-4】“递延所得税负债”账户会出现借方余额吗？为什么？

3.递延所得税负债的计量

递延所得税负债应以相关应纳税暂时性差异转回期间适用的所得税税率计量。在我国除享受优惠政策的情况以外，企业适用的所得税税率在不同年度之间一般不会发生变化。企业在确认递延所得税负债时，可以以现行适用税率为基础计算确定递延所得税负债，不要求折现。

【工作实例8-4】某公司2023年6月18日从公开市场上取得一项权益性投资，支付价款200万元，作为交易性金融资产核算。2023年12月31日，该项交易性金融资产的市价为220万元。企业适用的所得税税率为25%，所得税采用资产负债表债务法进行核算。

按照企业会计准则的规定，企业应确认投资收益20万元，资产在12月31日的账面价值为220万元。税法规定，交易性金融资产在持有期间的公允价值变动不计入应纳税所得额，其计税基础在12月31日应维持原取得成本不变，即其计税基础为200万元。两者之间产生的20万元差异属于应纳税暂时性差异，应确认相关的递延所得税负债5万元。编制的会计分录为：

借：所得税费用	50 000	
贷：递延所得税负债		50 000

（七）适用所得税税率变动对已确认递延项目的影响

因适用税收法规的变化，导致企业在某一会计期间适用的所得税税率发生变化的，企业应对已确认的递延所得税资产和递延所得税负债重新计量。除直接计入所有者权益的交易或事项产生的递延所得税资产和递延所得税负债，相关的调整金额应计入所有者权益以外，其他情况下产生的调整金额应确认为当期所得税费用（或收益）。

（八）所得税费用的确认和计量

1.当期所得税

当期所得税，是指企业按照税法的规定计算确定的、针对当期发生的交易和事项，应缴纳给税务部门的所得税金额，即应交所得税，应以适用的税收法规为基础计算确定。

所得税费用的会计处理

当期所得税=当期应交所得税

企业在确定当期所得税时，对于当期发生的交易或事项，会计处理与税法处理不同的，应在会计利润的基础上，按照适用税收法规的要求进行调整，计算出当期应纳税所得额，按照应纳税所得额与适用所得税税率计算，确定当期应交所得税。

2.递延所得税费用（或收益）

递延所得税费用（或收益），是指按照企业会计准则规定应予确认的递延所得税资产和递延所得税负债在期末应有的金额相对于原已确认金额之间的差额，即递延所得税资产及递延所得税负债的当期发生额，但不包括计入所有者权益的交易或事项的及企业合并所得税的影响。用公式表示为：

$$\text{递延所得税费用(或收益)}=\text{当期递延所得税负债的增加}+\text{当期递延所得税资产的减少}-\text{当期递延所得税负债的减少}-\text{当期递延所得税资产的增加}$$

值得注意的是，如果某项交易或事项按照企业会计准则的规定应计入所有者权益，由该交易或事项产生的递延所得税资产或递延所得税负债及其变化亦应计入所有者权益，不构成利润表中的递延所得税费用（或收益）。

3.所得税费用

在计算确定了当期所得税及递延所得税以后，利润表中应予确认的所得税费用为两者之和：

所得税费用＝当期所得税±递延所得税费用（或收益）

【引例8-2解析】

（1）上述五项业务中，业务（1）、业务（4）和业务（5）会产生暂时性差异。

（2）业务（1），固定资产账面价值为540万元，计税基础为480万元，产生应纳税暂时性差异60万元；业务（4），存货账面价值为300万元，计税基础为350万元，产生可抵扣暂时性差异50万元；业务（5），无形资产的账面价值为320万元，计税基础为360万元，产生可抵扣暂时性差异40万元。

（3）可抵扣暂时性差异合计90万元，产生递延所得税资产22.5万元；应纳税暂时性差异60万元，产生递延所得税负债15万元。

（4）2023年应交企业所得税=（1 000-60+90+100+30）×25%=290（万元）

2023年所得税费用=290-22.5+15=282.5（万元）

（5）2023年企业所得税的账务处理如下：

借：递延所得税资产	225 000	
所得税费用	2 825 000	
贷：应交税费——应交所得税		2 900 000
递延所得税负债		150 000

【小思考8-5】上述会计分录中，“递延所得税资产”与“递延所得税负债”账户的发生额可以相互抵销吗？为什么？

【工作实例8-5】某企业2023年年初递延所得税资产借方余额是1 900 000元，递延所得税负债贷方余额为100 000元，具体项目构成见表8-1。其中递延所得税资产（可弥补亏损）确认金额为1 050 000元；递延所得税资产（其他债权投资）确认金额为500 000元。该公司2023年度利润表中利润总额为16 100 000元，适用的所得税税率为25%，预计未来期间适用的所得税税率不会发生变化，未来期间能够产生足够的应纳税所得额用以抵扣可抵扣暂时性差异。假设2023年度发生如下交易和事项：

表 8-1　年初资产和负债的账面价值、计税基础及相应的暂时性差异表　单位：元

项目	账面价值	计税基础	暂时性差异	
			应纳税暂时性差异	可抵扣暂时性差异
应收账款	3 400 000	4 000 000		600 000
交易性金融资产	4 000 000	3 600 000	400 000	
其他债权投资	3 600 000	5 600 000		2 000 000
预计负债	800 000	0		800 000
其他应付款	0	0		0

（1）年末转回应收账款的坏账准备为200 000元。

（2）年末因交易性金融资产公允价值变动确认的公允价值变动收益为200 000元。

（3）年末因其他债权投资公允价值变动增加的其他综合收益为400 000元。

（4）本年实际支付的产品保修费用为500 000元，冲减前期确认的预计负债；本年因产品保修费增加的预计负债为100 000元。

（5）本年发生的业务宣传费为8 000 000元，尚未支付，该公司本年实现的销售收入为50 000 000元。

根据以上资料，完成以下业务：

（1）上述业务中，哪些业务会产生暂时性差异？

（2）分析年末有关资产和负债的账面价值、计税基础及相应的暂时性差异。

（3）计算应确认的递延所得税资产或递延所得税负债的金额。

（4）计算2023年度的应交企业所得税及所得税费用。

（5）完成企业所得税的账务处理。

解析：

（1）上述业务中，业务（1）~业务（5）均会产生暂时性差异。

（2）暂时性差异计算表见表8-2。

表 8-2　暂时性差异计算表　单位：元

项目	账面价值	计税基础	暂时性差异	
			应纳税暂时性差异	可抵扣暂时性差异
应收账款	3 600 000	4 000 000		400 000
交易性金融资产	4 200 000	3 600 000	600 000	
其他债权投资	4 000 000	5 600 000		1 600 000
预计负债	400 000	0		400 000
其他应付款	8 000 000	7 500 000		500 000

（3）应确认的递延所得税资产=（400 000+1 600 000+400 000+500 000）×25%−1 900 000
=−1 175 000（元）

应确认的递延所得税负债=600 000×25%−100 000=50 000（元）

（4）2023年度应税所得额=16 100 000−200 000−200 000−（500 000−100 000）+
（8 000 000−50 000 000×15%）
=15 800 000（元）

2023年度应交的企业所得税=（15 800 000-1 050 000÷25%）×25%
=（15 800 000-4 200 000）×25%
=11 600 000×25%
=2 900 000（元）

所得税费用=2 900 000+（600 000×25%-100 000）-［（400 000+400 000+500 000）×25%-（1 900 000-500 000）］
= 4 025 000（元）

（5）借：所得税费用　　4 025 000
　　　其他综合收益　　100 000
　　贷：应交税费——应交所得税　　2 900 000
　　　　递延所得税资产　　1 175 000
　　　　递延所得税负债　　50 000

【素养提升】

税惠助力，创新赋能，布局全球产能

安徽圣奥化学科技有限公司是一家主要从事橡胶防老剂、硫化剂等绿色化工研发、生产和销售的民营企业。企业基于核心业务发展防老功能配方产品，创新科技发展模式；自主研发新产品，紧跟国际同类先进产品的发展水平，致力于逐步实现橡胶助剂多个产品的进口替代；在满足本土市场需求的同时，不断改进产品工艺，为全球市场提供技术研发支持。近几年，先后建立了“安徽省企业技术中心”“安徽省橡胶防老化助剂工程技术研究中心”“安徽圣奥绿色橡胶助剂院士工作站”等科研平台，主要产品防老剂6PPD及中间体RT培司的各项核心工艺技术均居世界领先水平。2018年由圣奥化学参与完成的“取代芳胺系列产品绿色催化合成关键技术与工业应用”项目荣获年度国家技术发明奖二等奖；2019年6月，圣奥化学入选工信部第一批专精特新“小巨人”企业名单；2020年11月16日，圣奥化学荣获“2020年国家技术创新示范企业”。

公司财务负责人许建超表示：“‘十三五’期间，公司研发费用加计扣除累计超过3 000万元，政策红利扩大了公司的利润空间，使企业有更多的资金投入到研发中去，为我们抢占产业链中高端环节摁下了‘快进键’”。

2021年3月24日，时任国务院总理李克强主持召开国务院常务会议，部署实施提高制造业企业研发费用加计扣除比例等政策。新出台的政策强调了两个要点：一是延续执行研发费用75%的加计扣除政策；二是对实体经济的基础——制造业给予100%这样一个更大的优惠力度。同时在公布的“十四五”规划纲要中，对“激励企业加大研发投入”也做出专门部署，明确了实施更大力度的研发费用加计扣除、高新技术企业税收优惠等普惠性政策，支持行业龙头企业联合高等院校、科研院所和行业上下游企业共建国家产业创新中心，承担国家重大科技项目等政策措施。这都体现出国家对创新研发的支持以及对特定行业的关注。这对于圣奥化学这样的创新型企业而言无疑又是一个重大利好。

思考与启示：

研发费用加计扣除优惠政策对于促进企业科技创新、推动产业结构升级、建设创新型国家等方面发挥了积极引导作用。党的二十大报告指出，创新是第一动力，加快实施创新驱动发展战略，加快实施一批具有战略性全局性前瞻性的国家重大科技项目，增强自主创新能力。在全面深化改革，破解发展难题的今天，我党把创新摆在国家发展全局的核心位置。同学们在学习过程中应积极树立创新学习的理念，开阔视野，掌握创新理论，勇于突破自身局限，个人只有创新才能更好地在社会上立足，不断地进步，才能应对各种困难和挑战。

项目小结

所得税会计就是研究如何处理按照会计准则和制度计算的税前会计利润与按税法计算的应税所得之间差异的会计理论和方法。如果从确认收益实现和费用扣减的时间和口径不同的角度去研究所得税，并据此采用的会计处理方法，称为利润表法；而从确认资产和负债计税基础角度去研究所得税，并据此采用的会计处理方法，称为资产负债表法。

在利润表法下，因会计准则与税法在收益、费用或损失的确认和计量原则方面的不同，而产生的差异，分为永久性差异和时间性差异。对产生的永久性差异和时间性差异通常采用应付税款法或纳税影响会计法进行核算。

资产负债表法一般包括资产负债表递延法和资产负债表债务法两种。目前国际上通用的是资产负债表债务法。资产负债表债务法是从暂时性差异产生的本质出发，分析暂时性差异产生的原因及其对期末资产负债表的影响。其特点是：当税率变动或税基变动时，必须按预期税率对“递延所得税负债”和“递延所得税资产”账户的余额进行调整。也就是说，首先确定资产负债表上的期末递延所得税资产（负债），然后，倒挤出利润表项目的当期所得税费用。

复习思考题

1.什么是时间性差异和永久性差异？它们是如何产生的？
2.什么是暂时性差异？暂时性差异与时间性差异是否相同？
3.资产的计税基础和负债的计税基础是如何确定的？
4.债务法和递延法有何区别和联系？
5.递延所得税资产和递延所得税负债是如何确认和计量的？
6.当期所得税与当期应交所得税是什么关系？
7.在利润表中，所得税费用由哪些内容组成？
8.在资产负债表债务法下，如果适用的税率发生变化，会计上应如何处理？

习题与实训

一、单项选择题

单项选择题

1.在利润表法下，下列项目中属于时间性差异的是（　　）。

A.税收罚款和滞纳金　　B.企业违法经营罚款
C.企业计提的存货跌价准备　　D.超标准发放的工资

2.在利润表法下，下列项目中属于永久性差异的是（　　）。

A.企业计提的坏账准备　　B.企业计提的固定资产减值准备
C.公允价值变动收益　　D.支付的税收滞纳金

3.企业因下列事项所确认的递延所得税，不影响所得税费用的是（　　）。

A.期末固定资产的账面价值高于其计税基础，产生的应纳税暂时性差异
B.期末按公允价值调减交易性金融资产的金额，产生的可抵扣暂时性差异
C.期末按公允价值调增其他债权投资的金额，产生的应纳税暂时性差异
D.期末按公允价值调增投资性房地产的金额，产生的应纳税暂时性差异

4.下列项目中，不产生暂时性差异的是（　　）。

A.会计上固定资产的账面价值与其计税基础不一致

B.确认国债利息收入的同时确认的资产

C.以公允价值计量且其变动计入当期损益的金融资产确认公允价值变动

D.存货计提存货跌价准备

5.下列各项中，在计算应纳税所得额时应当进行纳税调减的是（　　）。

A.计提固定资产减值准备　　B.行政性罚款支出

C.发生的业务招待费税法上不允许扣除的部分　　D.确认国债利息收入

6.某企业2023年度利润总额为1 800万元，其中本年度国债利息收入200万元，已计入营业外支出的税收滞纳金6万元；企业所得税税率为25%。假定不考虑其他因素，该企业2023年度所得税费用为（　　）万元。

A.400　　B.401.5　　C.450　　D.498.5

7.某公司2021年12月1日购入的一项环保设备，原价为1 000万元，使用年限为10年，会计处理时按照直线法计提折旧，税法规定允许按双倍余额递减法计提折旧，设备净残值为零。2023年年末企业对该项固定资产计提了80万元的固定资产减值准备。2023年年末该项设备的计税基础是（　　）万元。

A.640　　B.720　　C.800　　D.560

8.甲公司期初递延所得税负债余额为5万元，期初递延所得税资产无余额，本期期末资产账面价值为300万元，计税基础为260万元，负债账面价值为150万元，计税基础为120万元，适用的所得税税率为25%。假设上述暂时性差异全部影响损益，并且除上述暂时性差异外无其他暂时性差异，不考虑其他因素，本期应确认的递延所得税费用为（　　）万元。

A.7.5　　B.5　　C.2.5　　D.−2.5

9.下列项目中，不会产生可抵扣暂时性差异的是（　　）。

A.计提产品保修费用确认的预计负债

B.会计上计提的坏账准备

C.本期取得的其他债权投资期末公允价值高于入账价值

D.成本计量模式下，计提的投资性房地产减值准备

10.下列各项资产和负债中，因账面价值和计税基础不一致形成暂时性差异的是（　　）。

A.计提职工工资形成的应付职工薪酬

B.购买国债确认的利息收入

C.因确认产品质量保证形成的预计负债

D.因违反税法规定应缴纳但尚未缴纳的罚款

二、多项选择题

多项选择题

1.下列各事项中，计税基础等于账面价值的有（　　）。

A.应付的购货合同违约金　　B.计提的国债利息

C.因产品质量保证计提的预计负债　　D.应付的税收滞纳金

2.在不考虑其他影响因素的情况下，企业发生的下列交易或事项中，期末会引起“递延所得税资产”增加的有（　　）。

A.本期计提固定资产减值准备

B.本期转回存货跌价准备

C.企业购入交易性金融资产，期末公允价值小于其初始确认金额

D.实际发生产品售后保修费用，冲减已计提的预计负债

3.在发生的下列交易或事项中，会产生应纳税暂时性差异的有（　　）。

A.企业购入固定资产，会计采用年数总和法计提折旧，税法规定采用直线法计提折旧，会计和税法

的折旧年限一致，预计净残值均为零

B.企业购入交易性金融资产，购入当期期末公允价值小于其初始确认金额

C.企业购入无形资产，作为使用寿命不确定的无形资产进行核算，期末未计提减值准备

D.企业购入其他债权投资，购入当期期末公允价值大于初始确认金额

4.下列各经济业务或事项中，产生可抵扣暂时性差异的有（　　）。

A.因合同违约被起诉，法院尚未判决前确认的预计负债

B.当期发生的业务宣传费超支，税法规定可以结转以后年度扣除

C.成本计量模式下，计提投资性房地产减值准备

D.当期购入交易性金融资产期末公允价值的上升

5.下列关于递延所得税资产的说法中，正确的有（　　）。

A.递延所得税资产的确认应以未来期间可取得的应纳税所得额为限

B.适用税率变动的情况下，原已确认的递延所得税资产及递延所得税负债的金额不需要进行调整

C.确认递延所得税资产时，应估计相关可抵扣暂时性差异的转回时间，以转回期间适用的所得税税率为基础计算确定

D.与直接计入所有者权益的交易或事项相关的可抵扣暂时性差异，相应的递延所得税资产应计入所有者权益

6.下列各项负债中，其计税基础为零的有（　　）。

A.因合同违约确认的预计负债　　B.从银行取得的短期借款

C.因产品质量保证确认的预计负债　　D.因税收罚款确认的其他应付款

7.下列资产和负债项目的账面价值与其计税基础之间的差额，应确认递延所得税的有（　　）。

A.企业计提固定资产减值准备

B.期末按公允价值调增交易性金融资产的金额

C.期末按公允价值调减投资性房地产的金额

D.企业因销售商品提供售后服务确认的预计负债

8.下列关于递延所得税会计处理的表述中，正确的有（　　）。

A.企业应将当期发生的可抵扣暂时性差异全部确认为递延所得税资产

B.递延所得税费用是按照会计准则的规定当期应予确认的递延所得税资产加上当期应予确认的递延所得税负债的金额

C.企业应在资产负债表日对递延所得税资产的账面价值进行复核

D.企业不应当对递延所得税资产和递延所得税负债进行折现

9.甲公司2023年发生广告费1 000万元，至年末已全额支付给广告公司。税法规定，企业发生的广告费、业务宣传费不超过当年销售收入15%的部分允许税前扣除，超过部分允许结转以后年度税前扣除。甲公司2023年实现销售收入5 000万元。下列关于甲公司的处理中，不正确的有（　　）。

A.可以将广告费视为资产，其计税基础为250万元

B.确认可抵扣暂时性差异，金额为250万元

C.确认应纳税暂时性差异，金额为250万元

D.可以将广告费视为资产，其计税基础为零

10.下列各项表述中，正确的有（　　）。

A.所得税费用应当在利润表中单独列示

B.递延所得税资产和递延所得税负债应当按照预期收回该资产或清偿该负债期间适用的所得税税率计量

C.递延所得税资产和递延所得税负债一般应当分别作为非流动资产和非流动负债在资产负债表中列示

D.某项交易或事项按照企业会计准则的规定应计入所有者权益，由该交易或事项产生的递延所得税资产或递延所得税负债应作为递延所得税费用（或收益）列示于利润表中

判断题

三、判断题

1.资产、负债计税基础的确定，与税收法规的规定密切相关。 (　　)

2.负债的计税基础，是指负债的账面价值减去未来期间计算应纳税所得额时按照税法规定可予抵扣的金额。 (　　)

3.暂时性差异，是指资产或负债的账面价值与其计税基础之间的差额；未作为资产和负债确认的项目，不会产生暂时性差异。 (　　)

4.资产账面价值小于其计税基础，产生应纳税暂时性差异。 (　　)

5.企业应将所有的可抵扣暂时性差异确认递延所得税资产。 (　　)

6.确认递延所得税负债一定会影响所得税费用。 (　　)

7.某些交易或事项发生以后，因为不符合资产、负债的确认条件而未体现为资产负债表中的资产或负债，但按照税法规定能够确定其计税基础的，其账面价值零与计税基础之间的差异也构成暂时性差异（可抵扣暂时性差异）。 (　　)

8.在计量递延所得税资产和递延所得税负债时，应当采用当期适用的所得税税率。 (　　)

9.对于纳税调整超过3年的暂时性差异，企业应当对递延所得税资产和递延所得税负债进行折现。 (　　)

10.递延所得税资产减值准备一经计提，不得转回。 (　　)

四、实训题

实训一

实训题

目的：实训所得税会计的应付税款法的会计处理。

资料：甲公司为增值税一般纳税人，企业所得税税率为25%。确定计提坏账准备的比例为期末应收账款余额的5%，假定期初坏账准备的余额为零。2023年度实现会计利润总额488万元，其中包括：

（1）收到国库券利息收入17万元；

（2）业务招待费42万元（该企业当年销售额为8 000万元）；

（3）本年计提坏账准备32万元；

（4）违法经营罚款10万元；

（5）违反合同法支付违约金4万元。

除上述事项外，无其他纳税调整事项。

要求：

（1）计算甲公司2023年应纳税所得额和应交所得税；

（2）采用应付税款法计算甲公司2023年所得税费用，并编制会计分录。

实训二

目的：实训暂时性差异的产生和转回。

资料：A公司2023年12月20日购入一台生产用设备，成本100万元，使用寿命为5年，净残值为零，会计上采用双倍余额递减法计提折旧，按照税法规定，该设备在5年内按照直线法计提折旧，净残值为零。

要求：

（1）计算该设备账面价值和计税基础，填写表8-3。

（2）假定企业没有其他递延所得税相关业务，递延所得税资产无期初余额，编制A公司2024年至2028年递延所得税相关的会计分录（单位：万元）。

表 8-3　　设备账面价值和计税基础计算表　　单位：万元

项目	2024年	2025年	2026年	2027年	2028年
固定资产原价①					
会计累计折旧②					
税法累计折旧③					
账面价值④=①-②					
计税基础⑤=①-③					
可抵扣暂时性差异⑥=⑤-④					
递延所得税资产余额⑦=⑥×25%					
本期递延所得税发生额⑧					

实训三

目的：实训资产负债表债务法的会计处理。

资料：甲上市公司于2023年1月设立，采用资产负债表债务法核算所得税费用，适用的所得税税率为25%，该公司2023年度利润总额为6 000万元，当年发生的交易或事项中，会计规定与税法规定存在差异的项目如下：

（1）2023年12月31日，甲公司应收账款余额为5 000万元，对该应收账款计提了500万元坏账准备。税法规定，企业计提的坏账准备不允许税前扣除，应收款项发生实质性损失时才允许税前扣除。

（2）按照销售合同的规定，甲公司承诺对销售的X产品提供3年免费售后服务。甲公司2023年销售的X产品预计在售后服务期间将发生的费用为400万元，已计入当期损益。税法规定，与产品售后服务相关的支出在实际发生时允许税前扣除。甲公司2023年没有发生售后服务支出。

（3）甲公司2023年以4 000万元取得一项到期还本付息的国债投资，作为债权投资核算，该投资实际利率与票面利率相差较小，甲公司采用票面利率计算确定利息收入，当年确认国债利息收入200万元，计入债权投资账面价值，该国债投资在持有期间未发生减值。税法规定，国债利息收入免征所得税。

（4）2023年12月31日，甲公司Y产品的账面余额为2 600万元，根据市场情况对Y产品计提跌价准备300万元，计入当期损益。税法规定，该类资产在发生实质性损失时允许税前扣除。

（5）2023年4月，甲公司自公开市场购入基金，作为交易性金融资产核算，取得成本为2 000万元，2023年12月31日该基金的公允价值为2 100万元，公允价值相对账面价值的变动已计入当期损益，持有期间基金未进行利润分配，税法规定。该类资产在持有期间的公允价值变动不计入应纳税所得额，待处置时一并计算应计入应纳税所得额的金额。

其他相关资料：

（1）假定预期未来期间甲公司适用的所得税税率不发生变化；

（2）甲公司预计未来期间能够产生足够的应纳税所得额用以抵扣可抵扣暂时性差异。

要求：

（1）确定2023年12月31日甲公司上述交易或事项中资产、负债的计税基础，填写表8-4。

表 8-4　　暂时性差异计算表　　单位：万元

项目	账面价值	计税基础	应纳税暂时性差异	可抵扣暂时性差异
应收账款				
预计负债				
债权投资				
存货				
交易性金融资产				
合计	—	—		

（2）计算甲公司2023年应纳税所得额、应交所得税、递延所得税和所得税费用。

（3）编制甲公司2023年确认所得税费用的会计分录。（答案中的金额单位用万元表示）

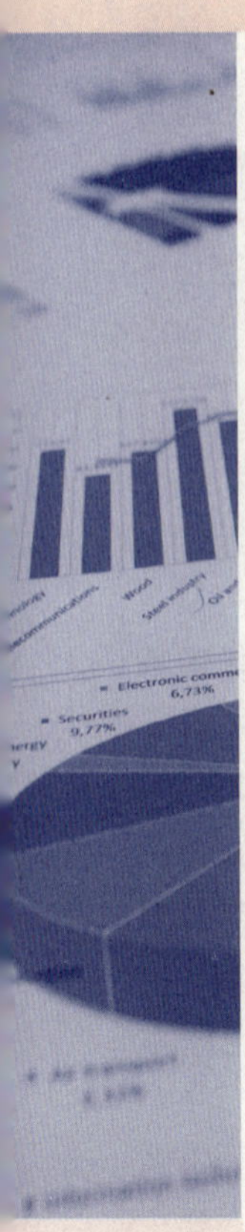

项目九
外币折算与核算

职业能力目标

通过本项目的学习，熟悉记账本位币的概念和记账本位币的确定方法；熟悉外币核算的一般程序；能掌握外币交易处理中的外币货币性项目的核算和外币非货币性项目的核算；掌握外币交易的初始确认和期末调整或结算的会计处理；掌握外币财务报表的折算方法。

典型工作任务

能根据外币折算会计准则正确确定记账本位币；能完成外币交易的初始确认和期末调整或结算，正确提供会计信息；能对境外经营的企业财务报表采用规定的方法折算，提供合并财务报表的相关数据。

内容框架

外币折算与核算

- 外币折算的认知
  - 记账本位币的确定
  - 记账本位币的变更
  - 折算汇率的选择
- 外币交易的核算
  - 外币交易的核算程序
  - 外币交易发生日的会计处理
  - 期末调整或结算
- 外币财务报表折算
  - 境外经营财务报表的折算原则
  - 境外经营财务报表的折算方法
  - 外币财务报表折算的综合运用

任务一　外币折算的认知

【引例9-1】

安信公司为外贸自营出口企业，超过75%的营业收入来自向欧洲的出口，其商品销售价格主要受欧元的影响，以欧元计价；另外该公司除厂房设施和30%的人工成本在国内以人民币采购外，生产所需原材料、机器设备及70%以上的人工成本都以欧元在欧洲采购。

任务要求：

（1）我国的企业是否都必须采用人民币作为记账本位币？

（2）安信公司的会计核算应确定的记账本位币是哪种货币？

（3）安信公司编制的会计报表应该使用哪种货币？

一、记账本位币的确定

记账本位币，是指企业经营所处的主要经济环境中的货币。记账本位币以外的货币称为外币。

（一）企业记账本位币的确定

《会计法》规定，会计核算以人民币为记账本位币，但业务收支以人民币以外的货币为主的单位，可以选定其中一种货币作为记账本位币，但是编制的财务会计报告应当折算为人民币。由此可见，《会计法》允许企业选择非人民币为记账本位币。而《企业会计准则第19号——外币折算》则对企业如何选择记账本位币进行了规范，规定了确定记账本位币需要考虑的因素。

根据《企业会计准则第19号——外币折算》的规定，企业选定记账本位币时，应考虑下列因素：

（1）该货币主要影响商品和劳务的销售价格，通常以该货币进行商品和劳务的销售价格计价和结算；

（2）该货币主要影响商品和劳务所需人工、材料和其他费用，通常以该货币进行上述费用的计价和结算；

（3）融资活动获得的货币以及保存从经营活动中收取款项时所使用的货币。

通常在确定企业记账本位币时，应综合考虑（1）（2）两个因素，如果仍难以确定，还需要兼顾因素（3）。

【引例9-1解析】

（1）在我国，大多数企业属于中国的法人，其选用的记账本位币主要是人民币。

（2）由于安信公司超过75%的营业收入来自向欧洲的出口，其商品销售价格主要受欧元的影响；此外，该公司生产所需原材料、机器设备及70%以上的人工成本都以欧元在欧洲采购。因此，从影响商品和劳务销售价格的角度看，该公司应选择欧元作为记账本位币。

（3）我国《会计法》规定，会计核算以人民币为记账本位币，但业务收支以人民币以外的货币为主的单位，可以选定其中一种货币作为记账本位币，但是编制的财务会计报告应当折算为人民币。

（二）境外经营记账本位币的确定

企业会计准则规定，境外经营是指企业在境外设立的子公司、合营企业、联营企业、分支机构；当企业在境内的子公司、联营企业、合营企业或者分支机构，选定的记账本位币与企业的记账本位币不同的，也应当视同境外经营。

可见，企业会计准则规定，确定境外经营，不是以位置是否在境外为判定标准，而是要看其选定的记账本位币是否与企业的记账本位币相同。

企业选定境外经营的记账本位币，除考虑前面所讲的因素外，还应考虑下列因素：❶境外经营对其所从事的活动是否拥有很强的自主性；❷境外经营活动中与企业的交易是否在境外经营活动中占有较大比重；❸境外经营活动产生的现金流量是否直接影响企业的现金流量、是否可以随时汇回；❹境外经营活动产生的现金流量是否足以偿还其现有债务和可预期的债务。

【查阅资料9-1】在确定企业的记账本位币时，是否需要企业管理层根据实际情况进行职业判断？

二、记账本位币的变更

企业选择的记账本位币一经确定，不得随意变更。

企业因有确凿证据证明经营所处的主要经济环境发生重大变化，确需变更记账本位币的，应当采用变更当日的即期汇率将所有项目折算为变更后的记账本位币，折算后的金额作为以新的记账本位币计量的历史成本。

【特别提醒】由于采用同一即期汇率进行折算，不会产生汇兑差额。

【查阅资料9-2】企业在变更记账本位币时，需要提供哪些资料？

三、折算汇率的选择

无论是在交易日对外币交易进行初始确认，还是在资产负债表日对外币交易余额进行处理，抑或对外币财务报表进行折算，均涉及折算汇率的选择。

根据我国企业会计准则的规定，企业在处理外币交易和对外币财务报表进行折算时，应当采用交易发生日的即期汇率将外币金额折算为记账本位币金额反映，也可以采用按照系统合理的方法确定的、与交易发生日即期汇率近似的汇率折算。

（1）即期汇率，通常是指中国人民银行公布的当日人民币外汇牌价的中间价。但是，在企业发生单纯的货币兑换交易或涉及货币兑换交易时，仅用中间价不能反映货币买卖的损益，应当按照交易实际采用的汇率（即银行买入价或卖出价）折算。

（2）即期汇率的近似汇率，是指按照系统合理的方法确定的、与交易发生日即期汇率近似的汇率，通常采用当期平均汇率或加权平均汇率等。当汇率变动不大时，为简化核算，企业在外币交易日或对外币报表的某些项目进行折算时也可以采用即期汇率的近似汇率进行折算。

【阅读提示】外币折算只是记账表述的改变，并没有发生实际的货币交换，如同把外文译成中文一样，只是文字表述形式的不同罢了。因此折算不过是会计实务中以单一的等值货币来重新表示各种不同的外币金额，并不改变所计量资产或负债等的固有价值。

任务二 外币交易的核算

【引例9-2】

某中外合资经营企业在上海浦东成立，其注册资本为1 000万美元。合同约定，外方出资40%，分两次等额投入，合同约定美元对人民币的折算汇率为1∶6.8。外方投资者分别于2024年2月1日和6月1日投入注册资本。2024年2月1日、6月1日美元对人民币的汇率分别为1∶6.50和1∶6.30。

任务要求：

（1）企业在收到外商投资者投入的资本时应该采用何种汇率进行折算？

（2）外币资本折算汇率的不同，是否影响注册资本的结构比率？

一、外币交易的核算程序

企业发生外币交易，其会计核算的基本程序为：

❶ 将外币金额按照交易日的即期汇率或即期汇率的近似汇率折算为记账本位币金额，按照折算后的记账本位币金额登记有关账户；在登记有关记账本位币的同时，按照外币金额登记相应的外币账户。

❷ 期末，将所有外币货币性项目的外币金额，按照期末即期汇率折算为记账本位币金额，并与原记账本位币金额相比较，其差额记入“财务费用”账户。

❸ 结算外币货币性项目时，将其外币结算金额按照当日即期汇率折算为记账本位币金额，并与原记账本位币金额相比较，其差额记入“财务费用”账户。

【知识链接9-1】目前，我国绝大多数企业采用外币统账制核算，只有少数金融企业由于外币交易频繁，涉及外币币种较多，可以采用外币分账制进行核算。

在外币统账制下，外币交易的会计处理主要涉及两个环节：一是在交易日对外币交易进行初始确认，将外币金额采用交易发生日的即期汇率或即期汇率的近似汇率折算为记账本位币金额；二是在资产负债表日对相关项目进行折算，将所有外币货币性项目的外币余额，按照期末即期汇率折算为记账本位币金额，因汇率变动产生的差额计入当期汇兑损益。

在外币统账制下，对外币交易的核算不单独设置账户，外币交易金额因汇率变动而产生的差额，可在“财务费用”账户下设置二级账户“汇兑损益”反映。该账户借方登记汇率变动产生的汇兑损失，贷方登记因汇率变动而产生的汇兑收益，期末余额转入“本年利润”账户后，一般无余额。

外币交易的会计处理涉及的主要问题有：外币交易发生日折算汇率的选择及相应的外币交易初始确认的会计处理；资产负债表日及结算日折算汇率的选择及所产生汇兑差额的

会计处理。

二、外币交易发生日的会计处理

企业发生外币交易的，应在初始确认时采用交易发生日的即期汇率或即期汇率的近似汇率将外币金额折算为记账本位币金额，按照折算后的记账本位币金额登记有关账户；在登记有关记账本位币账户的同时，按照外币金额登记相应的外币账户。

（一）外币购销业务

企业从国外或境外购进原材料、商品或引进设备时，按照当日的即期汇率将支付的外币或应支付的外币折算为人民币记账，以确定购入原材料等货物及债务的入账价值，同时按照外币的金额登记有关外币账户。

【工作实例9-1】A公司属于增值税一般纳税人，记账本位币为人民币，其外币交易采用交易日即期汇率折算。2024年发生下列与外币有关的业务：

（1）3月1日，从摩根公司购入某原材料，货款30万美元，当日的即期汇率为1美元＝6.33元人民币，按照规定应缴纳的进口关税为204 000元人民币，支付的进口增值税为273 390元人民币，货款尚未支付，进口关税及增值税已由银行存款支付。会计处理如下：

借：原材料（300 000×6.33＋204 000）　　2 103 000
　　应交税费——应交增值税（进项税额）　　273 390
　贷：应付账款——摩根公司（美元）　　1 899 000
　　　银行存款　　477 390

企业出口商品时，按照当日的即期汇率将外币销售收入折算为人民币入账；对于出口销售取得的款项或发生的债权，按照折算的人民币入账，同时按照外币金额登记有关的外币账户。

（2）3月18日，向国外乙公司销售商品一批，货款共计15万美元，尚未收到，假定当日即期汇率为1美元=6.3275元人民币。不考虑增值税等相关税费。会计处理如下：

借：应收账款——美元户（150 000×6.3275）　　949 125
　贷：主营业务收入　　949 125

（二）外币借款业务

企业借入外币时，按照借入外币时的即期汇率折算为记账本位币入账，同时，按照借入外币金额登记相关的外币账户。

【工作实例9-2】A公司2024年6月22日从中国建设银行借入5万美元，期限为6个月，年利率为8%，假定当日的即期汇率为1美元=6.35元人民币。借入款项存入银行账户。会计处理如下：

借：银行存款——美元户　　317 500
　贷：短期借款——美元户　　317 500

（三）接受外币投资业务

企业收到投资者以外币投入的资本时，按照交易日的即期汇率折算为记账本位币金额，同时，按照收到的外币金额登记相关外币账户。

【引例9-2解析】

(1) 根据《关于外商投资的公司审批登记管理法律适用若干问题的执行意见》(工商外企字〔2006〕81号)的规定，外商投资公司的注册资本只能采用收到出资当日的即期汇率，不再使用合同汇率，也不使用即期汇率的近似汇率，与其相对应的资产类账户也不使用即期汇率的近似汇率。外币投入资本与相应的货币性项目的记账本位币金额相等，不产生外币资本折算差额。

(2) 外币资本折算汇率不影响注册资本的结构，“股本（或实收资本）”账户的金额虽不能反映股权比例，但并不改变企业分配和清算的约定比例，这一约定比例通常已经包括在合同当中。

【工作实例9-3】A公司根据其与外商签订的投资合同，外商将分两次投入外币资本，投资合同约定的汇率是1美元＝7元人民币。2024年6月25日，第一次收到外商投入资本200万美元，当日即期汇率为1美元＝6.44元人民币；2024年7月30日，第二次收到外商投入资本200万美元，当日即期汇率为1美元＝6.35元人民币。不考虑其他因素。

A公司应进行会计处理如下：

(1) 2024年6月25日，第一次收到外商投入资本时：

借：银行存款——美元户（2 000 000×6.44）	12 880 000	
贷：实收资本		12 880 000

(2) 2024年7月30日，第二次收到外商投入资本时：

借：银行存款——美元户（2 000 000×6.35）	12 700 000	
贷：实收资本		12 700 000

(四) 外币兑换业务

外币兑换业务是指企业从银行或其他金融机构购入外币或售出外币业务。企业发生的外币兑换业务或涉及兑换的交易事项，应当以交易实际采用的汇率，即银行买入价或卖出价折算。由于汇率变动产生的折算差额，计入当期损益。

【工作实例9-4】2024年6月28日，A公司到银行将货款100万美元兑换成人民币，银行当日的美元买入价为1美元=6.3元人民币，中间价为1美元=6.4元人民币。

本例中，A公司与银行发生货币兑换，兑换所用汇率为银行的买入价，而通常记账所用的即期汇率为中间价，由此产生的汇兑差额A公司计入当期财务费用。A公司当日的账务处理为：

借：银行存款——××银行（人民币）（1 000 000×6.3）	6 300 000	
财务费用——汇兑差额	100 000	
贷：银行存款——××银行（美元）（1 000 000×6.4）		6 400 000

【工作实例9-5】2024年7月1日，A公司以人民币向银行购入50万美元，银行当日的美元卖出价为1美元=6.42元人民币，中间价为1美元=6.37元人民币。

本例中，A公司与银行发生货币兑换，兑换所用汇率为银行的卖出价，而通常记账所用的即期汇率为中间价，由此产生的汇兑差额计入当期财务费用。A公司当日的账务处理为：

借：银行存款——××银行（美元）（500 000×6.37）	3 185 000	
财务费用——汇兑差额	25 000	

贷：银行存款——××银行（人民币）（500 000×6.42）　　3 210 000

【小思考9-1】企业在外币兑换中，一定会产生财务费用借方发生额吗？为什么？

三、期末调整或结算

期末，企业应当分别对货币性项目和非货币性项目进行处理。

（一）货币性项目的处理

货币性项目是指企业持有的货币或将以规定或可确定金额的货币收取的资产或偿付的负债。货币性项目分为货币性资产和货币性负债。货币性资产包括库存现金、银行存款、应收账款、应收票据、其他应收款、长期应收款等；货币性负债包括应付账款、其他应付款、短期借款、应付债券、长期借款、长期应付款等。

对于货币性项目，资产负债表日或结算日，应按照资产负债表日或结算日即期汇率对货币性项目余额进行折算。因资产负债表日当日即期汇率与货币性项目初始确认时或者前一资产负债表日即期汇率不同而产生的汇兑差额，计入当期损益。

企业在购建或生产符合资本化条件的资产而借入的专门借款为外币借款时，在借款费用资本化期间内，由于外币借款在取得日、使用日及结算日的汇率不同而产生的汇兑差额，应当予以资本化，计入资产成本。

【工作实例9-6】沿用【工作实例9-1】资料。2024年3月31日，A公司尚未收回乙公司所欠货款，当日即期汇率为1美元=6.3375元人民币。会计处理如下：

借：应收账款——美元户　　1 500

贷：财务费用——汇兑差额　　1 500

【学中做9-1】请计算应付摩根公司账款的汇兑差额，并编制会计分录。

【工作实例9-7】沿用【工作实例9-6】资料。2024年7月25日，A公司收回乙公司货款，当日即期汇率为1美元=6.3265元人民币。款项已存入银行。会计处理如下：

借：银行存款——美元户（150 000×6.3265）　　948 975

财务费用——汇兑差额　　1 650

贷：应收账款——美元户（150 000×6.3375）　　950 625

（二）非货币性项目的处理

非货币性项目是指企业持有的除货币性项目以外的项目，如预付账款、预收账款、存货、交易性金融资产、固定资产、无形资产和长期股权投资等。

对于非货币性项目区别不同情况进行相关账务处理：

第一种情况：以历史成本计量的外币非货币性项目，因已在交易发生日按当日即期汇率折算，资产负债表日不需要改变其原记账本位币金额，不产生汇兑差额。如“实收资本”“固定资产”等账户。

【工作实例9-8】A公司接受外商投入外币资本共4 000万美元，已按投入资本当日的即期汇率折算为人民币记入“实收资本”账户，而“实收资本”账户为非货币性项目，因此，期末不需要按照资产负债表日即期汇率进行调整。

【工作实例9-9】A公司2024年6月20日进口一台设备，支付价款100万美元，已按当日即期汇率1美元=6.60元人民币折算为人民币并记入“固定资产”账户。因为“固定资产”属于非货币性项目且以历史成本计量，所以，在资产负债表日不需要再按当日即期汇率调整账户余额。

第二种情况：对于以成本与可变现净值孰低计量的存货，在以外币购入存货并且该存货在资产负债表日的可变现净值以外币反映的情况下，在计提存货跌价准备时应当考虑汇率变动的影响。也就是说，在确定存货的期末价值时，应先将以国际市场价格为基础确定的可变现净值折算为记账本位币，再与以记账本位币反映的存货成本进行比较，从而确定该项存货的期末价值。

【工作实例9-10】A公司2024年11月10日，从美国W公司采购某商品10 000件，每件价格为1 000美元，当日即期汇率为1美元=6.63元人民币。2024年12月31日，尚有1 000件该商品未销售出去，国内市场仍无该商品供应，该商品在国际市场的价格降至每件900美元。12月31日的即期汇率是1美元=6.60元人民币。假定不考虑增值税等相关税费。

在本例中，由于存货在期末采用成本与可变现净值孰低计量，因此，在以外币购入存货并且该存货在资产负债表日的可变现净值以外币反映时，计提存货跌价准备时应当考虑汇率变动的影响。因此，该公司的账务处理如下：

11月10日，购入该商品时：

借：库存商品（10 000×1 000×6.63）　　66 300 000

　贷：银行存款——美元户　　66 300 000

12月31日，该商品成本为6 630 000元人民币（1 000×1 000×6.63）；可变现净值为5 940 000元人民币（1 000×900×6.60），A公司应计提存货跌价准备690 000元人民币（6 630 000−5 940 000）：

借：资产减值损失　　690 000

　贷：存货跌价准备　　690 000

第三种情况：以公允价值计量的外币非货币性项目，如交易性金融资产（股票、基金等），如果期末的公允价值以外币反映，则应当先将该外币的公允价值按照当日的即期汇率折算为记账本位币金额，再与原记账本位币金额进行比较，其差额作为公允价值变动损益，计入当期损益。

【工作实例9-11】2024年12月10日，A公司以每股1.2美元的价格购入乙公司B股10 000股作为交易性金融资产，当日汇率为1美元=6.60元人民币，款项已付。2024年12月31日，由于市价变动，当月购入的乙公司B股的市价变为每股1美元，当日汇率为1美元=6.58元人民币。假定不考虑相关税费的影响。

在本例中，A公司在购入乙公司B股时，应按交易发生日即期汇率对该项交易性金融资产进行初始计量。而根据《企业会计准则第22号——金融工具确认和计量》，交易性金融资产以公允价值计量，由于该项交易性金融资产是以外币计价，在资产负债表日，不仅应考虑乙公司B股美元市价的变动，还应一并考虑美元与人民币之间汇率变动的影响。上述交易性金融资产在资产负债表日应以公允价值65 800元人民币（10 000×1×6.58）入账，与原账面价值79 200元人民币（10 000×1.2×6.60）的差额13 400元人民币，计入公允价值变动损益。

A公司账务处理如下：

(1) 12月10日：

借：交易性金融资产——成本　　79 200

　贷：银行存款——美元户 (10 000×1.2×6.60)　　79 200

(2) 12月31日：

借：公允价值变动损益　　13 400

　贷：交易性金融资产——公允价值变动　　13 400

【小思考9-2】为什么外币业务在期末调整时，需要分清货币性项目和非货币性项目进行分别处理？

第四种情况：以公允价值计量且其变动计入其他综合收益的外币货币性金融资产形成的汇兑差额，应当计入当期损益；以公允价值计量且其变动计入其他综合收益的外币非货币性金融资产形成的汇兑差额，与其公允价值变动一并计入其他综合收益。但是，采用实际利率法计算的金融资产的外币利息产生的汇兑差额，应当计入当期损益，非交易性金融工具投资的外币现金股利产生的汇兑差额，应当计入当期损益。

(三) 外币交易会计核算的综合运用

【工作实例9-12】北方公司以人民币作为记账本位币，其外币交易采用交易日即期汇率折算，按月计算汇兑损益。北方公司在银行开设有欧元账户。

(1) 北方公司有关外币账户2024年5月31日的余额见表9-1。

表9-1　**2024年5月31日外币账户的余额**

项目	外币账户余额（欧元）	汇率	人民币账户余额（人民币元）
银行存款	800 000	9.55	7 640 000
应收账款	400 000	9.55	3 820 000
应付账款	200 000	9.55	1 910 000

(2) 北方公司2025年6月份发生的有关外币交易或事项如下：

❶ 6月5日，以人民币向银行买入200 000欧元。当日即期汇率为1欧元＝9.69元人民币，当日银行卖出价为1欧元＝9.75元人民币。

❷ 6月12日，从国外购入一批原材料，总价款为400 000欧元。该原材料已验收入库，货款尚未支付。当日即期汇率为1欧元＝9.64元人民币。另外，以银行存款支付该原材料的进口关税644 000元人民币，增值税585 000元人民币。

❸ 6月16日，出口销售一批商品，销售价款为600 000欧元，货款尚未收到。当日即期汇率为1欧元＝9.41元人民币。假设不考虑相关税费。

❹ 6月25日，收到应收账款300 000欧元，款项已存入银行。当日即期汇率为1欧元＝9.54元人民币。该应收账款系2月份出口销售发生的。

❺ 6月30日，即期汇率为1欧元＝9.64元人民币。

北方公司相关会计处理如下：

❶借：银行存款——欧元户 (200 000×9.69)　　1 938 000

　　财务费用——汇兑差额　　12 000

　贷：银行存款——人民币户 (200 000×9.75)　　1 950 000

❷ 借：原材料　4 500 000
　　应交税费——应交增值税（进项税额）　585 000
　贷：应付账款——××单位（欧元）（400 000×9.64）　3 856 000
　　　银行存款——人民币户　1 229 000

❸ 借：应收账款——××单位（欧元）（600 000×9.41）　5 646 000
　贷：主营业务收入　5 646 000

❹ 借：银行存款——欧元户（300 000×9.54）　2 862 000
　贷：应收账款——××单位（欧元）（300 000×9.54）　2 862 000

（3）2024年6月30日，计算期末产生的汇兑差额：

❶银行存款欧元户余额 = 800 000 + 200 000 + 300 000 = 1 300 000（欧元）

按当日即期汇率折算为人民币金额 = 1 300 000×9.64 = 12 532 000（元）

汇兑差额（收益）= 12 532 000 −（7 640 000 + 1 938 000 + 2 862 000）= 92 000（元）

❷应收账款欧元户余额 = 400 000 + 600 000 − 300 000 = 700 000（欧元）

按当日即期汇率折算为人民币金额 = 700 000×9.64 = 6 748 000（元）

汇兑差额（收益）= 6 748 000 −（3 820 000 + 5 646 000 − 2 862 000）= 144 000（元）

❸应付账款欧元户余额 = 200 000 + 400 000 = 600 000（欧元）

按当日即期汇率折算为人民币金额 = 600 000×9.64 = 5 784 000（元）

汇兑差额（损失）= 5 784 000 −（1 910 000 + 3 856 000）= 18 000（元）

❹应计入当期损益的汇兑差额（收益）=92 000+144 000−18 000 =218 000（元）

借：银行存款——欧元户　92 000
　　应收账款——××单位（欧元）　144 000
　贷：应付账款——××单位（欧元）　18 000
　　　财务费用　218 000

【学中做9-2】你是否能采用“丁”字形账户来计算汇兑差额？

任务三　外币财务报表折算

【引例9-3】

国内A公司的记账本位币为人民币，该公司在境外有一子公司B公司，B公司确定的记账本位币为美元。根据合同约定，A公司拥有B公司70%的股权，并能够对B公司的财务和经营政策施加重大影响。2022年度B公司的有关资料如下：2022年12月31日的汇率为1美元=6.55元人民币，2022年的平均汇率为1美元=6.70元人民币，股本、资本公积发生日的即期汇率为1美元=8元人民币，股本为500万美元，折算为4 000万元人民币；累计盈余公积为50万美元，折算为405万元人民币；累计未分配利润为120万美元，折算为972万元人民币，A公司、B公司均在年末提取盈余公积，B公司当年提取的盈余公积为70万美元。

任务要求：

（1）企业在什么情况下需要进行外币财务报表折算？

（2）外币财务报表的折算必须解决哪些问题？

一、境外经营财务报表的折算原则

企业的子公司、合营企业、联营企业和分支机构如果采用与企业相同的记账本位币，即使其设在境外，其财务报表也不存在折算问题。但是，如果企业境外经营的记账本位币不同于企业的记账本位币，在将企业的境外经营通过合并报表、权益法核算等纳入到企业的财务报表中时，需要将企业境外经营的财务报表折算为以企业记账本位币反映的财务报表，这一过程就是外币财务报表的折算。

在对企业境外经营财务报表进行折算前，应当调整境外经营的会计期间和会计政策，使之与企业会计期间和会计政策相一致，根据调整后的会计政策及会计期间编制相应货币（记账本位币以外的货币）的财务报表，再按照规定的方法对境外经营财务报表进行折算。

【引例 9-3 解析】

（1）企业的子公司、合营企业、联营企业和分支机构如果采用与企业相同的记账本位币，即使其是设在境外，其财务报表也不存在折算问题。但是，如果企业境外经营的记账本位币不同于企业的记账本位币，在将企业的境外经营通过合并报表、权益法核算等纳入到企业的财务报表中时，需要将企业境外经营的财务报表折算为以企业记账本位币反映的财务报表。

（2）外币财务报表的折算必须解决两个问题：一是折算汇率的选择，二是折算差额的处理。首先是折算汇率的选择问题，目前国际上有四种不同的选择方法，比较流行的是时态法和现行汇率法。其次是折算差额的处理。在实务中，由于汇率的变动、资产负债表各项目的计量属性的不同，各项目承担汇率风险的程度也不尽相同，折算后的财务报表会存在一定数额的折算差额。我国的做法是将折算差额在并入后的资产负债表中作为所有者权益项目单独列示，其中属于少数股东权益的部分，应当并入少数股东权益项目。

二、境外经营财务报表的折算方法

（1）资产负债表中的资产和负债项目，采用资产负债表日的即期汇率折算，所有者权益项目除“未分配利润”项目外，其他项目采用发生时的即期汇率折算。

（2）利润表中的收入和费用项目，采用交易发生日的即期汇率折算；也可以采用按照系统合理的方法确定的、与交易发生日的即期汇率近似的汇率折算。

（3）按照上述规定折算产生的外币财务报表折算差额，在合并资产负债表中所有者权益项目下的“其他综合收益”单独列示。

三、外币财务报表折算的综合运用

【工作实例 9-13】东方公司的记账本位币为人民币，该公司在英国有一子公司——西方公司，西方公司确定的记账本位币为欧元。东方公司拥有西方公司 70% 的股权，并能够对西方公司的财务和经营政策实施控制。东方公司采用当期平均汇率折算西方公司利润表项目。西方公司有关资料如下：

假定 2024 年 12 月 31 日的汇率为 1 欧元 = 7.95 元人民币，2024 年的平均汇率为 1 欧元 = 8.12 元人民币，实收资本发生日的即期汇率为 1 欧元 = 8.35 元人民币。2024 年 12 月 31 日的实收资本为 600 万欧元，折算为 5 010 万元人民币；盈余公积为 60 万欧元，折算为

500万元人民币；未分配利润为140万欧元，折算为1 155万元人民币，东方、西方两公司均在年末提取盈余公积，西方公司2024年提取的盈余公积为70万欧元。

报表折算见表9-2和表9-3（所有者权益变动表略）。

表9-2 利润表（简表）

编制单位：西方公司 2024年度 单位：万元

项目	本期金额（欧元）	折算汇率	折算为人民币金额
一、营业收入	2 400	8.12	19 488
减：营业成本	1 800	8.12	14 616
税金及附加	50	8.12	406
管理费用	120	8.12	974.4
财务费用	10	8.12	81.2
加：投资收益	30	8.12	243.6
二、营业利润	450	—	3 654
加：营业外收入	50	8.12	406
减：营业外支出	20	8.12	162.4
三、利润总额	480	—	3 897.6
减：所得税费用	130	8.12	1 055.6
四、净利润	350	—	2 842.0
五、每股收益		—	

表9-3 资产负债表（简表）

2024年12月31日 单位：万元

资产	期末余额（欧元）	折算汇率	折算为人民币金额	负债和所有者权益	期末余额（欧元）	折算汇率	折算为人民币金额
流动资产：				流动负债：			
货币资金	230	7.95	1 828.5	短期借款	50	7.95	397.5
应收账款	230	7.95	1 828.5	应付账款	340	7.95	2 703
存货	280	7.95	2 226	其他流动负债	130	7.95	1 033.5
其他流动资产	240	7.95	1 908	流动负债合计	520	—	4 134
流动资产合计	980	—	7 791	非流动负债：			
非流动资产：				长期借款	170	7.95	1 351.5
长期应收款	140	7.95	1 113	应付债券	100	7.95	795
固定资产	660	7.95	5 247	其他非流动负债	90	7.95	715.5
在建工程	90	7.95	715.5	非流动负债合计	360	7.95	2 862
无形资产	120	7.95	954	负债合计	880	—	6 996
其他非流动资产	40	7.95	318	所有者权益：			
非流动资产合计	1 050	—	8 347.5	实收资本	600		5 010
				盈余公积	130		1 068.4
				未分配利润	420		3 428.6
				外币报表折算差额			−364.5
				所有者权益合计	1 150		9 142.5
资产总计	2 030		16 138.5	负债和所有者权益总计	2 030		16 138.5

期初盈余公积为以前年度计提的盈余公积按相应年度平均汇率折算后金额的累计数，即500万元人民币；当期计提的盈余公积采用当期平均汇率折算，即568.4万元人民币（70×8.12），则资产负债表年末盈余公积为1 068.4万元人民币。

期初未分配利润记账本位币金额为以前年度未分配利润记账本位币金额的累计数，即1 155万元人民币；当期留存的未分配利润280万欧元采用当期平均汇率折算，即2 273.6万元人民币（280×8.12），则资产负债表年末未分配利润为3 428.6万元人民币。

外币报表折算差额为以记账本位币反映的净资产减去以记账本位币反映的实收资本、累计盈余公积以及累计未分配利润后的余额。

【素养提升】

树立大国自信，积极应对贸易战

从2017年8月美国启动新一轮对中国的“301调查”开始到2018年3月特朗普签署总统备忘录期间，人民币相对于美元急速升值，美元对人民币汇率中间价从6.6736连续下降到6.3220。然后随着中国对贸易战反制措施的实施和中美贸易战的进展，从2018年4月开始到2019年7月，人民币相对于美元又急速贬值，美元对人民币汇率中间价又从6.2975急速升到6.8752，中美贸易战的愈演愈烈使得人民币汇率出现前所未有的剧烈波动。

随着经济全球化和中国经济的不断发展，我国已成为世界第二大经济体，中美两国在经济、政治等领域交往密切，由于两国贸易结构的差异，两国在贸易领域的摩擦频繁出现。美国对华展开贸易战的目的是阻止中国发展，限制中国成为世界第一大经济体，防止中国超越美国，美国挑起贸易战终将搬起石头砸自己的脚。

从理论上讲，在不考虑货币政策等情况下，人民币的币值应该与中国贸易顺差成正相关，即中国贸易顺差越大，人民币币值越高；中国贸易顺差越小，人民币币值越低。随着中国“走出去”“一带一路”等国家战略的推进，中国的对外投资取得了快速的发展，人民币汇率改革也在有序地不断推进，我国有信心稳定中国整体的金融环境，维持对外贸易均衡，促进实体经济发展，不断增强中国的经济实力，推进人民币国际化进程。

思考与启示：

随着改革开放、“一带一路”建设、人民币国际化、中国制造2025的不断深入，中国的崛起之路已箭在弦上、势不可挡，中国正走近世界舞台的中央，同学们要了解国家发生的巨大变化，全面看待社会现实和国际局势，建立作为大国国民应有的自信。我们要坚持对马克思主义的坚定信仰、对中国特色社会主义的坚定信念，坚定道路自信、理论自信、制度自信、文化自信。在享受着祖国带给我们的强大安全感的同时，我们要清楚时代赋予我们的民族使命，激发自己的责任感和爱国情怀。

项目小结

记账本位币是指企业经营所处的主要经济环境中的货币。在我国，大多数企业主要产生和支出现金的环境在国内，因此，一般以人民币作为记账本位币。企业在确定境外经营的记账本位币时，应考虑准则规定因素进行综合分析加以确定。企业记账本位币一经确定，不得随意变更，除非与确定记账本位币相关的企业经营所处的主要经济环境发生重大变化。

企业发生外币交易，其会计核算的基本程序包括初始确认和期末调整。对于结算的外币货币性项目直接确认汇兑损益。

企业一般需要将境外经营的财务报表折算为以企业记账本位币反映的财务报表，这一过程就是外币财务报表的折算。在对企业境外经营财务报表进行折算前，应当调整境外经营的会计期间和会计政策，使之与企业会计期间和会计政策相一致，根据调整后的会计政策及会计期间编制相应货币（记账本位币以外的货币）的财务报表，然后再按照规定方法进行折算。

复习思考题

1.什么是记账本位币？我国《会计法》中对企业记账本位币的确定是如何规定的？

2.什么是即期汇率和即期汇率的近似汇率？

3.外币交易的核算程序包括哪些步骤？

4.期末，对于货币性项目和非货币性项目的会计处理是否相同？

5.什么是外币报表折算？对于资产负债表各项目的折算有什么规定？

6.为什么对外币财务报表折算会产生折算差额？

7.现行会计准则对接受外币资本投资有何规定？

8.为什么在现代会计中，外币业务会计处理的两项交易观取代了单一交易观？

习题与实训

一、单项选择题

单项选择题

1.某外商投资企业以人民币作为记账本位币，收到外商作为实收资本投入的设备一台，协议作价100万美元，当日的市场汇率为1美元=7元人民币。投资合同约定汇率为1美元=6.85元人民币。另发生运杂费2万元人民币，进口关税5万元人民币，安装调试费3万元人民币，上述相关税费均以银行存款（人民币户）支付。该设备的入账价值为（　　）万元人民币。

A.695　　B.700　　C.710　　D.685

2.某外商投资企业以人民币作为记账本位币，外币交易采用当日即期汇率折算，其银行存款（美元）账户上期期末余额为100 000美元，上期期末即期汇率为1美元=6.30元人民币，该企业本月10日将其中的20 000美元在银行兑换为人民币，银行当日美元买入价为1美元=6.25元人民币，当日即期汇率为1美元=6.32元人民币。该企业本期没有其他涉及美元账户的业务，期末即期汇率为1美元=6.28元人民币。则该企业本期计入财务费用（汇兑损失）的金额共计（　　）元人民币。

A.1 200　　B.-200　　C.2 600　　D.1 400

3.甲公司记账本位币为人民币，对外币交易采用交易发生日即期汇率折算，按月计算汇兑损益。甲公司2024年3月10日出口销售一批设备，价款总额为2 000万美元，合同规定购货方应于4个月后支付上述货款，销售时的即期汇率为1美元=6.35元人民币。3月31日的即期汇率为1美元=6.36元人民币，4月30日的即期汇率为1美元=6.34元人民币，5月1日的即期汇率为1美元=6.35元人民币，5月31日的即期汇率为1美元=6.37元人民币。假定不考虑增值税等其他因素影响，甲公司2024年5月对该外币债权确认的汇兑损失为（　　）万元人民币。

A.-40　　B.-60　　C.40　　D.-20

4.甲公司的记账本位币为人民币，2024年6月5日以每股2美元的价格购入A公司10 000股股票作为以公允价值计量且其变动计入当期损益的金融资产核算，当日即期汇率为1美元=6.80元人民币，款项已经支付，2024年6月30日，当月购入的A公司股票市价变为每股2.2美元，当日即期汇率为1美元=6.90元人民币，假定不考虑相关税费的影响，则甲公司期末因交易性金融资产应计入公允价值变动损益的金额为（　　）元人民币。

A.13 800　　B.15 800　　C.13 600　　D.1 000

5.甲公司以人民币作为记账本位币，发生外币交易时采用交易日的即期汇率折算。甲公司12月20日进口一批原材料并验收入库，货款尚未支付；该批原材料成本为100万美元，当日即期汇率为1美元=6.80元人民币。至12月31日，甲公司仍未支付上述货款，甲公司银行存款美元户余额为1 000万美元，按年末即期汇率调整前的人民币账面余额为7 020万元，当日即期汇率为1美元=7.10元人民币。不考虑增值税等其他因素影响，上述交易或事项对甲公司12月份营业利润的影响金额为（　　）万元人民币。

A.-30　　B.80　　C.50　　D.-50

6.下列关于工商企业外币交易会计处理的表述中，错误的是（　　）。

A.结算外币应收账款形成的汇兑差额应计入财务费用

B.结算外币应付利息形成的汇兑差额一定计入财务费用

C.期末调整应收账款外币账户产生的汇兑差额计入财务费用

D.期末调整应付账款外币账户产生的汇兑差额计入财务费用

7.下列关于外币交易的会计处理的表述中，错误的是（　　）。

A.企业为购建固定资产而专门借入的外币借款，在借款费用资本化期间，产生的汇兑差额应该计入固定资产成本

B.采用实际利率法计算的金融资产的外币利息产生的汇兑差额，应当计入当期损益

C.非交易性权益工具投资的外币现金股利产生的汇兑差额，应当计入其他综合收益

D.处置的境外经营为子公司的，将已列入其他综合收益的外币报表折算差额中归属于少数股东的部分，视全部处置或部分处置分别予以终止确认或转入少数股东权益

8.某公司境外子公司的记账本位币为美元。本期期末即期汇率为1美元=6.40元人民币，当期即期汇率的近似汇率（采用平均汇率确定）为1美元=6.50元人民币。子公司资产负债表中“盈余公积”项目年初余额为200万美元，折合1 320万元人民币，本期所有者权益变动表“提取盈余公积”项目金额为160万美元，该子公司利润表采用平均汇率进行折算。则子公司本期资产负债表“盈余公积”项目的期末余额为（　　）万元人民币。

A.2 304　　B.2 360　　C.2 344　　D.1 320

9.甲上市公司（以下简称“甲公司”）以人民币为记账本位币，持有其子公司（乙公司）100%股权，乙公司确定的记账本位币为美元。2024年7月1日，为补充乙公司经营所需资金的需要，甲公司以长期应收款形式借给乙公司1 000万美元，除此之外，甲、乙公司之间未发生任何交易。7月1日的即期汇率为1美元=6.80元人民币，12月31日的即期汇率为1美元=7.10元人民币。则2024年12月31日在甲公司合并财务报表中因外币报表折算应确认的其他综合收益的金额为（　　）万元人民币。

A.300　　B.-300　　C.-6 800　　D.7 100

10.假设乙公司为甲公司的子公司，下列各项关于编制年度合并财务报表时会计处理的表述中，正确的是（　　）。

A.甲公司实质上构成对乙公司净投资的长期应收乙公司款项所产生的汇兑差额在合并资产负债表“未分配利润”项目列示

B.甲公司应收乙公司账款与应付乙公司账款以抵销后的净额在合并资产负债表中列示

C.采用资产负债表日即期汇率将乙公司财务报表折算为以甲公司记账本位币表示的财务报表

D.乙公司外币报表折算差额中归属于少数股东的部分在合并资产负债表“少数股东权益”项目列示

11.甲公司为增值税一般纳税人，销售商品适用的增值税税率为13%，其记账本位币为人民币，对外币交易采用交易发生日的即期汇率折算，按月计算汇兑损益。2024年3月1日，甲公司从美国进口一批原材料1 000吨，每吨的价格为300美元，当日的即期汇率为1美元=6.2元人民币，同时以人民币支付进口关税20.1万元人民币，支付进口增值税26.793万元人民币，货款尚未支付。2024年3月31日，当日的即期汇率为1美元=6.25元人民币。根据上述资料，不考虑其他因素，2024年3月1日，甲公司原材料的

初始入账金额为（　　）万元人民币。

A.186　　B.206.1　　C.241.17　　D.258.69

12.甲公司以人民币为记账本位币，其外币交易采用交易日的即期汇率折算，按月计算汇兑损益。2024年5月31日的即期汇率为1欧元=9.43元人民币。6月1日，甲公司收回5月20日产生的应收账款600万欧元，当日的即期汇率为1欧元=9.55元人民币。不考虑其他因素，则甲公司因该项交易计入财务费用的金额为（　　）。

A.0　　B.5 730万元人民币　　C.72万元人民币　　D.-72万元人民币

13.甲公司的记账本位币为人民币，其一境外子公司乙公司的记账本位币为港币，期初汇率为1港币=0.81元人民币，期末汇率为1港币=0.91元人民币，甲公司利润表采用中间汇率折算，资产负债表盈余公积期初数为1 000万港币，折合780万元人民币，本期提取盈余公积500万港币，则本期甲公司资产负债表“盈余公积”项目的期末数额应该是（　　）万元人民币。

A.1 235　　B.1 210　　C.1 280　　D.1 365

14.企业收到投资者以外币投入的资本，应当采用（　　）进行折算。

A.合同约定的汇率

B.实际收到款项当日的即期汇率

C.采用系统合理的方法确定的、与交易发生日即期汇率近似的汇率

D.资产负债表日的即期汇率

15.甲公司的记账本位币为人民币，对外币交易采用交易发生日的即期汇率折算。甲公司拥有乙公司60%的股权。乙公司在美国注册，在美国生产产品并全部在当地销售，生产所需原材料直接在美国采购。2024年年末，甲公司应收乙公司长期款项600万美元，该长期应收款实质上构成对乙公司净投资的一部分，2024年12月31日折算的人民币金额为4 680万元。不考虑其他因素，关于甲公司应收乙公司的600万美元于资产负债表日产生的汇兑差额在合并财务报表如何列示，下列说法中正确的是（　　）。

A.转入合并利润表的“投资收益”项目

B.转入合并利润表的“财务费用”项目

C.转入合并资产负债表的“其他综合收益”项目

D.单设“合并报表汇兑差额”项目反映

二、多项选择题

多项选择题

1.下列各项中，属于企业在选择记账本位币时应当考虑的因素有（　　）。

A.销售商品时计价和结算所使用的币种

B.结算职工薪酬通常使用的币种

C.融资活动获得的币种

D.保存从经营活动中收取款项所使用的币种

2.下列关于外币交易会计处理的表述中，正确的有（　　）。

A.企业接受外币资本投资，实收资本应按合同约定汇率折算为记账本位币入账

B.外币交易应当在初始确认时，采用交易发生日的即期汇率或近似汇率将外币金额折算为记账本位币金额

C.资产负债表日，对于外币应收项目应当根据汇率变动计算汇兑差额计入财务费用，无须计提坏账准备

D.资产负债表日，对以历史成本计量的外币非货币性项目，仍采用交易发生日的即期汇率折算，不改变原记账本位币金额

3.下列项目中，可以作为汇兑损益计入当期损益的有（　　）。

A.接受投入的外币资本折算差额　　B.买入外汇时发生的折算差额

C.结算外币应付账款产生的汇兑差额　　D.外币财务报表折算的差额

4.下列各项汇兑差额中，应当计入当期财务费用的有（　　）。

A.在资本化期间内，企业的外币借款利息在期末按即期汇率折算的人民币金额与原账面已折算的人民币金额之间的差额

B.企业向银行购入外币，用于支付进口设备货款，实际支付的人民币金额与按即期汇率折合的人民币金额之间的差额

C.企业用外币购买并计价的原材料，在期末按即期汇率折算的人民币金额与原账面已折算的人民币金额之间的差额

D.企业的外币银行存款在期末按即期汇率折算的人民币金额与原账面已折算的人民币金额之间的差额

5.甲公司2024年发生以下外币交易或事项：（1）取得外币借款800万美元用于补充外币流动资金，当日即期汇率为1美元=6.84元人民币；（2）自国外进口设备支付预付款500万美元，当日即期汇率为1美元=6.88元人民币；（3）出口销售确认应收账款900万美元，当日即期汇率为1美元=6.93元人民币；（4）收到私募股权基金对甲公司投资700万美元，当日即期汇率为1美元=6.98元人民币。甲公司有关外币项目均不存在期初余额，2024年12月31日美元兑换人民币的即期汇率为1美元=6.99元人民币。不考虑其他因素，下列关于甲公司2024年12月31日因上述项目产生汇兑损益的会计处理中，正确的有（　　）。

A.应收账款产生的汇兑收益应计入当期损益

B.预付设备款产生的汇兑收益应抵减拟购入资产成本

C.外币借款产生的汇兑损失应计入当期损益

D.取得私募股权基金投资产生的汇兑收益应计入资本性项目

6.下列关于外币财务报表折算的表述中，正确的有（　　）。

A.资产和负债项目应当采用资产负债表日的即期汇率进行折算

B.所有者权益项目，除“未分配利润”项目外，其他项目均应采用交易发生日的即期汇率进行折算

C.企业对境外子公司的外币利润表中的收入和费用项目进行折算时，可以采用交易发生日的即期汇率，也可以采用按照系统合理的方法确定的、与交易日即期汇率近似的汇率

D.在部分处置境外经营时，应将资产负债表中“所有者权益”项目下列示的、与境外经营相关的全部其他综合收益转入当期损益

7.下列各项外币资产因汇率变动产生的影响中，计入当期损益的有（　　）。

A.应收账款

B.以公允价值计量且其变动计入当期损益的金融资产

C.以公允价值计量且其变动计入其他综合收益的非交易性权益工具投资

D.以摊余成本计量的金融资产

8.下列各项关于外币财务报表折算的表述中，正确的有（　　）。

A.资产负债表中的资产和负债项目，采用资产负债表日的即期汇率折算

B.资产负债表中的所有者权益项目，采用交易发生时的即期汇率折算

C.利润表中的收入和费用项目，采用交易发生日的即期汇率或即期汇率的近似汇率折算

D.产生的外币财务报表折算差额，在编制合并财务报表时，应在合并资产负债表中所有者权益项目下列示

9.下列各项属于外币货币性项目的有（　　）。

A.预收账款

B.应交税费

C.以公允价值计量且其变动计入其他综合收益的金融资产（债权投资）

D.应付职工薪酬

10.下列关于境外经营处置的说法中，正确的有（　　）。

A.企业可能通过出售、清算、返还股本或放弃全部或部分权益等方式处置其在境外经营中的利益

B.企业处置全部境外经营时，应将资产负债表中所有者权益项目下列示的、与该境外经营有关的外币财务报表折算差额（其他综合收益），自所有者权益项目转入处置当期损益

C.企业部分处置境外经营的，应当按处置的比例计算处置部分的外币财务报表折算差额（其他综合收益），转入处置当期损益

D.企业部分处置境外经营的，应当将资产负债表中所有者权益项目下列示的、与该境外经营有关的外币财务报表折算差额（其他综合收益），全部自所有者权益项目转入处置当期损益

三、判断题

判断题

1.编制合并报表涉及境外经营的，实质上构成对境外经营净投资的外币货币性项目，因汇率变动而产生的汇兑差额中归属于母公司的部分，应计入其他综合收益。（　）

2.境外经营对其所从事的活动拥有很强的自主性的，则应该根据所处的主要经济环境选择记账本位币。（　）

3.以历史成本计量的外币非货币性项目，由于已在交易发生日按当日即期汇率折算，资产负债表日不应改变其原记账本位币金额，不产生汇兑差额。（　）

4.企业在处置境外经营时，应当将与该境外经营相关的外币财务报表折算差额，自所有者权益项目转入处置当期损益；部分处置境外经营的，应当按处置的比例计算处置部分的外币财务报表折算差额，转入处置当期损益。（　）

5.企业部分处置境外经营的，应当将全部的外币财务报表折算差额，转入处置当期损益。（　）

6.企业记账本位币发生变更的，其比较财务报表应当以变更当日的即期汇率折算所有资产负债表和利润表项目。（　）

7.企业借入的外币专门借款发生的汇兑差额，不属于借款费用，直接计入当期损益。（　）

8.外币交易应当在初始确认时，采用交易发生日的即期汇率将外币金额折算为记账本位币金额；也可以采用按照系统合理的方法确定的、与交易发生日即期汇率近似的汇率折算。（　）

9.在境内的子公司、合营企业、联营企业，采用的记账本位币不同于企业的记账本位币的，不得认定为境外经营。（　）

10.外币财务报表折算产生的折算差额，应在资产负债表“未分配利润”项目列示。（　）

四、实训题

实训一

实训题

目的：实训外币交易的会计处理。

资料：A公司对外币业务采用交易发生日的即期汇率折算，按月计算汇兑损益。假定在外币交易过程中，不考虑相关税费的会计处理。2024年6月30日，市场汇率为1美元＝6.26元人民币。2024年6月30日有关外币账户期末余额见表9-4。

表9-4　2024年6月30日有关外币账户期末余额

项目	外币金额（美元）	折算汇率	折合人民币金额（人民币元）
银行存款	100 000	6.26	626 000
应收账款	500 000	6.26	3 130 000
应付账款	200 000	6.26	1 252 000

A公司2024年7月份发生以下外币业务：

（1）5日，收到某外商投入的外币资本500 000美元，当日的市场汇率为1美元＝6.24元人民币，款项已由银行收存。

(2) 18日，进口一台不需安装的机器设备，设备价款为400 000美元，尚未支付，当日的市场汇率为1美元＝6.23元人民币。

(3) 20日，对外销售产品一批，价款共计200 000美元，当日的市场汇率为1美元＝6.22元人民币，款项尚未收到。

(4) 28日，以外币存款偿还2月份发生的应付账款200 000美元，当日的市场汇率为1美元＝6.21元人民币。

(5) 30日，收到2月份发生的应收账款300 000美元，当日的市场汇率为1美元＝6.20元人民币。

要求：

(1) 编制7月份发生的外币业务的会计分录；

(2) 分别计算7月末各外币项目的汇兑损益，并列出计算过程；

(3) 编制期末外币账户汇兑损益的会计分录。

实训二

目的：实训外币交易的会计处理。

资料：大华公司的外币交易采用交易发生时的市场汇率进行折算，并按月计算汇兑损益。2024年7月31日，市场汇率为1美元＝6.5元人民币。有关外币账户期末余额见表9-5。

表9-5 2024年7月31日有关外币账户期末余额

项目	外币金额（美元）	折算汇率	折合人民币金额（人民币元）
银行存款	5 000 000	6.5	32 500 000
应收账款	200 000	6.5	1 300 000
应付账款	100 000	6.5	650 000
长期借款	800 000	6.5	5 200 000

大华公司8月份发生如下外币业务（假设不考虑有关税费）：

(1) 8月1日，大华公司以每股5美元的价格购入甲公司的股票100万股，作为交易性金融资产核算，当日的汇率为1美元＝6.46元人民币，款项已用美元支付。

(2) 8月10日，大华公司对外销售一批商品，售价为30万美元，当日的市场汇率为1美元＝6.60元人民币，款项尚未收到。

(3) 8月16日，收到国外的投资500万美元，合同约定的汇率为1美元＝6.80元人民币，款项已收到，当日的市场汇率为1美元＝6.53元人民币。

(4) 8月20日，大华公司购入一批原材料，该批原材料的价款为50万美元，款项尚未支付，当日的市场汇率为1美元＝6.56元人民币。

(5) 8月23日，大华公司收到上月应收货款20万美元，款项已存入银行，当日的市场汇率为1美元＝6.55元人民币。

(6) 8月31日，计提长期借款利息5万美元，利息尚未支付，该项长期借款是在2024年1月1日借入的，用于建造固定资产，期限3年，到期一次还本付息，该项固定资产在2024年1月1日已开始建造，2024年年末尚未达到可使用状态。

(7) 8月31日，当月购入的甲公司股票的公允价值为每股4.6美元，当日的市场汇率为1美元＝6.56元人民币。

要求：

(1) 编制上述业务的会计分录；

(2) 计算期末汇兑损益并做出相关的账务处理（假定不考虑税费的影响）。

项目十

会计政策、会计估计变更和差错更正的核算

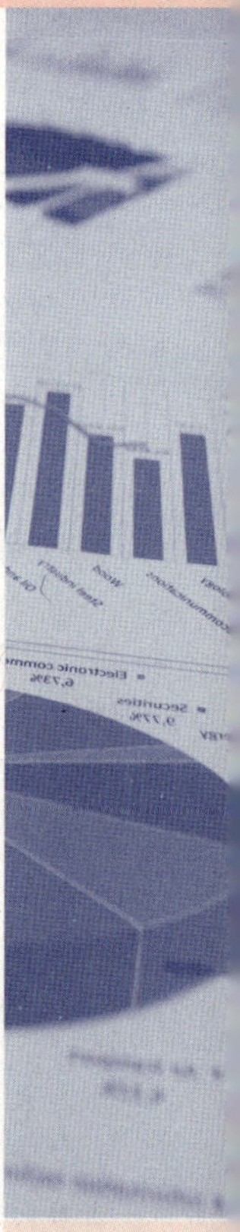

职业能力目标

通过本项目的学习，了解前期差错的含义及内容；理解会计政策、会计估计的含义；掌握会计政策、会计估计变更的会计处理方法及前期差错更正的方法。能应用会计政策、会计估计变更及前期差错更正的方法处理实际问题。

典型工作任务

能对会计政策变更、会计估计变更进行准确判断；能完成会计政策变更业务、会计估计变更业务的会计处理；能对前期差错业务进行更正及正确披露。

内容框架

会计政策、会计估计变更和差错更正的核算

- 会计政策及其变更
  - 认知会计政策
  - 企业会计政策的选择和披露
  - 会计政策变更的概念和条件
  - 会计政策变更的会计处理
- 会计估计及其变更
  - 认知会计估计及其变更
  - 会计估计变更的会计处理
  - 会计估计变更的披露
- 前期差错更正
  - 认知前期差错
  - 前期差错更正的会计处理

任务一　会计政策及其变更

【引例10-1】

甲公司2022年、2023年分别以45 000元和110 000元的价格从股票市场购入A、B两只以交易为目的的股票（假设不考虑购入股票发生的交易费用），市价一直高于购入成本。公司采用成本与市价孰低法对购入的股票进行计量。公司从2024年起对其以交易为目的购入的股票由以成本与市价孰低计量改为以公允价值计量，公司保存的会计资料比较齐备，可以通过会计资料追溯计算。假设所得税税率为25%，公司按净利润的10%提取法定盈余公积，按净利润的5%提取任意盈余公积。两种方法计量的交易性金融资产账面价值见表10-1。

表10-1　两种方法计量的交易性金融资产账面价值　单位：元

会计政策 股票	成本与市价孰低	公允价值（2022年年末）	公允价值（2023年年末）
A股票	4 500 000	5 100 000	5 100 000
B股票	1 100 000	—	1 300 000

任务要求：

（1）甲公司对购买的交易性金融资产由以成本与市价孰低计量改为以公允价值计量，对企业所提供的会计信息是否会产生影响？

（2）甲公司会计确认方法的变更是否属于会计政策变更？企业对会计确认方法是否可以随意变更？

（3）甲公司对交易性金融资产计量方法进行变更，应如何处理？

一、认知会计政策

（一）会计政策的含义

会计政策是指企业在会计确认、计量和报告中所采用的原则、基础和会计处理方法。从这个定义中可以看出，会计政策包括两个部分：

（1）会计政策是与会计的确认、计量和报告这几个环节相联系的；

（2）会计政策是在这几个环节中所涉及的原则、基础和会计处理方法。

（二）对会计政策的理解

1.对会计原则的理解

会计原则有一般原则和特定原则。会计政策所指的会计原则是指某一类会计业务的核算所应遵循的特定原则，而不是笼统地指所有的会计原则。这里所说的会计政策是企业可以选择的，如会计信息质量特征中的可靠性，通常不将其作为会计政策，因为企业在做会计核算时必须遵循可靠性这一原则，企业在进行会计处理时不得在可靠性上做选择。同理，四项会计基本前提、八项会计信息质量要求也不能作为会计政策。

2.对会计基础的理解

会计基础，主要是指会计确认基础和会计计量基础。从会计实务的角度看，可供选择的会计确认基础有权责发生制和收付实现制。会计计量基础主要包括历史成本、重置成本、可变现净值、现值和公允价值等。由于我国企业应当采用权责发生制作为会计确认基础，不具备选择性，所以会计政策所指的会计基础，主要是会计计量基础（即计量属性）。

3.对会计处理方法的理解

会计处理方法，是指企业根据国家统一的会计制度允许选择的、对某一类会计业务的具体处理方法做出的具体选择。在大多数情况下，会计政策主要强调的是具体的会计处理方法问题。企业对会计政策的选择实际上就是对会计处理方法的选择。例如，在原企业会计准则下，企业对子公司的长期股权投资均采用权益法核算，新准则对此采用成本法进行会计处理，这就属于一种会计政策的变更。通常情况下大部分会计处理方法都属于会计政策。

关于会计确认的问题，如借款费用是费用化还是资本化的问题，在我国，企业发生的借款费用，可直接归属于符合资本化条件的资产的购建或者生产的，应当予以资本化，计入相关资产成本；其他借款费用，应当在发生时根据其发生额确认为费用，计入当期损益。两种处理方式的不同就涉及会计政策问题。再如，研发支出的处理问题。我国在很长一段时间内，将研究开发费用均计入管理费用，新准则下区分了研究阶段和开发阶段，对于不同阶段的费用采用不同的处理方式，开发支出符合资本化条件时计入无形资产成本，这涉及了会计确认问题。

二、企业会计政策的选择和披露

（一）会计政策的选择

1.会计政策是在允许的会计原则、计量基础和会计处理方法中做出指定或具体选择

我国的企业会计准则和会计制度属于行政法规，会计政策所包括的具体会计原则、计量基础和会计处理方法由会计准则或会计制度规定，具有一定的强制性。

2.会计政策涉及会计原则、会计基础和会计处理方法

会计原则、会计基础和会计处理方法三者是一个具有逻辑性的、密不可分的整体，通过这个整体，会计政策才能得以应用和落实。

3.会计政策应当保持前后各期的一致性

企业通常应在每期采用相同的会计政策。企业选用的会计政策一般情况下不能也不应当随意变更，以保持会计信息的可比性。

（二）会计政策的披露

企业在会计核算中所采用的会计政策，通常应在报表附注中加以披露，需要披露的会计政策项目主要有以下几项：

（1）财务报表的编制基础、计量基础和会计政策的确定依据等。

（2）合并政策，是指编制合并财务报表所采纳的原则。

（3）外币折算，是指外币折算所采用的方法以及汇兑损益的处理。

（4）收入的确认，是指收入确认所采用的会计方法。

（5）存货的计价，是指企业存货的计价方法。例如，企业发出存货成本的计量是采用先进先出法，还是其他计量方法。

（6）长期股权投资的核算，是指长期股权投资的具体会计处理方法。例如，企业对被

投资单位的长期股权投资是采用成本法，还是采用权益法。

（7）借款费用的处理，是指借款费用的处理方法，即是采用资本化，还是采用费用化。

（8）固定资产的初始计量，是指对取得的固定资产初始成本的计量。例如，企业取得固定资产初始成本是以购买价款，还是购买价款的现值为基础进行计量。

（9）投资性房地产的后续计量，是指企业在资产负债表日对投资性房地产进行后续计量所采用的会计处理方法。例如，企业对投资性房地产的后续计量是采用成本模式，还是公允价值模式。

（10）合并政策，是指编制合并财务报表所采用的原则。例如，母公司与子公司的会计年度不一致的处理原则；合并范围的确定原则等。

三、会计政策变更的概念和条件

（一）会计政策变更的概念

会计政策变更，是指企业对相同的交易或者事项由原来采用的会计政策改用另一会计政策的行为。例如，企业自本年开始，将自用的仓库改为出租使用，将固定资产改为投资性房地产进行核算。可以看出，这是两种不同的经济业务，不属于会计政策变更。如果企业将原来出租使用的仓库由以历史成本核算改为以公允价值核算，应该属于会计政策变更。

（二）会计政策变更的条件

企业选用的会计政策不得随意变更，但在符合下列条件之一时，企业可以变更会计政策：

1.法律、行政法规或国家统一的会计制度等要求变更

这种情况是指，按照法律、行政法规以及国家统一的会计制度的规定，要求企业采用新的会计政策。在这种情况下，企业应按规定改变原会计政策，采用新的会计政策。例如，《企业会计准则第16号——政府补助》发布实施以后，对财政贴息采用新的会计政策进行处理；企业取得的短期投资原来通过“短期投资”账户核算，并且计提短期投资跌价准备，但按新企业会计准则的规定，应设置“交易性金融资产”账户核算，按公允价值进行后续计量，不计提减值准备。这是国家统一的会计制度要求变更，企业必须按新准则的规定来处理。

2.会计政策的变更能够提供更可靠、更相关的会计信息

企业会计政策的选择，总是根据企业当时所处的特定经济环境以及某类业务的实际情况做出的，但随着经济环境、客观情况的改变，使企业原来采用的会计政策所提供的会计信息，已不能恰当地反映企业的财务状况、经营成果和现金流量等情况。在这种情况下，应改变原有会计政策，按新的会计政策进行核算，以对外提供更可靠、更相关的会计信息。例如，随着物价持续下跌，企业对发出存货的计价方法采用加权平均法导致存货销售成本补偿不足，影响了企业再生产和扩大再生产的需要，按照谨慎性的要求，企业将发出存货的计价方法由加权平均法改为先进先出法，这样能够提供关于企业财务状况、经营成果和现金流量等更可靠、更相关的信息。

需要注意的是，除法律、行政法规或者国家统一的会计制度等要求变更会计政策应当

按照规定执行和披露外，企业因满足上述第2条的条件变更会计政策时，必须有充分、合理的证据表明其变更的合理性，并说明变更会计政策后，能够提供关于企业财务状况、经营成果和现金流量等更可靠、更相关会计信息的理由。对会计政策的变更，应经股东大会或董事会等类似机构批准。如无充分、合理的证据表明会计政策变更的合理性或者未经股东大会等类似机构批准擅自变更会计政策的，或者连续、反复地自行变更会计政策的，视为滥用会计政策，按照前期重大会计差错更正的方法进行处理。

（三）不属于会计政策变更的情形

对会计政策变更的认定，直接影响到会计处理方法的选择。因此，在会计实务中，企业应当分清哪些属于会计政策变更，哪些不属于会计政策变更。以下两种情况不属于会计政策变更：

（1）本期发生的交易或者事项与以前相比具有本质差别而采用新的会计政策。例如，将自用的办公楼改为出租，不属于会计政策变更，而是采用新的会计政策。

（2）对初次发生的或不重要的交易或者事项采用新的会计政策。例如，某企业原在生产经营过程中使用少量的周转材料，并且价值较低，故企业于领用周转材料时一次计入费用。但是，由于该企业于近期转产，生产新的产品，所需周转材料比较多，且价值较大，企业对领用周转材料的处理方法，改为分次摊销法。该企业改变领用周转材料的处理方法后，对损益的影响并不大，并且周转材料通常在企业生产经营中所占的比例不大，属于不重要的事项，因而改变会计政策不属于会计政策变更。

【小思考10-1】如企业对固定资产由按年限平均法计提折旧改为按双倍余额递减法计提折旧，这种折旧计提方法的变更是否属于会计政策变更？为什么？

四、会计政策变更的会计处理

（一）会计政策变更的会计处理方法选择

对于会计政策变更，企业应当根据具体情况，分别采用不同的会计处理方法：

（1）企业依据法律、行政法规或者国家统一的会计制度等的要求变更会计政策的，应当按照国家相关规定执行：

❶国家发布相关的会计处理办法，则按照国家发布的相关会计处理办法的规定进行处理。

❷国家没有发布相关的会计处理办法，则采用追溯调整法进行会计处理。

（2）会计政策变更能够提供更可靠、更相关的会计信息的，应当采用追溯调整法处理。

（3）确定会计政策变更对列报前期影响数不切实可行的，应当从可追溯调整的最早期间期初开始应用变更后的会计政策。在当期期初确定会计政策变更对以前各期累积影响数不切实可行的，应当采用未来适用法处理。

不切实可行，是指企业在采取所有合理的方法后，仍然不能获得采用某项规定所必需的相关信息，而导致无法采用该项规定，则该项规定在此时是不切实可行的。对于以下特定前期，对某项会计政策变更应用追溯调整法或进行追溯重述以更正一项前期差错是不切实可行的：

❶应用追溯调整法或追溯重述法的累计影响数不能确定。

❷应用追溯调整法或追溯重述法要求对管理层在该期当时的意图做出假定。

❸应用追溯调整法或追溯重述法要求对有关金额进行重新估计，并且不可能提供有关交易发生时存在状况的证据（例如，有关金额确认、计量或披露日期存在事实的证据，以及在受变更影响的当期和未来期间确认会计估计变更的影响的证据）和该期间财务报表批准报出时能够取得的信息与其他信息客观地加以区分。

（二）具体方法

发生会计政策变更时，有两种会计处理方法，即追溯调整法和未来适用法。

1.追溯调整法

追溯调整法，是指对某项交易或事项变更会计政策，视同该项交易或事项初次发生时即采用变更后的会计政策，并以此对财务报表相关项目进行调整的方法。

追溯调整法通常由以下步骤构成：

第一步，计算会计政策变更的累积影响数。对会计政策变更的累积影响数，通常可以通过以下步骤计算获得：(1) 根据新的会计政策重新计算受影响的前期交易或事项；(2) 计算两种会计政策下的差异；(3) 计算差异的所得税影响金额；(4) 确定前期中每一期的税后差异；(5) 计算会计政策变更的累积影响数。

第二步，编制相关项目的调整分录。会计政策变更涉及损益调整的事项通过“利润分配——未分配利润”账户核算，不通过“以前年度损益调整”账户核算。

第三步，调整列报前期最早期初财务报表相关项目及其金额。

第四步，附注说明。

【知识链接10-1】企业应当在附注中披露与会计政策变更有关的下列信息：

(1) 会计政策变更的性质、内容和原因。

(2) 当期和各个列报前期财务报表中受影响的项目名称和调整金额。

(3) 无法进行追溯调整的，说明该事实和原因以及开始应用变更后的会计政策的时点、具体应用情况。

【引例10-1解析】

1.在会计上，会计计量属性的不同，会导致资产与损益的结果不同。因此，甲公司对交易性金融资产的计量由成本与市价孰低改为公允价值，对会计信息是有影响的。

2.因为会计原则、基础均为会计政策，会计政策变更是指企业对相同的交易或者事项由原来采用的会计政策改为采用另一会计政策的行为。所以甲公司对交易性金融资产的计量由成本与市价孰低改为公允价值的行为属于会计政策变更。

3.按照企业会计准则的要求，对会计政策变更的会计处理方法原则上进行追溯调整，即首选的方法是追溯调整法，除非不能追溯。而甲公司对交易性金融资产的计量由成本与市价孰低改为公允价值，公司保存的会计资料比较齐备，故可以通过会计资料追溯计算。因而采用追溯调整法。具体核算步骤如下：

(1) 计算改变交易性金融资产计量方法后的累积影响数（见表10-2）

表10-2 改变交易性金融资产计量方法后的累积影响数 单位：元

股票类型	公允价值（2022年年末）	公允价值（2023年年末）	成本与市价孰低	税前差异	所得税影响	税后差异
A股票	5 100 000	5 100 000	4 500 000	600 000	150 000	450 000
B股票	—	1 300 000	1 100 000	200 000	50 000	150 000
合计	5 100 000	6 400 000	5 600 000	800 000	200 000	600 000

甲公司2023年12月31日的比较财务报表列报前期最早期初为2022年1月1日。

甲公司在2022年年末按公允价值计量的账面价值为5 100 000元，按成本与市价孰低计量的账面价值为4 500 000元，所得税影响为150 000元，两者差异的税后净影响额为450 000元，即为该公司2022年期初由按成本与市价孰低计量改为按公允价值计量的累积影响数。

甲公司在2023年年末按公允价值计量的账面价值为6 400 000元，按成本与市价孰低计量的账面价值为5 600 000元，所得税影响为200 000元，两者差异的税后净影响额为600 000元，其中，450 000元是调整2022年累积影响数，150 000元是调整2023年当期金额。

甲公司按照公允价值重新计量2023年年末B股票账面价值，其结果为公允价值变动收益少计了200 000元，所得税费用少计了50 000元，净利润少计了150 000元。

（2）编制有关项目的调整分录

❶对2022年有关事项的调整分录。

调整交易性金融资产：

借：交易性金融资产——公允价值变动 600 000

  贷：利润分配——未分配利润 450 000

    递延所得税负债 150 000

【小思考10-2】会计政策变更的追溯调整会不会影响以前年度应交所得税？是否应调整本期所得税费用和应交所得税？

调整利润分配：

按照净利润的10%提取法定盈余公积，按照净利润的5%提取任意盈余公积，共计提取盈余公积67 500元（450 000×15%）。

借：利润分配——未分配利润 67 500

  贷：盈余公积 67 500

❷对2023年有关事项的调整分录。

调整交易性金融资产：

借：交易性金融资产——公允价值变动 200 000

  贷：利润分配——未分配利润 150 000

    递延所得税负债 50 000

调整利润分配：

按照净利润的10%提取法定盈余公积，按照净利润的5%提取任意盈余公积，共计提取盈余公积22 500元（150 000×15%）。

借：利润分配——未分配利润 22 500

贷：盈余公积 22 500

（3）财务报表调整和重述（财务报表略）

甲公司在列报2024年财务报表时，应调整2024年资产负债表有关项目的上年年末余额、利润表有关项目的上期金额及所有者权益变动表有关项目的上年金额和本年金额。

❶资产负债表项目的调整：

调增交易性金融资产上年年末余额800 000元；调增递延所得税负债上年年末余额200 000元；调增盈余公积上年年末余额90 000元；调增未分配利润上年年末余额510 000元。

❷利润表项目的调整：

调增公允价值变动收益上期金额200 000元；调增所得税费用上期金额50 000元；调增净利润上期金额150 000元。

❸所有者权益变动表项目的调整：

调增盈余公积上年年初金额67 500元，调增未分配利润上年年初金额382 500元，调增所有者权益合计上年年初金额450 000元。

调增盈余公积上年金额22 500元，调增未分配利润上年金额127 500元，调增所有者权益合计上年金额150 000元。

调增盈余公积本年年初金额90 000元，调增未分配利润本年年初金额510 000元，调增所有者权益合计本年年初金额600 000元。

【工作实例10-1】大海公司系上市公司，从2024年1月1日首次执行企业会计准则，该公司于2020年12月31日购买了一项能源设备投入生产车间使用，原价为3 000万元，无残值，预计使用寿命为30年，采用年限平均法计提折旧。在首次执行日，企业估计在27年后该设备的废弃处置费用为400万元，假定该负债调整风险后的折现率为5%，且自2021年1月1日起没有发生变化。大海公司按净利润的10%提取法定盈余公积，不考虑所得税费用的调整。假定至2023年12月31日，用上述设备生产的产品已全部对外出售。

要求：

（1）编制大海公司2024年1月1日首次执行企业会计准则的会计分录。

（2）调整资产负债表部分项目。

（3）编制2024年度固定资产计提折旧和确认财务费用的会计分录。

解析：

（1）2024年1月1日：

❶追溯调整固定资产的入账价值：

2020年12月31日应确认的预计负债=400÷（1+5%）^{30}=92.55（万元）

借：固定资产 925 500

贷：预计负债 925 500

❷追溯调整2020年12月31日至2023年12月31日应补提的累计折旧：

应补提的累计折旧=92.55÷30×3=9.26（万元）

借：利润分配——未分配利润 92 600

贷：累计折旧 92 600

❸追溯调整2020年12月31日至2023年12月31日应确认的财务费用：

应确认的财务费用=400÷（1+5%）^{27}−92.55=14.59（万元）

借：利润分配——未分配利润 145 900

贷：预计负债 145 900

❹调整利润分配和盈余公积：

借：盈余公积（（92 600+145 900）×10%） 23 850

贷：利润分配——未分配利润 23 850

（2）2024年1月1日资产负债表部分项目的调整数见表10-3。

表10-3 **资产负债表部分项目** 单位：万元

项　目	金额调增（+）/调减（−）
固定资产	92.55−9.26=83.29
预计负债	92.55+14.59=107.14
盈余公积	−2.385
未分配利润	−9.26−14.59+2.385=−21.465

（3）2024年固定资产计提折旧=（3 000+92.55）÷30=103.085（万元）

借：制造费用 1 030 850

贷：累计折旧 1 030 850

2024年应确认的财务费用=107.14×5%=5.357（万元）

借：财务费用 53 570

贷：预计负债 53 570

2.未来适用法

未来适用法，是指将变更后的会计政策应用于变更日及以后发生的交易或者事项，或者在会计估计变更当期和未来期间确认会计估计变更影响数的方法。

在未来适用法下，不需要计算会计政策变更产生的累积影响数，也无须重编以前年度的财务报表。企业如果因账簿、凭证超过法定保存期限而销毁，或因不可抗力而毁坏、遗失，如火灾、水灾等，或因人为因素，如盗窃、故意毁坏等，也可能使会计政策变更的累积影响数无法计算。在这种情况下，会计政策变更也可以采用未来适用法进行处理。

任务二　会计估计及其变更

【引例10-2】

伊化公司于2020年1月1日起开始计提折旧的管理用设备一台，价值84 000元，预计使用年限为8年，预计净残值为4 000元，按直线法计提折旧。至2024年年初，由于新技术发展，需要对原估计的使用年限和净残值做出修正，修改后该设备预计尚可使用年限为2年，预计净残值为2 000元。

任务要求：

（1）固定资产的使用年限及净残值的调整属于什么变更？

（2）对固定资产的使用年限及净残值的调整应采用什么方法处理？

一、认知会计估计及其变更

（一）会计估计的概念

会计估计，是指企业对其结果不确定的交易或事项以最近可利用的信息为基础所作的判断。会计估计具有以下特点：

1.会计估计的存在是由于经济活动中内在的不确定性因素的影响

在会计核算中，企业总是力求保持会计核算的准确性，但有些交易或事项本身具有不确定性，因而需要根据经验做出估计判断；同时，采用权责发生制原则编制财务报表这一事项本身，也使得有必要充分估计未来交易或事项的影响。在会计核算和信息披露过程中，会计估计是不可避免的。例如，估计固定资产折旧年限和净残值，需要根据固定资产消耗方式、性能、技术发展等情况进行估计。

2.会计估计应当以最近可利用的信息或资料为基础

企业在进行会计估计时，通常应根据当时的情况和经验，以最近可利用的信息或资料为基础进行。但是，随着时间的推移、环境的变化，进行会计估计的基础可能会发生变化。因此，进行会计估计所依据的信息或资料不得不经常发生变化。由于最新的信息是最接近目标的信息，以其为基础所作的估计最接近实际，所以，进行会计估计时应以最近可利用的信息或资料为基础。

3.进行会计估计并不会削弱会计核算的可靠性

进行合理的会计估计是会计核算中必不可少的部分，它不会削弱会计核算的可靠性。由于存在会计分期和货币计量的前提，在确认和计量过程中，不得不对许多尚在延续中、其结果不确定的交易或事项予以估计入账。但是，估计是建立在具有确凿证据的前提下，而不是随意的。企业根据当时所掌握的可靠证据做出的最佳估计，不会削弱会计核算的可靠性。

常见的需要进行估计的项目：❶存货可变现净值的确定；❷固定资产的使用年限、折旧方法与净残值；❸使用年限有限的无形资产的预计使用寿命与净残值；❹或有事项中的估计；❺公允价值的确定；❻建造合同或劳务合同履约进度的确定等。但是，按成本与可变现净值孰低计量改为按公允价值计量不属于会计估计的内容，而是会计政策的变更，但对于公允价值的计算可能是会计估计。

【小思考10-3】会计政策范围与会计估计项目有何区别？

（二）会计估计变更的概念

会计估计变更，是指由于资产和负债的当前状况及预期经济利益和义务发生了变化，从而对资产或负债的账面价值或者资产的定期消耗金额进行调整。

通常情况下，企业可能由于以下原因而发生会计估计变更：

1.赖以进行估计的基础发生了变化

企业进行会计估计，总是要依赖于一定的基础，如果其所依赖的基础发生了变化，则会计估计也应相应做出改变。例如，企业某项无形资产的摊销年限原定为10年，以后发生的情况表明，该资产的受益年限已不足10年，则应相应调减摊销年限。

2.取得了新的信息，积累了更多的经验

企业进行会计估计是就现有资料对未来所作的判断，随着时间的推移，企业有可能取得新的信息、积累更多的经验，在这种情况下，也需要对会计估计进行修订。例如，企业原对固定资产采用年限平均法按15年计提折旧，后来根据新得到的信息——固定资产经济使用寿命不足15年，只有10年，企业改按10年采用年限平均法计提固定资产折旧。

二、会计估计变更的会计处理

会计估计变更应采用未来适用法处理，即在会计估计变更当期及以后期间采用新的会计估计，不改变以前期间的会计估计，也不调整以前期间的报告结果。

（一）会计估计变更的会计处理原则

（1）如果会计估计的变更仅影响变更当期，有关会计估计变更的影响应于当期确认。

（2）如果会计估计的变更既影响变更当期又影响未来期间，有关会计估计变更的影响在当期及以后各期确认。

（3）会计估计变更的影响数应计入变更当期与前期相同的项目中。

（二）难以判断是会计政策变更还是会计估计变更的会计处理

企业难以将某项变更区分为会计政策变更或会计估计变更的，应当作为会计估计变更处理。

三、会计估计变更的披露

企业应当在附注中披露与会计估计变更有关的下列信息：

（1）会计估计变更的内容和原因；

（2）会计估计变更对当期和未来期间的影响数；

（3）会计估计变更的影响数不能确定的，披露这一事实和原因。

【引例10-2解析】

（1）伊化公司固定资产的使用年限及净残值的调整是对资产原有估计值的调整，因而属于会计估计变更。

（2）因为伊化公司对固定资产的使用年限及净残值的调整属于会计估计变更，按照《企业会计准则》的规定，此项调整采用未来适用法核算。

【工作实例10-2】根据【引例10-2】的资料，进行会计处理。

伊化公司对会计估计变更的会计处理如下：

（1）不调整以前各期折旧，也不计算累积影响数。

（2）变更日以后发生的经济业务改按新的估计提取折旧。

按原估计，每年折旧额为10 000元，已提折旧4年，共计40 000元，固定资产账面价值为44 000元，则第5年相关账户的期初余额如下：

固定资产	84 000
减：累计折旧	40 000
固定资产账面价值	44 000

改变预计使用年限后，2024年起每年计提的折旧费用为21 000元（（44 000－2 000）÷2）。

2024年不必对以前年度已提折旧进行调整，只需按重新预计的尚可使用年限和预计净残值计算确定年折旧费用，有关会计处理如下：

借：管理费用 21 000

贷：累计折旧 21 000

（3）附注说明。本公司一台管理用设备，成本为84 000元，原预计使用年限为8年，预计净残值为4 000元，按直线法计提折旧。由于新技术发展，该设备已不能按原预计使用年限计提折旧，本公司于2024年年初将该设备的预计尚可使用年限变更为2年，预计净残值变更为2 000元，以反映该设备在目前情况下的预计尚可使用年限和净残值。此会计估计变更使本年度净利润减少8 250元（（21 000－10 000）×（1－25%））。

【学中做10-1】甲公司2018年12月20日购入管理部门使用的设备一台，原价为150万元，预计使用年限为10年，预计净残值为10万元，采用直线法计提折旧。2024年1月1日考虑到技术进步因素，将原估计的使用年限改为8年，净残值改为6万元，该公司的所得税税率为25%，采用资产负债表债务法进行所得税核算。则上述会计估计变更对2024年净利润的影响为减少净利润多少元？

任务三 前期差错更正

【引例10-3】

2024年4月10日，佳华公司内部审计部门在审计过程中发现下列问题，并要求会计部门予以更正。

（1）2023年11月1日购入一项固定资产，价值600万元，预计可使用5年，假定无残值。会计上当年未计提固定资产折旧。

（2）2023年6月销售一批下脚料，价款300元已经存入银行，但被列入了“其他应付款”科目。

（3）2024年2月生产车间领用机物料4 000元记入了“管理费用”科目。

任务要求：

（1）对于2023年11月固定资产已入账但尚未计提固定资产折旧，应如何处理？

（2）对于2023年6月销售的下脚料未列入销售收入，应如何处理？

（3）对于2024年2月错用会计账户应如何更正？

一、认知前期差错

（一）前期差错的概念

前期差错，是指由于没有运用或错误运用下列两种信息，而对前期财务报表造成省略或错报：

（1）编报前期财务报表时预期能够取得并加以考虑的可靠信息。

（2）前期财务报告批准报出时能够取得的可靠信息。

（二）前期差错的类型

前期差错通常包括以下方面：

（1）计算错误。

（2）应用会计政策错误。如企业固定资产达到预定可使用状态后发生的借款费用，也计入该项固定资产价值，予以资本化，则属于采用法律、行政法规或者国家统一的会计制度等所不允许的会计政策。

（3）疏忽或曲解事实以及舞弊产生的影响，例如固定资产盘盈等。

【小思考10-4】对于发生的存货盘盈，是否属于前期差错？

二、前期差错更正的会计处理

【小思考10-5】在基础会计课程中，你所学习的更正错账的方法有哪些？这些方法能否用于更正前期差错？为什么？

（一）前期差错更正的基本原则

（1）按照会计准则的规定，企业应当采用追溯重述法更正重要的前期差错，但确定前期差错累积影响数不切实可行的除外。

（2）对于不重要的前期差错，可以采用未来适用法更正。前期差错的重要程度，应根据差错的性质和金额加以具体判断。确定前期差错影响数不切实可行的，可以从可追溯重述的最早期间开始调整留存收益的期初余额，财务报表其他相关项目的期初余额也应当一并调整，也可以采用未来适用法。

（3）企业应当在重要的前期差错发现当期的财务报表中，调整前期比较数据。

【引例10-3解析】

（1）根据企业会计准则的规定，固定资产已入账但尚未计提的固定资产折旧为10万元（600÷5÷12×1），金额较大，属于重要的前期差错，应采用追溯重述法。

（2）对于销售的下脚料未列入销售收入，属于前期差错，但是由于金额较小，应采用未来适用法。

（3）对于2024年2月错用会计账户，应采用错账更正方法中的红字更正法予以更正。

（二）追溯重述法

追溯重述法，是指在发现前期差错时，视同该项前期差错从未发生过，从而对财务报表相关项目进行更正的方法。

【小思考10-6】前期差错更正的追溯重述法与会计政策变更的追溯调整法有何异同？

在运用追溯重述法时，一般分为五个步骤进行：

第一步，确定是否属于前期重大差错。

第二步，确定前期差错的影响数。

第三步，进行相关的账务处理。涉及损益的，先通过“以前年度损益调整”账户核算；不涉及损益的，直接调整相关会计账户。

第四步，调整财务报表相关项目附注说明。

第五步，在会计报表附注中披露前期差错。

企业应当在附注中披露与前期差错更正有关的下列信息：❶前期差错的性质；❷各个

列报前期财务报表中受影响的项目名称和更正金额；❸无法进行追溯重述的，说明该事实和原因以及对前期差错开始进行更正的时点、具体更正情况。

【工作实例10-3】2024年4月3日，甲公司发现2023年公司漏记一项管理用固定资产的折旧费用30万元，所得税纳税申报表中也未扣除该项费用。甲公司适用的所得税税率为25%，无其他纳税调整事项。2024年的所得税申报日期为2024年5月15日。该公司按净利润的10%提取法定盈余公积。

（1）分析前期差错的影响数：

公司2024年4月3日发现2023年漏记了一项固定资产的折旧费用30万元，故该差错属于前期重大会计差错，应按照前期差错更正进行会计处理。

（2）计算累计影响数：

2023年少计折旧费用30万元；多计所得税费用7.5万元；多计净利润22.5万元；多计应交税费7.5万元；多提法定盈余公积2.25万元。

（3）编制有关项目的调整分录：

❶补提折旧：

借：以前年度损益调整 300 000

　贷：累计折旧 300 000

❷调整应交所得税：

借：应交税费——应交所得税 75 000

　贷：以前年度损益调整 75 000

❸将“以前年度损益调整”账户余额转入未分配利润：

借：利润分配——未分配利润 225 000

　贷：以前年度损益调整——本年利润 225 000

❹因净利润减少，调减盈余公积：

借：盈余公积——法定盈余公积 22 500

　贷：利润分配——未分配利润 22 500

（4）财务报表调整和重述（财务报表略）：

甲公司在列报2024年度财务报表时，应调整2023年度财务报表的相关项目。

❶资产负债表项目的调整：

调减固定资产300 000元；调减应交税费75 000元；调减盈余公积22 500元，调减未分配利润202 500元。

❷利润表项目的调整：

调增管理费用300 000元；调减所得税费用75 000元；调减净利润225 000元。

❸所有者权益变动表项目的调整：

调减前期差错更正项目中盈余公积上年金额22 500元，未分配利润上年金额202 500元，所有者权益合计上年金额225 000元。

❹财务报表附注说明：

本年度发现了2023年漏记的固定资产折旧300 000元，在编制2024年和2023年比较财务报表时，已对该差错进行了更正。

【小思考10-7】比较追溯重述法与追溯调整法在账务处理上的差异。

【学中做10-2】大磊公司为增值税一般纳税人。所得税采用资产负债表债务法核算，适用的所得税税率为25%，按净利润的10%提取法定盈余公积。2024年5月20日，大磊公司发现在2023年12月31日计算A库存产品的可变现净值时发生差错，该库存产品的成本为1 000万元，预计可变现净值应为700万元。2023年12月31日，大磊公司误将A库存产品的可变现净值预计为900万元。

请根据前期差错更正方法进行账务处理，并指出相关会计报表相关项目的调整数。

【素养提升】

慎用会计估计变更的“魔术”

四川川润股份有限公司（股票代码：002272），主要业务为构建液压润滑流体技术智能控制、液压润滑专家服务、节能环保动力装备与服务及流体设备智能服务平台四大业务板块，该公司于2018年3月23日发布了关于会计估计变更的公告：于2018年3月21日起对应收账款和固定资产的会计估计进行变更。为了加强对公司资金的有效管控和提高资金使用效率，公司对于公司资金统一调度，对于应收账款由按照账龄分析法计提坏账准备变更为单独进行减值测试，除非有确凿证据表明发生减值，否则不计提坏账准备；公司发展战略进行了调整，公司已进入光伏发电业务板块的营运，光伏发电电站的设计使用寿命为25年，因此发电业务板块的机器设备折旧年限由10年调整为10—20年。

由于对会计估计变更采用未来适用法，故不影响2017年年报数据，但是对比分析会计估计变更前后的年报发现，2017年年报公司应收账款中，按单独认定法计提的坏账准备为1 061万元，按账龄分析法计提的坏账准备为6 572万元；而公司2017年对于机器设备计提折旧的金额为2 702万元。按照变更后的会计估计和2017年的年报数据，公司将释放出6 572万元—7 923万元的税前利润调节空间，是2017年净利润644万元的10倍以上。会计估计变更势必影响2018年的年报情况，这种调节效应在2018年年报表现明显。2018年的年报数据显示经营活动产生的现金流量净额较2017年减少了611.91%，与营运战略发展常态下资金回流相悖，与此同时净利润增加了598.68%，显然对2018年的年报产生了重大影响。

思考与启示：

企业应当在据以进行估计的会计基础发生变化，或者由于取得了新信息、积累了更多经验以及后来产生发展变化时，依据真实、可靠的原则对会计估计进行修订。由于会计估计变更采用未来适用法，会影响变更当期及未来会计期间的财务数据，若非会计估计的基础发生变化确实需要变更，则有可能成为财务舞弊手段。

党的二十大报告指出，培养造就大批德才兼备的高素质人才是国家和民族长远发展大计。同学们在目前的会计学习中应该理解和掌握会计核算的原则，并在未来的会计工作中坚持原则，强化自我修养，抵制利用会计估计变更进行财务调节的行为。

项目小结

会计政策变更是指企业对相同的交易或事项由原来采用的会计政策改用另外一种会计政策的行为。企业会计政策的变更必须要满足企业会计制度中规定的相关条件。会计政策变更的处理方法有三种：（1）按照国家规定的方法执行；（2）追溯调整法；（3）未来适用法。

会计估计变更，是指由于资产和负债的当前状况及预期经济利益和义务发生了变化，从而对资产或负债的账面价值或者资产的定期消耗金额进行调整。企业对会计估计变更应当采用未来适用法处理。

前期差错，是指由于没有运用或错误运用预期能够取得并加以考虑的可靠信息和前期财务报告批准报出时能够取得的可靠信息，而对前期财务报表造成省略或错报。它通常包括计算错误、应用会计政策错误、疏忽或曲解事实以及舞弊产生的影响，以及存货、固定资产盘盈等。企业应当采用追溯重述法更正重要的前期差错，但确定前期差错累积影响数不切实可行的除外。

复习思考题

1.什么是会计政策？其能否变更？变更的条件是什么？

2.会计政策变更的会计处理方法有哪些？

3.什么是追溯调整法？其步骤包括哪些？

4.什么是未来适用法？它与追溯调整法有何不同？

5.什么是前期差错？怎样进行会计处理？

6.追溯调整法与追溯重述法有何不同？

7.会计政策变更、会计估计变更和差错更正应披露的内容分别有哪些？

8.会计差错的更正方法有哪些？本期的会计差错与前期差错更正方法是否相同？

习题与实训

一、单项选择题

1.下列情形中，不属于会计估计变更的是（　　）。

A.无形资产的使用年限由10年变更为9年

B.分期付款购入固定资产的入账价值的基础由支付价款总额变更为支付价款现值

C.固定资产折旧方法由年限平均法变更为双倍余额递减法

D.应收账款坏账计提比例由5%提高到10%

单项选择题

2.甲公司将发出存货的计价方法由先进先出法改为移动加权平均法。2024年年初有某种存货40吨，账面余额（等于账面价值）为560万元，2024年1月和4月分别购入材料500吨和300吨，每吨成本分别为8万元和10万元，6月10日领用400吨。至2024年年末没有发生其他变化。企业采用未来适用法处理该项会计政策变更，变更前后的方法均与税法一致，没有计提存货跌价准备。假定存货账面价值的减少已经计入营业成本，不考虑其他因素的影响，该项会计政策变更影响2024年度利润总额的金额为（　　）万元。

A.−160　　B.140　　C.−120　　D.105

3.下列项目中，不属于会计政策变更的是（　　）。

A.分期付款购买资产由按应付价款总额计价改为按应付价款总额现值计价

B.对子公司投资由权益法核算改为成本法核算

C.将借款费用资本化改为费用化

D.无形资产使用寿命由不确定改为确定

4.甲公司2021年12月20日购入一台管理用设备，入账价值为104万元，原估计使用年限为10年，预计净残值为4万元，按年限平均法计提折旧。由于该设备所含经济利益预期消耗方式的改变和技术因素，甲公司于2024年1月1日将设备的折旧方法改为双倍余额递减法，将设备的折旧年限由原来的10年改为8年，预计净残值不变。甲公司所得税采用资产负债表债务法核算，适用的所得税税率为25%。则该会计估计变更对甲公司2024年净利润的影响金额为（　　）。

A.0　　B.−7.5万元　　C.−13.5万元　　D.−23.5万元

5.下列各项中，不属于会计差错的是（　　）。

A.企业在期末少计提折旧100万元

B.企业能够合理估计退货可能性且确认与退货相关负债的，在发出商品时未确认销售收入

C.企业内部研发形成的“三新”无形资产账面价值与计税基础不同，产生可抵扣暂时性差异，期末未确认递延所得税资产

D.企业期末存货采用成本与可收回金额孰低计量

6.2020年12月31日，长江公司将一栋办公楼对外出租，并采用成本模式进行后续计量，当日该办公楼账面价值为10 000万元，预计使用年限为20年，预计净残值为0，采用年限平均法计提折旧。2024年1月1日，长江公司持有的投资性房地产满足采用公允价值模式进行后续计量的条件，甲公司决定采用公允价值模式对该办公楼进行后续计量。当日，该办公楼的公允价值为13 000万元；2024年12月31日，该投资性房地产的公允价值上升为15 500万元。假定不考虑所得税等其他因素，则2024年长江公司该项投资性房地产影响所有者权益的金额为（　　）万元。

A.2 750　　B.10 000　　C.2 500　　D.7 000

7.甲公司2024年3月在上年度财务报告批准报出后，发现2022年10月购入的专利权摊销金额错误。该专利权2022年应摊销的金额为240万元，2023年应摊销的金额为960万元。2022年和2023年实际摊销金额均为960万元。甲公司对此重大会计差错采用追溯重述法进行会计处理，适用的所得税税率为25%，按净利润的10%提取盈余公积。甲公司2024年年初未分配利润应调增的金额是（　　）万元。

A.486　　B.540　　C.648　　D.720

8.甲公司2024年12月发现2023年6月完工并投入使用的某工程项目未转入固定资产核算，该工程账面价值1 600万元（假定该工程达到预定可使用状态后未发生其他支出），预计使用年限8年，采用年限平均法计提折旧，预计净残值为0。假定甲公司采用资产负债表债务法核算所得税，适用的所得税税率为25%，按净利润的10%计提盈余公积。更正该项前期重大差错使甲公司2024年资产负债表期末资产总额（　　）。

A.增加1 600万元　　B.增加1 300万元　　C.减少300万元　　D.减少1 600万元

9.下列各项中，不属于会计前期差错的是（　　）。

A.计算错误

B.应用会计政策错误

C.企业不能够合理估计退货可能性的，在发出商品时未确认收入

D.漏记已完成的交易

10.下列各项中，不属于会计政策特点的是（　　）。

A.选择性　　B.强制性　　C.层次性　　D.唯一性

11.甲公司2024年2月购置了一栋办公楼，预计使用寿命为40年，因此，该公司2024年4月30日发布公告称：经公司董事会审议通过《关于公司固定资产折旧年限会计估计变更的议案》，决定调整公司房屋建筑物的预计使用寿命，从原定的20年至30年调整为20年至40年。不考虑其他因素，下列关于甲公司对该公告所述折旧年限调整会计处理的表述中，正确的是（　　）。

A.对房屋建筑物折旧年限的变更应当作为会计政策变更并进行追溯调整

B.对房屋建筑物折旧年限的变更作为会计估计变更并应当从2024年1月1日起开始采用未来适用法

C.对2024年2月新购置的办公楼按照新的会计估计40年折旧不属于会计估计变更

D.对因2024年2月新购置办公楼折旧年限的确定导致对原有房屋建筑物折旧年限的变更应当作为重大会计差错进行追溯重述

12.甲公司发出存货采用先进先出法计价，期末存货按成本与可变现净值孰低计量。2024年1月1日将发出存货由先进先出法改为月末一次加权平均法。2024年年初存货账面余额等于账面价值40 000元，数量为50千克，2024年1月10日、20日分别购入材料600千克、350千克，单价分别为850元、900元，1月25

日领用400千克，用未来适用法处理该项会计政策变更，则2024年1月末该存货的账面余额为（　　）元。

A.540 000　　B.467 500　　C.510 000　　D.519 000

13.下列情形中，根据会计准则规定不应当重述比较期间财务报表的是（　　）。

A.因部分处置对联营企业投资将剩余长期股权投资转变为采用公允价值计量的金融资产

B.本年发现重要的前期差错

C.发生同一控制下企业合并，自最终控制方取得被投资单位60%股权

D.购买日后12个月内对上年非同一控制下企业合并中取得的可辨认资产、负债暂时确定的价值进行调整

14.甲公司2024年12月31日发现2021年度多计管理费用100万元，并进行了企业所得税申报，甲公司适用的企业所得税税率为25%，按净利润的10%提取盈余公积。假设甲公司2023年度企业所得税申报的应纳税所得额大于零，则下列甲公司对此项重要前期差错进行更正的会计处理中，正确的是（　　）。

A.调减2024年度当期管理费用100万元

B.调增2024年利润总额75万元

C.调增2023年年初盈余公积7.5万元

D.调减2023年年初未分配利润67.5万元

15.甲公司2023年度的财务报告于2024年3月31日经批准对外报出。该公司在2024年5月份发现：2023年年末库存钢材账面余额为620万元。经检查，该批钢材在2023年年末的预计售价为600万元，预计销售费用和相关税金为20万元，甲公司此前未计提存货跌价准备。甲公司2024年12月31日资产负债表中存货项目年初数应调减（　　）。

A.30万元　　B.27万元　　C.40万元　　D.0

二、多项选择题

多项选择题

1.下列关于会计政策变更累积影响数的说法中，不正确的有（　　）。

A.是指按照变更后的会计政策对以前各期追溯计算的列报前期最早期初留存收益应有金额与现有金额之间的差额

B.是指按照变更后的会计政策对上期追溯计算的列报前期最早期初留存收益应有金额与现有金额之间的差额

C.是指按照变更后的会计估计对以前各期追溯计算的列报前期最早期初留存收益应有金额与现有金额之间的差额

D.是指按照变更后的会计政策对以前各期追溯计算的列报前期最早期初盈余公积应有金额与现有金额之间的差额

2.下列各项中，属于会计政策的有（　　）。

A.投资性房地产的后续计量　　B.固定资产的初始计量

C.无形资产的确认　　D.最佳估计数的确定

3.下列关于会计政策及其变更的说法中，正确的有（　　）。

A.会计政策变更能够提供更可靠、更相关的会计信息

B.会计政策一经确定，不得随意变更

C.本期发生的交易或者事项与以前相比具有本质差别而采用新的会计政策，属于会计政策变更

D.对初次发生的或不重要的交易或者事项采用新的会计政策，属于会计政策变更

4.关于会计政策变更的追溯调整法和未来适用法，下列表述中，正确的有（　　）。

A.追溯调整法，是指对某项交易或事项变更会计政策，视同该项交易或事项初次发生时即采用变更后的会计政策，并以此对财务报表相关项目进行调整的方法

B.未来适用法，是指将变更后的会计政策应用于变更日及以后发生的交易或者事项，或者在会计估计变更当期和未来期间确认会计估计变更影响数的方法

C.未来适用法一定不会影响变更当期期初的留存收益

D.追溯调整法，应对前期已对外报出的财务报表进行调整

5.甲公司有一项使用寿命不确定的无形资产，该无形资产的成本为2 000万元，至2023年年末，该无形资产已使用2年，可收回金额为1 600万元，2024年年初该项无形资产的使用寿命得以确定，该无形资产的尚可使用寿命为8年，预计净残值为0，采用直线法进行摊销。假定不考虑所得税等相关因素的影响，下列说法中，正确的有（　　）。

A.甲公司2023年该无形资产摊销金额为200万元

B.甲公司2023年该无形资产计提减值准备400万元

C.甲公司2024年该无形资产摊销金额为200万元

D.该会计估计变更对甲公司2024年的利润总额的影响为-200万元

6.关于前期差错，下列说法中，正确的有（　　）。

A.前期差错的金额越大，其重要性水平越高

B.对于前期差错，无论金额是否重大，均应采用追溯重述法进行处理

C.如果前期差错影响财务报表使用者根据财务报表做出的经济决策，那么，该前期差错就是重要的

D.对于不重要的前期差错，企业不需调整财务报表相关项目的期初数，应调整发现当期与前期相同的相关项目

7.甲公司对所得税采用资产负债表债务法核算，适用的所得税税率为25%，按净利润的10%提取盈余公积。2024年5月20日，甲公司发现在2023年12月31日计算A库存产品的可变现净值时发生差错，该库存产品的成本为1 000万元，预计可变现净值为700万元。2023年12月31日，甲公司误将A库存产品的可变现净值预计为900万元。则甲公司因该差错更正的下列处理中，正确的有（　　）。

A.确认递延所得税资产50万元

B.确认应交所得税50万元

C.确认盈余公积-15万元

D.确认未分配利润-180万元

8.甲公司2024年发生的下列交易或事项中，应采用未来适用法进行会计处理的有（　　）。

A.2024年年末发现以前年度的不重要会计差错并予以更正

B.从2024年1月1日起，无形资产的摊销方法由直线法变更为产量法

C.从2024年1月1日起，投资性房地产公允价值计量中使用的估计技术由市场法变更为收益法

D.从2024年1月1日起，将存货的成本核算方法由现行的实际成本法变更为标准成本法

9.下列会计事项中，可能会影响企业期初留存收益的有（　　）。

A.发现上年度财务费用少计10万元（达到重要性水平）

B.投资性房地产后续计量由成本模式改为公允价值模式

C.研究开发项目已支出的200万元在上年度将费用化部分计入当期损益，本年度将符合资本化条件的部分确认为无形资产

D.盘盈一项重置价值为100万元的固定资产

10.甲公司为上市公司，于2024年3月初公布2023年年报。年报公布后仅数日，甲公司收到省财政厅《关于〈××省大中型水库库区基金征收使用管理细则（试行）的通知〉》。根据该文件的要求，甲公司应自2022年5月1日起，对装机容量在2万千瓦及以上有发电收入的水库和水电站，按照上网电量9厘/千瓦时征收库区基金。按照该文件界定的征收范围，甲公司所属已投产电站均须缴纳库区基金。经测算，执行上述规定后，甲公司2022年归属于母公司股东的净利润减少约800万元，2023年归属于母公司股东的净利润减少约1 900万元。该文件同时规定，2022年5月1日至2023年12月31日应征收的大中型水库库区基金收入由省电网公司代为追缴，并于2024年4月1日前足额缴入省级国库，2024年1月1日后征收的大中型水库库区基金收入按《关于〈××省大中型水库库区基金征收使用管理细则（试行）的通知〉》的相关规定办理。甲公司的下列会计处理中正确的有（　　）。

A.补缴库区基金应调整2024年12月31日资产负债表年初数

B.补缴库区基金应计入2024年第一季度财务报告

C.甲公司不需要进行追溯调整，但应对此事项进行专项信息披露

D.补缴库区基金应调整2024年度利润表上年金额

三、判断题

1.会计估计变更应采用未来适用法处理，即在会计估计变更以前期间及变更当期，均采用新的会计估计，把以前期间也改为现在的会计估计。（　　）

判断题

2.确定会计政策变更对列报前期影响数不切实可行的，应当采用未来适用法处理。（　　）

3.长期股权投资后续计量时采用的成本法和权益法属于会计政策。（　　）

4.企业的会计政策变更均应该根据累积影响数调整报表期初数。（　　）

5.无充分合理的证据表明会计政策变更的合理性或者未经股东大会等类似权力机构批准擅自变更会计政策的，或者连续、反复地自行变更会计政策的，视为滥用会计政策，按照前期差错来进行会计处理。（　　）

6.为了保证不同期间财务报表具有可比性，如果会计估计变更的影响数以前包括在特殊项目中，则以后也应作为特殊项目反映。（　　）

7.对于比较财务报表可比期间以前的会计政策变更的累积影响数，应调整比较财务报表最早期间的期初留存收益，财务报表其他相关项目的金额也应一并调整。（　　）

8.短期投资重分类为交易性金融资产，其后续计量由成本与市价孰低改为公允价值，按会计估计变更并采用未来适用法进行会计处理。（　　）

9.企业进行会计估计，会削弱会计核算的可靠性。（　　）

10.企业对固定资产预计使用寿命、预计净残值的调整，应按照会计估计变更的有关规定进行会计处理，而对于固定资产折旧方法的变更，则应作为会计政策变更处理。（　　）

四、实训题

实训一

目的：实训会计政策变更的会计处理。

资料：大海公司系上市公司，该公司于2022年12月建造完工的办公楼作为投资性房地产对外出租，至2024年1月1日，该办公楼的原价为4 000万元，已提折旧240万元，已提减值准备100万元。2024年1月1日，大海公司决定采用公允价值对出租的办公楼进行后续计量。该办公楼2023年12月31日的公允价值为3 800万元，该公司按净利润的10%提取法定盈余公积，不考虑所得税的调整。2024年12月31日，该办公楼的公允价值为3 600万元。假定2023年12月31日前无法取得该办公楼的公允价值。

实训题

要求：

（1）编制大海公司2024年1月1日会计政策变更的会计分录。

（2）计算2024年1月1日资产负债表、利润表及所有者权益变动表相关项目的调整数。

实训二

目的：实训会计估计变更的会计处理。

资料：A股份有限公司（以下简称A公司）为增值税一般纳税人，适用的增值税税率为13%，适用的所得税税率为25%。该公司按净利润的10%计提法定盈余公积，根据2023年12月20日董事会的决定，2024年会计核算针对固定资产存在如下变更：

公司2021年12月20日购入一台管理用设备，原始价值为200万元，原估计使用年限为10年，预计净残值为8万元，按双倍余额递减法计提折旧。由于固定资产所含经济利益预期实现方式的改变和技术因素，已不能继续按原定的折旧方法、折旧年限计提折旧。甲公司于2023年1月1日将该设备的折旧方法改为年限平均法，将设备的折旧年限由原来的10年改为8年，预计净残值仍为8万元。该项固定资产未计提减值准备。

要求：

（1）判断上述变更属于会计估计变更还是会计政策变更。

（2）计算该管理用设备2022年、2023年应计提的年折旧额以及2024年变更前和变更后应计提的年折旧额。

（3）计算上述会计变更对2024年净利润的影响。

实训三

目的：实训差错更正的会计处理。

资料：A公司为一般工业企业，所得税税率为25%，按净利润的10%提取法定盈余公积，按净利润的5%提取任意盈余公积。在2024年度发生如下事项：

（1）A公司于2021年1月1日起计提折旧的管理用机器设备一台，原价为200 000元，预计使用年限为10年（不考虑净残值因素），按直线法计提折旧。由于技术进步，A公司决定自2024年1月1日起将该设备的原预计使用年限改为8年（假定会计和税法对折旧的处理始终一致）。

（2）A公司于2024年3月发现2023年预付的车辆保险费2 000元（未达到重要性水平），计入预付账款，但未进行摊销。

（3）A公司于2024年所得税汇算清缴前发现2023年已经售出并已确认收入的一批产成品，没有相应地结转产品销售成本，成本金额为8万元。

要求：

（1）判断上述事项各属于何种会计变更或差错；

（2）说明A公司2024年度应如何进行相应的会计处理；

（3）说明哪些事项需要在会计报表附注中予以披露。

项目十一

资产负债表日后事项的核算

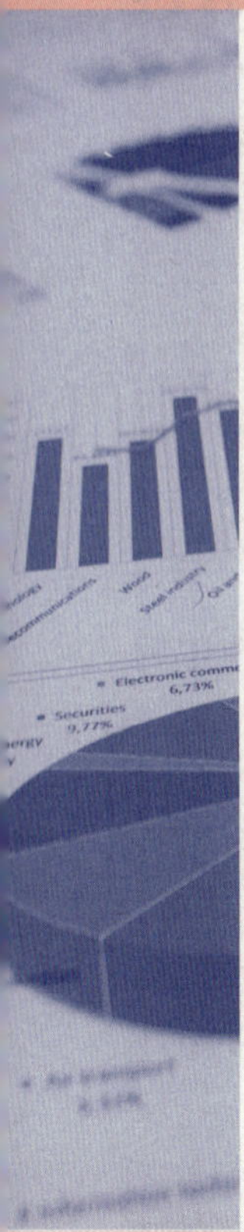

职业能力目标

通过本项目的学习，了解非调整事项的处理原则与方法，熟悉资产负债表日后事项的概念，掌握资产负债表日后事项中调整事项与非调整事项的界定，掌握资产负债表日后事项的涵盖期间及其内容，掌握资产负债表日后调整事项的概念及处理方法，掌握资产负债表日后非调整事项的概念及处理方法。

典型工作任务

认知资产负债表日后事项的概念；资产负债表日后事项中调整事项与非调整事项的界定；资产负债表日后调整事项的会计处理；资产负债表日后非调整事项的披露方法。

内容框架

- 资产负债表日后事项的核算
  - 认知资产负债表日后事项
    - 资产负债表日后事项的定义
    - 资产负债表日后事项涵盖期间
    - 资产负债表日后事项的内容
  - 资产负债表日后事项的会计处理
    - 资产负债表日后调整事项
    - 资产负债表日后非调整事项

任务一 认知资产负债表日后事项

【引例11-1】

A公司属于上市公司，按惯例，年度财务报告对外报出日期一般为每年的4月18日。2023年11月25日，A公司因产品质量问题被消费者起诉，至2023年12月31日法院尚未判决。A公司根据各种情况分析，消费者胜诉的可能性在80%左右，为此，A公司确认了50万元的预计负债。2024年3月10日，法院判决消费者胜诉，要求A公司支付赔偿款60万元，A公司同意赔偿，并于2024年3月25日支付赔偿款。

任务要求：

（1）对A公司来说，法院的判决结果是否属于资产负债表日后事项？

（2）A公司是否需要调整2023年12月31日会计报表的数据？

一、资产负债表日后事项的定义

资产负债表日后事项是指资产负债表日至财务报告批准报出日之间发生的有利或不利事项。理解这一定义，需要注意以下方面：

（一）资产负债表日

资产负债表日是指会计年度末和中期期末。中期是指短于一个完整的会计年度的报告期间，包括半年度、季度和月度。按照《会计法》的规定，我国会计年度采用公历年度，即1月1日至12月31日。因此，年度资产负债表日是指每年的12月31日，中期资产负债表日是指各会计中期期末。例如，提供半年度财务报告时，资产负债表日是该年度的6月30日。

（二）财务报告批准报出日

财务报告批准报出日是指董事会或类似机构批准财务报告报出的日期，通常是指对财务报告的内容负有法律责任的单位或个人批准财务报告对外报告的日期。

（三）有利事项和不利事项

资产负债表日后事项包括有利和不利事项，即对企业财务状况和经营成果产生有利或不利影响的事项。而在资产负债表日后事项涵盖期间，如果某些事项的发生对企业财务状况和经营成果并无任何影响，那么，这些事项就不属于资产负债表日后事项。

二、资产负债表日后事项涵盖期间

资产负债表日后事项涵盖期间是自资产负债表日次日起至财务报告批准报出日止的一段时间。也就是说，资产负债表日后事项涵盖期间是指报告期间下一期间的第一天至董事会或类似机构批准财务报告对外公布的日期。就年度报告而言，以报告年度次年的1月1日为起点；就中期财务报告而言，以报告期间下一期的第一天为起点。

财务报告批准报出以后、实际报出之前又发生与资产负债表日后事项有关的事项，并由此影响财务报告对外公布日期的，应以董事会或类似机构再次批准财务报告对外公布的日期为截止日期。资产负债表日后事项涵盖期间，如图11-1所示。

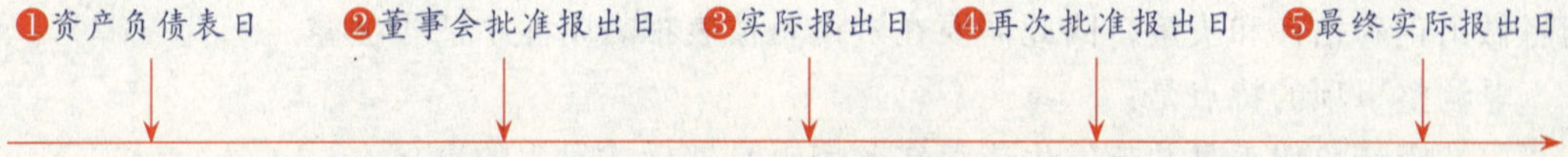

图11-1　资产负债表日后事项涵盖期间

其中：❶～❷为一般情况下的资产负债表日后事项涵盖期间；❷～❸期间如发生与资产负债表日后事项相关的事项，重新调整报表和报出日；❶～❹为重新调整报出日后的资产负债表日后事项涵盖期间。

【工作实例 11-1】某上市公司 2023 年度财务报告于 2024 年 4 月 10 日编制完成，注册会计师完成年度财务报表审计并签署审计报告的日期为 2024 年 4 月 25 日，董事会批准财务报告对外公布的日期为 2024 年 4 月 28 日，财务报告实际对外公布的日期为 2024 年 5 月 4 日。2024 年 4 月 30 日，法院对公司上年年末的一项未决诉讼做出判决，需要公司支付 200 万元的赔偿，公司同意判决结果。董事会再次批准报告对外公布日为 2024 年 5 月 3 日，实际报出日期为 2024 年 5 月 8 日。公司于 2024 年 5 月 18 日召开股东大会。

在本例中，根据资产负债表日后事项涵盖期间的规定，该公司 2023 年度财务报告资产负债表日后事项涵盖期间一般为 2024 年 1 月 1 日至 4 月 28 日（财务报告批准报出日）。但在 2024 年 4 月 28 日至 5 月 4 日之间发生了重大事项，按照企业会计准则的规定需要调整财务报表相关项目的数字。据此可知，则资产负债表日后事项涵盖期间为 2024 年 1 月 1 日至 5 月 3 日。

【小思考 11-1】为什么财务报告对外公布的日期是由董事会或类似机构决定的，而不是由股东大会来决定的?

三、资产负债表日后事项的内容

资产负债表日后事项根据是否要调整资产负债表相关数字，可以分为资产负债表日后调整事项（以下简称“调整事项”）和资产负债表日后非调整事项（以下简称“非调整事项”）。

（一）调整事项

资产负债表日后调整事项，是指对资产负债表日已经存在的情况提供了新的或进一步证据的事项。也就是说，调整事项是指由于资产负债表日后获得新的或进一步的证据，以表明依据资产负债表日存在状况编制的财务报告已不再可靠，应依据新的证据对资产负债表日所反映的收入、费用、资产、负债以及所有者权益进行调整。

如果资产负债表日及所属会计期间已经存在某种情况，但当时并不知道其存在或者不能知道确切结果，资产负债表日后事项涵盖期间发生的事项能够证实该情况的存在或者确切结果，则该事项属于资产负债表日后调整事项。即资产负债表日后事项对资产负债表日的情况提供了进一步的证据，证据表明的情况与原来的估计和判断不完全一致，则需要对原来的会计处理进行调整。

调整事项的特点是：

（1）在资产负债表日已经存在，资产负债表日后得以证实的事项；

（2）对按资产负债表日存在状况编制的财务报表产生重大影响的事项。

（二）非调整事项

资产负债表日后非调整事项，是指表明资产负债表日后发生情况的事项。资产负债表日后非调整事项虽然不影响资产负债表日的存在情况，但不加以说明将会影响财务报告使用者做出正确估计和决策，因此需要在资产负债表报表附注中适当披露。

非调整事项的特点是：

（1）资产负债表日并未发生或存在，完全是期后才发生的事项；

（2）对理解和分析财务报告有重大影响的事项。

（三）调整事项与非调整事项的区别

资产负债表日后发生的事项是调整事项还是非调整事项，取决于该事项表明的情况在资产负债表日或资产负债表日以前是否已经存在。若该情况在资产负债表日或资产负债表日以前已经存在，则属于调整事项；反之，则属于非调整事项。

【引例11-1解析】

（1）资产负债表日后事项是指资产负债表日至财务报告批准报出日之间发生的有利或不利事项。A公司在2023年12月31日结账时估计消费者胜诉的可能性较大，说明在2023年所属会计期间已经存在这种情况，但当时并不知道其确切结果，所以该事项属于资产负债表日后事项。

（2）2024年3月10日法院的判决结果为A公司预计负债的存在提供了进一步的证据，此时，按照2023年12月31日存在状况编制的财务报表所提供的信息已不能真实反映企业的实际情况，应据此对财务报表相关项目的数字进行调整。

【工作实例11-2】华联公司2023年度财务报告批准对外公布的日期为2024年3月30日。公司发生下列资产负债表日后事项：

（1）2024年2月1日，公司发现2023年11月漏提固定资产折旧费50万元；

（2）2024年2月14日，公司发生火灾，导致重大财产损失；

（3）2024年3月12日，公司收到2023年销售退回的货物，上年确认的收入为80万元，确认的销售成本为50万元；

（4）2024年3月3日，公司决定以资本公积120万元转增实收资本。

本例中，在资产负债表日后事项涵盖期间2024年1月1日至2024年3月30日发生的四个事项中，第1项和第3项为2023年年末已经存在的情况，现存在新的证据说明这一情况，故应作为调整事项；而第2项和第4项均为2024年度新发生的事项，故为非调整事项。

任务二 资产负债表日后事项的会计处理

【引例11-2】

A公司为上市公司，2023年所得税汇算清缴在2024年5月底完成，2023年度财务报告于2024年4月30日对外报出。A公司适用的所得税税率为25%，法定盈余公积提取比例为10%。

2023年A公司应收C公司货款300万元。由于C公司财务状况恶化，公司对C公司的应收账款计提了10%的坏账准备。2024年3月5日，企业收到法院判决书，C公司宣告破产，只能收回60%的货款。

任务要求：

（1）A公司获悉C公司破产的消息，是否属于资产负债表日后事项？

（2）对于这个事项，会计上应如何处理？

一、资产负债表日后调整事项

（一）资产负债表日后调整事项的内容

企业发生的资产负债表日后调整事项，通常包括下列各项：

（1）资产负债表日后诉讼案件结案。在未决诉讼中，如果在资产负债表日后法院判决企业败诉或结案，证实了企业在资产负债表日已经存在现时义务，需要调整原先确认的与该诉讼案件相关的预计负债，或确认一项新负债。

（2）资产负债表日后确认资产减值。资产负债表日后取得确凿证据，表明某项资产在资产负债表日发生了资产减值或者需要调整该项资产原先确认的减值金额。

（3）销货退回或购货退回。资产负债表日后进一步确定了资产负债表日前购入的资产或售出的资产在资产负债表日后退回，企业应将其作为调整事项处理。

（4）资产负债表日后发现了前期财务报表舞弊或会计差错。

（二）资产负债表日后调整事项的处理原则

企业发生的资产负债表日后调整事项，应当调整资产负债表日的财务报表。但对于年度财务报告而言，由于资产负债表日后事项发生在报告年度次年，报告年度的有关账目已经结转，特别是损益类账户在结转后无余额。因此，年度资产负债表日后发生的调整事项，应分不同情况进行处理。

1.涉及损益调整的事项

（1）涉及损益调整的事项，通过“以前年度损益调整”账户核算。调整增加以前年度利润或调整减少以前年度亏损的事项，记入“以前年度损益调整”账户贷方；调整减少以前年度利润或调整增加以前年度亏损的事项，记入“以前年度损益调整”账户借方。

（2）所得税的处理。如果影响所得税费用项目，而且事项在上年所得税汇算清缴之前发生，应当相应调整报告年度（上年）应纳税所得额、应纳所得税额；发生在该企业报告年度所得税汇算清缴之后的，应当调整发生年度应纳税所得额、应纳所得税额。

（3）将“以前年度损益调整”账户的余额转入“利润分配——未分配利润”账户。“以前年度损益调整”账户如为贷方余额，借记“以前年度损益调整”账户，贷记“利润分配——未分配利润”账户；如为借方余额则作相反的会计分录。“以前年度损益调整”账户结转后应无余额。

2.涉及利润分配调整的事项

涉及利润分配调整的事项，直接在“利润分配——未分配利润”账户核算。

3.不涉及损益及利润分配的事项

不涉及损益和利润分配的事项，调整相关账户。

4.调整财务报表相关项目的数字

通过上述处理后，还应当同时调整财务报表相关项目的数字，包括：

（1）资产负债表日编制的会计报表相关项目的期末数或本年发生数：

❶调整报告期资产负债表的期末数；

❷调整报告期利润表的本年发生数。

（2）当期编制的会计报表相关项目的年初数或上年数。

（3）经过上述调整后，如果涉及会计报表附注内容的，还应当调整会计报表附注相关项目的数字。

【引例11-2解析】

（1）对于C公司在2023年财务状况恶化，企业已经计提10%的坏账准备30万元；2024年3月5日法院判决C公司破产在企业财务报告批准报出日之前，属于资产负债表日后事项，而且属于调整事项。

（2）对于这个事项，会计上应进行相关会计处理：涉及损益的调整事项，通过“以前年度损益调整”账户核算；不涉及损益和利润分配的事项，调整相关账户。通过上述调整后，还应当同时调整2023年度的资产负债表、利润表相关项目的数字。

【小思考11-2】资产负债表日后调整事项，是否需要调整报告年度的现金流量表和资产负债表中的货币资金项目？

（三）资产负债表日后调整事项的具体会计处理

1.资产负债表日后诉讼案件结案事项

资产负债表日后诉讼案件结案事项是指导致诉讼的事项在资产负债表日已经发生，但尚不具备确认的条件而未确认。资产负债表日后至财务报告批准报出日之间获得了新的或进一步的证据，表明符合负债的确认条件，因此应在财务报告中确认为一项新负债；或者在资产负债表日虽已确认，但需要根据判决结果调整已确认负债的金额。

【工作实例11-3】甲公司因违约，于2023年11月被乙公司告上法庭，要求赔偿30万元。2023年12月31日法院尚未判决，甲公司根据有关方面的判断，很可能要赔偿20万元，并同时确认预计负债。乙公司判断胜诉的可能性为60%。2024年3月10日，经法院判决甲公司应赔偿24万元，甲、乙双方均服从判决。4月5日，甲公司向乙公司支付赔偿款24万元。假设甲、乙公司2023年所得税汇算清缴在2024年5月31日完成，两公司的所得税税率均为25%，所得税采用资产负债表债务法核算，公司按10%提取法定盈余公积。

甲公司的会计处理如下：

（1）2024年3月10日，记录应支付的赔款：

借：以前年度损益调整——营业外支出　　40 000

　贷：其他应付款——乙公司　　40 000

借：预计负债　　200 000

　贷：其他应付款——乙公司　　200 000

【小思考11-3】在【工作实例11-3】中，为什么要通过“其他应付款”账户进行核算？

（2）调整递延所得税资产：

借：以前年度损益调整——所得税费用　　50 000

　贷：递延所得税资产　　50 000

【小思考11-4】在【工作实例11-3】中，为什么要冲销“递延所得税资产”账户？

（3）调整应交所得税：

借：应交税费——应交所得税（240 000×25%）　　60 000

　贷：以前年度损益调整——所得税费用　　60 000

（4）将“以前年度损益调整”账户余额转入未分配利润：

借：利润分配——未分配利润　　30 000

　贷：以前年度损益调整　　30 000

（5）因净利润变动，调整盈余公积：

借：盈余公积　　3 000

　贷：利润分配——未分配利润　　3 000

（6）2024年4月5日，企业支付赔款时：

借：其他应付款——乙公司　　240 000

　贷：银行存款　　240 000

（7）调整报告年度会计报表相关项目的数字（财务报表略）：

❶调整资产负债表相关项目的期末余额：

调减递延所得税资产50 000元，调增其他应付款240 000元，调减应交税费60 000元，调减预计负债200 000元，调减盈余公积3 000元，调减未分配利润27 000元。

❷调整利润表相关项目的本期金额：

调增营业外支出40 000元，调减所得税费用60 000元。

❸调整所有者权益变动表相关项目的本年金额：

调减净利润30 000元，提取盈余公积项目中盈余公积一栏调减3 000元，未分配利润一栏调减27 000元。

（8）调整2024年4月份资产负债表相关项目的年初数：

甲公司在编制2024年1、2、3月份的资产负债表时，按照调整前2023年12月31日的资产负债表的数字作为资产负债表的年初数，由于发生了资产负债表日后调整事项，甲公司除了调整2023年度资产负债表相关项目的数字外，还应当调整2024年4月份资产负债表相关项目的年初数，其年初数按照2023年12月31日调整后的数字填列。

乙公司的会计处理如下：

（1）2024年3月10日，记录应收的赔款：

借：其他应收款——甲公司　　240 000

　贷：以前年度损益调整——营业外收入　　240 000

（2）调整所得税费用：

借：以前年度损益调整——所得税费用　　60 000

　贷：应交税费——应交所得税　　60 000

（3）将“以前年度损益调整”账户余额转入未分配利润：

借：以前年度损益调整　　180 000

　贷：利润分配——未分配利润　　180 000

（4）因净利润增加，补提盈余公积：

借：利润分配——未分配利润　　18 000

　贷：盈余公积（180 000×10%）　　18 000

（5）调整报告年度财务报表相关项目的数字：

❶调整2023年资产负债表相关项目的期末余额：

调增其他应收款240 000元；调增应交税费60 000元；调增盈余公积18 000元；调

增未分配利润162 000元。

❷调整2023年利润表相关项目的本期金额：

调增营业外收入240 000元；调增所得税费用60 000元。

❸调整2023年所有者权益变动表相关项目的本年金额：

调增净利润180 000元，提取盈余公积项目中盈余公积一栏调增18 000元，未分配利润一栏调增162 000元。

【小思考11-5】为什么乙公司在2023年不确认营业外收入？

2.资产负债表日后资产减值事项

资产负债表日后资产减值是指在资产负债表日，根据当时的资料判断某项资产可能发生了损失或减值，但没有最后确定是否会发生，因而按照当时最佳估计金额反映在财务报表中；但在资产负债表日至财务报告批准报出日之间，所取得的确凿证据能证明该事实成立，即某项资产已经发生了损失或减值，则应对资产负债表日所作的估计予以调整。

【工作实例11-4】伟星公司2023年10月销售给乙公司一批物资，货款为200万元（含增值税）。乙公司于6月份收到所购物资并验收入库。按合同规定，乙公司应于收到所购物资后3个月内付款。由于乙公司财务状况不佳，到2023年12月31日仍未付款。伟星公司至2023年12月31日已为该项应收账款计提坏账准备10万元。伟星公司于2024年3月3日收到人民法院通知，乙公司已宣告破产清算，无力偿还所欠部分货款。伟星公司预计可收回应收账款的60%。

分析：本例中，伟星公司在收到人民法院通知后，首先可判断该事项属于资产负债表日后调整事项。伟星公司原对应收乙公司账款计提了10万元的坏账准备，按照新的证据应计提的坏账准备为80万元（200×40%），差额70万元应当调整2023年度财务报表相关项目的数字。

伟星公司的账务处理如下：

（1）补提坏账准备，调整信用减值损失：

借：以前年度损益调整——信用减值损失　　700 000

　贷：坏账准备　　700 000

（2）确认递延所得税资产，调整所得税费用：

借：递延所得税资产　　175 000

　贷：以前年度损益调整——所得税费用　　175 000

（3）将“以前年度损益调整”账户的余额转入未分配利润时：

借：利润分配——未分配利润　　525 000

　贷：以前年度损益调整　　525 000

（4）调减盈余公积时：

借：盈余公积　　52 500

　贷：利润分配——未分配利润　　52 500

（5）调整报告年度财务报表相关项目的数字时：

❶调整资产负债表相关项目的期末金额：

调减应收账款700 000元，调增递延所得税资产175 000元，调减盈余公积52 500元，调减未分配利润472 500元。

❷调整利润表相关项目的本期金额：

调增信用减值损失700 000元，调减所得税费用175 000元，调减净利润525 000元。

❸调整所有者权益变动表相关项目的本年金额：

调减净利润525 000元，提取盈余公积项目中盈余公积一栏调减52 500元，未分配利润一栏调减472 500元。

3.在资产负债表日后进一步确定资产成本的事项

在资产负债表日前购入资产已按暂估金额等入账，资产负债表日后获得证据，可以进一步确定资产的成本，则应对已入账的资产成本进行调整。例如，购建固定资产已经达到预定可使用状态，但尚未办理竣工决算，企业已办理暂估入账；资产负债表日后办理决算，此时应根据竣工决算的金额调整暂估入账的固定资产成本，同时调整固定资产折旧等。

【工作实例11-5】A公司2023年12月新建厂房达到预定可使用状态，暂估固定资产成本为1 900万元。2024年3月10日办理竣工决算，厂房实际总成本为2 008万元。假设该厂房预计使用年限为30年，预计净残值为零。A公司2024年5月15日完成2024年度所得税汇算清缴。

A公司的账务处理如下：

（1）调整固定资产账面价值：

借：固定资产　　1 080 000

　贷：在建工程　　1 080 000

（2）补提折旧，调整管理费用：

借：以前年度损益调整　　9 000

　贷：累计折旧（1 080 000÷30÷12×3）　　9 000

（3）调整应交所得税和所得税费用：

借：应交税费——应交所得税　　2 250

　贷：以前年度损益调整（9 000×25%）　　2 250

（4）将“以前年度损益调整”账户的余额转入未分配利润：

借：利润分配——未分配利润　　6 750

　贷：以前年度损益调整　　6 750

（5）调减盈余公积：

借：盈余公积（6 750×10%）　　675

　贷：利润分配——未分配利润　　675

【学中做11-1】请指出2023年度财务报表应调整的相关项目的名称及对应的数字。

4.资产负债表所属期间或以前期间所售商品的退回事项

企业在资产负债表日已根据收入确认条件，确认资产销售收入并结转相关成本，即在资产负债表日企业已确认了销售，并在财务报表上予以反映，但在资产负债表日后至财务报告批准报出日之间获得关于资产收入的进一步证据，如发生销售退回等，此时应调整财务报表相关项目的金额。

资产负债表日后发生的销售退回，既包括报告年度或报告中期销售的商品在资产负债表日后发生的销售退回，也包括以前期间销售的商品在资产负债表日后发生的销售退回。

资产负债表所属期间或以前期间所售商品在资产负债表日后退回的，应作为资产负债表日后调整事项处理。但根据发生退回时间与该年度企业所得税汇算清缴时间前后顺序的不同，企业的会计处理也不同。

第一种情况：资产负债表日后事项中涉及报告年度所属期间的销售退回发生于报告年度所得税汇算清缴之前的，应调整报告年度利润表的收入、成本等，并相应调整报告年度的应纳税所得额以及报告年度应交所得税税额等。

【工作实例11-6】A公司2023年11月25日销售一批甲商品给E公司，取得收入240万元，增值税31.2万元，并结转销售成本200万元。2023年12月31日，该笔货款尚未收到，A公司未对该应收账款计提坏账准备。2024年1月28日，由于产品质量问题，本批货物被全部退回。企业于2024年4月10日完成了2023年所得税的汇算清缴。

本例中，销售退回业务发生在资产负债表日后事项涵盖期间内，属于资产负债表日后调整事项。由于销售退回发生在A公司报告年度所得税汇算清缴之前，因此在所得税汇算清缴时，应扣除该部分销售退回所实现的应纳税所得额。

A公司的账务处理如下：

（1）调整主营业务收入：

借：以前年度损益调整　　2 400 000

　　应交税费——应交增值税（销项税额）　　312 000

　贷：应收账款　　2 712 000

（2）调整主营业务成本：

借：库存商品——甲商品　　2 000 000

　贷：以前年度损益调整　　2 000 000

（3）调整应缴纳的所得税：

借：应交税费——应交所得税［（2 400 000－2 000 000）×25%］　　100 000

　贷：以前年度损益调整　　100 000

（4）将“以前年度损益调整”账户的余额转入未分配利润：

借：利润分配——未分配利润　　300 000

　贷：以前年度损益调整　　300 000

（5）调减盈余公积：

借：盈余公积（300 000×10%）　　30 000

　贷：利润分配——未分配利润　　30 000

（6）调整年度财务报告相关项目的数字时：

❶调整资产负债表相关项目的期末余额：

调减应收账款2 712 000元，调增库存商品2 000 000元，调减应交税费412 000元，调减盈余公积30 000元，调减未分配利润270 000元。

❷调整利润表相关项目的本期金额：

调减主营业务收入2 400 000元，调减主营业务成本2 000 000元，调减所得税费用

100 000元，调减净利润300 000元。

❸调整所有者权益变动表相关项目的本年金额：

调减净利润300 000元，提取盈余公积项目中盈余公积一栏调减30 000元，未分配利润一栏调减270 000元。

第二种情况：资产负债表日后事项中涉及报告年度所属期间的销售退回发生于报告年度所得税汇算清缴之后的，应调整报告年度利润表的收入、成本等，但按照税法规定在此期间的销售退回所涉及的应交所得税，应作为本年度的纳税调整事项。

【工作实例11-7】沿用【工作实例11-6】的资料。假定A公司2024年4月15日，由于产品质量问题，本批货物被退回，但2024年4月10日已完成了2023年所得税的汇算清缴。

根据上述资料，A公司的会计处理如下：

（1）调整主营业务收入：

借：以前年度损益调整　　2 400 000

　　应交税费——应交增值税（销项税额）　　312 000

　贷：应收账款　　2 712 000

（2）调整主营业务成本：

借：库存商品——甲商品　　2 000 000

　贷：以前年度损益调整　　2 000 000

（3）确认当期递延所得税资产和所得税费用：

借：递延所得税资产　　100 000

　贷：以前年度损益调整　　100 000

（4）将“以前年度损益调整”账户的余额转入未分配利润：

借：利润分配——未分配利润　　300 000

　贷：以前年度损益调整　　300 000

（5）调减盈余公积：

借：盈余公积（300 000×10%）　　30 000

　贷：利润分配——未分配利润　　30 000

【小思考11-6】比较【工作实例11-6】和【工作实例11-7】，你发现它们在所得税的处理上有什么不同？为什么？

5.资产负债表日后发现财务报表舞弊或差错事项

这一事项是指资产负债表日后发现报告期或以前期间存在财务报表舞弊或差错。企业发生这一事项后，应当将其作为资产负债表日后调整事项，调整报告期间财务报告相关项目的数字。一般来说，财务报表舞弊是重要事项；但发生的会计差错，可能是重要差错，也可能是非重要差错。对此，可参考“项目十　会计政策、会计估计变更和差错更正的核算”，在此不再重述。

二、资产负债表日后非调整事项

（一）资产负债表日后非调整事项的内容

资产负债表日后非调整事项的主要内容如下：

（1）资产负债表日后发生重大诉讼、仲裁、承诺事项。资产负债表日后发生的重大诉讼、仲裁、承诺事项，对企业影响较大，为防止误导投资者及其他财务报告使用者，应当在财务报表附注中披露。

（2）资产负债表日后资产价格、税收政策、外汇汇率发生重大变化事项。资产负债表日后发生的资产价格、税收政策、外汇汇率的重大变化，虽然不会影响资产负债表日财务报表相关项目的数据，但对企业资产负债表日后期间的财务状况和经营成果有重大影响，应当在报表附注中予以披露。

（3）资产负债表日后因自然灾害导致资产发生重大损失事项。资产负债表日后发生的自然灾害导致资产发生重大损失，不是企业主观上能够决定的，是不可抗力造成的。但这一事项对企业财务状况所产生的影响，如不加以披露，有可能使财务报告使用者产生误解，导致做出错误的决策。因此，资产负债表日后因自然灾害导致的资产重大损失应作为非调整事项在财务报表附注中进行披露。

（4）资产负债表日后发行股票和债券以及其他巨额举债事项。企业在资产负债表日后发行股票、债券以及向银行或非金融机构举借巨额债务，都是比较重大的事项，虽然这一事项与企业资产负债表日的存在状况无关，但这一事项的披露能使财务报告使用者了解与此有关的情况及可能带来的影响，因此应当在报表附注中进行披露。

（5）资产负债表日后资本公积转增资本事项。资产负债表日后，企业以资本公积转增资本将会改变企业的资本（或股本）结构，影响较大，虽然这一事项与企业资产负债表日的存在状况无关，但应对这一事项做出披露，以使财务报告使用者了解企业资本公积转增资本可能会给投资者带来的影响。

（6）资产负债表日后发生巨额亏损事项。资产负债表日后发生巨额亏损将会对企业报告期以后的财务状况和经营成果产生重大影响，应当在财务报表附注中及时披露该事项，以便为投资者和其他财务报告使用者做出正确决策提供信息。

（7）资产负债表日后发生企业合并或处置子公司事项。资产负债表日后企业合并或处置子公司的行为会影响股权结构、经营范围等方面，对企业未来的生产经营活动产生重大影响，应当在报表附注中进行披露。

（8）资产负债表日后，企业利润分配方案中拟分配的以及经审议批准宣告发放的股利或利润事项。资产负债表日后，企业制定利润分配方案，拟分配或经审议批准宣告发放股利或利润的行为，并不会导致企业在资产负债表日形成现时义务，虽然该事项的发生可导致企业负有支付股利或利润的义务，但支付义务在资产负债表日尚不存在，不应该调整资产负债表日的财务报告，因此，该事项为非调整事项。不过，该事项对企业资产负债表日后的财务状况有较大影响，可能导致现金大规模流出、企业股权结构变动等，为便于财务报告使用者更充分地了解相关信息，企业需要在财务报告中适当披露该信息。

（二）资产负债表日后非调整事项的处理原则

资产负债表日后发生的非调整事项，是指表明资产负债表日后发生的情况的事项，与资产负债表日存在状况无关，不需要调整资产负债表日的财务报表。但有的非调整事项由于事项重大，如不加以说明，将会影响财务报告使用者做出正确估计和决策，因此，应在财务报表附注中加以披露重要事项的性质、内容，及其对报告年度财务状况和经营成果的影响。无法做出估计的，应当说明原因。

【素养提升】

严格遵守会计准则，提高会计信息质量

宁波联合（股票代码：600051）的控股子公司温州银联投资置业有限公司开发的天和家园一期项目部分装饰、绿化工程等，在2015年年报披露前已完成竣工决算，但宁波联合未按资产负债表日后事项的规定对2015年已实现销售房产相关成本进行相应调整。

如按照资产负债表日后调整事项的处理原则，将增加2015年度归属于宁波联合普通股股东净利润（以下简称净利润）702.24万元，占当年宁波联合净利润的5.52%；同时将减少2016年度宁波联合净利润702.24万元，占当年宁波联合净利润的4.73%。

上交所认为，宁波联合的上述行为违反了《企业会计准则第29号——资产负债表日后事项》的规定，于2018年4月10日对宁波联合及其财务总监兼董事会秘书予以监管关注。

思考与启示：

资产负债表日后事项的内容体现了思想性、理论性、现实性与前瞻性，需要达到理论与实践相统一。通过课堂理论的学习，同学们应形成健康的世界观、人生观、价值观、法制观和道德观，养成良好的会计职业素养，具备会计职业道德，会计职业行为规范，践行社会主义核心价值观，于日常工作之中，做到“爱岗敬业，遵循准则，不做假账”，践行社会主义核心价值观之诚信教育。

项目小结

资产负债表日后事项，是指资产负债表日至财务报告批准报出日之间发生的有利或不利事项。它包括资产负债表日后调整事项和资产负债表日后非调整事项。

资产负债表日后调整事项，是指对资产负债表日已经存在的情况提供了新的或进一步证据的事项。对于资产负债表日后发生的调整事项，应当如同资产负债表所属期间发生的事项一样做出相关会计处理，并对资产负债表日已经编制的财务报表进行调整，包括资产负债表、利润表及所有者权益变动表等内容，但不包括现金流量表。

资产负债表日后非调整事项是指表明资产负债表日后发生的情况的事项。资产负债表日后发生的非调整事项，是资产负债表日后才发生或存在的事项，不影响资产负债表日存在状况，不应当调整资产负债表日的财务报表。但由于事项重大，如不加以说明，将会影响财务报告使用者做出正确估计和决策，因此，应在报表附注中加以披露。

复习思考题

1. 如何确定资产负债表日后事项涵盖期间？
2. 资产负债表日后调整事项有哪些特点？如何进行会计处理？
3. 资产负债表日后非调整事项有哪些特点？如何进行会计处理？
4. 对在资产负债表日后事项所属期间发生的某一事项，如何判断其是调整事项还是非调整事项？

5.资产负债表日后调整事项中涉及的现金项目，是否应当调整报告年度资产负债表的“货币资金”项目？

6.在资产负债表日后事项中，如果涉及所得税项目，会计上应如何处理？

习题与实训

一、单项选择题

单项选择题

1.下列有关资产负债表日后事项的表述中，不正确的是（　　）。

A.资产负债表日后事项包括调整事项和非调整事项

B.资产负债表日后事项包括有利事项和不利事项

C.资产负债表日后非调整事项一定发生在资产负债表日后期间

D.发生在资产负债表日后期间的事项一定是调整事项或非调整事项

2.下列关于资产负债表日后调整事项的表述中，正确的是（　　）。

A.资产负债表日后取得确凿证据，表明某项资产在资产负债表日发生了减值或者需要调整该项资产原先确认的减值金额，属于资产负债表日后调整事项

B.资产负债表日后发生重大诉讼、仲裁、承诺等属于资产负债表日后调整事项

C.如果资产负债表日后事项对资产负债表日的情况提供了进一步的证据，证据表明的情况与原来的估计和判断不完全一致，则按照原来的估计进行会计处理

D.资产负债表日后发现了财务报表舞弊或差错，若金额不重大，那么不作为调整事项处理

3.某上市公司2023年度财务报告于2024年3月10日编制完成，所得税汇算清缴日是2024年3月20日，注册会计师完成审计及签署审计报告日是2024年4月10日，经董事会批准2023年度财务报告对外公布的日期为2024年4月20日，2023年度财务报告实际对外报出日为2024年4月22日，股东大会召开日期是2024年4月25日。按照准则规定，资产负债表日后事项涵盖的期间为（　　）。

A.2024年1月1日至2024年3月10日　　B.2024年3月10日至2024年4月22日

C.2024年3月10日至2024年4月25日　　D.2024年1月1日至2024年4月20日

4.新华公司2023年度财务报告经董事会批准于2024年4月20日报出，则新华公司在2024年1月1日至4月20日之间发生的下列事项中，属于资产负债表日后事项中的调整事项的是（　　）。

A.2024年3月10日，法院判决某项诉讼败诉，支付赔偿金额80万元，公司在上年年末已经确认预计负债65万元

B.2024年2月10日，发生销售产品退回，该批产品系2024年1月销售

C.2024年2月18日，董事会提出资本公积转增资本方案

D.2024年3月18日，董事会成员发生变动

5.甲股份有限公司（以下简称“甲公司”）2023年度财务报告经董事会批准对外公布的日期为2024年3月30日，实际对外公布日期为2024年4月3日。该公司2024年1月1日至4月3日发生的下列事项中，应当作为资产负债表日后事项中的非调整事项的是（　　）。

A.2月1日与乙公司签订的债务重组协议执行完毕，该债务重组协议系甲公司于2024年1月5日与乙公司签订

B.3月11日发现2023年10月接受捐赠获得的一项固定资产尚未入账

C.3月15日甲公司被法院判决败诉，并要求支付赔款1 000万元，对此项诉讼甲公司已于2023年年末确认预计负债800万元

D.3月25日甲公司因从丙银行借入5 000万元长期借款而签订重大资产抵押合同

6.甲公司在2024年度财务报告批准报出前发现一台管理用固定资产未入账，属于重大差错。该固定

资产系2023年6月接受乙公司捐赠取得，入账价值为2 000万元。根据甲公司的折旧政策，该固定资产2023年度应计提折旧200万元，2024年度应计提折旧120万元。甲公司2024年度资产负债表“固定资产”项目“上年年末余额”应调整的金额为（　　）万元。

A.-320　　B.-200　　C.1 480　　D.1 800

7.黄河公司适用的企业所得税税率为25%，按照净利润的10%提取法定盈余公积。2023年11月，黄河公司因产品质量问题被消费者起诉。2023年12月31日法院尚未判决，经咨询公司法律顾问，认为败诉的可能性很大，如果败诉，很可能支付罚款300万元。黄河公司为此确认了300万元的预计负债。2024年2月20日，在黄河公司2023年度财务报告对外报出之前，法院判决消费者胜诉，要求黄河公司支付赔偿款420万元。黄河公司服从判决，不再上诉，并于当日支付了赔偿款。不考虑其他因素，黄河公司因该判决减少2023年12月31日未分配利润的金额为（　　）万元。

A.283.5　　B.120　　C.90　　D.81

8.新华公司为增值税一般纳税人，适用的所得税税率为25%，按照净利润的10%提取法定盈余公积。新华公司2023年度的财务报告批准报出日为2024年3月31日，所得税汇算清缴日为2月28日，2023年10月20日，销售一批商品给大海公司，取得收入120万元（不含增值税）。商品发出时控制权转移，新华公司按照以往经验估计不会发生退货，且已经确认收入不会发生转回，从而确认收入120万元，并结转成本100万元。2023年12月31日，该笔货款尚未收到，新华公司对该应收账款计提了2%的坏账准备。2024年1月15日，由于产品质量问题，该批商品被退回，相关退货手续已完成。不考虑其他因素，则该项销售退回对新华公司2023年度财务报告未分配利润的影响金额为（　　）。

A.-12.89万元　　B.-11.67万元　　C.-17.19万元　　D.0

9.2022年11月份甲公司与乙公司签订一项供销合同，由于甲公司未按合同发货，致使乙公司发生重大经济损失。甲公司2022年12月31日在资产负债表中的“预计负债”项目反映了500万元的赔偿款。2023年2月10日，经法院判决，甲公司需偿付乙公司经济损失600万元。甲公司不再上诉，赔偿款已支付。甲公司2022年财务报告批准报出日为2023年3月31日，所得税汇算清缴日为2023年5月31日。甲公司适用的所得税税率是25%。则关于甲公司该事项会计处理的下列表述中，正确的是（　　）。

A.调减应交所得税150万元　　B.调增营业外支出600万元

C.冲减递延所得税资产25万元　　D.冲减银行存款600万元

10.甲公司在2023年度财务报告批准报出前发现一台管理用固定资产已发生减值。该固定资产系2022年6月购入，入账价值为2 000万元。根据甲公司的折旧政策，该固定资产2023年度应计提折旧100万元，2022年度应计提折旧80万元。至2023年12月31日尚未计提减值准备。2023年12月31日该项固定资产预计未来现金流量现值为1 780万元，公允价值减去处置费用后的净额为1 750万元。甲公司2023年12月31日资产负债表“固定资产”项目金额为（　）万元。

A.2 000　　B.1 820　　C.1 780　　D.1 750

二、多项选择题

多项选择题

1.阳光公司为增值税一般纳税人，销售商品适用的增值税税率为13%；所得税采用资产负债表债务法核算，适用的所得税税率为25%，按净利润的10%计提法定盈余公积。阳光公司2023年度的财务报告批准报出日为2024年3月30日；2024年3月10日，阳光公司完成了2023年度所得税汇算清缴工作。资产负债表日后期间两笔应收款项出现如下情况：（1）2024年1月30日接到通知，债务企业甲企业宣告破产，其所欠阳光公司账款400万元预计只能收回30%。阳光公司在2023年12月31日以前已被告知甲企业资不抵债，面临破产，并已经计提坏账准备80万元。（2）2024年3月15日，阳光公司收到乙企业通知，被告知乙企业于2024年2月13日发生火灾，预计所欠阳光公司的300万元货款全部无法偿还。不考虑其他因素，下列说法中正确的有（　　）。

A.应收甲企业款项的处理应遵循资产负债表日后调整事项的处理原则

B.应收乙企业款项的处理应遵循资产负债表日后非调整事项的处理原则

C.应调减2023年12月31日资产负债表应收账款200万元

D.应调增2023年度利润表信用减值损失500万元

2.下列关于资产负债表日后事项的表述中，正确的有（　　）。

A.财务报告批准报出日是指董事会或类似机构批准财务报告报出的日期

B.财务报告的批准者只能是董事会

C.资产负债表日后事项涵盖的期间是指资产负债表日次日起至财务报表实际报出日之间的一段期间

D.财务报告批准报出以后、实际报出之前又发生与资产负债表日后事项有关的事项，并由此影响财务报告对外公布日期的，应以董事会或类似机构再次批准财务报告对外报出的日期为截止日期

3.下列事项均发生在资产负债表日后期间，其中属于非调整事项的有（　　）。

A.发生巨额亏损

B.发现报告年度财务舞弊或差错

C.企业以资本公积转增资本

D.企业分配方案中拟分配的以及经审议批准宣告发放的股利或利润

4.下列关于资产负债表日后事项的表述中，正确的有（　　）。

A.调整事项如涉及现金收支项目的，均不调整报告年度资产负债表的货币资金项目和现金流量表正表各项目数字

B.调整事项涉及损益的，通过“以前年度损益调整”科目核算，然后将“以前年度损益调整”科目余额转入“本年利润”科目

C.资产负债表日后发生的巨额亏损，属于非调整事项

D.不涉及损益及利润分配的调整事项，直接调整相关科目即可

5.某公司2024年2月在2023年度财务报告批准报出前发现一台管理用固定资产未计提折旧，属于重大差错。该固定资产系2022年10月接受A公司捐赠取得。根据该公司的折旧政策，该固定资产2022年度应计提折旧200万元，2023年度应计提折旧400万元。该公司按净利润的10%提取法定盈余公积，同时采用资产负债表债务法核算所得税，适用的所得税税率为25%。则该公司的下列处理中，正确的有（　　）。

A.甲公司2023年年末资产负债表“固定资产”期末余额应调减600万元

B.甲公司2023年年末资产负债表“未分配利润”期末余额应调减405万元

C.甲公司2023年度利润表“管理费用”本期金额应调增600万元

D.甲公司2023年度利润表“净利润”本期金额应调减300万元

6.2023年度甲公司为乙公司的1 000万元债务提供60%的担保，乙公司因到期无力偿还债务被起诉，至2023年年末，法院尚未做出判决，甲公司根据有关情况预计很可能承担部分担保责任，但金额不能可靠计量，2024年3月5日，甲公司财务报告批准报出之前法院做出判决，甲公司需为乙公司偿还债务的40%，甲公司立即执行了该判决。下列有关甲公司会计处理的说法中，不正确的有（　　）。

A.2023年12月31日按照很可能承担的担保责任确认预计负债

B.2023年12月31日对此预计负债做出披露

C.2023年12月31日对此或有负债做出披露

D.2024年3月5日按照资产负债表日后非调整事项处理

7.甲公司采用资产负债表债务法核算所得税，适用的所得税税率为25%，2023年度的财务报告批准报出日为2024年4月30日。甲公司2023年12月10日与乙公司签订产品销售合同，合同约定：甲公司向乙公司销售A产品200件，单位成本为220元，单位售价为300元；乙公司应在甲公司发出产品后1个月内支付款项（双方款项均已结算完毕），乙公司收到产品后4个月内如发现质量问题有权退货。甲公司于2023年12月15日发出相关产品，并开具增值税专用发票。商品发出时控制权转移，甲公司根据以往经验，估计退货率为30%，且已经确认的收入极可能不会发生转回。至2023年12月31日止，

上述已销售的产品均未发生退回，甲公司估计退货率仍为30%。至2024年3月31日，2023年度出售的A产品发生20%退货。假定不考虑增值税等其他因素，至2024年3月31日，下列甲公司的会计处理中，正确的有（　　）。

A.递延所得税资产余额为1 500元　　B.递延所得税负债余额为0

C.预计负债——应付退货款余额为0　　D.应收退货成本余额为4 400元

8.M公司为增值税一般纳税人，销售和购买商品适用的增值税税率为13%，2023年度财务报告的批准报出日为2024年4月10日。2023年度M公司实现净利润8 000万元。2024年2月15日，股东大会做出利润分配方案：按照净利润的10%提取法定盈余公积，分派现金股利600万元。M公司据此做出了相应的会计处理，调整了2023年度财务报表的相关数字。该项会计差错在更正时，对2023年度财务报表造成影响的下列说法中，正确的有（　　）。

A.调减应付股利600万元　　B.调增未分配利润60万元

C.调增未分配利润600万元　　D.不需要调整盈余公积项目

9.某股份有限公司2023年度财务报告经注册会计师审计后，于2024年4月25日批准报出。该公司对下列发生在2024年1月1日至4月25日的事项的会计处理中，正确的有（　　）。

A.2023年度销售的商品发生退回，原销售价格100万元，销售成本80万元（预计无退货情况）。该公司冲减了2023年度利润表上营业收入和营业成本等项目，并相应调整了资产负债表有关项目

B.因销售收入确认有误，2023年度少计利润80万元。该公司在2023年度利润表和资产负债表上作了相应调整，同时调整现金流量表正表各项目数字

C.获知2024年3月20日某债务单位发生火灾，导致该公司应收账款中的60万元（重大）预计不能收回。该公司将其作为坏账损失，调整了2023年度利润表、资产负债表的相关项目，并在财务报表附注中予以说明

D.该公司2023年12月份与甲企业发生经济诉讼事项，确认预计负债18万元，2024年2月4日经双方协商同意，由该公司当日支付给甲企业20万元作为赔偿，甲企业撤回起诉。该公司于2024年2月5日根据此项应付赔偿款调整了2023年度的利润表、资产负债表相关项目，但未对现金流量表正表的有关项目进行调整

10.甲公司2023年度财务报告于2024年2月20日批准对外报出。该公司发生的下列事项中，必须在其2023年度财务报表附注中披露的有（　　）。

A.2023年11月1日，从甲公司董事持有51%股份的公司购货400万元

B.2024年1月20日，甲公司遭受水灾造成存货重大损失300万元

C.2024年1月30日，发布重大资产重组公告，发行股份收购一家下游企业100%股权

D.2024年2月12日，得知A公司于2023年12月12日发生严重损失，应收A公司货款估计全部无法收回，甲公司已于2023年报表中对该项应收账款计提了30%坏账准备

三、判断题

1.资产负债表日后事项中涉及报告年度所属期间的销售退回，不调整报告年度利润表的收入、费用等项目，直接调整退回当期的收入、费用等。（　　）

2.企业在资产负债表日后期间发现某项资产在报告年度资产负债表日已发生减值的，应当作为调整事项处理，调整报告年度报表的年初数等。（　　）

判断题

3.企业在报告年度资产负债表日至财务报告批准报出日之间发生外汇汇率大幅度变动，应作为调整事项进行处理。（　　）

4.甲公司因合同违约而涉及一项诉讼，该诉讼案件在2023年12月31日尚未判决，甲公司根据当时所掌握的信息确认了预计负债100万元。资产负债表日后期间，法院一审判决甲公司赔偿原告150万元，该事项属于资产负债表日后期间发现的会计差错。（　　）

5.甲公司2023年度财务报告的批准报出日为2024年3月25日，2024年3月1日，甲公司发现其在2024

年2月1日发生的业务的会计处理存在重大差错，这应当作为资产负债表日后事项进行追溯调整。（　　）

6.如果企业在资产负债表日后期间获得可靠证据证实某项资产在资产负债表日已经发生了减损，企业应将其作为调整事项处理。（　　）

7.甲公司2023年度财务报告的批准报出日为2024年4月25日。在资产负债表日后期间，甲公司发现其所产的A产品因不符合国家于2024年3月份新制定的环保标准，市场前景黯淡，导致库存A产品的可变现净值低于其账面价值。甲公司应当将其作为调整事项处理，计提存货跌价准备。（　　）

8.资产负债表日后期间企业以资本公积转增资本将会改变企业的资本（或股本）结构，影响较大，应当在财务报表附注中进行披露。（　　）

9.资产负债表日后事项既可以是有利事项，也可以是不利事项。（　　）

10.资产负债表日后发生的调整事项如涉及现金收支项目，既不需要调整报告年度现金流量表正表，也不需要调整报告年度资产负债表的货币资金项目。（　　）

四、实训题

实训一

实训题

目的：实训发生资产负债表所属期间所售商品的退回的会计核算。

资料：甲公司2023年11月向乙企业销售其产品，销售价格250 000元（不含增值税），销售成本200 000元，甲公司12月20日收到对方通知，乙公司因产品质量与合同不符要求退货。截至12月31日，甲公司未收到货款和退货。甲公司期末将上述货款和增值税一并计入应收账款，并按5%计提坏账准备，甲公司于2024年2月10日收到了全部退回的产品以及退回的增值税专用发票。甲公司财务报告批准报出日为4月30日，所得税税率25%，期末按净利润的10%提取了法定盈余公积。税法规定，企业提取的坏账准备不能在税前扣除。甲公司所得税采用资产负债表债务法核算，2024年2月15日完成了2023年度所得税汇算清缴。

要求：

（1）做出该调整事项的会计处理。

（2）假定该企业2024年3月15日收到退回的货物，应如何处理？

实训二

目的：实训资产负债表日后事项的会计处理。

资料：甲公司系上市公司，属于增值税一般纳税人，适用的所得税税率为25%，所得税采用资产负债表债务法核算。如无特别说明，甲公司对于3个月以内账龄的应收款项按照5‰的比例计提坏账准备。不考虑除增值税、所得税以外的其他相关税费。甲公司按当年实现净利润的10%提取法定盈余公积。甲公司2023年度所得税汇算清缴于2024年4月8日完成。甲公司2023年度财务报告于2024年3月31日经董事会批准对外报出。2024年1月1日至3月31日，甲公司发生如下交易或事项：

（1）1月14日，甲公司收到乙公司退回的2023年10月4日购入的一批商品，同时收到税务机关开具的进货退回证明单。当日，甲公司向乙公司开具红字增值税专用发票。该批商品的销售价格（不含增值税）为200万元，增值税为26万元，销售成本为185万元。假定甲公司销售该批商品时，销售价格是公允的，也符合收入确认条件。至2024年1月14日，该批商品的应收账款尚未收回。

（2）2月25日，甲公司办公楼因电线短路引发火灾，造成办公楼严重损坏，直接经济损失230万元。

（3）2月26日，甲公司获知丙公司被法院依法宣告破产，预计应收丙公司账款250万元（含增值税）收回的可能性极小，应按全额计提坏账准备。甲公司在2023年12月31日已被告知丙公司资金周转困难无法按期偿还债务，因而按应收丙公司账款余额的50%计提了坏账准备。

（4）3月5日，甲公司发现2023年度漏记某项生产设备折旧费用200万元，金额较大。至2023年12月31日，该生产设备生产的已完工产品尚未对外销售。

（5）3月15日，甲公司决定以2 400万元收购丁上市公司股权。该项股权收购完成后，甲公司将拥有丁上市公司有表决权股份的10%。

(6) 3月28日，甲公司董事会提出利润分配方案，决定分配现金股利210万元。

要求：

(1) 指出甲公司发生的上述 (1) ~ (6) 事项中哪些属于调整事项。

(2) 对于上述调整事项，编制有关调整会计分录。

项目十二
合并财务报表的编制

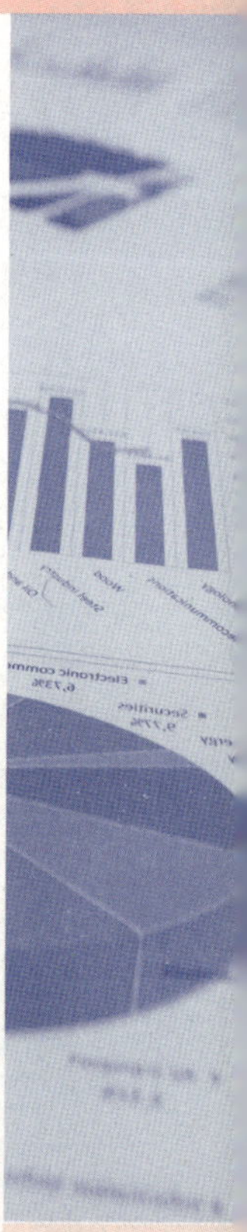

职业能力目标

通过本项目的学习，熟悉合并财务报表合并范围的确定，掌握同一控制下和非同一控制下长期股权投资与所有者权益的合并处理，掌握内部商品交易、内部债权债务、内部固定资产交易、内部无形资产交易及所得税会计相关的合并处理，掌握合并资产负债表和合并利润表的编制。

典型工作任务

合并财务报表合并范围的确定；合并财务报表编制的前期准备事项及其程序；同一控制下长期股权投资与所有者权益的合并处理；内部商品交易的合并处理；内部债权债务的合并处理；内部固定资产交易的合并处理；内部无形资产交易的合并处理；合并资产负债表和合并利润表的编制。

内容框架

合并财务报表的编制

- 认知合并财务报表
  - 合并财务报表的概念和种类
  - 合并财务报表合并范围的确定
  - 合并财务报表编制的前期准备事项及其程序
- 合并财务报表的编制
  - 对子公司的个别财务报表进行调整
  - 按权益法调整对子公司的长期股权投资
  - 编制合并财务报表应进行抵销处理的项目
  - 编制合并财务报表抵销项目的会计处理
  - 合并财务报表编制实例

任务一　认知合并财务报表

【引例12-1】

安然公司曾是一家位于美国得克萨斯州休斯敦市的能源类公司。在2001年宣告破产之前，安然公司拥有约21 000名雇员，是世界上最大的电力、天然气以及电信公司之一，2000年披露的营业额达1 010亿美元。公司连续六年被《财富》杂志评选为“美国最具创新精神公司”，然而真正使安然公司在全世界声名大噪的，却是公司持续多年精心策划乃至制度化、系统化的财务造假丑闻。

最为典型的是设置“特别目的实体”。所谓特别目的实体，是指为隐蔽债务和逃避纳税等特定目的而设立的子公司或附属机构。该实体往往自有资本很少，有的高达97%的资金均为借入资金。正是其转移、隐蔽债务的特殊功能，且在母公司合并资产负债表外进行，因而其又称为“账外载体”。安然公司就是通过设立所谓的“子公司”来将其巨额债务予以转移，美化资产负债表，粉饰公司业绩。据美国《商业时代》报道，其在作为避税天堂的海峡群岛有超过350家特别目的实体或类似实体，估计拥有超过350亿美元的总资产。按照美国会计准则的规定，这些很小的特别目的实体不必纳入合并财务报表进行反映。因此，对于投资者来说，很难从财务报表上看清楚安然公司到底隐瞒了多少债务，潜藏了多少危机。但是，任何一个小的特别目的实体破产，都必然导致资金链断裂，骨牌效应就会立刻显现。安然公司的破产倒闭，对美国，进而对世界财务会计准则中的合并财务报表合并范围界定敲起警钟。

任务要求：

（1）为什么美国的“特别目的实体”能够帮助诸如安然公司之类的企业隐蔽债务？

（2）美国安然事件对我国合并财务报表有何影响？

一、合并财务报表的概念和种类

（一）合并财务报表的概念

合并财务报表，是指反映母公司和其全部子公司形成的企业集团整体财务状况、经营成果和现金流量的财务报表。其作用包括两个方面：一是合并财务报表能够向财务报告的使用者提供反映企业集团整体财务状况、经营成果和现金流量的会计信息，有助于合并财务报表的使用者做出经济决策；二是合并财务报表有利于避免一些母公司利用控制关系人为粉饰财务报表的发生。

与个别财务报表相比，合并财务报表具有如下特点：

（1）合并财务报表的编制者或编制主体是母公司。

（2）合并财务报表反映的是企业集团整体的财务状况、经营成果和现金流量，反映的对象是通常由若干个法人（包括母公司和其全部子公司）组成的会计主体。

（3）合并财务报表以企业集团个别财务报表为基础编制，而不是以企业集团中母公司和其全部子公司的账簿记录为基础编制。

（4）合并财务报表有其独特的编制方法。

（二）合并财务报表的种类

合并财务报表主要包括合并资产负债表、合并利润表、合并现金流量表和合并所有者权益变动表，它们从不同的方面反映企业集团的经营情况，构成一个完整的合并财务报表体系。

（1）合并资产负债表，是反映母公司和子公司所形成的企业集团某一特定日期财务状况的会计报表。

（2）合并利润表，是反映母公司和子公司所形成的企业集团在一定期间内经营成果的会计报表。

（3）合并现金流量表，是反映母公司和子公司所形成的企业集团在一定期间内现金流入、现金流出以及现金净增减变动情况的会计报表。

（4）合并所有者权益变动表，是反映母公司和子公司所形成的企业集团在一定期间内构成所有者权益各组成部分增减变动情况的会计报表。

二、合并财务报表合并范围的确定

合并财务报表的合并范围，是指纳入合并财务报表编报的子公司范围，主要明确哪些被投资单位（或主体）应当纳入合并财务报表编报范围，哪些被投资单位（或主体）不应当纳入合并财务报表编报范围。

《企业会计准则第33号——合并财务报表》规定，合并财务报表的合并范围应当以控制为基础加以确定。母公司应当将其全部子公司纳入合并财务报表的合并范围。在具体应用控制标准确定合并财务报表的合并范围时，应当着重强调实质重于形式原则，综合考虑所有相关因素进行职业判断。

（一）控制的定义

控制，是指一个企业能够决定另一个企业的财务和经营政策，并能据以从另一个企业的经营活动中获取利益的权力。通常具有如下特征：

（1）控制的主体是唯一的，不是两方或多方。

（2）控制的内容是另一个企业日常生产经营活动的财务政策和经营政策。

（3）控制的性质是一种权力或法定权力，也可以是通过公司章程或协议、投资者之间的协议授予的权力。

（4）控制的目的是获取经济利益。

（二）母公司与子公司的定义

1.母公司的定义

母公司，是指有一个或一个以上子公司的企业。从母公司的定义中可以看出，母公司要求同时具备两个条件：❶必须有一个或一个以上的子公司。母公司可以只控制一个子公司，也可以同时控制多个子公司。❷母公司可以是企业，如股份有限公司、有限责任公司以及外商投资企业等；也可以是非企业形式的、但形成会计主体的其他组织，如基金等。

2.子公司的定义

子公司，是指被母公司控制的企业。从子公司的定义中可以看出，子公司也要求同时具备两个条件：❶作为子公司，必须被母公司控制，并且只能由一个母公司控制，不可能也不允许被两个或两个以上母公司同时控制；❷子公司可以是企业，如股份有限公司、有限责任公司以及外商投资企业等；也可以是非企业形式的、但形成会计主体的其他组织，如基金以及信托项目等特殊目的主体等。

（三）控制标准的具体应用

1.投资方是否拥有对被投资方权力

（1）投资方享有现时权利使其目前有能力主导被投资方的相关活动，而不论其是否实际行使该权利，视为投资方拥有对被投资方的权力。

（2）两个或两个以上投资方分别享有能够单方面主导被投资方不同相关活动的现时权利时，能够主导对被投资方回报产生最重大影响活动的一方拥有对被投资方的权力。

（3）投资方在判断是否拥有对被投资方的权力时，应当仅考虑与被投资方相关的实质性权利，包括自身所享有的实质性权利以及其他方所享有的实质性权利。

【小思考 12-1】什么是实质性权利？它与保护性权利有什么关系？

下列情况，一般表明投资方对被投资方拥有权力：

（1）投资方持有被投资方半数以上表决权的，如图12-1所示。

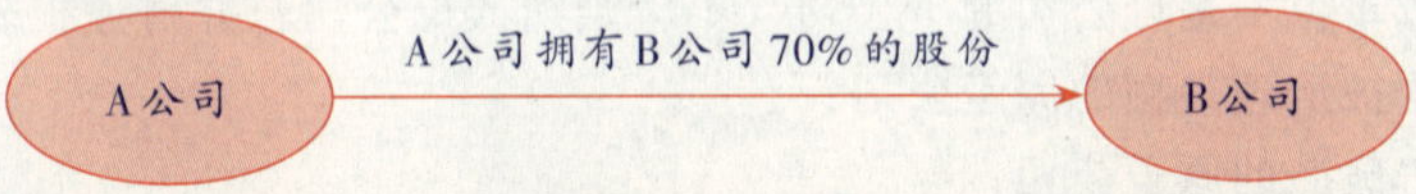

图12-1　母公司直接拥有被投资方半数以上表决权

（2）投资方持有被投资方半数或以下表决权，但通过与其他表决权持有人之间的协议能够控制半数以上表决权的，如图12-2所示。

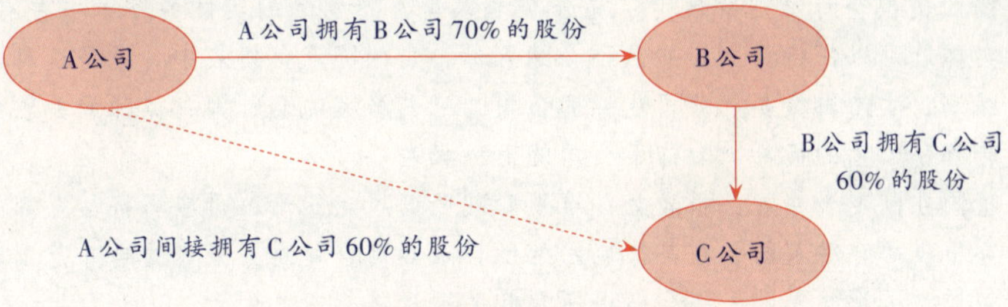

图12-2　A公司间接拥有C公司半数以上表决权

某些情况下，投资方可能难以判断其享有的权利是否足以使其拥有对被投资方的权力。在这种情况下，投资方应当考虑其具有实际能力以单方面主导被投资方相关活动的证据，从而判断其是否拥有对被投资方的权力。投资方应考虑的因素包括但不限于下列事项：

（1）投资方能否任命或批准被投资方的关键管理人员。

（2）投资方能否出于其自身利益决定或否决被投资方的重大交易。

（3）投资方能否掌控被投资方董事会等类似权力机构成员的任命程序，或者从其他表决权持有人手中获得代理权。

（4）投资方与被投资方的关键管理人员或董事会等类似权力机构中的多数成员是否存在关联方关系。

2.可变回报

控制的第二项要素是投资方通过涉入被投资方而承担或有权获得可变回报，在评价投资方是否控制被投资方时，投资方需确定其是否通过参与被投资方而享有可变回报。投资方的可变回报通常体现为从被投资方获取股利。

3.权力与回报之间的联系

只有当投资方不仅拥有被投资方的权力、通过参与被投资方的相关活动而享有可变回报，并且有能力运用对被投资方的权力来影响其回报的金额时，投资方才控制被投资方。因此，投资方在判断是否控制被投资方时，应当确定其自身是以主要责任人还是代理人的身份行使决策权。在其他方拥有决策权的情况下，还需要确定其他方是否以其代理人的身份代为行使决策权。当存在多个主要责任人时，每个主要责任人需评估其是否拥有对被投资方的权力。

（四）合并财务报表的合并范围

母公司应当将其全部子公司纳入合并财务报表的合并范围。只要是由母公司控制的子公司，不论子公司的规模大小、子公司向母公司转移资金的能力是否受到严格限制，也不论子公司的业务性质与母公司或企业集团内其他子公司是否有显著差别，都应当纳入合并财务报表的合并范围。

下列被投资单位不是母公司的子公司，不应当纳入母公司合并财务报表的合并范围：

（1）已宣告被清理整顿的原子公司；

（2）已宣告破产的原子公司；

（3）母公司不能控制的其他被投资单位。

【引例12-1解析】

（1）按照美国会计准则的规定，局外企业只需在特别目的实体的资本中占有3%，该特别目的实体就可以保持独立，并且不必纳入母公司的资产负债表中。正是这种规定所内含的巨大漏洞，才使得像安然公司这样的公司通过其雇佣的会计师、律师或关联银行家们的运作而转移了大量的债务，粉饰了公司的财务报表。

（2）我国在制定合并财务报表会计准则时就明确规定：母公司应当将其全部子公司纳入合并财务报表的合并范围。在具体应用控制标准确定合并财务报表的合并范围时，应当着重强调实质重于形式原则，综合考虑所有相关因素进行职业判断。

三、合并财务报表编制的前期准备事项及其程序

（一）合并财务报表编制的前期准备事项

合并财务报表准则规定，合并财务报表应当以母公司和子公司的财务报表为基础，根据有关资料，按照权益法调整对子公司的长期股权投资后，由母公司编制。母公司为编制合并财务报表应做好的前期准备工作主要有如下几项：

1.统一母公司和子公司的会计政策

在编制合并财务报表前，应统一母公司和子公司的会计政策，使子公司采用的会计政策与母公司保持一致。子公司所采用的会计政策与母公司不一致的，母公司在编制合并财务报表时，可以采用两种方式进行调整：一是由母公司按照其自身的会计政策对子公司财务报表进行必要的调整；二是母公司要求子公司按照母公司的会计政策另行编制财务报表。

2.统一母子公司的资产负债表日及会计期间

子公司可能在我国境外经营，由于受到当地法律的限制，其会计期间有可能不是公历会计年度，在这种情况下，母公司在编制合并财务报表时，可以采用两种方式进行调整：一是应按照母公司的会计期间对子公司财务报表进行调整；二是母公司要求子公司按照公历会计年度另行编制财务报表。

3.对子公司外币财务报表进行折算

合并财务报表准则规定，外币财务报表应当折算为以人民币为记账本位币的财务报表才能编制合并财务报表，外币财务报表折算适用《企业会计准则第19号——外币折算》的规定。

4.收集编制合并财务报表的相关资料

合并财务报表以母公司和其子公司的财务报表以及其他有关资料为依据，由母公司合并有关项目的数额编制。为编制合并财务报表，母公司应当要求子公司及时提供下列有关资料：

（1）子公司相应期间的财务报表；

（2）与母公司、其他子公司之间发生的所有购销交易、债权债务、投资及其产生的现金流量和未实现内部销售损益的期初、期末余额及变动情况等资料；

（3）子公司所有者权益变动和利润分配的有关资料；

（4）编制合并财务报表所需要的其他资料。

（二）合并财务报表的编制原则

1.以个别财务报表为基础编制

合并财务报表并不是直接根据母公司和子公司的账簿编制，而是利用母公司和子公司编制的反映各自财务状况和经营成果的会计报表提供的数据，通过合并财务报表的特有方法进行编制。

2.一体性原则

合并财务报表反映企业集团的财务状况和经营成果，反映多个法人企业组成的一个会计主体的财务情况，在编制合并财务报表时应当将母公司和所有子公司作为一个整体来看待，视为一个会计主体，母公司和子公司发生的经营活动都应当从企业集团这一整体的角度进行考虑。因此，在编制合并财务报表时，对于母公司与子公司、子公司之间发生的经济业务，应当视同同一会计主体的内部业务处理，视同同一会计主体之下的不同核算单位的内部业务。

3.重要性原则

与个别会计报表相比，合并财务报表涉及多个法人主体，涉及的经营活动的范围很广，母公司与子公司的经营活动往往跨越不同行业界限，有时母公司与子公司的经营活动甚至相差很大。所以，合并财务报表要综合反映这样的会计主体的财务情况，必然要涉及做重要性判断的问题。如一些项目对于在企业集团中的某一个企业具有重要性，但对于这个企业集团不一定具有重要性，在这种情况下根据重要性的要求对会计报表项目进行取舍，则具有重要的意义。

（三）合并财务报表的编制程序

1.设置合并工作底稿

合并工作底稿的作用是为合并财务报表的编制提供基础。在合并工作底稿中，对母公司和子公司的个别财务报表各项目的金额进行汇总和抵销处理，最终计算得出合并财务报表各项目的合并金额。合并工作底稿的格式见表12-1。

表 12-1

合并工作底稿

单位：

项目	母公司			子公司 1			子公司 2			…			合计金额	抵销分录		少数股东权益	合并金额
	报表金额	借方	贷方	报表金额	借方	贷方	报表金额	借方	贷方	报表金额	借方	贷方		借方	贷方		
（利润表项目）																	
营业收入																	
减：营业成本																	
⋮																	
净利润																	
少数股东损益																	
（所有者权益变动表项目）																	
未分配利润——年初																	
⋮																	
未分配利润——年末																	
（资产负债表项目）																	
货币资金																	
⋮																	
短期借款																	
⋮																	
实收资本																	
⋮																	
未分配利润																	
少数股东权益																	
所有者权益合计																	
负债和所有者权益总计																	

2. 计算合计数

将母公司、纳入合并范围的子公司的个别资产负债表、利润表及所有者权益变动表等各项目的数据过入合并工作底稿，计算得出合计数。

3. 编制调整分录与抵销分录

在合并工作底稿中编制调整分录和抵销分录，将内部交易对合并财务报表有关项目的影响进行抵销处理，进行调整、抵销处理是合并财务报表编制的关键和主要内容。在合并工作底稿中编制调整分录和抵销分录，借记或贷记的“账户名称”均为合并财务报表项目名称，而不是具体的会计账户。

4. 计算合并财务报表各项目的合并数额

在母公司和子公司个别财务报表各项目加总金额的基础上，分别计算出合并财务报表中各项资产项目、负债项目、所有者权益项目、收入项目和费用项目等的合计金额。其计算方法如下：

（1）资产类各项目，其合并金额根据该项目加总金额，加上该项目抵销分录有关的借方发生额，减去该项目抵销分录有关的贷方发生额计算确定。

（2）负债类各项目和所有者权益类各项目，其合并金额根据该项目加总金额，减去该项目抵销分录有关的借方发生额，加上该项目抵销分录有关的贷方发生额计算确定。

（3）收入类各项目和所有者权益变动各项目，其合并金额根据该项目加总金额，减去该项目抵销分录有关的借方发生额，加上该项目抵销分录有关的贷方发生额计算确定。

（4）费用类各项目，其合并金额根据该项目加总金额，加上该项目抵销分录有关的借方发生额，减去该项目抵销分录有关的贷方发生额计算确定。

5. 填列合并财务报表

根据合并工作底稿中计算出的资产、负债、所有者权益、收入和费用以及现金流量表中的各项目的合并金额，填列生成正式的合并财务报表。

任务二　合并财务报表的编制

【引例 12-2】

A公司于2024年1月1日以货币资金投资2 000万元，取得B公司60%的股权。购买日前A公司和B公司是非同一控制下的两个公司。有关资料显示如下：

利润表显示：2024年A公司全年营业收入9 000万元，B公司全年营业收入6 000万元。其中，包括A公司当年出售给B公司的库存商品，售价400万元，营业成本300万元。假设A公司出售给B公司的上述库存商品至2024年12月31日尚未出售给集团外其他单位。

资产负债表显示：A公司应收B公司账款452万元（含增值税销项税额）。

已知两企业应收账款政策相同，均按应收账款余额的1%计提坏账准备。

任务要求：

（1）A公司和B公司汇总的“营业收入”为多少？是否存在虚增营业额的现象？

（2）在编制合并财务报表时，为什么需要抵销内部交易项目？

（3）如果A公司编制合并财务报表，应抵销内部交易影响的当年损益为多少？

合并财务报表主要包括合并资产负债表、合并利润表、合并现金流量表和合并所有者权益变动表，它们是母公司和子公司会计期间经济业务的反映，是一个完整核算体系的报告性文件。因此，合并财务报表的编制实际上是一个完整的系统，不可分割。由于篇幅所限，本书仅介绍合并资产负债表和合并利润表的编制。

一、对子公司的个别财务报表进行调整

在编制合并财务报表时，首先应对各子公司进行分类，分为同一控制下企业合并中取得的子公司和非同一控制下企业合并中取得的子公司两类。

1.同一控制下企业合并中取得的子公司

对于属于同一控制下企业合并中取得的子公司的个别财务报表，如果不存在与母公司会计政策和会计期间不一致的情况，则不需要对该子公司的个别财务报表进行调整，只需要抵销内部交易对合并财务报表的影响即可。

2.非同一控制下企业合并中取得的子公司

对于属于非同一控制下企业合并中取得的子公司的个别财务报表，除了存在与母公司会计政策和会计期间不一致的情况，需要对该子公司的个别财务报表进行调整外，还应当根据母公司为该子公司设置的备查簿的记录，以记录的该子公司的各项可辨认资产、负债及或有负债等在购买日的公允价值为基础，通过编制调整分录（借记“固定资产”“存货”等项目，贷记“资本公积”等项目），对该子公司的个别财务报表进行调整，以使子公司的个别财务报表反映在购买日公允价值基础上确定的可辨认资产、负债及或有负债在本期资产负债表日的金额。

二、按权益法调整对子公司的长期股权投资

在合并工作底稿中，将对子公司的长期股权投资调整为权益法时，应按照长期股权投资准则所规定的权益法进行调整。在确认应享有子公司净损益的份额时，对于属于同一控制下企业合并形成的长期股权投资，直接以该子公司的净利润进行确认；对于属于非同一控制下企业合并形成的长期股权投资，应当以在备查簿中记录的子公司各项可辨认资产、负债及或有负债等在购买日的公允价值为基础，对该子公司的净利润进行调整后确认。如果存在未实现内部交易损益，在采用权益法进行调整时还应对该未实现内部交易损益进行调整。

在合并工作底稿中，按权益法调整对子公司的长期股权投资编制的调整分录包括三部分：

1.对净损益的调整

对于当期该子公司实现的净利润，按母公司应享有的份额，借记“长期股权投资”项目，贷记“投资收益”项目；对于当期该子公司发生的净亏损，做反方向分录。

2.对收到现金股利或利润的调整

对当期收到的现金股利或利润，借记“投资收益”项目，贷记“长期股权投资”项目。

3.对其他权益变动的调整

对子公司除净损益以外所有者权益的其他变动，按母公司应享有的份额，借记“长期股权投资”项目，贷记“资本公积”项目。

三、编制合并财务报表应进行抵销处理的项目

（一）编制合并资产负债表需要进行抵销处理的项目

合并资产负债表是以母公司和子公司的个别资产负债表为基础编制的。编制合并资产负债表时需要进行抵销处理的项目主要有：

（1）母公司对子公司长期股权投资项目与子公司所有者权益的抵销；

（2）母公司与子公司、子公司相互之间发生的内部债权与债务项目的抵销；

（3）存货项目，即内部购进存货成本中包含的未实现内部销售损益的抵销；

（4）固定资产项目，即内部购进固定资产形成的固定资产、内部购进的固定资产成本中包含的未实现内部损益的抵销；

（5）无形资产项目，即内部购进无形资产形成的无形资产、内部购进的无形资产成本中包含的未实现内部损益的抵销；

（6）与抵销长期股权投资、应收账款、存货、固定资产、无形资产等资产相关的减值准备的抵销。

（二）编制合并利润表需要调整抵销的项目

合并利润表应当以母公司和子公司的个别利润表为基础，在抵销母公司与子公司、子公司相互之间发生的内部交易对合并利润表的影响后，由母公司合并编制。编制合并利润表时需要进行抵销处理的项目主要有：

（1）内部营业收入和内部营业成本的抵销处理；

（2）内部债权投资利息收入与利息费用的抵销处理；

（3）母公司与子公司、子公司相互之间长期股权投资的投资收益与利润分配（现金股利）的抵销处理。

【引例12-2解析】

（1）A公司和B公司汇总的“营业收入”为15 000万元，其中包括A公司当年出售商品给B公司的营业收入400万元。从集团企业角度来看，营业收入存在着虚增现象。

（2）在企业集团成员之间发生内部购销业务的情况下，各成员企业都从自身的角度，以自身作为独立的会计主体进行核算。也就是说，在内部购销活动中，销售企业将企业集团内部销售作为营业收入、营业成本列入到利润表中，并确认销售利润。而购买企业则是以支付购货的价款作为其成本列入到资产负债表的“存货”项目。但是，作为一个集团企业，应该视为一个会计主体，内部商品购销应该视为商品移库处理，不确认损益，也不虚列存货成本。因而需要进行抵销处理。同理，因内部购销引起的债权和债务，也应予以相互抵销；对于债权企业计提的坏账准备也需要同时抵销。

（3）如果A公司编制合并财务报表，应抵销内部交易影响的当年损益104.52万元，其中抵销营业收入400万元，抵消营业成本300万元，抵销多提的信用减值损失4.52万元。

四、编制合并财务报表抵销项目的会计处理

（一）母公司对子公司长期股权投资与子公司所有者权益的抵销处理

从企业集团整体来看，母公司对子公司进行的长期股权投资实际上相当于母公司将资

本拨付下属核算单位，并不引起整个企业集团的资产、负债和所有者权益的增减变动。因此，编制合并财务报表时，应当将母公司长期股权投资与子公司所有者权益予以抵销。

1.对全资子公司所有者权益的抵销

在子公司为全资子公司的情况下，母公司对子公司长期股权投资的金额和子公司所有者权益各项目的金额应当全额抵销。在合并工作底稿中编制的抵销分录为：

借：股本
　　资本公积
　　盈余公积
　　未分配利润
　贷：长期股权投资

2.对非全资子公司所有者权益的抵销

在子公司为非全资子公司的情况下，母公司对子公司长期股权投资的金额和子公司所有者权益中母公司所享有的份额相抵销。子公司所有者权益中不属于母公司的份额，在合并工作底稿中作为“少数股东权益”处理。在合并工作底稿中编制的抵销分录为：

借：股本
　　资本公积
　　盈余公积
　　未分配利润
　　商誉
　贷：长期股权投资
　　　少数股东权益

【小思考12-2】比较上述两个会计分录，它们在会计处理上有何差异？

【工作实例12-1】假设美华公司拥有联华公司80%的股份，对联华公司实施控制。2023年12月31日，这两个公司的个别资产负债表数据（部分）见表12-2。

表12-2　**资产负债表（简表）**　单位：万元

资产	母公司	子公司	负债和股东权益	母公司	子公司
流动资产	6 170	3 860	流动负债	6 000	1 760
长期股权投资	4 700		非流动负债	2 600	700
其中：			负债合计	8 600	2 460
对子公司投资	3 000		股本	4 000	2 000
其他企业投资	1 700		资本公积	800	800
固定资产	4 100	2 100	盈余公积	1 000	100
无形资产	400		未分配利润	1 200	600
长期待摊费用	230		股东权益合计	7 000	3 500
资产总计	15 600	5 960	负债和股东权益总计	15 600	5 960

本例中，母公司对子公司长期股权投资额为3 000万元，与其在子公司所有者权益总额中所拥有的数额2 800万元（3 500×80%）之间的差额200万元应作为商誉处理。至于子公司所有者权益中的20%的部分700万元（3 500×20%），则属于“少数股东权益”。其抵销分录如下：

借：股本	20 000 000	
资本公积	8 000 000	
盈余公积	1 000 000	
未分配利润	6 000 000	
商誉	2 000 000	
贷：长期股权投资		30 000 000
少数股东权益		7 000 000

（二）内部债权与债务项目的抵销处理

母公司与子公司、子公司相互之间的债权和债务项目是指母公司与子公司、子公司相互之间的应收和应付、债权投资与应付债券等项目。发生在母公司与子公司、子公司相互之间的这些项目，集团内部企业的一方在其个别资产负债表中反映为资产，而另一方则在其个别资产负债表中反映为负债。但从企业集团整体来看，它只是内部资金运动，既不能增加企业集团的资产，也不能增加负债。为此，在编制合并财务报表时应当将内部债权债务项目予以抵销。

在编制合并财务报表时，需要进行抵销的内部债权债务项目主要包括：

（1）应收票据与应付票据；

（2）应收账款与应付账款；

（3）预付款项与预收款项；

（4）债权投资与应付债券；

（5）其他应收款与其他应付款；

（6）信用减值损失与坏账准备；

（7）投资收益与财务费用。

【工作实例12-2】假设母公司与子公司个别会计报表有关内部债权债务资料如下：

（1）母公司“应收账款”项目297万元（应收账款余额为300万元，坏账准备3万元；两公司采用相同会计政策对应收账款计提1%的坏账准备，假定坏账准备年初无余额），其中包括应收子公司应收账款余额200万元，当年计提坏账准备2万元。

（2）子公司“应付债券”540万元（面值500万元，应计利息40万元）中有432万元（面值400万元，应计利息32万元）由母公司持有。该债券于当年年初发行，3年期，票面利率8%，采取每年年末计息、到期一次还本付息；母公司将持有的债券作为“债权投资”核算。

除以上业务以外，母公司与子公司无其他内部债权债务项目。

根据以上资料，母公司应编制以下抵销会计分录：

（1）应收账款与应付账款的抵销：

借：应付账款	2 000 000	
贷：应收账款		2 000 000

（2）信用减值损失与坏账准备的抵销：

借：应收账款　　20 000

　贷：信用减值损失　　20 000

【小思考 12-3】为什么要抵销坏账准备项目？在编制抵销分录时，为什么不使用“坏账准备”账户？

（3）债权投资与应付债券的抵销：

借：应付债券　　4 320 000

　贷：债权投资　　4 320 000

（4）债券利息收入与债券利息费用的抵销：

借：投资收益　　320 000

　贷：财务费用　　320 000

【学中做 12-1】如果上述债券面值不变，采取每年年末计息、下年年初付息、到期还本，请编制抵销分录。

（三）内部存货交易的抵销处理

在企业集团成员之间发生内部购销业务的情况下，各成员企业都从自身的角度，以自身独立的会计主体核算其损益情况。也就是说，在内部购销活动中，销售企业将企业集团内部销售作为营业收入、营业成本列入到利润表中，并确认销售利润。而购买企业则是以支付购货的价款作为其成本列入到资产负债表的“存货”项目。这时，可能会出现三种情形：

（1）购买企业当年将内部购进的商品全部出售给第三方。对于集团企业来说，个别财务报表中不存在该部分存货金额，且销售利润已全部实现。但是，这一购销业务会使集团企业内部购销双方都在个别资产负债表列示了营业收入和营业成本金额，重复计算了营业收入和营业成本，应按照内部营业收入的金额进行抵销处理，借记“营业收入”项目，贷记“营业成本”项目。

（2）购买企业当年内部购进的商品全部未出售给第三方。此时，销售企业利润表中计算的销售利润并没有实现，而购买企业资产负债表中存货价值包括两部分：一部分是初始采购成本，另一部分是未实现的销售毛利。对于期末存货价值中包括的这部分销售毛利，从集团企业整体来看，集团内部企业之间的商品购销活动实际上相当于一个企业内部物资调拨活动，既不会实现利润，也不会增加商品的价值。正是从这一意义上来说，将期末存货价值中包括的这部分销售企业作为利润确认的部分，称为未实现内部销售利润。因此，在编制合并财务报表时，应当将存货价值中包含的未实现内部销售利润予以抵销。其抵销处理时，按照内部营业收入的金额借记“营业收入”项目，按照内部营业成本的金额贷记“营业成本”项目，按照两者的差额（未实现内部销售利润）贷记“存货”项目。

（3）购买企业当年将内部购进的商品部分出售给第三方，部分尚未出售。对于这种情况应该结合上述两种方法进行处理。第一步，应按照内部营业收入的金额进行抵销处理，借记“营业收入”项目，贷记“营业成本”项目；第二步，按照期末内部购进形成的存货价值中包含的未实现内部销售利润的金额，借记“营业成本”项目，贷记“存货”项目。

【工作实例 12-3】某子公司当年从母公司购买商品30万元，当年全部售出，取得销售收入35万元。在母公司利润表中，对该部分商品已经确认收入30万元，确认营业成本24万元。母公司应编制的抵销会计分录为：

借：营业收入　　300 000

　贷：营业成本　　300 000

【工作实例12-4】接【工作实例12-3】资料，假定子公司当年从母公司购买商品30万元，当年全部未售出。母公司应编制的抵销会计分录为：

借：营业收入　　300 000

　贷：营业成本　　240 000

　　存货　　60 000

上述抵销分录也可以分解为两个简单分录：

（1）按照内部交易收入抵销营业收入和营业成本

借：营业收入　　300 000

　贷：营业成本　　300 000

（2）抵销存货价值中包含的未实现内部销售利润

借：营业成本　　60 000

　贷：存货　　60 000

【学中做12-2】假定某子公司当年从母公司购买商品400万元，增值税进项税额为52万元，价税款均以银行存款支付。子公司当年售出该批商品的60%，取得销售收入300万元，增值税销项税额为39万元。在母公司利润表中，对该部分商品已经确认收入400万元，确认营业成本320万元。请编制抵销分录。

（四）内部固定资产交易的抵销处理

内部固定资产交易是指企业集团内部发生交易的与固定资产有关的购销业务。对于企业集团内部固定资产交易，根据销售企业销售的是产品还是固定资产，可以将其划分为三种类型：第一种类型是企业集团内部企业将自身生产的产品销售给企业集团内的其他企业作为固定资产使用，这种情况比较普遍；第二种类型是企业集团内部企业将自身的固定资产销售给企业集团内的其他企业也作为固定资产使用；第三种类型是企业集团内部企业将自身的固定资产销售给企业集团内的其他企业作为普通商品以备销售。由于第三种类型的固定资产交易，在现实生活中非常少见，本教材就不予分析了。

1.将产品销售后作为固定资产使用的交易的抵销处理

在集团内部固定资产购销活动中，销售企业以高于（或低于）成本的价格将产品销售给集团内其他企业作为固定资产使用，并由此确认当期损益。而购买企业以支付的价款作为固定资产原价入账，其入账的固定资产原价中包含两个部分：一部分是销售企业的初始采购成本，另一部分是未实现的销售毛利或亏损。从集团企业整体来看，只是资产在集团内部企业之间转移，或者相当于企业自行建造固定资产。这种转移或自行建造固定资产，既不会增加固定资产原价，也不会实现销售，更不会实现销售损益。因此，在编制合并财务报表时，应当抵销内部交易引起的营业收入和营业成本，同时将固定资产价值中包含的未实现内部销售损益予以抵销。

与存货的情况不同，固定资产的使用寿命较长，往往要跨越几个甚至几十个会计年度。对于内部交易形成的固定资产价值中包含的未实现内部销售损益逐渐转移到每期固定资产折旧中去，一方面使累计折旧虚增，另一方面使成本费用虚增。因此，在编制合并财务报表时，不仅在该内部交易发生的当期需要对多计提的折旧进行抵销处理，而且在以后使用该固定资产的期间也需要对多计提的折旧进行抵销处理，在连续编制合并财务报表时还需要对前期多计提的折旧进行抵销处理。

【工作实例12-5】某子公司2023年6月从母公司购买商品作为固定资产使用，该商品价值100万元，增值税13万元，安装费用5万元。价款均以银行存款支付，设备当月交付管理部门使用。预计该固定资产可使用5年，不考虑净残值，采用年限平均法计提折旧。在母公司利润表中，对该部分商品已经确认营业收入100万元，确认营业成本76万元。

要求完成下列任务：

（1）计算子公司确认的固定资产成本；

（2）计算子公司的每月应提折旧额；

（3）计算固定资产价值中包含的未实现内部销售利润；

（4）编制2023年和2024年的抵销分录。

根据资料，任务完成如下：

（1）固定资产的成本=100+5=105（万元）

（2）每月应提折旧额=105÷5÷12=1.75（万元）

（3）固定资产价值中包含的未实现内部销售利润=100−76=24（万元）

（4）母公司编制的抵销会计分录为：

❶2023年合并财务报表应抵销与该固定资产相关的营业收入、营业成本以及其原价中包含的未实现内部销售利润。其抵销分录为：

借：营业收入　1 000 000
　贷：营业成本　760 000
　　固定资产　240 000

❷2023年合并财务报表应抵销固定资产在当期多提的折旧，其抵销分录为：

借：固定资产　24 000
　贷：管理费用　24 000

【小思考12-4】为什么2023年合并财务报表抵销的当期固定资产折旧为24 000元？

❸2024年合并财务报表的抵销分录为：

借：未分配利润——年初　240 000
　贷：固定资产　240 000

借：固定资产　24 000
　贷：未分配利润——年初　24 000

借：固定资产　48 000
　贷：管理费用　48 000

【学中做12-3】根据上述资料，请编制母公司2025年有关固定资产内部交易的抵销分录。

2.将固定资产销售后仍作为固定资产使用的交易的抵销处理

企业将其自用的固定资产变卖给集团内部的其他企业仍作为固定资产使用，对于销售企业来说，在其个别资产负债表中表现为固定资产原价和累计折旧的减少，同时在其个别利润表中表现为固定资产清理净损益，列入“资产处置收益”项目。

对于购买企业来说，在其个别会计报表中则表现为固定资产的增加，其固定资产原价中既包括该固定资产在销售企业中的账面价值，也包括销售企业因该固定资产交易所实现的损益。但从整个集团企业来看，这一交易属于集团内部固定资产调拨性质，它既不能产生收益，也不会发生损失，固定资产既不能增值也不会减值。因此，必须将销售企业因该固定资产交易所实现的收益（或损失）予以抵销，同时将购买企业固定资产原价中包含的未实现内部销售损益的数额予以抵销。抵销后，在合并会计报表中该固定资产原价仍然以原来的成本反映。

在此项固定资产的未来使用期内，因内部交易形成的固定资产价值中包含的未实现内部销售利润（或损失）逐渐转移到每期固定资产折旧中去，一方面使累计折旧虚增（或虚减），另一方面使成本费用虚增（或虚减）。因此，在连续编制合并财务报表时，不仅在该内部交易发生的当期需要对当期多计提（或少计提）的折旧进行抵销处理，而且还需要对前期多计提（或少计提）的累计折旧进行抵销处理。

【工作实例 12-6】假设某母公司有甲公司和乙公司两个子公司。2023年4月10日甲公司将其自用的固定资产（原价600万元，累计折旧240万元）出售给乙公司，同时取得价款480万元（不考虑增值税），存入银行。乙公司取得该资产后仍作为管理用固定资产使用，预计该固定资产可使用5年，不考虑净残值，采用年限平均法计提折旧。

要求完成下列任务：

（1）计算乙公司的每月应提折旧额；

（2）计算固定资产价值中包含的未实现内部销售损益；

（3）编制2023年和2024年的抵销分录。

根据资料，任务完成如下：

（1）每月应提折旧额=480÷5÷12=8（万元）

（2）固定资产价值中包含的未实现内部销售利润=480-（600-240）=120（万元）

（3）母公司编制的抵销会计分录为：

❶2023年合并财务报表的抵销分录为：

借：资产处置收益	1 200 000	
贷：固定资产		1 200 000
借：固定资产（1 200 000÷5÷12×8）	160 000	
贷：管理费用		160 000

❷2024年合并财务报表的抵销分录为：

借：未分配利润——年初	1 200 000	
贷：固定资产		1 200 000
借：固定资产	160 000	
贷：未分配利润——年初		160 000
借：固定资产	240 000	

贷：管理费用　　240 000

【学中做12-4】根据上述资料，如果甲公司出售固定资产的价款为300万元，请编制母公司2023年和2024年有关固定资产内部交易的抵销分录。

（五）内部无形资产交易的抵销处理

集团内部企业将其无形资产变卖给集团内部的其他企业使用，对于销售企业来说，在其个别资产负债表中表现为无形资产原价和累计摊销的减少，同时在其个别利润表中表现为变卖无形资产净损益，列入“资产处置收益”项目。

对于购买企业来说，在其个别会计报表中则表现为无形资产的增加，其无形资产成本中既包括该无形资产在销售企业中的账面价值，也包括销售企业因该无形资产交易所实现的损益。但从整个集团企业来看，这一交易属于集团内部无形资产调拨性质，它既不能产生收益，也不会发生损失，无形资产既不能增值也不会减值。因此，必须将销售企业因该无形资产交易所实现的收益（或损失）予以抵销，同时将购买企业无形资产成本中包含的未实现内部销售损益的数额予以抵销。抵销后，在合并会计报表中该无形资产成本仍然以原来的成本反映。

在此项无形资产的未来使用期内，因内部交易形成的无形资产价值中包含的未实现内部销售利润（或损失）逐渐转移到每期无形资产摊销中去，一方面使累计摊销虚增（或虚减），另一方面使成本费用虚增（或虚减）。因此，在连续编制合并财务报表时，不仅在该内部交易发生的当期需要对当期多计提（或少计提）的摊销进行抵销处理，而且还需要对前期多计提（或少计提）的累计摊销进行抵销处理。

【工作实例12-7】假设某子公司2023年9月12日将其拥有的无形资产（成本180万元，累计摊销80万元）出售给母公司，取得价款160万元（不考虑增值税）存入银行。母公司取得该资产后作为管理用无形资产使用，预计该无形资产可使用5年，采用直线法摊销。

要求完成下列任务：

（1）计算无形资产价值中包含的未实现内部销售损益；

（2）编制2023年和2024年的抵销分录。

根据资料，任务完成如下：

（1）无形资产价值中包含的未实现内部销售利润=160-（180-80）=60（万元）

（2）母公司编制的抵销会计分录为：

❶2023年合并财务报表的抵销分录为：

借：资产处置收益　　600 000

　贷：无形资产　　600 000

借：无形资产（600 000÷5÷12×4）　　40 000

　贷：管理费用　　40 000

❷2024年合并财务报表的抵销分录为：

借：未分配利润——年初　　600 000

　贷：无形资产　　600 000

借：无形资产　　40 000

　贷：未分配利润——年初　　40 000

借：无形资产　　120 000

　贷：管理费用　　120 000

【学中做 12-5】根据上述资料，如果子公司出售无形资产的价款为64万元，请编制母公司2023年和2024年有关无形资产内部交易的抵销分录。

（六）长期股权投资的投资收益与利润分配项目的抵销处理

这里的内部投资收益是指母公司对子公司权益性资本投资的收益，即母公司对子公司的长期股权投资收益，它实际上就是用子公司收入减去费用和所得税费用后的余额，与其持股比例相乘的结果。在纳入合并范围的子公司为全资子公司的情况下，母公司对该子公司的投资收益实际上就是该子公司当期实现的净利润。在合并工作底稿中，子公司的利润表各项目数额已经与母公司利润表各项目数额进行汇总计算，如果不予以抵销，必然导致合并报表重复计算利润。当子公司期初未分配利润为零时，子公司本期净利润就是其当期可供分配利润，是本期子公司利润分配的来源，而子公司本期利润分配（包括提取盈余公积、分配现金股利等）的金额与期末未分配利润的金额则是本期利润分配的结果。此时，母公司对子公司的长期股权投资的投资收益与子公司利润分配项目相互抵销，两者正好相等。编制会计分录为：

借：投资收益

　贷：提取盈余公积

　　对所有者（或股东）的分配

　　未分配利润——年末

在纳入合并范围的子公司为非全资子公司的情况下，母公司对子公司的股权投资收益与少数股东本期收益之和就是子公司本期净利润，同样假定子公司期初未分配利润为零，长期股权投资收益与少数股东损益（本期收益）之和，正好与子公司本期利润分配项目相抵销。编制会计分录为：

借：投资收益

　少数股东损益

　贷：提取盈余公积

　　对所有者（或股东）的分配

　　未分配利润——年末

至于子公司个别会计报表中的期初未分配利润项目，作为子公司以前会计期间净利润的一部分，在全资子公司的情况下已全额包括在母公司以前会计期间投资收益之中，从而包括在母公司本期期初未分配利润之中。为此，也应将其予以抵销。从子公司个别会计报表来看，其期初未分配利润加上本期净利润就是其本期利润分配的来源；而本期利润分配和期末未分配利润则是利润分配的结果。在子公司为全资子公司的情况下，应当编制会计分录：

借：投资收益

　未分配利润——年初

　贷：提取盈余公积

　　对所有者（或股东）的分配

　　未分配利润——年末

在子公司为非全资子公司的情况下，应当编制会计分录：

借：投资收益
　　少数股东损益
　　未分配利润——年初
　贷：提取盈余公积
　　　对所有者（或股东）的分配
　　　未分配利润——年末

另外，对子公司本年宣告分派的现金股利，母公司已经按享有的份额确认应收股利并在其资产负债表列示的，在编制合并报表时也必须抵销。借记“其他应付款”账户，贷记“其他应收款”账户。

【工作实例12-8】假设某母公司拥有其子公司100%的股权。2023年母公司对子公司的投资收益为50万元；子公司年初未分配利润为零，本年实现净利润50万元，提取盈余公积5万元，宣告分派现金股利10万元，年末未分配利润35万元。

根据资料，编制抵销分录如下：

借：投资收益　500 000
　贷：提取盈余公积　50 000
　　　对所有者（或股东）的分配　100 000
　　　未分配利润——年末　350 000
借：其他应付款　100 000
　贷：其他应收款　100 000

【工作实例12-9】假设某母公司拥有其子公司70%的股权。2023年子公司年初未分配利润为20万元，本年实现净利润100万元，提取盈余公积10万元，宣告分派现金股利60万元，年末未分配利润50万元。母公司对子公司长期股权投资确认的投资收益为70万元，少数股东确认的投资收益为30万元。

根据资料，编制抵销分录如下：

借：投资收益　700 000
　　少数股东损益　300 000
　　未分配利润——年初　200 000
　贷：提取盈余公积　100 000
　　　对所有者（或股东）的分配　600 000
　　　未分配利润——年末　500 000
借：其他应付款　600 000
　贷：其他应收款　600 000

【小思考12-5】上述抵销分录，影响合并会计报表的哪些报表项目？

五、合并财务报表编制实例

【工作实例12-10】假设徽商集团股份有限公司（简称徽商集团）能够控制华联股份有限公司（简称华联公司）。有关资料如下：

（1）2023年1月1日徽商集团用银行存款3 000万元取得华联公司80%的股权，对华联公司实施控制（假定两公司合并属于非同一控制下的企业合并），采用成本法核算。购买日，华联公司办公楼账面价值600万元，公允价值700万元，尚可使用20年。除此项业务以外，华联公司的可辨认资产、负债及或有负债的账面价值与公允价值相等。

（2）2023年华联公司实现净利润1 000万元，提取法定盈余公积100万元，宣告分派现金股利600万元，假定已用现金支付。

（3）2023年华联公司持有的其他债权投资的公允价值变动计入当期其他综合收益的金额为100万元。

（4）徽商集团和华联公司本年发生的交易如下：

❶徽商公司本年销售给华联公司商品3 500万元，其销售成本为3 000万元，全部对外售出；华联公司本年销售给徽商公司商品1 000万元，其销售成本为800万元，年末全部未实现对外销售而形成期末存货。

❷华联公司2023年6月销售给徽商公司商品300万元，增值税销项税额为39万元，其销售成本为270万元。徽商公司购买该产品作为管理用固定资产使用，预计使用寿命3年，采用年限平均法计提折旧，预计净残值为零。

❸徽商公司2023年6月25日将账面价值为130万元的某项固定资产以120万元的价格出售给华联公司作为管理用固定资产使用。预计该固定资产尚可使用寿命为5年，采用年限平均法计提折旧，预计净残值为零。

❹坏账准备按照应收账款余额的5%计提，其他应收款项不计提坏账准备。

（5）假设两公司的会计政策和会计期间一致，不考虑合并资产和负债对所得税的影响。

（6）2023年12月31日徽商集团和华联公司的资产负债表和利润表见表12-3至表12-5。

根据资料，任务完成如下：

（1）以公允价值为基础调整对被投资单位净利润的影响。《企业会计准则第2号——长期股权投资》规定，投资企业在确认应享有被投资单位净损益的份额时，应当以取得投资时被投资单位各项可辨认资产等的公允价值为基础，对被投资单位的净利润进行调整后确认。在本例中，仅有一项可辨认资产的公允价值与账面价值存在差异，按年限平均法每年应补提的折旧额为5万元（100÷20）。在合并工作底稿中应作的调整分录为：

❶借：管理费用　　50 000

　贷：固定资产　　50 000

（2）当期内部购进商品并形成存货情况下的抵销处理。在企业集团内部购进并且在会计期末形成存货的情况下，在合并工作底稿中一方面将销售企业实现的内部销售收入及其相对应的销售成本予以抵销，另一方面将内部购进形成的存货价值中包含的未实现销售损益予以抵销。其抵销分录为：

表 12-3　　资产负债表（简表）　　会企 01 表

编制单位：徽商集团　　2023 年 12 月 31 日　　单位：万元

资 产	期末余额	上年年末余额	负债和股东权益	期末余额	上年年末余额
流动资产：			流动负债：		
货币资金	1 000	3 000	短期借款		
应收票据	1 400	1 000	应付票据	1 000	1 000
其中：应收华联公司	400		应付账款	3 000	2 000
应收账款	1 800	1 300	预收款项	200	300
其中：应收华联公司	475		其中：预收华联公司	100	
预付款项	770		应付职工薪酬	1 000	2 100
其他应收款			应交税费	800	1 000
存货	1 000	3 800	流动负债合计	6 000	6 400
其中：向华联公司购入	1 000		非流动负债：		
流动资产合计	5 970	9 100	长期借款	2 000	2 000
非流动资产：			应付债券	600	600
债权投资	200	200	非流动负债合计	2 600	2 600
其中：持有华联公司债券	200	200	负债合计	8 600	9 000
长期股权投资	4 700	1 700	股东权益：		
其中：对华联公司投资	3 000		股本	4 000	4 000
固定资产	4 100	3 300	资本公积	800	800
其中：向华联公司购入	250		盈余公积	1 000	732
无形资产	630	700	未分配利润	1 200	468
商誉			股东权益合计	7 000	6 000
非流动资产合计	9 630	5 900			
资产总计	15 600	15 000	负债和股东权益总计	15 600	15 000

表 12-4　　资产负债表（简表）　　会企 01 表

编制单位：华联公司　　2023 年 12 月 31 日　　单位：万元

资　产	期末余额	上年年末余额	负债和股东权益	期末余额	上年年末余额
流动资产：			流动负债：		
货币资金	500	300	应付票据	400	300
应收票据	300	100	其中：应付徽商集团	400	
应收账款	760	600	应付账款	500	400
预付款项	400		其中：应付徽商集团	500	
其中：预付徽商集团	100		预收款项		50
存货	1 100	2 800	应付职工薪酬	100	350
流动资产合计	3 060	3 800	应交税费	60	200
非流动资产：			流动负债合计	1 060	1 300
债权投资			非流动负债：		
其他债权投资	800	700	长期借款	700	700
长期股权投资			应付债券	200	200
固定资产	2 100	1 200	其中：徽商集团购入	200	200
其中：向徽商集团购入	108		非流动负债合计	900	900
无形资产			负债合计	1 960	2 200
商誉			股东权益：		
非流动资产合计	2 900	1 900	股本	2 000	2 000
			资本公积	1 500	1 500
			其他综合收益	100	
			盈余公积	100	
			未分配利润	300	
			股东权益合计	4 000	3 500
资产总计	5 960	5 700	负债和股东权益总计	5 960	5 700

表12-5　　**利润表（简表）**　　会企02表

2023年度　　单位：万元

项　　目	徽商集团	华联公司
一、营业收入	8 700	6 300
减：营业成本	4 450	4 570
税金及附加	300	125
销售费用	15	10
管理费用	100	12
研发费用		
财务费用	300	90
加：其他收益		
投资收益（损失以“－”号填列）	500	
其中：对联营企业和合营企业的投资收益		
公允价值变动收益（损失以“－”号填列）		
信用减值损失（损失以“－”号填列）	−25	
资产减值损失（损失以“－”号填列）		
资产处置收益（损失以“－”号填列）	−10	
二、营业利润（亏损以“－”号填列）	4 000	1 493
加：营业外收入		
减：营业外支出		
三、利润总额（亏损总额以“－”号填列）	4 000	1 493
减：所得税费用	1 320	493
四、净利润（净亏损以“－”号填列）	2 680	1 000

❷借：营业收入　　45 000 000

　　贷：营业成本　　45 000 000

❸借：营业成本　　2 000 000

　　贷：存货　　2 000 000

（3）当期内部销售商品转换为固定资产交易的抵销处理。在这种情况下，合并工作底稿中应抵销两部分项目：首先将内部交易形成的固定资产相关的销售收入、销售成本以及原价中包含的未实现销售损益予以抵销，其次将内部交易形成的固定资产当期多提（或少提）的折旧费用和累计折旧予以抵销。其抵销分录为：

④借：营业收入　　　　3 000 000

　　贷：营业成本　　　　2 700 000

　　　　固定资产　　　　300 000

⑤借：固定资产　　　　50 000

　　贷：管理费用　　　　50 000

（4）当期内部固定资产交易的抵销处理。如前所述，在这种情况下，合并工作底稿中应抵销两部分项目：首先将内部固定资产交易形成的处置损失10万元与固定资产原价中包含的未实现销售损益10万元予以抵销，其次将内部交易形成的固定资产当期少提的折旧费用1万元（10÷5÷2）和管理费用1万元予以抵销。其抵销分录为：

⑥借：固定资产　　　　100 000

　　贷：资产处置收益　　　　100 000

⑦借：管理费用　　　　10 000

　　贷：固定资产　　　　10 000

（5）按权益法调整对子公司的长期股权投资。根据以上抵销处理，以华联公司2023年1月1日各项可辨认资产的公允价值为基础，抵销未实现内部销售损益后，重新确定的华联公司2023年度的净利润为：

净利润=1 000−5−（4 500−4 500+200）−（300−270）+5+10−1=779（万元）

徽商集团应享有华联公司净利润的份额=779×80%=623.2（万元）

在合并工作底稿中应编制的调整分录为：

⑧借：长期股权投资　　　　6 232 000

　　贷：投资收益　　　　6 232 000

（6）按权益法确认分派的现金股利。华联公司宣布分派2023年现金股利600万元，徽商集团应确认480万元，在合并工作底稿中应编制的调整分录为：

⑨借：投资收益　　　　4 800 000

　　贷：长期股权投资　　　　4 800 000

（7）按权益法确认应享有的其他综合收益。华联公司因持有其他债权投资增加其他综合收益100万元，徽商集团应确认80万元，在合并工作底稿中应编制的调整分录为：

⑩借：长期股权投资　　　　800 000

　　贷：其他综合收益　　　　800 000

（8）长期股权投资与子公司所有者权益抵销。

经过上述调整，徽商集团长期股权投资和华联公司股东权益总额变化结果如下：

徽商集团长期股权投资的账面余额为3 223.2万元（投资成本3 000万元+投资收益确认623.2万元−享有现金股利480万元+确认其他综合收益80万元）。

华联公司股东权益总额为3 879万元（原账面余额4 000万元−调整前未分配利润300万元+调整后净利润779万元−分派的现金股利600万元−按调整前净利润计提的盈余公

积100万元+办公楼购买日公允价值高于账面价值的差额100万元）。

在合并工作底稿中应编制的抵销分录为：

⑪借：股本　20 000 000

资本公积——年初　16 000 000

其他综合收益　1 000 000

盈余公积——年末　1 000 000

未分配利润——年末　790 000

商誉　1 200 000

贷：长期股权投资　32 232 000

少数股东权益　7 758 000

（9）母公司持有子公司长期股权投资的投资收益抵销。

徽商集团按权益法调整后的对华联公司2023年投资收益为623.2万元（779×80%），少数股东损益为155.8万元（779×20%）。在合并工作底稿中应编制的抵销分录为：

⑫借：投资收益　6 232 000

少数股东损益　1 558 000

贷：提取盈余公积　1 000 000

对所有者（或股东）的分配　6 000 000

未分配利润——年末　790 000

（10）内部债权与债务的抵销。

假设徽商集团对华联公司的债权投资本年确认的投资收益为200 000元，根据徽商集团和华联公司各自的资产负债表，在合并工作底稿中编制的内部债权与债务的抵销分录为：

⑬借：应付账款　5 000 000

贷：应收账款　5 000 000

⑭借：应收账款　250 000

贷：信用减值损失　250 000

⑮借：应付票据　4 000 000

贷：应收票据　4 000 000

⑯借：预收款项　1 000 000

贷：预付款项　1 000 000

⑰借：应付债券　2 000 000

贷：债权投资　2 000 000

⑱借：投资收益　200 000

贷：财务费用　200 000

根据以上编制的抵销分录，编制的合并工作底稿见表12-6。

表 12-6

合并工作底稿

2023 年

单位：万元

项目	徽商公司			华联公司			合计金额	抵销分录		少数股东权益	合并金额
	报表金额	借方	贷方	报表金额	借方	贷方		借方	贷方		
（利润表项目）											
营业收入	8 700			6 300			15 000	②4 500 ④300			10 200
减：营业成本	4 450			4 570			9 020	③200	②4 500 ④270		4 450
税金及附加	300			125			425				425
销售费用	15			10			25				25
管理费用	100			12	①5		117	⑦1	⑤5		113
财务费用	300			90			390		⑱20		370
加：投资收益	500	⑨480	⑧623.2				643.2	⑫623.2 ⑱20			0
公允价值变动收益											0
信用减值损失	−25						−25		⑭25		0
资产处置收益	−10						−10		⑥10		0
营业利润	4 000	480	623.2	1 493	5		5 631.2	5 644.2	4 830		4 817
加：营业外收入											0
减：营业外支出											0
利润总额	4 000	480	623.2	1 493	5		5 631.2	5 644.2	4 830		4 817
减：所得税费用	1 320			493			1 813				1 813
净利润	2 680	480	623.2	1 000	5		3 818.2	5 644.2	4 830		3 004
少数股东损益										⑫155.8	155.8

续表

项目	徽商公司			华联公司			合计金额	抵销分录		少数股东权益	合并金额
	报表金额	借方	贷方	报表金额	借方	贷方		借方	贷方		
（资产负债表部分）											
流动资产：											
货币资金	1 000			500			1 500				1 500
应收票据	1 400			300			1 700		⑮400		1 300
其中：应收华联公司	400						400		⑮400		0
应收账款	1 800			760			2 560	⑭25	⑬500		2 085
其中：应收华联公司	475						475	⑭25	⑬500		0
预付款项	770			400			1 170		⑯100		1 070
其中：预付徽商集团				100			100		⑯100		0
其他应收款											
存货	1 000			1 100			2 100		③200		1900
其中：向华联公司购入	1 000						1 000		③200		800
流动资产合计	5 970			3 060			9 030	25	1 200		7 855
非流动资产：											
债权投资	200						200		⑰200		0
其中：持有华联公司债券	200						200		⑰200		0
其他债权投资				800			800				800
长期股权投资	4 700	⑧623.2 ⑩80	⑨480				4 923.2		⑪3 223.2		1 700
其中：对华联公司投资	3 000	⑧623.2 ⑩80	⑨480				3 223.2		⑪3 223.2		0

续表

项目	徽商公司			华联公司			合计金额	抵销分录		少数股东权益	合并金额
	报表金额	借方	贷方	报表金额	借方	贷方		借方	贷方		
固定资产	4 100			2 100	100	❶5	6 295	❺5 ❻10	❹30 ❼1		6 279
其中：华联公司办公楼				570	100	❶5	665				665
向华联公司购入	250						250	❺5	❹30		225
向徽商集团购入				108			108	❻10	❼1		117
无形资产	630						630				630
商誉								⓫120			120
非流动资产合计	9 630	703.2	480	2 900	100	5	12 848.2	135	3 454.2		9 529
资产总计	15 600	703.2	480	5 960	100	5	21 878.2	160	4 654.2		17 384
流动负债：											
应付票据	1 000			400			1 400	⓯400			1 000
其中：应付徽商集团				400			400	⓯400			0
应付账款	3 000			500			3 500	⓭500			3 000
其中：应付徽商集团				500			500	⓭500			0
预收款项	200						200	⓰100			100
其中：预收华联公司	100						100	⓰100			0
应付职工薪酬	1 000			100			1 100				1 100
应交税费	800			60			860				860
流动负债合计	6 000			1 060			7 060	1 000			6 060
非流动负债：											

续表

项目	徽商公司			华联公司			合计金额	抵销分录		少数股东权益	合并金额
	报表金额	借方	贷方	报表金额	借方	贷方		借方	贷方		
长期借款	2 000			700			2 700				2 700
应付债券	600			200			800	⑰200			600
其中：徽商集团购入				200			200	⑰200			0
非流动负债合计	2 600			900			3 500	200			3 300
负债合计	8 600			1 960			10 560	1 200			9 360
股东权益：											
股本	4 000			2 000			6 000	⑪2 000			4 000
资本公积	800			1 500		100	2 400	⑪1 600			800
其他综合收益			⑩80	100			180	⑪100			80
盈余公积	1 000			100			1 100	⑪100			1 000
未分配利润	1 200	⑨480	⑧623.2	300	①5		1 638.2	②4 500 ③200 ④300 ⑦1 ⑪79 ⑫623.2 ⑱20 5723.2	②4 500 ④270 ⑤5 ⑥10 ⑫100 ⑫600 ⑫79 ⑭25 20 5 609	⑫155.8	1 368.2
少数股东权益										⑪775.8	775.8
股东权益合计	7 000	480	703.2	4 000	5	100	11 318.2	9 523.2	5 609	620	8 024
负债和股东权益总计	15 600	480	703.2	5 960	5	100	21 878.2	10 723.2	5 609	620	17 384

根据合并工作底稿，编制合并资产负债表，见表12–7。

表12–7　**合并资产负债表（简表）**　会合01表

编制单位：徽商集团　2023年12月31日　单位：万元

资　产	期末余额	上年年末余额	负债和股东权益	期末余额	上年年末余额
流动资产：			流动负债：		
货币资金	1 500		应付票据	1 000	
应收票据	1 300		应付账款	3 000	
应收账款	2 085		预收款项	100	
预付款项	1 070		应付职工薪酬	1 100	
其他应收款	0		应交税费	860	
存货	1 900		流动负债合计	6 060	
流动资产合计	7 855		非流动负债：		
非流动资产：			长期借款	2 700	
债权投资	0		应付债券	600	
其他债权投资	800		非流动负债合计	3 300	
长期股权投资	1 700		负债合计	9 360	
固定资产	6 279		股东权益：		
无形资产	630		股本	4 000	
商誉	120		资本公积	800	
非流动资产合计	9 529		盈余公积	1 000	
			未分配利润	1 368.2	
			其他综合收益	80	
			少数股东权益	775.8	
			股东权益合计	8 024	
资产总计	17 384		负债和股东权益总计	17 384	

【小思考12–6】观察和分析合并资产负债表的格式和项目，它和企业编制的资产负债表有什么区别？

合并利润表的格式在一般企业和金融企业财务报表格式对经营成果列报要求的基础上，主要在三个方面增加了五个项目：一是在“净利润”项目下增加了“归属于母公司所有者的净利润”和“少数股东损益”两个项目，分别反映净利润中由母公司所有者所享有的份额和非全资子公司当期实现的净利润中属于少数股东的份额，即不属于母公司享有的份额；二是在属于同一控制下企业合并增加子公司当期的合并利润表中还应在“净利润”项目之下增加“其中：被合并方在合并前实现的净利润”项目，用于反映同一控制下企业合并中取得的被合并方在合并日以前实现的净利润。但是“其中：被合并方在合并前实现的净利润”应当在母公司所有者和少数股东之间进行分配，如果全部不属于母公司所有者，则应同时列示在“少数股东损益”项目之中，仍然保持“合并净利润=归属于母公司所有者的净利润+少数股东损益”的平衡关系；三是在“综合收益总额”项目下增加了“归属于母公司所有者的综合收益总额”和“归属于少数股东的综合收益总额”两个项目，分别反映综合收益总额中由母公司所有者所享有的份额和非全资子公司当期综合收益总额中属于少数股东的份额，即不属于母公司享有的份额，仍然保持“综合收益总额=归属于母公司所有者的综合收益总额＋归属于少数股东的综合收益总额”的平衡关系。

根据上述合并工作底稿的合并金额，可编制该企业集团2023年度的合并利润表，见表12-8。

表12-8 合并利润表

会合02表

2023年度

单位：万元

项　　目	本期金额	上期金额
一、营业收入	10 200	
减：营业成本	4 450	
税金及附加	425	
销售费用	25	
管理费用	113	
研发费用		
财务费用	370	
加：其他收益		
投资收益（损失以“－”号填列）	0	
其中：对联营企业和合营企业投资收益		
公允价值变动收益（损失以“－”号填列）		
信用减值损失（损失以“－”号填列）		
资产减值损失（损失以“－”号填列）		
资产处置收益（损失以“－”号填列）		
二、营业利润（亏损以“－”号填列）	4 817	
加：营业外收入	0	
减：营业外支出	0	
三、利润总额（亏损总额以“－”号填列）	4 817	
减：所得税费用	1 813	
四、净利润（净亏损以“－”号填列）	3 004	
归属于母公司所有者的净利润	2 848.2	
少数股东损益	155.8	
五、其他综合收益的税后净额	100	
六、综合收益总额	3 104	
归属于母公司所有者的综合收益总额	2 928.2	
归属于少数股东的综合收益总额	175.8	
七、每股收益		
（一）基本每股收益		
（二）稀释每股收益		

【小思考12-7】观察和分析合并利润表的格式和项目，它和企业编制的利润表有什么区别？

【素养提升】

合并报表展全局、提高会计信息质量

证监会发布的《2020年证监稽查20起典型违法案例》中，康得新复合材料集团股份有限公司（股票代码002450）在2015年至2018年，通过关联交易非关联化、跨国注册隐藏其对实际控股的子公司的控制关系等手段，造成其具有实际控制权的企业应该纳入而未纳入企业合并报表的合并范围；康得新复合材料集团股份有限公司与该子公司的销售交易，因未纳入合并范围导致编制企业合并报表时无法抵销相关交易，导致虚增收入和成本费用，累计虚增利润上百亿元；此外，康得新复合材料集团股份有限公司还通过注册空壳公司的方式虚构预付账款，制造了高成长、高盈利的假象。

2019年1月15日，康得新复合材料集团股份有限公司因为账面有“巨额现金”却无法足额偿付10亿元短期融资债券本息而东窗事发，中国证监会下发《中国证券监督管理委员会行政处罚及市场禁入事先告知书》。2019年1月23日，康得新复合材料集团股份有限公司股价跌幅达80%，对股民造成很大的影响。

思考与启示：

合并范围是合并财务报表相关项目金额准确与否的关键，作为财务工作人员要准确把握合并财务报表的合并范围，按要求披露相应的关联方交易事项，向财务报告使用者提供有助于其做出经济决策的会计信息。

同学们在实际工作岗位处理会计信息时，要坚持社会主义核心价值观之诚信，落实会计职业道德诚实守信的基本准则，能够客观地反映交易事实，确保会计信息质量。

项目小结

合并财务报表，是指反映母公司和其全部子公司形成的企业集团整体财务状况、经营成果和现金流量的财务报表，包括合并资产负债表、合并利润表、合并现金流量表和合并所有者权益变动表，它们从不同的方面反映企业集团的经营情况，构成一个完整的合并财务报表体系。

合并财务报表的合并范围应当以控制为基础加以确定。母公司应当将其全部子公司纳入合并财务报表的合并范围。在具体应用控制标准确定合并财务报表的合并范围时，应当着重强调实质重于形式原则，综合考虑所有相关因素进行职业判断。

合并财务报表准则规定，合并财务报表应当以母公司和子公司的财务报表为基础，根据有关资料，按照权益法调整对子公司的长期股权投资后，由母公司编制。

合并财务报表的编制程序主要包括：设置合并工作底稿；将母公司、纳入合并范围的子公司个别资产负债表、利润表及所有者权益变动表各项目的数据过入合并工作底稿，计算得出合并数；编制调整分录与抵销分录；计算合并财务报表各项目的合并数额；填列合并财务报表。

复习思考题

1.一个完整的合并财务报表体系包括哪些内容？

2.合并财务报表的合并范围是什么？

3.为什么说“在具体应用控制标准确定合并财务报表的合并范围时，应当着重强调实质重于形式原则，综合考虑所有相关因素进行职业判断”？

4.编制合并财务报表时应遵循哪些原则？

5.合并财务报表的编制程序包括哪些步骤？

6.在编制合并工作底稿时，需要对哪些项目进行抵销？

7.为什么在进行长期股权投资与子公司所有者权益抵销时，需要调整长期股权投资账户的余额？

8.“少数股东权益”和“少数股东损益”是不是一回事？

9.合并财务报表中，如何计算“商誉”？

10.在编制合并财务报表时，对于内部固定资产交易进行抵销处理一般包括哪几个分录？

习题与实训

一、单项选择题

单项选择题

1.下列关于合并范围的说法中，错误的是（　　）。

A.在判断投资方是否拥有被投资方的权力时，应仅考虑投资方和其他方享有的实质性权利

B.在判断投资方是否拥有被投资方的权力时，应考虑投资方和其他方享有的保护性权利和实质性权利

C.实质性权利通常是当前可执行的权力，但某些情况下目前不可行使的权力也可能是实质性权利

D.投资方仅仅持有保护性权利不能对被投资方实施控制，也不能阻止其他方对被投资方实施控制

2.甲公司2022年1月1日用银行存款3 200万元购入其母公司持有的乙公司80%的有表决权股份，合并当日乙公司相对于最终控制方而言的所有者权益账面价值为3 500万元，假定最终控制方合并报表未确认商誉。2022年5月8日乙公司宣告分派2021年度现金股利300万元。2022年度乙公司实现净利润500万元。2023年乙公司实现净利润700万元。此外乙公司2023年购入的以公允价值计量且其变动计入其他综合收益的金融资产公允价值上升导致其他综合收益增加100万元。不考虑其他因素影响，则在2023年年末甲公司编制合并财务报表调整分录时，长期股权投资按权益法调整后的余额为（　　）万元。

A.3 200　　B.2 800　　C.3 600　　D.4 000

3.2023年1月1日，甲公司以增发1 000万股普通股（每股市价1.5元，每股面值1元）作为对价，从W公司处取得乙公司80%的股权，能够对乙公司实施控制，另用银行存款支付发行费用80万元。当日，乙公司可辨认净资产账面价值为1 600万元，公允价值为1 800万元，差额为乙公司一项固定资产所引起，该项固定资产的账面价值为300万元，公允价值为500万元。甲公司与W公司不具有关联方关系；假定该项企业合并符合《关于企业重组业务企业所得税处理若干问题的通知》中关于特殊性税务处理的有关规定，有关各方选择采用免税处理。假定甲、乙公司适用的所得税税率是25%，所得税均采用资产负债表债务法核算。该项企业合并的合并商誉为（　　）万元。

A.20　　B.60　　C.100　　D.180

4.甲公司2023年1月1日从集团外部取得乙公司80%股份，能够对乙公司实施控制。2023年1月1日，乙公司除一项固定资产外，其他资产、负债的公允价值与账面价值相等，该固定资产账面价值为500万元，公允价值为600万元，尚可使用年限为10年，采用年限平均法计提折旧，预计净残值为零。2023年甲公司实现净利润2 000万元，乙公司实现净利润600万元。2023年乙公司向甲公司销售一批A商品，该批A商品售价为100万元，成本为60万元，至2023年12月31日，甲公司将上述商品对外出售

60%。2023年甲公司向乙公司销售一批B商品，该批B商品售价为200万元，成本为100万元，至2023年12月31日，乙公司将上述商品对外出售80%。甲公司和乙公司适用的所得税税率均为25%。则甲公司2023年合并利润表中归属于母公司的净利润为（　　）万元。

A.2 462.4　　B.2 446.4　　C.2 449.4　　D.2 000

5.甲公司和乙公司没有关联方关系。甲公司2023年1月1日以银行存款1 000万元购入乙公司100%股权（交易后乙公司仍保留独立的法人资格），当日乙公司可辨认净资产公允价值为800万元，账面价值为700万元，其差额为一项固定资产评估增值所致。该固定资产在购买日的公允价值为400万元，账面价值为300万元，预计尚可使用年限为5年，采用年限平均法计提折旧，预计净残值为零。2023年乙公司实现净利润300万元。假定不考虑所得税等其他因素，该项固定资产在2023年12月31日合并报表上列示的金额为（　　）万元。

A.240　　B.300　　C.320　　D.400

6.黄河公司为甲公司和乙公司的母公司。2023年6月1日，甲公司将本公司生产的一批产品出售给乙公司，售价1 200万元（不含增值税，下同），成本为700万元。至2023年12月31日，乙公司已对外售出该批存货的60%，售价为820万元。不考虑其他因素，2023年12月31日黄河公司在合并财务报表中因该事项列示的营业成本为（　　）。

A.0　　B.280万元　　C.420万元　　D.820万元

7.甲公司和乙公司均为纳入长江公司合并范围的子公司。2022年7月1日，乙公司将一项专利权销售给甲公司，售价50万元，当日该专利权在乙公司的账面价值为26万元。甲公司购入后当月投入使用并按4年的期限、采用直线法进行摊销，无残值。长江公司在编制2023年度合并财务报表时，应调减“无形资产”项目的金额为（　　）万元。

A.3　　B.3.5　　C.9　　D.15

8.A公司2023年1月1日以100万元取得B公司60%股权，能够对B公司实施控制，购买日B公司可辨认净资产公允价值为180万元；2024年1月1日A公司以银行存款15万元取得原少数股东持有的B公司5%股权。当日B公司可辨认净资产公允价值为200万元，B公司按购买日公允价值持续计算的可辨认净资产账面价值为220万元，购买日A公司资本公积的余额为10万元，此前A公司和B公司无关联方关系。则2024年1月1日合并财务报表应确认的资本公积为（　　）万元。

A.4　　B.-4　　C.5　　D.-5

9.甲公司于2022年12月31日以2 800万元取得乙公司95%的股权，能够对乙公司实施控制，形成非同一控制下的企业合并，购买日乙公司可辨认净资产公允价值总额为2 200万元。2023年12月10日甲公司处置乙公司5%的股权取得价款220万元。当日乙公司有关资产、负债以购买日公允价值持续计算的可辨认净资产账面价值为3 024万元，2023年12月10日乙公司可辨认净资产公允价值为3 080万元。甲公司、乙公司及乙公司的少数股东在交易前不存在任何关联方关系。甲公司在编制2023年合并资产负债表时，应确认的商誉和因处置少数股权而调整的资本公积金额分别为（　　）万元。

A.-4，68.8　　B.710，68.8　　C.60，68.6　　D.710，66

10.甲公司拥有乙和丙两家子公司。2021年6月15日，乙公司将其产品以市场价格销售给丙公司，售价为200万元，销售成本为152万元。丙公司购入后作为管理用固定资产并于当月投入使用，预计使用年限为4年，采用年限平均法计提折旧，预计净残值为零。假定不考虑增值税和所得税等其他因素的影响，甲公司在编制2023年12月31日合并资产负债表时，“固定资产”项目应调减的金额为（　　）万元。

A.18　　B.12　　C.30　　D.4

二、多项选择题

1.2022年1月1日，甲公司从非关联方购入乙公司80%股权，能够对乙公司的财务和经营政策实施控制。除乙公司外，甲公司无其他子公司。2022年度，乙公司按照购买日可辨认净资产公允价值为基础计算实现的净利润为2 000万元，无其他所有者权益变动。2022年年末，甲公司合并财务报表中少数股东权益为800万元。2023年度，乙公司按购买日可辨认净资产公允价值为基础计算的净亏损为4 500万元，无其他所有者权益变动。2023年年末，甲公司个别财务报表中所有者权益总额为8 000万元。不考虑其他因素，下列各项关于合并财务报表列报的表述中，正确的有（　　）。

多项选择题

A.2022年度少数股东损益为400万元

B.2023年度少数股东损益为-900万元

C.2023年12月31日少数股东权益为0

D.2023年12月31日归属于母公司的股东权益为4 400万元

2.甲公司拥有乙公司80%股权，能够对乙公司实施控制。2022年8月，甲公司自乙公司购入一批W商品并拟对外出售，该批商品在乙公司的成本为200万元，售价为300万元，截至2022年12月31日，甲公司已对外销售该批商品的40%，截至2023年12月31日，甲公司原自乙公司购入的W商品累计已有90%对外出售。下列关于甲公司2023年合并财务报表的会计处理中，正确的有（　　）。

A.应冲减存货10万元　　B.应冲减营业成本50万元

C.应减少少数股东损益10万元　　D.应减少少数股东权益2万元

3.A公司2022年6月30日以12 000万元取得B公司60%股权，能够对B公司实施控制。2023年6月30日又以4 800万元取得原少数股东持有的B公司20%股权，2022年6月30日B公司可辨认净资产公允价值为18 000万元（与账面价值相同），其中股本1 200万元，资本公积10 800万元，留存收益6 000万元，2023年6月30日B公司自购买日开始按公允价值持续计算的可辨认净资产账面价值为21 000万元，差额均为留存收益增加。A公司与B公司合并前不存在关联方关系，不考虑其他因素的影响，在2023年6月30日合并财务报表中，下列表述正确的有（　　）。

A.购买日合并报表商誉为1 200万元

B.取得20%股权时合并商誉为600万元

C.合并财务报表上资本公积调减总额为11 400万元

D.合并财务报表上少数股东权益为4 200万元

4.甲公司与乙公司均为A公司设立的子公司。2023年1月1日，甲公司取得乙公司80%的股权，能够对乙公司实施控制。取得投资时乙公司所有者权益的账面价值为3 000万元，公允价值为3 200万元，其差额为一项无形资产形成的，该项无形资产的账面价值为500万元，公允价值为700万元，预计尚可使用年限为5年，预计净残值为0，采用直线法摊销。假设甲公司与乙公司所采用的会计政策、会计期间一致，2023年度甲公司与乙公司之间未发生内部交易，不考虑其他因素的影响。则下列说法中，不正确的有（　　）。

A.甲公司在编制合并财务报表时，应以乙公司的个别财务报表为基础，不需要进行调整

B.甲公司在编制合并财务报表时，应对乙公司的个别财务报表进行调整，使乙公司的个别财务报表反映为在购买日的公允价值

C.甲公司在编制合并财务报表时，应将乙公司的无形资产调整为公允价值，借记“无形资产”科目，贷记“资本公积”科目

D.甲公司在编制2023年年末合并财务报表时，应调增乙公司个别报表中无形资产的价值160万元

5.下列各项中，属于投资性主体的特征的有（　　）。

A.拥有一个以上投资

B.拥有一个以上投资者

C.投资者不是该主体的关联方

D.该主体的所有者权益以股权或类似权益存在

6.甲公司为乙公司的母公司，甲公司2023年个别资产负债表中对乙公司内部应收账款账面价值与2022年相同，仍为2 500万元，坏账准备余额仍为50万元。2023年内部应收账款对应的坏账准备计提比例未发生增减变化。乙公司个别资产负债表中应付账款2 550万元系2022年向甲公司购入商品发生的应

付购货款。不考虑所得税等其他因素的影响，则在2023年合并工作底稿中应编制的抵销分录有（　　）（单位：万元）。

A.借：应付账款　　2 550
　贷：应收账款　　2 550

B.借：应付账款　　2 500
　贷：应收账款　　2 500

C.借：应收账款——坏账准备　　50
　贷：信用减值损失　　50

D.借：应收账款——坏账准备　　50
　贷：未分配利润——年初　　50

7.下列有关处置子公司股权投资直至丧失控制权的各项交易（属于“一揽子交易”）的表述中，正确的有（　　）。

A.应当将各项交易作为一项处置子公司并丧失控制权的交易进行会计处理

B.个别财务报表，在丧失控制权之前，每一次处置价款与处置长期股权投资部分账面价值的差额确认为投资收益

C.在丧失控制权之前，每一次处置价款与处置投资对应的享有该子公司自购买日开始持续计算的净资产份额的差额，在合并财务报表中确认为资本公积（股本溢价或资本溢价）

D.在丧失控制权之前，每一次处置价款与处置投资对应的享有该子公司自购买日开始持续计算的净资产份额的差额，在合并财务报表中确认为其他综合收益

8.企业在报告期内出售子公司，报告期末编制合并财务报表时，下列表述中，正确的有（　　）。

A.不调整合并资产负债表的期初数

B.应将被出售子公司年初至出售日的现金流量纳入合并现金流量表

C.应将被出售子公司年初至出售日的相关收入和费用纳入合并利润表

D.应将被出售子公司年初至出售日的净利润计入合并利润表投资收益项目

9.下列关于母子公司交叉持股在合并财务报表上的会计处理的表述中，正确的有（　　）。

A.母公司持有子公司股权，应当抵销母公司长期股权投资和子公司所有者权益

B.子公司持有母公司股权，应当按照子公司取得母公司股权日所确认的长期股权投资的初始投资成本，将其转为合并财务报表中的资本公积

C.子公司持有母公司股权，应当按照子公司取得母公司股权日所确认的长期股权投资的初始投资成本，将其转为合并财务报表中的库存股

D.子公司相互之间持有的长期股权投资，应当比照母公司对子公司的股权投资的抵销方法，将长期股权投资与其对应的子公司所有者权益中所享有的份额相互抵销

10.2023年度，甲公司发生的有关交易或事项如下：（1）将持有的子公司（丙公司）80%股权出售给其全资子公司（乙公司），收取的价款为5 500万元。出售日，丙公司各项可辨认资产的公允价值为7 500万元，在甲公司合并财务报表中列示的净资产账面价值为6 000万元。（2）以所持联营企业（丁公司）股权作为支付对价，购入戊公司60%股权并能控制戊公司的相关经济活动。购买日，所持丁公司股权的公允价值为15 000万元，账面价值为14 000万元，戊公司各项可辨认资产的公允价值为22 000万元，账面价值为20 000万元。购入戊公司前，甲公司及其子公司与戊公司不存在关联方关系。不考虑税费及其他因素，下列各项关于甲公司在编制2023年度合并财务报表时有关会计处理的表述中，正确的有（　　）。

A.确认投资收益1 000万元　　B.冲减资本公积700万元

C.确认其他综合收益2 000万元　　D.确认商誉1 800万元

三、判断题

判断题

1.母公司控制的特殊目的主体不应纳入合并财务报表的合并范围。（ ）

2.对于同一控制下企业合并中取得的子公司，母公司有可能在其个别财务报表或合并财务报表中反映一项商誉。（ ）

3.合并财务报表的合并范围应当以控制为基础予以确定。（ ）

4.同一控制下企业合并形成的企业集团，在期末编制合并财务报表时母公司不需将长期股权投资由成本法调整为权益法。（ ）

5.在编制合并现金流量表时，对于子公司向少数股东支付现金股利或利润应该予以抵销。（ ）

6.在不考虑内部交易及其他因素情况下，在子公司为非全资子公司时，母公司本期对子公司股权投资收益与本期少数股东损益之和等于调整后子公司本期实现的净利润。（ ）

7.企业集团内部当期购入的商品在当期全部实现对集团外销售的情况下，集团在编制合并报表时也可能涉及存货中包含的未实现内部销售损益的抵销问题。（ ）

8.在连续编制合并财务报表的情况下，上年度母公司销售给子公司的存货在本年度销售时，应将上年度母公司销售给其子公司的收入以及子公司销售该存货的成本予以抵销，其抵销分录为借记“营业收入”项目，贷记“营业成本”项目。（ ）

9.对于母子公司内部交易形成的固定资产，在使用期满清理当期编制合并财务报表时，不需要对该项固定资产编制任何抵销分录。（ ）

10.母公司应当将其全部子公司纳入合并财务报表的合并范围，包括小规模的子公司和经营业务性质特殊的子公司。（ ）

四、实训题

实训一

实训题

目的：实训合并财务报表的相关调整、抵销分录的会计处理。

资料：A股份有限公司（本题下称“A公司”）为上市公司，属于一般纳税人，适用的增值税税率为13%，按照净利润的10%计提法定盈余公积。2023年度有关业务资料如下：

（1）2023年1月1日，A公司以银行存款9 000万元自B公司购入C公司90%的股份。C公司2023年1月1日股东权益总额为10 000万元，其中股本为7 000万元、资本公积为2 000万元、盈余公积为100万元、未分配利润为900万元。C公司2023年1月1日可辨认净资产的公允价值与账面价值相等。

（2）C公司2023年实现净利润2 135万元，提取盈余公积213.5万元。当年购入的其他债权投资因公允价值上升确认其他综合收益100万元。

（3）A公司2023年5月15日从C公司购进需安装设备一台，用于公司行政管理，设备含税价款为847.50万元，以银行存款支付，另付运费和安装费75万元，6月18日达到预定可使用状态。该设备系C公司管理部门使用的固定资产，其成本为600万元。A公司对该设备采用直线法计提折旧，预计使用年限为5年，预计净残值为零。

（4）2023年1月1日，A公司经批准按面值发行5年期一次还本、分期付息的公司债券2 000万元，债券利息在次年1月3日支付，年票面利率为6%。2023年1月10日C公司从证券市场购入A公司发行债券的50%，购入后作为债权投资核算。假定C公司购买债券时的市场年利率为5%，C公司实际支付价格为1 043.27万元。

（5）其他相关资料：❶在此之前A公司和C公司无任何关联方关系。❷A公司和C公司的会计年度和采用的会计政策相同。❸不考虑除增值税以外的其他相关税费。

要求：

（1）编制A公司购入C公司90%股权的会计分录。

（2）编制A公司2023年度合并财务报表的相关调整、抵销分录。

实训二

目的：实训合并财务报表内部销售业务抵销分录的会计处理。

资料：甲公司是乙公司的母公司，双方的所得税税率均为25%。有关资料如下：

（1）2021年6月，甲公司将本公司生产的某产品销售给乙公司，售价为600万元，成本为400万元。乙公司取得后作为管理用固定资产并于当月投入使用，预计使用年限为10年，预计净残值为零，采用年限平均法计提折旧。2023年3月，乙公司出售该固定资产，将净收益计入营业外收入。

（2）2021年7月，甲公司将本公司的某项专利权以400万元的价格转让给乙公司，该专利权在甲公司的取得成本为300万元，原预计使用年限为10年，至转让时已摊销5年。乙公司取得该专利权后作为管理用无形资产使用，尚可使用年限为5年。甲公司和乙公司对该无形资产均采用直线法摊销，预计净残值为零。

（3）2021年9月，乙公司将其管理用固定资产销售给甲公司，售价为60万元，原值为100万元，已计提折旧20万元。甲公司取得该固定资产后作为管理用固定资产使用，尚可使用年限为4年。甲公司和乙公司对该固定资产均采用直线法折旧，预计净残值为零。

要求：

（1）根据资料（1），编制2021年至2023年有关内部销售存货的抵销分录；

（2）根据资料（2），编制2021年至2023年有关内部销售无形资产的抵销分录；

（3）根据资料（3），编制2021年至2023年有关内部销售固定资产的抵销分录。

主要参考文献

[1] 丁增稳. 财务会计［M］. 3版. 大连：大连出版社，2012.

[2] 财政部会计资格评价中心. 中级会计实务［M］. 北京：经济科学出版社，2023.

[3] 财政部会计资格评价中心. 初级会计实务［M］. 北京：经济科学出版社，2022.

[4] 中国注册会计师协会. 会计［M］. 北京：中国财政经济出版社，2023.

[5] 丁增稳. 中级会计实务［M］. 北京：高等教育出版社，2019.

[6] 丁增稳. 企业财务会计［M］. 大连：东北财经大学出版社，2020.

[7] 刘永泽，陈立军. 中级财务会计［M］. 7版. 大连：东北财经大学出版社，2021.

[8] 杨有红，欧阳爱平. 中级财务会计［M］. 5版. 北京：北京大学出版社，2019.

[9] 陈立军. 中级财务会计［M］. 5版. 北京：中国人民大学出版社，2020.

[10] 潘爱玲，张健梅. 中级财务会计［M］. 5版. 北京：清华大学出版社，2016.